The Short Oxford History of the British Isles

オックスフォード
ブリテン諸島の歴史

7

17世紀
1603年—1688年

ジェニー・ウァーモールド
［編］
鶴島博和
［日本語版監修］
西川杉子
［監訳］

慶應義塾大学出版会

The Seventeenth Century

The Short Oxford History of the British Isles
Seventeenth Century 1603-1688

was originally published in English in 2008.
This translations is published by arrangement with Oxford University Press.
ISBN: 9780198731627

日本語版に寄せて

日本と似て、グレート・ブリテンとアイルランドは、相対的に孤立した社会と文化を育んできた長い歴史をもつ島嶼《とうしょ》である。島の先住民たちは、千年以上にわたって、ローマ人、アングロ・サクソン人、ヴァイキングの人たち、そしてノルマン人の継続的かつ波状的な侵入にさらされてきた。にもかかわらず、そのような長きにわたる混乱は、次第に、政治、社会、そして文化において独特の型を島嶼に刻印していったのである。一五世紀から一七世紀にかけて出現した国民国家は、極度の政治的、宗教的不安定の状態にあった。一八世紀の安定化は、商業的に卓越した帝国的な拡大への道を拓いた。その結果は、地球規模で拡大したイギリス帝国の各地の臣民のみならず、本国イギリスの国内の臣民にも劇的な変動を惹起するものであった。二〇世紀は一連の破滅的な出来事にみまわれた。二つの世界大戦、帝国の放棄、結果としてのヨーロッパ連合へのブリテンとアイルランドの加入。グローバル時代のミレニアムの背後には何があるのだろうか。

『オックスフォード　ブリテン諸島の歴史』は、紀元前五五年から二〇〇一年までの二〇〇〇年の歴史を簡略ながら包括的に扱っている。一一人の編者と六八人の著者が、見識豊かで、明晰で説得力のある技術を駆使して専門的知識を展開している。ブリテン諸島のさまざまな地域の多様な民集団と彼らの関心事に特別の注意が向けられている。スコットランド、ウェールズ、そしてアイルランドは、イングランド支配の従属的な犠牲者としてではなく、島嶼の長い歴史を奏でる重要な演奏者として扱われている。しかし、最終的な目的は、その歴史のなかで、いささか自意識過剰なまでに文明化されたヨーロッパ大陸と、より緊密なネットワークに絡め取られていく拡大する世界のあいだに取り込まれてしまった民集団の、複雑で個性的な集合体の変化と展開をとらえることであった。すべての国民は何がしかの風変わりな面を持っているものである。しかし、ブリテン諸島の人々の他者に関する関係における変奇さは二〇〇〇年のあいだあまり注目されてこなかったのである。

ポール・ラングフォード

監修者序文

歴史叙述が、文化的に規定されたものであることは自明の理である。歴史書のなかには、執筆されたときの知的流行、政治的偏見、そして政治的倫理観が渦巻いている。ブリテン史は、話の内容と、その地政学的な枠組みの両方においてきわめて多様な見方を生み出してきた。ここ最近の変化の圧力を受けて、再解釈が加速度的に進行している。そのあるものはイングランドで繰り返されてきた人種的緊張が高まり、スコットランド、ウェールズ、そして北アイルランドで国民主義が復活してきた時期に、ブリテン島の内部から発生してきた。しかし、再解釈の多くは、外との関係からも生まれている。いくつかの世界的な大帝国が、植民地型であれ大陸型であれ、解体し、それに対応して、国民的帰属意識への利害が政治的に沸騰してきたのである。新しい主権の追求は、少なくともヨーロッパでそうであったように、年来の政治的境界への疑問を引き起こした。そこに歴史解釈における構造プレートの変動の予兆がある。しかしブリテンにとっては、とくに、（必ずしも正確には言えないにしても）、地殻変動は、一七世紀末から二〇世紀中葉まで続いた相対的に安定した長い時代の理解と特有の共鳴をしてきているのである。

多くの論争とさらに大きな混乱が、島の歴史を叙述する際の明確な方法論の欠如から発生している。イングランドの歴史家はブリテン島全体の歴史を無視し、その一方で、あたかもイングランドをブリテン島と同義語のように使用しているとしてしばしば非難されている。ブリテン島の歴史家は直接には関係ないにもかかわらず、アイルランドを組み込むことを当然のことと考えているとして、同じように非難されている。アイルランド、ウェールズ、あるいはスコットランドの歴史を詳述している歴史家にとっては、いわゆる「中心地・周辺地」論の終わることのない緊張があり、「ブリテン島とアイルランド島の」だけではなく「ヨーロッパとヨーロッパの外の」というより広い文脈によって与えられたジレンマが存在している。こうした困難は、そのいくつかが、ロンドンから編成されたブリテン国家の栄枯盛衰とその勢力圏の変動から生まれたものである。しかし、かりにもし現在イングランドと呼ばれている地域の支配者がその境を越えた領域に関心がなかったとしても、ブリテン諸島のさまざまな地域のあいだでの経済的文化的関係は、それでもなお、たくさんの歴史叙述上の問題を生み出したであろう。

このシリーズは、こうした事態によって作り出された複雑さと曖昧さが何であろうとも、専門分野で最先端の研究を行っている指導的研究者によって提示された一つの概観を与えるという前提で編集された。本書は、ブリテン諸島全域を対象としている。ブリテン史という表現には異論があろう。とくにアイルランドの多くの人々にとって、「ブリティッシュ」という言葉自体が、受け入れることのできない政治的支配を意味するからである。しかし、「これらの島々」が共有してきた経験をまとめあげる的確な言葉が他にあるだろうか。アイルランドで多用され、ブリテン島でも耳にするようになったこの「これらの島々」という表現は、この惑星のブリテン以外の他の住民たちにとってはむしろ意味がないであろう。

手短に言えば、私たちは、「ブリテン諸島」をもっぱら地理的表現としてのみ使用する。このシリーズでは、全巻に共通した統一的な主題をあらかじめ定めてはいない。実際問題として、どのような主題が学問的記述に耐えうるのかを見極めることは容易なことではないのである。「ブリテン史」あるいは「四つの国民の歴史」といった概念を構成しているのは何かという問いには、深刻な意見の不一致が見られる。しかも、その答えは、歴史のどの時代を扱っているのかによって違っている。各巻の編者と著者は、学問的に信頼のおける研究成果をつたえ、その限りにおいて各自のオリジナルで独特の説明というスパイスをきかせることが求められている。本シリーズが、二〇〇〇年以上の長きにわたる歴史の刺激的なダイジェストとなり、さらには、読者に、ブリテンとアイルランドすべての地域の歴史研究の特徴であり続けている真摯な熱意を感じ取っていただければ望外の喜びである。

ポール・ラングフォード

日本語版監修者序文

「イギリス」と「ブリテン」という言葉ほど歴史を学ぶ者にとって悩ましいものはないかもしれない。日本人のイギリスという言葉の曖昧さを韓国の歴史家から批判されたことがある。別に〈English〉と〈British〉の区別がついていないわけではないだろう。それでも、入学したての学生に「イギリス大使館」は〈British Embassy〉と言うとかなりの諸君が怪訝な顔をする。彼らにとって、キルトを着用しバグパイプを奏でるスコッツガードも、ビートルズも、トム・ジョーンズ（たとえが古くて申し訳ないが）も、同じイギリス人なのである。本シリーズでも、〈British Empire〉の訳語は、イギリス帝国とせざるをえなかった。かくまでイギリスという言葉が人口に膾炙《かいしゃ》しているのである。

イギリスという訳語は、江戸時代に、イングランド人をポルトガル語の「イングレス」やオランダ語の「エングレス」と呼んだことから転訛したものである。ややこしいのは、歴史的にはイングランドという土地が先にあってそこに住む人々が〈English〉と観念されていたのではないことである。むしろその逆である。〈English〉は七～八世紀のローマの影響を受けたキリスト教的な観念的構築物なのである。イングランドという言葉は、その〈English〉の住む土地として、一〇〇〇年頃に出現してきた。

ブリテンと言えば、本来は、ローマの属州か島を意味する。アルビオンと呼ばれたこともあったが、北ののちにスコットランドを形成する王国でこの言葉が流行したことで、南のイングランドの王は、島を表すときに、アルビオンよりはブリテンを用いるようになった。〈British〉でまずイメージされるのはローマ帝国の属州、あるいは、ポスト・ローマ期のローマ市民かゲルマン系以外の民集団、そして、近世とくに一八世紀以降のイングランドの拡大によって作り上げられた観念的構築物としてのネイションである。いったいイギリス国民（British nation）とは何か。これほど、民集団（people）、国民（nation）、くに（country）、国（state）の構造的関係性をうち立てるのに困難を伴う地域は、まれなようにも感じられる。けれども、はたしてこの印象は正しいのだろうか。もしかしたら、どの地域についても、それが「ふつうのこと」なのかもしれない。

しかし、私があえてこのような困難を主張しなければならないのは、イギリスが、近代国民国家の、（少なくとも）一つのモデルと考えられてきたからである。国民経済、近代資本主義、議会制民主主義と地方自治の母国、そして近代世界システムの覇権国家などなど。古くはアーノルド・トインビーが喝破したように、イギリスほどナショナル・ヒストリーが似合わない地域はない。にもかかわらず、イギリスは、いくつもの側面で、一枚岩的にプロトタイプとして捉えられてきた。こうした研究モデルとしての先駆性ゆえに、イギリス史が研究に値するものとみなされてきたのである。

イングランド、ウェールズ、スコットランド、アイルランド、島嶼地域は、政治的、経済的、文化的に少しずつ異なったベクトルをもちつつ、徐々に一つの運命共同体を形成していったのである。ブリテンという政治的統合体の歴史は、島の歴史だけでは語り尽くせない。それは、北海沿岸史であり、イベリア半島北部を含むビスケー湾沿岸史であり、大西洋史であり、エンパイヤー・ルート海域の歴史でもある。この時間をかけてグローバルに展開していった、国民国家ならざる「地域複合体国家」そして「帝国」としての性格ゆえに、ブリテン史はいまなお研究に値すると言えるのである。新たなブリテン史の通史が必要とされる所以である。

しかし、いま日本語で読める、現在の学界状況を踏まえた、たとえば、卒業論文執筆の準備のための参考書となりうるブリテン史の通史は存在していない。残念ながら、本シリーズそのものも、監修者がいみじくも述べたように、論文集という傾向が強く、一貫性やナショナル・ヒストリーを越えるという面では多くの問題を抱えている。それにもかかわらず、ブリテン史を「世界史」のなかに位置づける新たなる可能性を模索するためにも、本シリーズの翻訳は、教育的にも学問的にも意義を有すると信ずる。本シリーズの翻訳も、一一名の監訳者と五〇名程の翻訳者、それも専門分野で最先端の研究を行っている指導的研究者を中心にして、将来性豊かな若手研究者も交えてのものである。日本語版監修者は、必ずしも十分とは言えないにしても、できるかぎり、用語と表現の統一を行った。各巻の監訳者、訳者には、理解をたすけるという意味で訳註の執筆をお願いした。索引は、原文以上の充実をめざし、可能なかぎり解説を加え、小辞典の性格を持たせたのは、教育的な配慮である。

　このシリーズは、少なくとも当初は、「イギリス史」の新シリーズとして受けとめられることだろう。しかし、日本語版監修者をはじめ、翻訳に携ったすべての研究者の念頭にあったのは、あたかも不動の通念でありつづけてきたかのような、日本の「外国史」理解のなかでの「イギリス史」のイメージを問いなおすなかから、この島嶼の歴史について、いくつもの新しい視点を獲得していくことの大切さだった。そのために必要なシリーズとしての統一性を堅持するために、日本語版監修者との話し合いに応じて下さった各巻監訳者、訳者の諸氏に敬意を表するとともに、企画を引き受け、忍耐強く、はやくも初老の兆候の見え始めた私の「もの忘れ」に忍耐強くつきあってくださった、慶應義塾大学出版会の佐藤聖、宮田昌子の各氏に謝意を表する。

鶴島博和

オックスフォード ブリテン諸島の歴史　第七巻　一七世紀　一六〇三年〜一六八八年　◎目次

日本語版に寄せて（ポール・ラングフォード）　i

監修者序文（ポール・ラングフォード）　iii

日本語版監修者序文（鶴島博和）　vii

凡例　xv

図版・地図・系図一覧　xvi

君主の代の表記について／ステュアート家の表記について／暦について／本書で取りあげられた図書について

xvii

序論

第一章　ブリテンの君主国とその統治、一六〇三～一六三七年　キース・M・ブラウン　17

王国継承の問題　17／ブリテンの合同　24／外交政策　29／宮廷　33／議会　40／財政　47／地方統治　53／結論　61

第二章　三王国における教会と信仰、一六〇三～一六四一年　ジョン・マカーフィティ　67

ジェームズ一世＝六世と三王国の宗教　67／ローマ・カトリックの臣民と教皇という反キリスト　78／厳密化する国教信従、一六二五～一六三七年　86／称揚される主教制　93／契約　104／本章で言及された人物一覧　108

第三章　聖者と兵士の支配——ブリテン諸島における宗教戦争、一六三八～一六六〇年　ジョン・モリル　111

序　111／ブリテン式の玉突き現象、一六三七～一六四三年　113／出版物におけるさまざまな戦争　119／国制をめぐるさまざまな戦争　123／さまざまな軍事的戦争　131／戦争のさまざまな展開　134／国王弑逆とイングランド＝アイルランド共和国の建国　138／国王弑逆への共和主義的反応　141／革命の結果　145／結論　151

第四章　**復古か刷新か――王政復古期のブリテン**　トビー・バーナード　155

三つの王国、一人の国王　155／赦しと復讐　162／人物、政策、原理　167／教会　174／議会　178／地方――理想と理念　183／ローマ・カトリック王　186／王権――表象と実体　190

第五章　**経済と社会**　J・A・シャープ　201

人口と生存　202／社会構造　209／都市部　212／商業と製造業　217／変化するエリートの生活様式　221／社会問題と無秩序　228／生活の質　233

第六章　**「オラだの国はなんだべな」――一七世紀ブリテン諸島の諸文化**　クレア・マクマナス　241

一七世紀初頭――ステュアート群島の諸文化　249／戦争とその後――一六四二年から六〇年までの文化とアイデンティティ　273／王政復古――民、文化、アイデンティティ　282／結論――評価と受容　292／作家および本章で言及されたその他の人物一覧　296

史学史上の戦争——イングランド　301／宗教、そしてスコットランド人とアイルランド人　316／次なる嵐の前の静けさなのか　327／一七世紀に愉しみはあったのか　332／一七世紀は説明され得たのか　334

訳註　337
文献案内　51
年表　39
地図　36

凡例

（1）本書は、Jenny Wormald (ed.), *Seventeenth Century 1603–1688* (The Short Oxford History of the British Isles), Oxford University Press, 2008 の邦訳である。

（2）訳文中の＊印を付した数字は原註を、〔 〕付の数字は訳註を示す。原註は見開き頁の奇数頁ごとに配し、訳註は巻末に一括掲載した。

（3）訳文中の（ ）は原文の（ ）を示す。

（4）訳文中の〔 〕内の部分は文章の理解を容易にするために訳者が挿入した補足説明である。

（5）原文イタリックのものは、訳文中では傍点を付した。ただし著作名を示す場合は『 』内に著作名の邦訳を記した。

（6）人名・地名に関しては、教皇名はラテン語読みとし、その他は原則として現地音主義（出身地重視）にしたがった。ただし日本において慣例的な表現が定着しているものはそれを用いた。原語は原著にて使用されているものを索引に付記した。

（7）人名・称号・官職・年月に関する原著中の明らかな誤りに関しては、*Oxford Dictionary of National Biography*（*ODNB*）に基づいて、修正を施した。

（8）第六章の「結論」においては、筆者および原編者に確認の上、修正を施した。

（9）ローマ教皇を頂点とするカトリック教会に関しては、原著ではカトリック／カトリシズムとローマ・カトリック／ローマ・カトリシズムの表記が混在していたが、原編者に確認の上、ローマ・カトリックあるいはローマ・カトリシズムに統一した。

図版・地図・系図一覧

図一　フェンチャーチ通りの凱旋門　xx

© British Library Board. All Rights Reserved. G. 10866

図二　コルネリウス・ファン・ダーレン「スコットランドの首都エディンバラを前にしたチャールズ一世」　16

Courtesy of Edinburgh City Libraries and Information Services-Edinburgh Room

図三「良い頭、空の頭、円い頭」　66

© British Library Board. All Right Reserved. 669.f.6 (94)

図四*　(a)～(b)スコットランドのファイフにある、バーンタイランド教区教会（撮影　富田理恵）　79

図五『馬鹿げたもくろみ、またはスコットランド国王の物語』　110

© British Library Board. All Right Reserved. Thomason 669 f 16 (32)

図六*　著者不明『レンの不潔な巣、またはレン主教の解剖――その行動の全貌が明らかに』一六四〇年初刊。　121

図七　チャールズ一世とチャールズ二世の彫像（撮影　Toby Barnard）　154

図八　ヒリス・ファン・ティルボルフ（一六二五年頃～一六七八年頃）『ティッチボーンの施し』（一六七〇年）　200

© Tichborne House, Hampshire, UK/The Bridgeman Art Library

図九*　ウィルトン・ハウス（撮影　John Goodall）　225

図一〇　女の議会　240

© British Library Board. All Rights Reserved. E1150 (5)

図一一*　ピンキー・ハウス（撮影　北村紗衣）　243

図一二*『国王の肖像』の扉絵　268

図一三*　ウェストミンスター庶民院正面に立つクロムウェル像。一八九九年建立（撮影　西川杉子）　304

地図一　イングランド、スコットランド、そして一五四〇年代以降のウェールズとアイルランドの州　*36*

地図二　イングランド、スコットランド、アイルランドの主教区（一六〇三～一六四一年）　*37*

地図三　三王国における内戦（一六四二～五一年）　*38*

系図一　テューダー朝とステュワート朝の関係図　*34*

系図二　ステュアート朝系図（略図）　*35*

*は訳者による挿入

君主の代の表記について

スコットランド国王ジェームズ六世が、イングランド国王としてはジェームズ一世となるように、君主の代の数え方は、イングランドとスコットランドで異なる場合がある。原書では、ジェームズ六世＝一世（James VI and I）というように、名前《ジェームズ》のあとにスコットランド国王としての代がイングランド国王としての代より先に、併せて表記されたが、本巻では、イングランド国王としての代の数え方が一般に知られていることを考慮して、ジェームズ一世＝六世というように、イングランド国王としての代を先に表記した。ただし、スコットランドに限定される叙述に関しては、スコットランド国王としての代を記している。

ステュアート家の表記について

一五六一年に親政を開始したスコットランド女王メアリー一世は、王家の名の綴りをStewartからフランス風にStuartに変更した。原著者はこの事実を踏まえて、一五六一年以前と以後で綴りの使い分けを行っているが、両者の発音はほぼ同一とされている。そこで訳語では、Stewartをステュワート、Stuartをステュアートと区別している。

暦について

一七世紀ブリテン諸島で用いられていた暦はユリウス暦（旧暦、Old Style, OS）である。グレゴリウス暦が採用されたのは、一七五二年であった。また新年の始まりは、スコットランドは一月一日であったが、イングランドとアイルランドは聖母マリアの受胎告知の日（Lady Day）である三月二五日を元旦としていた。本書では日付はユリウス暦に従い、一年の始まりは一月一日とする。ただし、巻末年表では必要に応じてグレゴリウス暦（新暦、New Style, NS）の日付を示し、その場合は（NS）と表記している。

本書で取りあげられた図書について

本書の議論の中で取りあげられた図書については、巻末の「文献案内」に挙げられている。

図 1　フェンチャーチ通りの凱旋門（スティーヴン・ハリソン、1604 年）[1]

序論

ジェニー・ウァーモールド

一七世紀は混沌とした時代であったが、その研究もまた混沌としている。しかし、そこにこそ一七世紀の魅力がある。本書ではその一七世紀を取り上げるが、さらにいえば、史学史のなかで「長い一六世紀」と呼ばれる一四八五年から一六〇三年までの時期と、「長い一八世紀」と呼ばれる一六八八年から一八一五年までの時期のあいだに、窮屈に挟まれた「短い一七世紀」を対象とする。この八五年間は劇的なまでに変転を重ねた時代であったので、このように時代区分を設定するのがおそらく適切であろう。この時代は一六〇三年にスコットランドの国王ジェームズ六世が、当時は外国であったイングランド王国とアイルランド王国およびウェールズ公領の長として即位したことから始まった〔イングランド国王・アイルランド国王としてはジェームズ一世となる〕。世紀の半ばには三つの王国すべてにおいて内戦が勃発し、その結果、次の国王チャールズ一世が公開裁判にかけられたあげくに公開処刑された。続いてブリテン諸島全域にまたがる単一の共和国を造る試みがあったものの、その失敗がチャールズ二世のもとでの王政復古をもたらした。さらにその復古体制も三〇年も経たないうちに瓦解してしまう。一六八八年から八九年にかけて、時のイングランド国王ジェームズ二世＝スコットランド国王ジェームズ七世に対抗する「名誉革命」が起こったからである。こうして「短い一七世紀」は、かなり出来すぎた話であるが、ふたたび外国出身者、すなわちネーデルラント連邦共和国〔オランダ連邦共和国〕の総督オラニエ公ウィレム三世が三つの王位に就くことで終わった〔イングランド国王・アイルランド国王としてはウィリアム三世、スコットランド国王としてはウィリアム二世〕。しかも今度は、新国王は二つどころか三つの王国すべてにとって外国人であった。しかし名誉革命直後の人びとが「当座のところはこれでもう十分」といった心境であったとしても無理はない。なぜならば、一六世紀のきわめて深刻な痛手となった一連の事件、すなわち四代の国王にわたって延々と続けられた宗教改革と対比しても明らかなように、「短い一七世紀」の出来事の数々は瞬く間に混乱を生み、ときに暴力的で、伝統の中で築かれた物の見方や期待、習慣的行動様式を乱暴に打ち砕いてしまったからである。もちろん「歴史」はけっして静止していることはない。しかしながらこの八五年に、歴史は驚くような勢いで、ときには万華鏡のように転変した。そればかりか、歴史学的には新しい、そしておそらくは解決しえない課題が提起された。というのも、一六〇三年の同君連合の出現をもって、歴史家はもはや地理的にブリテン諸島を構成している地域とそれぞれの相互関係について論じるだけではすまなくなった。歴史家は、ブリテンと曖昧に呼ばれている、あまりにも定義が困難な統一体としての三王国を研究対象としなければならなくなった。「ブリテン史」には新しい意味がある。たしかに、一七世紀史においてこそ、この言葉は初めてなんらかの意味を持ったと言えるかもしれない。

　しかしながら、「ブリテン史」とは何か。「ブリテン史」と言えるようなものが実際に存在しているのだろうか。たしかにある次元では存在すると言うことができる。一九七五年にＪ・Ｇ・Ａ・ポーコックが有名な「ブリテン史――新しい主題についての要請」を発表して以来、近世史の研究者はこの主題に大量のインクを費やして議論してきた。果してブリテン史は存在するのか、それは可能なのか、実践されるべきか、曲解ではないのか、啓発的なのかどうか、このように議論が行われてきたという点においては、「ブリテン史」は存在している。それではブリテン史のためには、全体史的方法をとるべきか、出来事《エピソード》に着目すべきか、それとも比較史的方法が有効なのだろうか。あるいはグレン・バージェスが促すように、これらの三つすべてを組み合わせた方法がよいのだろうか。イングランド史、スコットランド史、アイルランド史、ウェールズ史ではない、ブリテン史に着手するにあたって、歴史家がたった一人で必要とされる膨大な調査と知識を扱うことなどできるものだろうか。これは当然の問いであり、そのようなことを試みるべきではないと考える歴史家がいるのもまったく無理からぬことである。あらゆる歴史研究が「ブリテン」に取り組む必要はなく、「ブリテン」という拘束服を無理に着せることが逆効果を生むこともあろう。それはさらに、ブリテン史と言っても本当はイングランド中心主義的な歴史ではないかという、昔ながらのかまびすしい亡霊を呼び覚ましてしまう問いでもある。所詮は「他のところを少々付け加えたイングランド史」、というわけである。そしてときにはたしかにそのとおりの場合もある。

もっとも今日、一七世紀史を研究する誰にとっても、他の地域を少々でも付け加えることなしに、あるいは少なくとも他の地域に目配りすることなしに、ブリテン諸島のいずれかの地域について叙述するのはきわめて困難であり、もはやそのようなことを試みる者はほとんどいないだろう。したがって、スコットランド、アイルランド、ウェールズのイングランド中心主義に対する怖れは葬ってもよい頃であろう。実際に、スコットランド国王ジェームズ六世がイングランド国王ジェームズ一世になったとき、少なくとも当初は確実に、彼は自分がブリテン国王であると考えていた。チャールズ一世を君主政もろとも破滅させた一七世紀中葉の危機は、まずスコットランドで始まり、アイルランドで悪化するにいたって、遅疑逡巡していたイングランドもはまり込むこととなった。さらに後に、古式ゆかしきステュアート朝の最後の国王ジェームズ二世＝七世は、イングランドとスコットランドの両国から放逐されて、救済の可能性を求めてアイルランドに向かった。こうしたことは、非イングランド人の歴史家でもイングランド中心主義を懸念する必要などないことを示している。むしろ逆説的にも、ブリテン史の先達であるイングランド人の歴史家コンラッド・ラッセルを、イングランド史を説明するためにスコットランドとアイルランドの歴史を利用しているという理由で批判したのは、同じくブリテン史の第一人者であるイングランド人の歴史家ジョン・モリルであった。モリル曰く、ラッセルの著書は、スコットランドとアイルランドについて論じながらも『イングランド内戦の諸起源』と題されているではないか、まさに名が体を表す、というのである。もちろんイングランド中心主義に対して批判的なイングランド人研究者を見いだすのはまだ珍しい。しかし、たとえイングランド人の歴史家の多くがこれまではあまりにも傍観者的な立場にあったとしても、非イングランド人の歴史家は、もう少し警戒を解いてもよいだろう。そのうえ、ラッセルに対するモリルの評価はおそらくあまりにも厳しい。きわめて長いあいだイングランド的観点からしか見られてこなかったイングランドの内戦を解明するために、最も優れた専門家の一人がスコットランドとアイルランドの調査をみずから行ったことがブリテン史を矮小化することになるのであろうか。バージェスが的確に指摘しているように、ブリテン史を辿るにふさわしい道は、イングランド中心的なブリテン史であり、同様にスコットランド中心的、アイルランド中心的、ウェールズ中心的なブリテン史である。こうした議論がもっと提起されるようになれば、われわれは一七世紀のブリテンについてさらに理解を深めることができるだろう。ブリテン諸島のさまざまな地域の歴史家がそれぞれの研究を蓄積することによって、ブリテンを構成する各国に影響をおよぼしながらブリテン全体をも左右した諸問題を総合的に把握することができるようになるからである。すでにこうしたかたちで研究が進展していることは本書の各章にも明らかである。全体史的方法、出来事《エピソード》に着目する方法、比較史的方法の組み合わせは、実りあるものとわかるであろう。少なくともある程度までは。

しかしながら別の見方もある。ブリテン諸島の諸地域からなる「複合した諸王国」(multiple kingdoms) という、同君連合で結ばれた「ブリテン」のまぎれもない存在を認識することによって新しい史学史的流行が引き起こされた。それに立ち向かった歴史家は、すべてを包含できるような概念を探求するなかで一七世紀特有の諸問題を平板に扱う危険に陥っているのかもしれない。近世における「複合した諸王国」の多くは概して深刻なまでに嫌われており、民は甘受するどころか激しい抵抗と憤りを示した。実際、「複合した諸王国」は統合に作用するよりも分裂に作用していたのである。近世のイングランド人は「イングランド」と「ブリテン」を同一視する現在の慣用的用法には馴染みがなかった。たとえば、ジェームズ一世＝六世の治世当初、イングランド人は「イングランド」という国名を失うことを極端に恐れていた。そして一六〇四年、ジェームズがイングランドにおいて初めて召集した議会は、グレート・ブリテン国王という称号の承認を拒否したので、ジェームズはそれを、議会承認を必要としない布告によって主張するほかなかった。しかしながらすでに、将来的な解決の糸口はかすかながらも見えていた。ジェームズが「グレート・ブリテンのエンパイア」[2] (the empire of Great Britain) への言及を望んだ際、国王はその名称《グレート・ブリテン》はすでに他のところで用いられていると告げられた。この名称はエリザベス一世の治世末期にイングランドを指して用いられていたのである。スコットランド人は、当初イングランド国王を輩出したことに喜び、より豊かな南の王国から得られる利益を見込んでいたが、同君連合成立から四年経た頃には属領に格下げされるのではと懸念するようになっていた。当時、スペインがこうした格下げの例として知られていたが、[3] スコットランド人はむしろアイルランドを念頭に置いていた可能性が高い。そしてアイルランドの場合は、イングランド人から田舎者で、粗暴で、卑しく、その大多数はとにもかくにも地獄堕ちの運命にあるとさげすまれていた人びとが、イングランドとの不平等な結合に、熱をあげるわけがなかった。征服者である隣国にとって、アイルランドは王国なのか、それとも属領なのかわからないというわけである。さらに、全三王国の統治機構や、イングランドとスコットランドに共通するプロテスタント信仰といったいくつかの表面的類似にもかかわらず、はるかに重要であったのは文化、政治、教会における差異が際立っていたことであり、これは一七世紀の危機にあたってこのうえなくはっきりと目に見えるようになった。とりわけ、チャールズ一世とジェームズ二世＝七世の治世において、国王を敵とした点で立場を同じくしていたにもかかわらず、三王国におけるこうした危機の受け止め方と対応は「多様な地域からなる単一の王国」(multi-kingdom)という現状よりもそれぞれの「国民的《ナショナル》」な伝統にははるかに多くを負っていた。

　これは、ジェームズ一世＝六世以外には「ブリテン人」でありたいと思った者がほとんどいなかったことを考えると、驚くにはあたらない。そのジェームズですら、この言葉を絶対的なイデオロギーというよりは、自分が後にしてきた「故郷である古来の王国《スコットランド》」に対する交渉の切り札として用いていた。結局は不首尾に終わったものの、当初は「ブリテン」という概念を用いた阿諛《あゆ》追従《ついしょう》がなされたが、この時代の国王は皆、三つの異なる王国を支配しているということを完璧に理解していた。そして三王国の臣下も同様にこれをよく理解しており、一人の支配者のもとにあるうちは、三王国は実際には分裂することはなかった。もっともジョン・モリルが指摘するように、チャールズ一世が一六四九年に処刑された後、イングランド、アイルランド、ウェールズの連合は揺るがなかったが、少なくともイングランドとスコットランドの連合があわや崩壊しかけた機会が一度はあった。崩壊にいたらなかったのは、クロムウェルがスコットランド抜きのイングランド共和国を数々の問題から抜け出す解決策としてみなしていたのに対して、チャールズ二世とスコットランド人がそれぞれ、かつての独立したスコットランド王国の復活を拒んだからである。チャールズ二世は父や祖父と同様にイングランド国王の地位も兼ねるのでなければ満足するつもりはなかった。そしてスコットランド人は、君主いじめに熱心ではあったが、イングランド人による自分たちの君主の弑逆《しいぎゃく》を容認するつもりはなかったうえ、君主国は共和国であるよりも確実に良いと考えていた。実際の政治ではクロムウェルがブリテンの領域における権力を掌握していたのだが、スコットランド人にとって一七世紀半ばのスコットランドのステュアート王権は、イングランドの成り上がりの小ジェントルマンであるクロムウェルが描く未来図よりも、限りなく自然の摂理に近いものであった。問題は、一七世紀のあいだ、あまりにも頻繁に「ブリテン」のさまざまな地域がそれぞれ勝手な方向へ向かったことである。各地域、より正確にいえば各地域の支配層は、めったに足並みを揃えることがなかった。それならばどのように、われわれ歴史家はとくに気をつけるという以外の方法で、「ブリテン」あるいは「ブリテン史」の最初の世紀に近づくことができるのだろうか。

　いまや「ブリテン」や「ブリテン史」の概念から離れて、代わりに異なるモデルに頼るときなのかもしれない。「ブリテン」や「ブリテン史」が実体を持つにせよ持たないにせよ、「複合した諸王国」は現実のものであった。おそらくブリテンの歴史家がヨーロッパの歴史家と同様、「複合した諸王国」により具体的に焦点を合わせれば、いままで問うてきたことはブリテンのみではなくむしろヨーロッパ的意義を持つことになる。ブリテン諸島は結局のところ、近世に多く存在した複合君主国（multiple monarchies）のたんなる一例にすぎない。ただし、現在まで存続していた点では、スペイン君主国《モナルキア》（Spanish *monarchia*）[4]とともに稀少な例である。したがって、スペインとブリテン双方の歴史的経験には大きな差異があるが、スペインの類例を考察する価値があるかもしれない。これは大きな課題である。直接的に関連のある点としては、「スペイン」は便宜的だが非常に誤りを招きやすい名称であることが挙げられる。スペイン君主国《モナルキア》はもちろん存在した。スペインの君主はブリテンの君主と同様、唯一の人的な統合力であった。しかしながら政治的・経済的な実体としての「スペイン」は存在していなかった。カスティーリャやアラゴン、カタルーニャの住人が「スペイン人」として持っていた自覚に引き比べて、スコットランド、イングランド、アイルランド、ウェールズの住人がより「ブリテン人」であったとか、あるいはそうありたいとより強く自覚していたということはありえない。歴史家は、彼らをブリテン諸島の「複合した諸王国」の住人として、あるがままの姿にしておくべきなのではないのだろうか。「ブリテン人」として扱うことは疑問である。

こうした諸問題は、近世の複合君主国の大半が存続しえなかったことを裏付ける理由であった。選挙王政を採るポーランドにおいて国王に選出されたアンリ・ド・ヴァロワは、アンリ三世としてフランスの王位を継承した際、複合君主国を形成するどころか、時移さずポーランドを出奔してフランスへ戻ろうとした。ポーランドとスウェーデンをヴァーサ朝君主国として統一する試みは同じく短命であった。スウェーデン、ノルウェー、デンマークの複合君主国は、一五二三年にスウェーデンがカルマル同盟から離脱した時点ですでに部分的に崩壊していた。スペインの君主国《モナルキア》ですら、君主国《モナルキア》の原型となったカスティーリャとアラゴン両王国の経済的収入と政治的均衡を再調整しようとする奮闘によって分裂しており、また支配圏から断固として分離を望む領邦も存在していた。たとえばポルトガルは、一五八〇年から八一年にかけてスペイン君主フェリペ二世によって併合されたものの、一六四八年にふたたび独立を達成した。その一方で、カタルーニャは大規模な反乱とフランスからの支援にもかかわらず、独立できなかった。ゆえに複合君主国は世襲制にせよ選挙制にせよ実体がありえたが、歓迎されていたとはけっして言えなかった。たしかに、複数の王国を継承する君主は、何らかの利益を供することができたのかもしれない。たとえば、キース・ブラウンが示しているように、スコットランド国王ジェームズ六世はイングランドを継承することで一六世紀末のイングランドが直面していた深刻な王位継承問題を解決した。そして、ジェームズのスコットランドの臣民は、最終的には皮肉にも、スコットランドを併合しようとする歴代のイングランド国王の長年にわたる歴史的な努力に一役買うことになったのだが、少なくとも同君連合成立当初は、イングランドに国王を送り込んだことに喜んだばかりか、イングランドの富と公職を利用することを大いに期待していた。しかしスコットランド人にとっては残念なことに、ごくわずかの例外を除いて、イングランド人は付け入る隙を与えなかった。さらに、一六〇三年の時点できわめて平和裏に王朝が移行されたにもかかわらず、そのありがたみは、ステュアート君主国の不適合な性質のせいで長い目で見ると打ち消されてしまった。イングランド臣民に関するかぎりでは、ジェームズ一世＝六世の治世においてすら複合君主国への失望が見られたが、それは後継者たちの治世ともなると三王国すべてに広まったのである。

　君主たちの怨嗟《えんさ》や複合君主国の構成体どうしの競合、周縁化されたと感じている領邦が支配的な領邦に対して抱く嫉妬などは、複合君主国にとってはお決まりの問題であるとみなされるかもしれない。同じ国王の臣民で異なる領邦に住む者同士が互いに好意を抱くべき明白な理由はまったくないが、そうすべきでない理由なら数多くある。このことはイングランド王国、スコットランド王国、アイルランド王国、ウェールズ公領では言うまでもなく明らかである。しかしながらブリテンの複合君主国は特有の問題を抱えていた。すなわち宗教の不一致である。この問題を経験したのは他には二つの複合君主国だけで、しかももっとはるかに控えめな規模であった。スペイン君主国《モナルキア》はカルヴァン派が一部を支配している低地地方《ネーデルラント》〔現在のオランダとベルギーにほぼ相当〕に対処せねばならず、フランスはさほど複合君主国らしくはないものの、一六一六年にベアルン公国〔ピレネー山脈の北麓に位置した歴史的地域〕を再統合し、ベアルンの多数派を占めるユグノー〔フランス・カルヴァン派〕に向き合わねばならなかった。ただし、一六世紀末から一七世紀初頭におよんだネーデルラント反乱〔オランダ独立戦争〕の劇的な状況を控えめに扱うことはできない。この反乱は、限定された期間ではあったが広く国際的衝撃をもたらし、低地地方《ネーデルラント》の北部と南部を分裂させ、ネーデルラント連邦共和国〔北部七州〕の建国という結果を生んだのである。これに比較するとフランスとベアルン公国の場合ははるかに流血の少ない内紛であった。フランスの王権は他の地域でユグノーに示したのと同様、ある程度の寛容をベアルン内のローマ・カトリック[5]に与えたし、ベアルンの身分制議会をはなはだしい圧力や干渉なしに機能させておいた。最終的には、ベアルン人も一七八九年にフランス三部会に参加することに同意して決着がついた（もっとも、ベアルン人のその決断は、いまやベアルンがすっかりその一部となっていたフランスが劇的に変化しようとする瞬間になされたのであるが）。いずれにせよどちらの例も、ブリテン諸島が直面した至難の問題に際して引き合いに出せるようなものではない。ブリテンの場合は、三王国の一つであるアイルランドの住民の大多数が、プロテスタントの複合君主国に組み込まれた後も何世紀にもわたって、ローマ・カトリック信仰を維持しつづけたのである。[6]

この解決しがたいアイルランド問題は、一七世紀においては、「ブリテン」もしくはきわめて難題である「ブリテン国家」創建の試みは言うにおよばず、さしあたり安定した複合君主国の実現を目指した企てにも深刻な影響をおよぼした。ジェームズ一世＝六世はグレート・ブリテン国王という称号を用いた一六〇四年の布告の中で、グレート・ブリテン島におけるかつての敵どうしであった二王国を結びつける共通の経験として、言語や宗教などを指摘した。国王によるとグレート・ブリテン島は、「地の果てにある形なき国境、一つの分かちあう境界、つまりは海《わた》の原の守りというべきもののほかには障壁を持たぬ一つの島」であった。これは劇作家ベン・ジョンソンが描き出した未来図であり、一六〇四年のジェームズのロンドン入市儀礼のためにジョンソンが考案した七つの凱旋門の最初の門には、「世界より分かたれたるブリテンの世界」(Orbis Britannicus, Divisus ab orbe) という銘が刻まれていた。これはシェイクスピアの戯曲『リチャード二世』における「王笏を授けられたる島」(scept'red isle) という有名な祝辞より地理的にはいくぶん正確であった。

城壁のつとめを果たす
しろがねの海《わた》の原に坐《いま》するこの貴き石……
これなるイングランド

しかしこれらのブリテン像にはアイルランドは含まれていなかった。そして一六〇四年にジェームズが名乗った国王としての称号も、アイルランドを植民地扱いしないまでも、ブリテン本土をアイルランドから切り離したものであった。とどのつまり、ジェームズは「グレート・ブリテン、フランス、アイルランドの国王」であった。

フランス国王の称号まで含めるという滑稽な列挙はさておき、ジェームズにも一理あった。本書のジョン・マカーフィティ、ジョン・モリル、トビー・バーナードによる三つの章はその理由を強調している。イングランド人がアイルランド人の社会に対して抱いていた軽蔑や、アイルランドへの対処法は法、服装、風習のイングランド化であるという信念は、イングランドとアイルランドの関係にあまりにも多くの問題を引き起こすことになった。しかしながらこうした問題は、三つの王国を統合しようとする試みと比べるとさほど重要ではなくなっていた。とくにアイルランドにおいて、一五九〇年代以降、ローマ・カトリックの対抗宗教改革が隆盛するのとは対照的に、プロテスタントの体制教会確立の試みがはかばかしくない状況ではなおさらであった。アイルランドの状況は宗教的分裂を解消するために望まれた政策などを完全に不可能にした。コンラッド・ラッセルが指摘しているように、チャールズ一世とスコットランド長老教会の契約派《カヴェナンターズ》は宗教的統一をいかに実現するかについてそれぞれ大きく異なった考えを持っていたが、宗教的統一の幻想を抱くという点では珍しくも一致していた。契約派《カヴェナンターズ》は宗教的統一について〔八世紀前半の北部イングランドで活躍した〕ベーダ[7]を引き合いに出すほどであった。たしかにプロテスタントは、相手がプロテスタントであれば宗派が異なっても、同じ真理を見いだしうると、かろうじて期待することができた。異宗派のプロテスタントを改宗させるためには、最小限の抑圧や、おそらくは剣に訴えることもありうるかもしれないが、望みはあった。しかし、このもろく儚い望みすら、ローマ・カトリックが多数派のアイルランドにおいてはまったく見込みがなかった。

かくしてラッセルとモリルはブリテンの「複合した諸王国」の一連の問題を他の国々よりもはるかに「おもに宗教的」なものとして見ており、それは正鵠を得ている。そしてこのために一七世紀のブリテン諸島における三つめの問題が見えてくる。それは「国家」（state）という概念である。近代以前を専門とするあらゆる歴史家のなかで、アングロ・サクソン期の研究者は、自分の扱う時代のイングランドは国家であると最も確信を持って考えているように見える。中世後期の専門家はそれほど確信が持てない。近世の専門家は、より強大な中央集権化、官僚政治化、徴税制度の整備化にともなって近世においてこそ「王国」が「国家」になったと強く感じているが、「軍事財政国家」という言葉がよく用いられるにもかかわらず、「国家」という概念を定義するのに苦労している。たとえばマイケル・ブラディックは軍事財政国家という考えを受け入れて一六世紀末と一八世紀初頭のあいだにイングランドにおける国家形成が成功したと論じており、その決定的な社会的次元をも的確に指摘している。同様に、ジュリアン・グッデアも一六世紀末と一八世紀初頭のあいだにスコットランドで起こった重大な諸発展を正しく認識しながら、ますます中央集権化しながら課税を行う政府と貴族層の関係の変質を根拠に「絶対主義国家」を主張しており、これは「実体あるものであるとともに過程でもある」と強調している。それと対照的に、ジョナサン・スコットは一七世紀初頭のイングランドは軍事財政国家に成長するだけの資源をまったく持ってはいなかったと断固として指摘している。スコットにとっては、「一七世紀のあいだに起こったこの「イングランド」国家の『進化』は、『成功』の結果として起こったのではなく瓦解の文脈で起こった」[8]のであった。したがって、われわれが目を向けるべきは（名誉革命後の）「イングランドとネーデルラント共同の国家形成」なのである。そして、筆者が国家形成に関する議論で多くを負っているローラ・ステュワートは、スコットランド「国家」を一七世紀の初頭においてはきわめて限定的であったと特定しているものの、彼女の徴税制度に関する研究からはスコットランドの財政および軍事能力が内戦中に大きく発達したことがうかがえる。とどのつまり、みなが一致しているのは、「国家」が静的なものではなく動的なものであるということである。さらに「国家」という概念はあまりにも複雑である。これはたんにスコットランドにおいては地方に権力の諸基盤が残っていたということによるだけではなく、チャールズ二世およびジェームズ二世＝七世がイングランドの地方に権力を押し戻そうとしていたことにもよっている。ステュワートが指摘しているように、ものごとの発展は一直線ではない。

もちろん、ブリテン君主国の財政的脆弱性と、ブリテンが複数の領土からなっていることは、ここで考察の鍵となるものである。しかしまた同時に、宗教改革に始まり一七世紀を通して強力に存続する特有の宗教問題が、強迫的な憂患《ゆうかん》となってブリテン諸島に影響をおよぼしていたと主張することができる。この宗教へのこだわりは、ヨーロッパ大陸に見られる国家形成のあり方とは、ほとんど無関係のものであった。ジョナサン・スコットは優れた著書『イングランドの諸問題』で、一七世紀イングランドはヨーロッパ的文脈において検討されねばならない、そうすれば刺激的な成果が予想できると主張した。イングランドとその他のブリテンの諸王国はヨーロッパ大陸での大きな出来事に対してもちろん反応を示していた。しかしながらその規模はきわめて小さく、ヨーロッパの国家形成に巨大な影響をおよぼした国際的規模の戦争の強烈な圧力からはほとんど無傷でいられる程度のものであった。ブリテン諸島がヨーロッパ規模の戦争に深くかかわるのは未来の話である。そうこうするうちにも、この比較的脇に退いていた諸王国は内部に抱えていた宗教や政治の諸問題や悩みから抜け出そうともがいていた。ヨーロッパに対して積極的に干渉する方針をとった三人の支配者がスコットランド人のジェームズ一世＝六世、小ジェントリのオリヴァー・クロムウェル、そして一六八八年以降に登場したオランダ人のウィリアム三世だったことはたしかに皮肉なことである。このうちジェームズ一世＝六世は平和的な手段でスコットランド・ステュワート（Stewart）朝の祖先の伝統を引き継いだが、他の二人は軍事的手段を用い、とくにウィリアム三世は決然たる態度で、ブリテンの諸王国を国内問題にかかりきりになっている状態から引きずり出そうとした。他の支配者の場合は、チャールズ一世治世の最初の四年間の不幸な例外的期間を除いて、ブリテン諸島の住民の視界はおうおうにして「海《わた》の原の守り」の中に限られていた。

それでは、一七世紀にとってきわめて重要なテーマである「ブリテン」や「ブリテン史」、「複合した諸王国」、ブリテン式の「国家形成」について検討していこう。この巻の寄稿者はこれらの諸問題に取り組むことになる。

寄稿者の方々と総監修者であるポール・ラングフォード、オックスフォード大学出版局のマシュー・コットンが取り組まねばならなかった問題としては、この巻の編者である私自身も挙げておかねばならない。個人的および健康上の理由で私は思うようにこの本を編纂することができなかった。昨今、学問の世界はストレスに満ちており、とくに研究評価機構（Research Assessment Exercise）の圧力のせいでそうなっているのだが、私はみなさんの寛容さと配慮、理解に深く感謝していることをここに記しておきたい。みなさんと仕事をすることはこのうえない喜びであった。

図２　コルネリウス・ファン・ダーレン「スコットランドの首都エディンバラを前にしたチャールズ１世」（1633年もしくは1641年に描かれたと推定されている）

第一章

ブリテンの君主国とその統治、一六〇三～一六三七年

キース・M・ブラウン

王国継承の問題

スコットランド・ステュワート〔一五六一年に親政を開始したスコットランド女王メアリーは、王家の名をStewartからフランス風のStuartに変更した。原著者はこの事実を踏まえ一五六一年以前と以後とを使い分けているので、訳語においても区別した〕家の好敵手であったイングランド・テューダー家は、跡継ぎが生まれないという生物学的な問題のために絶えてしまった。その結果一六〇三年春にイングランドの王位がジェームズ六世〔スコットランド国王在位一五六七～一六二五年〕のもとに転がり込んできたとき、ステュワート家は既に長い歴史を持つ王朝であった。しかしこの幸運な王位継承は折り込み済みであった。一五

〇三年にヘンリー七世〔在位一四八五〜一五〇九年〕が長女マーガレットをジェームズ四世〔在位一四八八〜一五一三年〕と結婚させて以来、一六世紀のほとんどの間、ステュアート家の君主たちは、王位継承の点で安定を欠いたテューダー王朝の後継者候補であったのだ。事実、スコットランド女王メアリー〔在位一五四二〜六七年〕は一五五八年のメアリー・テューダー〔ローマ・カトリック信仰を堅持したイングランド女王、在位一五五三〜五八年〕の死亡以来、イングランドの正統な国王であると主張しており、ヨーロッパのローマ・カトリック諸国のほとんどはそれを認めていた。スコットランド女王メアリーの息子でありながらプロテスタントのジェームズが一五六七年に戴冠したおかげで、プロテスタント側はジェームズ六世こそがエリザベス一世〔在位一五五八〜一六〇三年〕の最有力の継承者であると明確に主張できるようになり、二〇年後の母メアリーの処刑でこの主張はさらにずっと強化された。また一五八六年のイングランド＝スコットランド同盟[1]の調印により、すでにジェームズはイングランドの王位に向けて重要な布石を打っていた。さらにジェームズは八六年以前からイングランドからの報奨金（pension）を手中に収めていた。報奨金の獲得は、王位の約束を意味するにはいたらなかったが、厄介な母がいなくなったことでジェームズ六世は実質的に次期国王とみなされるようになった。老いた従姉エリザベス一世は王位継承の話題を避けていたし、ジェームズ本人も競争相手となりうるテューダー王家の血を引く小者たちのことや、彼の継承権の要求を無効としうる議会制定法のことを心配はしていたものの、次期国王の見通しは立っていた。エリザベスはジェームズが秘密裏に一六〇一年のエセクスの陰謀〔第二代エセクス伯爵ロバート・デヴルーは女王の寵臣であったがアイルランド遠征の失敗で失脚すると、反乱を企てた〕を支援していたことを知っていたけれども、ジェームズの王家が、スコットランドだけの君主からイングランド、アイルランド、スコットランドすべての支配者となるのを制止できなかった。イングランドの君主たちは過去何世代にもわたってブリテン島とアイルランド島を一人の君主のもとに統合しようとしたが、それを成し遂げることはなかった。しかしジェームズ六世、すなわちイングランド国王としてはジェームズ一世が、イングランド君主たちの野心を遂げたのである。それはステュワート家がブルース家〔一四世紀初頭の独立戦争に活躍したロバート・ブルースに始まる王家〕を排除してスコットランドの王冠を獲得してから三三二年後の出来事であった。

　イングランドでは新しい統治の始まりに楽観的な見方が広がっていた。老い衰えた女王が亡くなったことに一般の人びとは胸を撫で下ろしていた。エリザベス一世の黄金時代という神話が受け入れられるようになるのは、女王の優柔不断や失敗の記憶が色褪せた後にようやく起こったことである。一六〇三年のジェームズの即位に対する反対は、バイ陰謀事件〔ローマ・カトリック聖職者ウィリアム・ワトソンが反ローマ・カトリック立法の廃止を目的に国王ジェームズの誘拐を企てた事件〕とメイン陰謀事件〔ヘンリー・ブルークが中心となってジェームズを廃位させ従妹のアーベラ・ステュアートを擁立しようとした事件〕に限られ、二つとも空騒ぎに終わった。二年後の一六〇五年一一月に、火薬陰謀事件〔首謀者はカトリック教徒のロバート・ケイツビー、実行責任者はガイ・フォークス。議会に大量の爆薬を仕掛け国王、重鎮を一挙に暗殺しようとした事件〕が起きた。これは国王が外国生まれという背景につけこんで王室とスコットランド出身の宮廷人たちを殺そうとし、同時にイングランドのプロテスタント体制を一撃しようとした事件で、イングランドのローマ・カトリックの一団が自暴自棄になって起こしたものである。このガイ・フォークスの陰謀事件は失敗し、人びとは事件に過剰に反応した。結果は、イングランドの人びとと新しい君主の間に速やかに形成されていた絆を強固にしたにすぎなかった。

　近世の王朝の政治力学は、結婚と後継者の問題を中心に動いていた。一五四七年以降イングランドには王朝の安定的な継続という点で不安がつきまとっていた。ジェームズ一世＝六世の存在が不安を解消したとはいえ、血統に基づく長期的な継続性を、ステュアート王家も近年になってようやく獲得したにすぎなかった。ジェームズには近親者がおらず、祖父ジェームズ五世〔在位一五一三～四二年〕とは違って複雑な婚外の性関係を結ぶこともなかったので、一五八九年に二一歳で王が結婚したとき、みずからの血を引く庶子はいなかった。妻はデンマーク国王フレゼリク二世〔在位一五五九～八八年〕の娘であるデンマーク王女アンナ〔アン・オヴ・デンマーク〕であった。デンマークはバルト海におけるスコットランドの強力な同盟国であった。バルト海は、スコットランドの貿易にとってきわめて重要であり、一六〇三年以降イングランドにとっても重みが増す地域であった。結婚後、一五九四年に後継者であるヘンリー王子が誕生し、続いて二年後の一五九六年にエリザベス王女が、一六〇〇年に二番目の息子チャールズが生まれた。他にも嫡出の子どもが何人か生まれたが、成人した者はおらず、一六一二年に活発な性格で戦闘的なプロテスタント信仰を持っていた国王の長男ヘンリーが亡くなったとき、王室の脆弱さが露呈された。国王夫妻の不和ゆえ、もう一人息子が生まれるということは期待できず（アン王妃は一六一九年に亡くなった）、虚弱なチャールズ王子に王朝継承の望みが託されることとなった。一六一三年に、人気のあったエリザベス王女とプファルツ選帝侯フリードリヒ五世が結婚したことで、中央ヨーロッパのプロテスタンティズムとステュアート王家の結びつきは強まった。しかしフリードリヒは、通常はハプスブルク家の帝室に属する者が選ばれるはずのボヘミア王国の王位を提供され、性急に受諾してしまった。不運にもこれが原因となって戦争が勃発し[2]〔三十年戦争〕、フリードリヒはボヘミアのみならずライン地方にあった自身の所領からも追放されてしまった〔ボヘミア国王、在位一六一九～二〇年〕。一方、一六一四年から二三年にかけて、チャールズのスペイン王室との縁組み交渉が悠長に繰り広げられた。そのため、ステュアート家を長期的に存続させるという観点からすると、チャールズは婚期を逸しかけていた。その反動で交渉終了の一年後にフランスのルイ一三世〔在位一六一〇～四三年〕の妹アンリエット＝マリー（ヘンリエッタ＝マライア）との婚姻協定が結ばれた。しかし結婚は一六二五年の五月にようやく成立した。ジェームズ一世＝六世の死から二ヶ月後のことである。王朝はふたたび、チャールズ一世とその亡命中の姉であるボヘミア王妃エリザベスというあやうい足場を綱渡りしていくことになった。新しい国王は性的に抑圧されていて、妻との関係も当初は冷たいものであったため、綱渡りの状態は結婚後五年間続いた。ようやく一六三〇年に子どもが生まれ、父と同様チャールズと名づけられた。メアリーとジェームズが続いて誕生し、よって一六三三年までに王朝はふたたび安定的に継承されていくように見えた。

王朝としてのステュアート家に有利に働いた要因としては、強力な競争相手がいなかったことがある。スコットランド人の国王として君臨した長い歴史を通じて、ステュアート家は王位を要求する際にいかなる挑戦も受けることがなかったし、スコットランドの政治的共同体の中にはジェームズ六世のスコットランド王位やイングランド王位継承権に挑戦する者はいなかった。母メアリーへの忠誠心の名残も一五七三年にメアリーの勢力が敗れて以来色褪せていき、一五八七年の死とともに消えてしまった。ステュアート家に対抗できる唯一の貴族家系はハミルトン家であり、その頭シャテルロー公はメアリーの幼少期に王国を統治していた。とはいえ、シャテルロー公爵の後継者たちの忠誠は申し分なかった。ジェームズは、あえて第二代ハミルトン侯爵をロンドンに連れていき宮廷内で強い立場を与えた。ハミルトンはスコットランドに潜在する不満の結集点となる可能性があったが、これを王はみごとに封じたのである。主馬頭（master of horse）に任命され、一六三〇年代には王の近しい友として相談役になった第三代ハミルトン侯爵ジェームズ・ハミルトンにも、チャールズ一世は同じ策略をとった。ハミルトンが一六四〇年代にスコットランドに帰ったとき、王位を狙ったと糾弾する噂がすぐに流れた。不当な言いがかりにしろ、こうした噂が流れたことは重要である。スコットランド王位を要求しうるもう一つの家門はレノックス公爵の一族のステュアート家であり、ステュアート王家のフランス系の傍流であった。ハミルトン家に対処したのと同様の手法で、ジェームズは自分の近親者である第二代レノックス公爵をイングランドに同行させ、国王寝室（bedchamber）の長に任命してイングランドの爵位と褒賞を与えた。レノックス＝ステュアート家は、ハミルトン家に比べはるかにイングランド化した。最後に残った競争相手、アーベラ・ステュアートは一六〇三年にジェームズの障害になりえた存在であり、サー・ウォルター・ローリーとその徒党はまさにそれを狙っていると言われていた。同年六月にメイン陰謀事件が発覚し、イングランドで新国王に反対意見のあることが露呈したが、じつは陰謀者たちの敵意は、ジェームズよりも宮廷で優勢だったセシルの派閥に向けられていたのである。しかも簡単に捕縛され投獄されてしまった。アーベラはこれに無関係であったが、厳しく監視され、結婚を妨害され政治的に骨抜きにされていった。一六一〇年、〔ウィリアム・シーモアと〕秘密裏に結婚したために彼女は国王を激怒させ、やがてロンドン塔に投獄され、そこで一六一五年に死亡した。

どんな政治システムでも、統治者個人の性格はきわめて重要である。君主国ではまさにそうだ。過去数世紀にわたるイングランド王位継承者のなかで最も経験を積んだ統治者が、一六〇三年三月に三王国を継承した。ジェームズの継承は難しいものであった以上、統治の経験は欠かせないものであった。イングランドのスペインとの戦いは長引いて、その意味さえ見えなくなっていた。教会に対する不満は広まり、王権は大きな財政問題を抱え、議会は何十年もの苦情を溜め込み新国王が解決に動くよう願っていた。失政と反乱が続いたアイルランドの状況は、さらにひどかった。ジェームズ一世＝六世は新しい職責をこなすのに、スコットランドを治めた二〇年あまりの経験を活用した。もちろん彼の一六〇三年までのスコットランド統治には失敗もあった。たとえば貴族や家臣に対し、ときに判断ミスを犯した。また財政に無責任だったといえるし、必要以上に教会に介入した。こうした過ちをジェームズは一六〇三年以降も繰り返した。しかし一五九〇年代半ばまでに相応の政治的安定を確保するなど、ジェームズは優れた手腕を発揮していた。とくに重要事項において忍耐強く、長期的視野に立っていた。このような面で、たしかにジェームズは、人生の大半を費やしてエリザベス一世による後継指名を待っていたという事実から想像されるとおりの人物であった。外交においても個人を相手にした駆け引きにおいても、平和的な妥協を模索した。余裕がないときですら、良き奉仕には報いる必要があることに気づいていた。こうした点も一六〇三年以降、ジェームズの統治の特徴でありつづけたのである。彼は議論好きで、避けられたはずの政治的な論争にたびたび巻き込まれた。その一方でジェームズは統治術や魔術について本を書く思慮深い知識人であり、情熱と理性を持って宗教論争にかかわった。王は狩猟に夢中になり統治を長く留守にするなど、移り気な一面もあったが、基本的には勤勉に働いた。人付き合いを好み貴族たちとは親しく交流したが、平民は軽蔑していた。一六〇三年にイングランドとアイルランドの国王になった三七歳の男は、このような性格の持ち主で、次の二二年間の治績は、彼を知る人からすれば自然な流れであった。

チャールズ一世〔在位一六二五〜四九年〕は父とまったく異なる性格だった。二五歳の大人として即位し、王位が人を変えることはないようだった。不安に強く支配されていたという点が彼の性格を解明する鍵となる。権威主義的な命令は、その不安の表れであった。体は小さく心も狭かった。国王になるまで自分は軽く扱われているという感覚を乗り越えようと、くじけそうになりながら戦った。というのも、初めは長兄ヘンリー、のちにはジェームズの寵臣たちのために影が薄かったからである。チャールズは父の持っていた知的な視野の広さと柔軟性を持ち合わせず、そのかわりに狡猾さがあった。秩序正しさに固執し、こだわりは宮廷の礼儀作法から教会の儀式におよんだ。ほとんど妥協できない性質で、妥協は弱さの表れとみなし、長期的目標を達成するためには短期的に譲歩するのも必要だとは考えられなかった。チャールズの人間関係はもろいものになりがちであった。臣下の忠誠心をかきたてはしたが、不信感を持たれることも多かったのである。何よりも、王権に対する見方が硬直しており、実際的ではなかった。しかしながらチャールズ一世は悪人でもなかった。家族に対してとても強い思い入れがあり、良心の導きを深く意識する穏やかで敬虔な人物で、勤勉かつ手際よく働いた。後年、死に直面したチャールズは勇敢だった。その勇敢さは、一六二三年のスペインへの旅でも見えていた。父王が回避したいくつかの問題に正面から取り組もうと決めたが、これにはうなずけるところもあった。チャールズは芸術を愛し、優れた収集家であるとともに見識ある目利きで、趣味のよさと礼儀正しさへの関心に問題はなかった。

ブリテンの合同

一六世紀のほとんどの時期にわたって、王冠の合同（regal union）〔同君連合〕が起こるかもしれないとされてきた。そのため、王冠の合同がどのようなかたちをとるのか、またこれをどう解釈すべきかについてゆっくりと考えることができたはずである。しかし案に相違して、一六〇三年の時点でも「ブリテン」の概念は曖昧で、それをどのように構成していくのかも準備不足だった。ジェームズ一世＝六世は、一六〇四年一〇月に自分がグレート・ブリテンおよびアイルランドの国王であるという布告を出している。その国王にしてみれば、ブリテンとは実体も感知できるし明白なものであった。国王にとっては、遠い昔に失われたブリテンの統一を神が回復させたのであり、それゆえ単独のブリテン国王が支配するプロテスタント帝国[3]を造ることは神意に適ったことなのであった。当然、その結果としてブリテンの宮廷、教会、議会が生成され、政府と行政の機能は融合し、法は統一され、共通のシンボルの使用が行われ、単一の通貨と経済政策が考案される。さらに政治的忠誠心や宗教、言語の共有からブリテン人が生まれるはずであった。これがジェームズ一世＝六世の理想であったが、これを共有する者はほとんどいなかった。世の中にはあらゆる神話があって、ブリテンというイデオロギーが拠って立つのも、神話に大きく依存していた。しかしこれでは、イングランドとスコットランドに強く根を張るナショナル・アイデンティティの抵抗に打ち勝つことはできず、アイルランドの分裂した共同体どうしを結びつけることもできなかった。ブリテンという名称すら憤激を買い、イングランド人は国王が宣言するブリテン国王という称号すら拒んだのだ。つまるところブリテンという考えは、知的枠組みを多様化させる方向に関心を惹きつけ、ジェームズのような洗練された人びとの知性に訴えかけたのみであった。一六〇七年の議会の会期では国王のブリテン構想に反対が表明された。しかしブリテン構想にしっかりした土台も見通しもないことは、一六〇七年の反対のはるか以前から明らかだったのである。

したがって、同君連合による制度的な統一が最小限に留まり、三王国が偶然、同一人物を国王に戴くにすぎないという状況は、当然の成り行きであった。もちろん、イングランドとアイルランドの政治的関係は特殊で、イングランドとスコットランドの関係や、アイルランドとスコットランドの関係とは異なっていた。王国としてのアイルランドは一五四一年にヘンリー八世によって創り出されたものだが、イングランド人の総督（lord deputy）に統治され、議会はイングランドの枢密院に注意深く監視されるなど、イングランドの王権に服属していた。一六〇〇年代のサー・アーサー・チチェスターやサー・ジョン・デイヴィスから一六三〇年代のサー・トマス・ウェントワースにいたるまで、イングランド人の官吏は自分が計画的なイングランド化政策を進めているとみなしていた。たとえばデイヴィスは旧イングランド系グループの地位を切り崩すために、議会がずっと開かれなかったこととコモン・ローとをいいように利用した。その一方で法廷に訴えてゲールの権力（tanistry）および土地の分割相続（gavelkind）を攻撃し、ゲール社会の基礎を浸食した。アイルランド人の法律家はというと、ローマ・カトリック信仰のために司法に携わることを法によって禁じられていた。とはいえ、法律家の不足のため一部は業務を続けていた。一六二八年、ようやく王権はアイルランドのローマ・カトリックが司法に携わることを認めたが、その条件として忠誠誓約を行うこととロンドンの法学院で五年過ごすことを課した。その結果、一六三〇年代までに同化が進んでいると考える統治者も多くなった。一方、スコットランド人は、アイルランドでイングランド人と同格に扱われ、アイルランド議会の議席やダブリン行政府の官職、アイルランド国教会の聖職を得た。さらに経済活動における独占権を認められ、またアルスター地方への植民にも熱心に参加した。イングランドの統治者の意図がどうであれ、アイルランドで繰り広げられていたのはブリテン化の計画であり、ブリテンという単語が最も広く用いられていたのはアルスター地方においてであった。

ジェームズ一世＝六世は、イングランドとウェールズの関係を揺るがさなかった。一六一〇年には、長男ヘンリーをプリンス・オヴ・ウェールズに叙した。これは、ウェールズ人の支持をステュアート王朝に引きつけておくための手っ取り早い策であった。一五三六年のイングランドとウェールズの間に起こったような合同こそ、イングランド＝スコットランド関係が帰着する基盤として理に適ったものであるという考え方に、ジェームズはしだいに傾いていった。この合同は、スコットランドをより大きなイングランドに吸収合併するというかたちの統合を意図するものであって、まさにこれは、イングランド人に好都合となる「完全な合同」であった。アイルランドやウェールズのようなかたちでの統合を、スコットランド人が受け入れなかったのも当然である。スコットランド人は、ゆるやかな同君連合と連邦的な仕組みのあいだのどこかで手を打ちたいと考えていた。ところが連邦制はイングランドの国制の諸概念とはかみ合わなかった。双方のかみ合わない考え方がぶつかって相互不信を呼び、一六〇四年に王が行った議会の合同という試みは挫折した。それ以降、制度的合同への動きは緩慢になった。イングランドとアイルランドの議会はスコットランド人に対する敵対的な法を廃止した。両国間の自由貿易の実験も行われた。もっとも国王の財政的窮乏のため、一六一〇年には関税がふたたび賦課されている。両国の枢密院のメンバーは、わずかに重なり合っていた。スコットランド教会《カーク》は換骨奪胎され、イングランド国教会のような外観を帯びてきた。さらに単一の宮廷こそ、治下の諸領域の政治エリート層を結びつける役割を果たす、最重要の制度的な絆であった。

このような宮廷という舞台装置は、ジェームズが掲げる、ブリテン人の創生という理念実現への頼みの綱であり、諸民族の「心」の合同が育まれる場であった。たしかにジェームズとチャールズ一世の宮廷は民族の枠組みを越えていた。スコットランド人は、とくに一六一七年までは宮廷の重要な地位を占め、その数は小国の割に多かった。国王寝室についても同様なのは、とても重要である。その後はバッキンガム公爵ジョージ・ヴィリアーズが頭角を現して均衡が崩れ、スコットランド人の勢いは揺らいだ。しかし一六三〇年代ですら、主馬頭や近衛隊長（captaincy of the guard）などの宮廷内の最も重要な職はスコットランド人の手に渡っていた。スコットランド人の突出が、ジェームズの治世初期にイングランド人の憤りを買っていたのも理解できる。しかしこうした不満が高じ、国王に、旧友スコットランドと新しい同盟者イングランドのどちらを選ぶのかを迫るという事態にはおよばなかった。大きな視野で考えると、宮廷は接触点として統合的な役割を担った。国王の引き立てをめぐる競争が繰り広げられる宮廷という舞台に、三王国の貴族が引き寄せられる一方で、そこでは貴族間の社交や通婚が展開された。たしかにブリテンの貴族階級というべきものが、各王国出身の貴族階級の中から形成される状況ではなかった。しかしイングランドの称号、妻、役職、収入を得たスコットランド出身の貴族、たとえば第三代ハミルトン侯爵などは、重複するアイデンティティを使い分けはじめたのである。同様にアントリム伯爵ランダル・マクドネルは、一六三〇年代にアイルランドの軍閥貴族であると同時にブリテンの宮廷人となり、結婚によってヴィリアーズ一族と結びついた。しかしこのような例でも、統合が進んだからといって、ナショナル・アイデンティティへの本来の忠誠心が克服されたわけではなかった。

　ブリテン人意識が貴族支配層より下の階層に浸透することはなかった。数少ない例外は、おそらく教会体制の統一を進める目標を持ち、ブリテンをその旗印に用いた聖職者たちだけであろう。ところで一六〇三年のジェームズの即位以後に生まれたスコットランド人は、イングランド法廷によりイングランドで生まれた臣民と同様の法的権利を有すると判断されることになっていた。この重要な判決を示したのが、一六〇八年のカルヴィン裁判[4]であった。しかしながらこの判決は、ナショナル・アイデンティティについて述べているというよりも、むしろ国王大権の範囲を告知しているのである。ナショナル・アイデンティティは、法廷で形づくることができるような底の浅いものではない。むしろ地理的、政治的、宗教的、文化的な要因といった深い基盤があって生まれてくるのである。イングランド国内の視点で見ると、イングランドは地域ごとの根強いローカリズムに圧倒されているようであったにしても、イングランド人であるという意識は、広く共有されていた。スコットランド人意識も、同じように確固としていた。ただし留保が必要である。スコットランド人意識には、低地地方《ローランド》の類型と高地地方《ハイランド》の類型[5]があり、両者は激しく競合していて、緊張関係が生じていた。この緊張関係は、単一のスコットランド人意識の形成にとって創造的な役割を果たすこともあれば破壊的な場合もありえた。またオークニー諸島とシェトランド諸島では、スカンディナヴィアへの帰属意識が存続した〔両諸島は一四七〇年代初頭にノルウェー領からスコットランド領となった〕。スコットランド王権がスカンディナヴィアの残滓に攻撃的な政策を採用したにもかかわらず、それは消えなかったのである。アイルランドの場合は、アイデンティティはもっと問題含みであった。というのも打ち続く植民と征服で混交が生じており、またその過程でゲール系、旧イングランド系（Old English）、〔テューダー朝期から入植した〕新イングランド系（New English）、スコットランド系という、相重なりながらも互いに不信感を抱きあう社会集団が作り出されていたからである。しかしながら、これらすべてのナショナル・アイデンティティや地域への帰属意識は、持続的で広く理解されていた。王権が推進するブリテンという人工的なアイデンティティは、この点で力不足であった。

　ステュアート王権が周縁地域に展開させた政策こそ、王権がブリテン人としての野心を保持した結果といえる。その〔周縁地域に対する〕野心はイングランド、アイルランド、あるいはスコットランド的な性格を持つというよりも、まさにブリテン的だったのである。一六〇三年にブリテン島の政治権力が一つになってから、二つの地域ではっきりとした力関係の変化が現れた。その第一の地域は、イングランドとスコットランドとの境界地域であった。

ここは半戦闘地域であることをやめ、ジェームズが予想したように「中央諸州」となった。かつては国境であった双方の側から協調した警備行動がなされて、法と秩序が一定程度保たれるようになったのである。第二の地域はスコットランドの高地地方《ハイランド》とアイルランドにまたがるゲール系世界である。ゲール系世界は、これまで英語圏がイングランドとスコットランドの二王国に分断されていたのを利用してきたが、それがもはやできなくなった。一六〇三年にアイルランド和平が成立し、一六〇五年ルイス島への植民がなされたがこれは失敗した。一六〇七年にはアイルランドのゲール系貴族が逃亡した。エディンバラ流の文明化された社会に、西部高地地方《ハイランド》の族長たちを結びつける意図で一六〇九年のアイオナ法令が出された。さらに一六一〇年にアルスター植民が始まった。いま述べたことがらはみな、ロンドンとエディンバラがともにブリテンという角度からゲール系世界に対処するようになったがゆえに起こったのである。

外交政策

言うまでもないことだが、外交政策は国王によって決められ、その国王の治める諸王国すべてを従わせるものである。したがってそれぞれの構成地域の外交が競合するといったことは、無意味である。一六世紀においてはテューダーとステュアートの君主国は、ともに「帝国《エンパイア》」であると主張し、一五四〇年代にはテューダー朝がスコットランドをその至上権《インペリウム》のもとに収めようとした。ジェームズ一世＝六世はこうした膨張的なエネルギーを、いっそう野心的な方向に振り向けようとした。ジェームズの理想としてのグレート・ブリテンは、キリスト教世界の主要な帝国の一つとなり、ヨーロッパのプロテスタントを率いて、カトリック教会の守護者神聖ローマ帝国皇帝に対抗できる存在となることであった。さらに、やがてこの二つの信仰共同体を和解させることを視野に置いていた。これはジェームズが至高の存在であると自負していたことを示す典型例である。エリザベスの死の前ですら、この役割を自ら演じたいと考えており、スカンディナヴィアとドイツ諸邦の支援を求めていた。帝国というテーマは、ジェームズが三つの王国を治めているということと、そしてブリテンの地理的な位置により弾みがついた。すなわち、ブリテンは海によって隔てられているため、帝国のおよぶ範囲を拡張しようとする主張は、島を取り囲む海域の外までその対象を広げたからである。帝国が「文明化させる」責任の範囲は、スコットランドの高地《ハイランド》地方西部からアイルランドにまで広げられた。それには帝国の中核をなすプロテスタントの人びとを、植民者として送り込む手法がとられた。帝国の支配は北アメリカにも根を下ろし、一六〇七年にジェームズタウンが築かれた。さらに他の植民地も作られた。一六一〇年にはニュー・ファウンドランド、一六一二年はバミューダ、一六二〇年にはノヴァ・スコシア、一六二七年にはバルバドス、その一年後にリーワード諸島に築かれたのである。この時期に、攻撃的で投機的な性格を持つ一連のイングランドの貿易会社も設立された。一六〇七年にインド北西海岸のスーラトに交易の本拠地を築いた東インド会社は、その一つである。

　しかしながらジェームズの治世の外交政策の中心はヨーロッパにあり、彼はキリスト教世界の再統一をなんらかのかたちで実現させようとした。その序幕として和平の確立を決意し、一六〇三年六月二三日という即位のすぐ後に、イングランド＝スペイン戦争を終結させた。ジェームズは臆病者ではなく、自国内の反逆者に対しては戦場に出て戦った。けれども戦争を強く嫌悪し、乗馬以外の武芸には興味がなかった。むしろ国家間の争議を解決するには、争っている国の支配者たちとの外交使節による筋の通った議論こそ最善の方法であるとジェームズは信じていた。国王は戦争という攻撃的で費用のかかる外交には関心がなかった。またプロテスタントの利害が脅かされている地域を軍事力で守ることからも、一歩引いていた。軍事力行使の代わりに、一六〇四年から〇八年にかけてスペイン、フランス、ネーデルラント連邦共和国（北部七州）と一連の条約を締結した。さらに、スペイン王家からチャールズ王子の花嫁を迎えるための交渉についても、成立がほとんど絶望視されていたにもかかわらず、努力を続けたのである。このようなジェームズの外交政策の本質は、イングランドをスコットランドの方針に従わせるということであった。この方針は、全ブリテンに大いに有益であるとわかってきた。スコットランド国王としてのジェームズは、大陸に不倶戴天の敵を持たなかった。宗派の違いにより緊張関係が生じたものの、スコットランドは概してフランスやスペインに友好的であった。幸運にも、スペインとの戦いをこれ以上長引かせても意味がないと気づいた人びとがイングランドにも多くいた。そこでジェームズは、戦争よりもヨーロッパにおける勢力均衡を外交努力によって築きたいと望み、スペインとの結婚交渉を一六一四年から一八年まで続けた。ただしこれは結局、実を結ぶことはなかった。

　一六一八年に中央ヨーロッパで戦争が勃発した。ジェームズの平和への願いが潰えていく過程の始まりであった。イングランドでは、国王の政策がローマ・カトリック寄りではないかという疑いが（とりわけ宮廷でのアルミニウス主義の勢力伸張に照らして）くすぶっており、またエリザベス時代はプロテスタント国家として輝かしい勝利に包まれていたという郷愁も再燃していた。そのような状況にあるイングランドに大きな憤激をかきたてる危険を承知のうえで、ジェームズは追放の身の義理の息子、プファルツ選帝侯フリードリヒに援軍を出すことを渋ったのである。フリードリヒの領地は一六二〇年に神聖ローマ帝国側の軍によって蹂躙《じゅうりん》されていた。一方、スペイン王家との縁組みの可能性が、一六二二年から二三年にかけてふたたび高まった。しかしスペインの要求はまたしても非常に厳しいものだとわかった。外交的な選択肢がなくなって初めて、ジェームズは旗幟を鮮明にすることにした。しかし彼はこの段階ですら、チャールズ王子とバッキンガム公爵、そしてイングランド議会における彼らのいささか心許ない協力者たちが唱導していた戦闘的な「海上覇権」の戦略（'blue water' strategy）をとるのを拒否した。

チャールズ一世は治世初期に、人気取りに傾斜する攻撃的な外交政策を追求した。一六二五年にスペインを攻撃し、それから翌年にはフランス王女アンリエット＝マリーと結婚したばかりであるにもかかわらずフランスとの戦争に突入した。一方、イングランド議会は、戦費への拠出に対し気前よく認めることはなかった。それゆえ戦闘開始以前から、国内に緊張が走っていた。ネーデルラントおよびドイツ諸邦内に対する軍事支援が高くつくことがわかってきたからである。ブリテンの軍事力がどうしようもなく役立たないとなると、政治的危機が急速に顕在化してきた。とりわけ軍事力を掌握したバッキンガム公爵の指揮下で、一六二五年のスペイン軍港カディスおよび一六二七年のフランス港湾都市ラ・ロシェルへの遠征が失敗すると、政治的危機はいっそう深まった。イングランド議会によって煽られたステュアート君主国の好戦的主張は、遠征の失敗で虚勢にすぎないことがわかってしまったのである。軍事的な失敗による惨事が連続し、人員と資金が必要となり、宮廷とイングランド議会では党派抗争が熾烈となった。そのイングランド議会自身、戦争を要求しながら戦う資源を提供しないでいたのである。憤りはだんだんとバッキンガム公爵に向かい、暗殺が一六二八年八月に起きるべくして起きた。スコットランドでも、戦争が人びとの不満に火をつけていた。かつてないほどの税金が徴収されたにもかかわらず、スコットランド人は昔の同盟国であったフランスとの戦争には乗り気ではなかった。一六二九年四月にフランスとの間で、そして七ヶ月後にスペインとの間で講和が成立した。これは、財政問題に対処しないかぎり、三十年戦争に介入するには軍事力不足であることをブリテンが認めたことを意味していた。イングランド議会は国王に資金を供給する代償として、統帥権以外の国王大権を奪おうとしていた。このように厄介な議会なしでも済むように、国王は、戦争不介入の選択を不本意ながら受け入れたのである。したがって一六三〇年代を通してチャールズ一世は、ヨーロッパの政治舞台においては端役に甘んじた。そのため、ローマ・カトリシズムの伸張を食い止めたり、フランスの勢力拡大を阻止したりすることはできなかった。

宮廷

一七世紀初頭のステュアート朝の宮廷は三王国の政治生活のまさに中心にあった。こぢんまりとしたスコットランド宮廷は、たびたび財政難に陥った。ジェームズ六世はそこから、壮麗な偉容を誇る新しいブリテンの宮廷へと駆け上がったのである。おそらく自身の運命で最大の変化であったであろう。ロンドンの王室家政（宮内府《キングズ・ハウスホールド》）の管理のために雇われていた人数は、スコットランド王国を運営管理するにあたって王権のもとで直接雇用されていた人員と比べても勝っていた。しかしジェームズは、新規の間借り人のようにテューダー朝の宮廷にただ滑り込んでいったわけではない。老いた女王が中心であった厳格な組織を、働き盛りの活動的な国王が中心の流動性のある制度に変えた。宮廷の裾野にアクセスすることはより簡単になった。しかし同時に宮廷の中核は、スコットランド人優位の国王寝室（bedchamber）として維持され、緻密に制御されていた。ここでジェームズは、ダンバー伯爵サー・ジョージ・ヒュームやケリー伯爵サー・トマス・アースキンのような昔からの友人や奉公人とともに、私的な時間を過ごした。国王寝室の外には国王私室（privy chamber）があり、ジェームズ治世のほとんどにおいてやはりスコットランド人が優勢だった。この外側に宮内府と宮廷の残りの機関があった。たしかにチャールズ一世のもとで、国王寝室はメンバー交替した。スコットランド人が大幅に減り、バッキンガム公爵が出入りするようになると、国王寝室の政治的役割は目立たなくなった。けれどもその基本的な構成は変わらなかった。ジェームズ一世＝六世とその息子の治める複合君主国の支配層で、大望や野心を抱く者は、宮廷こそみずからの政治的な運を試す場であった。大貴族であれ、国の最高位の官職保有者であれ、宮廷とその中核の聖所へ入ろうとし、国王の最も信頼されている奉公人に自分たちの要請を通してもらおうとした。イングランド国務卿(secretary of state)やスコットランド大法官やアイルランド総督は、ジェームズやチャールズの近侍になったことはなかった。しかし王に内密で意見を述べたり国王の身近で仕えたりする男たちを無視できる者は誰もいなかった。

宮廷の構造がこの二人のステュアート家の君主のもとでほとんど変わらなかったとしても、雰囲気は明確に異なっていた。当時吹聴された評判によると、ジェームズの宮廷は道楽三昧で淫らであり、酒宴や暴力沙汰、強欲に満ちているということであった。また、国王自身に同性愛的傾向があり、それに助長されて宮廷はいかがわしい性的出会いの場になっていると言われていた。一六一五年のサマーセット伯爵の没落はこうした評判をいちばんよく表している。サマーセット伯爵夫妻はサー・トマス・オーヴァベリーを共謀して殺害した廉《かど》で糾弾された。このオーヴァベリーは、サマーセット伯爵夫人が前夫、第二代エセクス伯爵と離別するのに反対した人物であった。ここでは誰もが買収されそうであった。国王も金銭、称号、官職をめぐる激しい競争の熱に巻き込まれていた。一六一五年当時、ジョージ・ヴィリアーズはそれほどの名門出身ではなかったが、肉体的魅力を放っていて、国王は感情面で彼に頼りきっていた。それを武器に、彼は八年後の一六二三年には公爵の地位へと流星のように出世した。その出世は国王と親密になることで何が可能だったかを示している。やがてバッキンガム公爵ジョージ・ヴィリアーズは、位階を売りさばきあくどい汚職に手を染めて、国王から恩顧《パトロネージ》を受けることの価値を下げてしまった。宮廷生活が統合的に機能するための社会的義務というものが存在し、暗黙の了解として、そこに暮らす人びとの間に網の目のように張りめぐらされていた。この網の目をバッキンガム公爵の所行が大いに圧迫したのであった。それとは対照的に、チャールズ一世の宮廷は趣味が良く、抑制がきいていて、秩序立っており、バッキンガム時代の狂熱は公爵の死後に鎮静化の方向に向かった。一六三〇年代には、洗練され費用のかかる仮面劇が宮廷で演じられており、牧歌的な田園に平和的に君臨する王と王妃の聖なる結婚が、その仮面劇の中心的なメッセージとなっていた。王は危険なほど現実離れした手法で自身の想像上の世界を構築していた。他方、一般の認識、とりわけイングランドのピューリタンやスコットランドの長老主義者たちの認識はどうかといえば、彼らは宮廷が政治的腐敗と宗教的な堕落の象徴であるという想像を抱きつづけていたのであった。

　宮廷がどのような魅力を放っていたかといえば、それは国王からの恩顧を得ることができることであった。これに批判的な人物ですら、宮廷に足場を築こうとした。それゆえ、一見唐突なウェントワースの爵位叙任および一六二八年の北部評議会（council of the north）〔リチャード三世が設立し、一五三〇年にヘンリー八世がヨークに再設立した北部イングランド統治のための組織〕議長への転身も、王の恩顧を得たとみれば、理解できる。官職、報奨金、あるいはさまざまな報酬が、王から分配された。分配の対象に入れてもらうためには、本人自身が宮廷にいるか、かわりに口添えしてくれそうな推挙者《パトロン》が宮廷にいることが必要だった。最も実入りのよいのは宮廷に基盤を置く官職で、国王手許金管理官（keeper of the privy purse）や宮内次官補（groom of the stole）といった官職だったが、さらに国王私室侍者（gentlemen of the privy chamber）のような宮廷内の端役も、王との距離の近さを利用し、報奨金、年を重ねた負債の処理、跡継ぎが年少であった場合の後見の手続きや結婚、営業独占権について有利に取り計らってもらうことで、裕福になろうとした。したがってスコットランドの官職からイングランドの爵位やアイルランドでの没収地の下賜にいたるまで、宮廷は、あらゆる種類の恩顧を勝ち取るための競争が行われる巨大な競技場なのであった。一六三〇年、次期スコットランド財務府長官（treasurer of Scotland）代理の人事をめぐる争いはエディンバラでは決着させることができなかった。そこで対立する二派がロンドンにやってきて、私的なロビー活動や中傷を繰り広げた結果、ようやく決着した。ひとたび宮廷での信頼が衰えはじめると、誰も官職に長く留まっていることはできなかった。また一六一二年三月のソールズベリー伯爵の死去の場合と同じく、有力な推挙者の失墜や死の影響はその恩恵を受ける者にとって深刻な事態だった。

ジェームズ一世＝六世による恩顧の采配は、一つの役職や下賜金を複数の人間に与えるなど、支離滅裂であった。王は臣下の失望を買うのを嫌がったし、果たせない約束をする傾向もあった。さらにそれにいくらかかるのか、という点も無頓着であった。これらが相まって周囲の臣下に王の恩顧を得る期待が高まり、政治的安定を揺るがすまでに競争が激しくなった。こうした競争の激化は王の立場を強くする側面があったものの、やはり宮廷のシステムに緊張をもたらした。国王自身も利害関係を持った恩顧分配者が頼みごとを押し通そうとする圧力に、四六時中耐えなくてはならなかった。国王私室という私的な空間にまで、国王の奉公人たちが頼みごとを持ち込んできたのだ。バッキンガム公爵が出世し恩顧の配分を独占的に管理するようになって初めて、国王は毎日続いた苦行から解放された。腐敗は溢れ誰も驚かなかったが、事実が暴露されると、政治家としての経歴はやはり終わる可能性があった。イングランドの大蔵卿（lord treasurer）サフォーク伯爵が一六一八年に、スコットランドの財務府長官代理（treasurer depute）であったエリバンクのサー・ギデオン・マリーが一六二一年に、権力の座から失墜したのも、その証である。サマーセット伯爵を失脚させた不倫と殺人の泥沼は、王の寵臣ですら、運の尽きるときがあることをみごとに示していた。バッキンガム公爵は、すべてが金しだいという風潮を宮廷生活に蔓延させたが、一六二八年に公爵が死亡するとチャールズ一世は恩顧の授与への管理を強化しようとした。チャールズはある程度節約を奨励し、そして父王の治世の特徴ともいえた、少数の人びとによる官職と富の急激な増殖は途絶えた。それにもかかわらず、富める者が宮廷に影響力を行使し、さらに宮廷への影響力から財を成すという相互依存の関係は続いた。その好例が第三代ハミルトン侯爵（宮廷においてスコットランドに関する国王の主要な相談役となっていた）である。彼は、ほとんどの国家官吏が持ちえないような政治力を獲得し、さらに宮廷から恩顧を得て財を築く機会を手にした。

財力の源や王への接近を求めて宮廷人士が競争するなかで、特定の目的を実現するために集まった貴族、官吏、国王の奉公人が私利のために派閥を組むようになった。たしかにジェームズは宮廷での政治的論議を容認していたが、この時期の派閥形成にはしばしば真の思想的紐帯が欠けていた。同君連合以前にも国王は派閥争いの激しいスコットランド宮廷を統轄していたため、イングランドの統治にあたってスコットランドと同様の分断策を用いた。またジェームズは、自分のもくろみに適うとみればその党派の目的を実現させた。その実例が、一六〇三年のサー・ウォルター・ローリーの失脚だった。血縁関係は重要であった。たとえばイングランドのハワード一族とスコットランドのアースキン一族は郎党たちを緊密に結びつけていた。派閥形成には地理的な要因も重要であった。すなわち国政上や地域の対立関係が、宮廷の派閥抗争に舞台を移して繰り広げられたのであった。一六〇〇年代〔具体的には一六〇三年から〇九年まで〕には、スコットランド人がまとまって政治的圧力をかけるということはなく、ダンバー伯爵のような権勢のある個人も同国人に敵がたくさんいた。ヨークシャー州出身のウェントワースにも同郷の敵があり、一六三〇年代を通して宮廷でつきまとわれていた。アイルランドを地盤とする事業家、コーク伯爵リチャード・ボイルは、一六四〇年から四一年にかけて、総督ウェントワースに止めを刺す攻撃を仕掛ける際、総督に敵対する新イングランド系住民を動かすことができたのである。

恩顧をめぐる葛藤のみで、これらすべての権力抗争が起きたとみるのも誤りであろう。政策の賛否も、連合を形成し、あるいは対立を深め、宮廷、議会、地方を結びつけた。ハワード一門は親スペイン的外交政策を主張し、バッキンガム公爵はアルミニウス主義〔八五～六頁に後述〕を擁護した。またスコットランドを出身とする宮廷人の間には、ライヴァル関係にある党派があったが、一六二五年の廃棄法〔五九～六〇、九一頁に後述〕に対し、ともに一致して反対の態度をとった。このような状況すべてが、宮廷の内外に影響をおよぼした。ほとんどの場合、政治的成功の鍵は宮廷における駆け引きに勝つことであった。スコットランド人が一六三七年に反乱を起こすまでは、弱い立場の者が国王に政策を指図するようなことはなかったのである。

三王国の各枢密院は宮廷とは別組織といえるが、それは宮廷を王室家政という狭い意味で捉えるとの前提がある場合のみである。顧問官の地位が、宮廷の恩顧の采配によって獲得されることはたびたびあったし、それぞれの顧問官の背後には、競合する宮廷内の派閥がついていた。たとえば一六一五年のサマーセット伯爵ロバート・カーの失脚により、イングランド、アイルランド、スコットランドの枢密院のメンバー構成に変動が起こった。とはいえ、ブリテンを統治しているそれぞれの枢密院は、国王寝室や、開会中の議会の代替となりうる権力中枢を体現していた。一六〇三年までに、ジェームズ六世のスコットランド枢密院は、雑多な嫉妬心を抑えたかたちで内包してはいるものの、分別のある落ち着いた組織へと成長し、一五九〇年代初頭に見られた政治的な分裂状態から脱していた。国王は治世の末まで、スコットランド枢密院を大きく変えることはしなかった。大法官ダンファームリンや財務府長官マー、大主教〔スコットランドについても、宗教改革後の Archbishop をイングランドにならって大主教と表記した。なお一七世紀前半のスコットランドには、セント・アンドルーズ大主教とグラスゴー大主教が存在した。ジョン・スポッティズウッドはセント・アンドルーズ大主教であった〕スポッティズウッドを十分に信頼し、国王の仕事を委ねていたのである。スコットランド枢密院は業務を巧みに処理し、国王が誤ると臆せず進言した。それゆえ、国王不在の統治であっても、スコットランドが顧みられている証とされた。したがって一六〇三年から二五年までのスコットランド統治は、一六世紀初頭以来最も成功していたのは疑いない。ジェームズはイングランドでもいくつかの点で同じように行動した。すなわちエリザベス一世の枢密顧問官を引き続き用いたが、すぐに人数を倍増してスコットランド枢密院により近い大きさにし、少数の経験ある者たちとともにサー・ロバート・セシルを留任させて国王の政務を処理させた。国王は一党一派に偏らないようにしていたため、セシルの死後にハワード一門が勢力を伸ばしたとき、一門の敵も引き続き枢密院に同席させた。これと対照的にアイルランドの枢密院は独立性の点で劣っており、合議制の組織としての性格も弱くて、総督の子飼いの組織という色合いが濃かった。それゆえウェントワースは比較的短い期間でアイルランドに大きな影響をおよぼすことができた。このようなことは、国の最高位の官吏ですら、同僚を押しのけて上から指示するなど望みようもなかったスコットランドでは、無理であったろう。

　バッキンガム公爵が出世すると、スコットランド枢密院は彼から干渉を受けはじめるようになった。しかし彼はスコットランドでは、宮廷で権勢のあるスコットランド人と手を結んだのであって、アイルランドでのようにみずからの手下を枢密院に送り込んだりはしなかった。スコットランドにおいてジェームズの作り上げた政治のバランスが真の意味で狂ったのは、チャールズ一世がジェームズの死後に枢密院と高等民事裁判所〔スコットランドの民事における最高法廷〕の関係を練りなおそうとしたときからである。父王の選んだ枢密顧問官たちはたしかに経験豊かであったが、老いを隠せなかった。国王はこうした老顧問官たちの立場を弱め、忠告に耳を貸さず、むしろ枢密院は自分の命令を実行する組織へと変わるべきだと主張した。一六三〇年代半ばまでに、スコットランド枢密院は王に依存しきった顧問官ばかりとなった。すなわち王に任命された主教、生え抜きの官吏、あるいは第六代モートン伯爵のように巨額の負債を抱えた高位の宮廷人などがメンバーだった。イングランドではジェームズ一世＝六世が枢密院を操る手段として党派の存在を大目に見た結果、枢密院は宮廷および議会での論争に引きずり込まれた。これはバッキンガム公爵の出世の後も続いた。一六二〇年代初頭の議会におけるバッキンガム公爵への攻撃は、サウサンプトン伯爵やオックスフォード伯爵など同僚の枢密顧問官が煽っていたのである。一六二六年の議会を経験した後、国王はバッキンガム公爵の敵対者を排除すべく、バッキンガムの仲間や恩顧を受けた者を敵対者と入れ替えはじめた。そのため枢密院の効率性はいちだんと高まったが、広い観点からの提言をなす能力は劣化した。一六三二年までにチャールズの見解への異議申し立てほぼ消滅した。親スペイン政策を追求するのは本来論議を呼ぶはずであったが、これに対してもなんの異論も起きなかったのである。

議会

ステュアート朝の国王は、三つの議会に対応せねばならなかった。その三つは議院の構成や議事手続きが異なるため、それぞれに合った運営が必要だった。北アメリカのヴァージニアのジェームズタウンに一六一九年、新しい立法府が成立した。この事実から、ステュアート君主国の人びとが審議機能を持つ機関を重要視していたことがわかる。けれどもこの時期の政治史においては、議会を実態より大きく考えがちである。アイルランド議会はイングランド議会の淡い影にすぎず、その立場がポイニングズ法（一四九四年のアイルランド議会の立法。アイルランドで議会を開催し法案を導入するには、事前にイングランド国王と枢密院の同意を必要と定めた法）のためロンドンの枢密院の強い影響下にあったという事実は隠しようもなかった。一六二六年から二八年にかけて王権は、宗教面で譲歩するかわりに歳入を増やすことを目指してアイルランドの臣民と交渉に入った。しかしアイルランド議会は召集されず、そのかわりに総督フォークランドがダブリンで貴族やジェントリを集めて交渉した。この事実から、アイルランド議会は支配層に諮る数ある手段の一つにすぎないとみなされていたとわかる。一方、スコットランド議会は、構成からして他の二つの議会とは大きく異なっていた。イングランドとアイルランドの議会はそれぞれ貴族院と庶民院を別々に持っていたが、スコットランド議会は一院制で、その中に主教、貴族、州と都市代表の三身分、あるいは主教、貴族、州代表、都市代表の四身分が存在し、さらに国王の官吏も出席した。スコットランド議会の眼目は業務を迅速に処理することであった。そのため会期は短く、議論は最小限で、提案された立法は満場の議会で一回しか読み上げられなかった。法案（articles）作成を進め、立法の細則を決めるという困難な業務は法案作成委員会

（Committee of the Lords of the Articles）という代表機関が果たした。これはイングランドの庶民院とは、じつに対照的であった。イングランドの場合は、必要もないのに議論を長引かせたり、派閥抗争を行ったり、的外れな路線に陥ったりしやすかったのである。スコットランド議会も、立法権を独占していたわけではなかった。臨時身分制議会（convention of the estates）が時限立法を制定することができたからである。イングランド議会は最も複雑な機関で、議事手続きが高度に発達し、その結果この機関特有の自意識が醸し出されていた。みずからの社会的地位に敏感な土地所有者の世界において九〇の州選挙区の議席の一角を占めることは、大きな意味を持っていたし、言うまでもなく、こうしたイングランド議会は、三王国のなかで最有力者たちを代表していた。このような理由で、イングランド議会は最重要であるとみなされていたのである。そして、一六〇四年の合同案に関する審議や、一六一〇年の大契約、一六二四年のスペインとの関係、一六二八年の権利の請願などのイングランド議会の動きは、国王にとって、アイルランドやスコットランドの議会のいかなる行為よりも、はるかに重大な問題となった。

議会の会期中であれば、その威信は三王国のどの議会もきわめて大きかった。しかしいずれの議会も継続的に開会されず、ほとんどの期間、議会は三王国の政治生活に周縁的な役割しか担えなかった。とくにアイルランドについてその傾向が強い。イングランドでは議会は一六〇四年から〇七年、一六一〇年から一一年、一六一四年、一六二一年から二二年、一六二四年から二六年、一六二八年から二九年まで開かれた。スコットランドでは一六〇四年、一六〇六年、一六一〇年、一六一二年、一六二一年、一六三三年に開かれたが、臨時身分制議会も一六一七年、一六二五年、一六三〇年に開かれた。アイルランドでは一六一三年から一五年および一六三四年にしか議会が開かれなかった。一六〇三年から三七年の間の三五年間のうち、議会が開かれなかった期間はイングランドでは二〇年分、スコットランドでは臨時議会も含めて二六年分に達し、アイルランドでは議会が開かれたのは四年間のみであった。しかも三五年間のうち一四年間は国王の領土において、立法のための会議がまったく開かれなかった。その空白期間のうち最長だったのが、一六三五年から革命後〔スコットランドでは一六三七年七月に祈禱書の反乱が起きて体制が転換し、一六三八年以降実質的に契約を奉ずる契約派が政権を掌握していた〕にスコットランド議会が開かれる一六三九年までであった。したがって大部分の近世の支配者と同じように、ステュアートの国王たちも代議機関の召集を避けようとしたといえる。国王が召集するおもな目的は、税金に関する交渉をしたり王権に都合のよい法を通したりすることであった。一六一〇年、スコットランドの教会に対し国王の至上権〔royal supremacy〕を設定したのは、後者の例に入る。たしかに三つの議会すべてが司法的機能も担うことになっていたが、王権はめったに使わなかった。ところが一六二一年には一六一年ぶりに大法官ベーコンが弾劾されて失脚した。これにより議会の司法的機能が、王権に逆らって行使される可能性も出てきたといえる。一方、三王国の議会を通過したほとんどの法が平議員によって提出された法案であったことは覚えておく価値がある。

　政治的イデオロギーについては、意見が分かれていた。とくにイングランドにおける論点は、国王がどの程度、三身分の上に立つか、あるいは国王はどの程度、「議会における国王」〔king-in-parliament〕という概念によって正当化された権威を持つか、ということであった。スコットランドでは、政治の主権がどこにあるかに関する論争においてイングランドほど議会に焦点が当てられることはなかった。とはいえ政治的権威を正当なものとするのに決定的な役割を担うのは議会であるという点を、どの論陣につく論者も認めていたのである。国王にとって重要なのは、こうした議論に勝つことであり、ジェームズ一世＝六世はこの論争に個人的に足を踏み入れた。スコットランド議会は国王の「天覧法廷」にすぎないと述べ、イングランド議会を国王の「顧問大会議」と描写した。こうした国王の発言はたんなる言葉のあやにすぎないが、本当の闘いは議会運営をめぐるものであった。三王国すべてにおいて、議会の召集、閉会、解散の権利が国王大権に含まれていたとはいえ、議会運営は、王国ごとに大きく異なっていた。議会を国王の政策に賛同するメンバーで固めるとなると、明らかにアイルランド議会が最もやりやすかった。すでに一六一三年までに、庶民院ではローマ・カトリックの一〇〇人の議員に対して、プロテスタントの新イングランド系の議員が一三二人と、数で新イングランド系が上回っていた。アイルランド議会には総督が注意深く目を光らせてもおり、一六三四年、ウェントワースは手腕をふるって、議会に合計五万ポンドとなる六種類の特別税を認めさせている。そのうえ、仮にアイルランドで国王の意志に反した法が制定されたとしても、イングランド枢密院で承認を受ける必要があったのである。スコットランドでは、国の官吏や主教が一院制議会の成員となっており、国王に従順な投票行動は彼らが中核となっていた。国王が恩顧を与えれば、たいてい主要な貴族の支持を引き出すことができた。貴族は、国王が新しい爵位を与えればついてきたのである。さらに王権は州や都市の代表選出にも介入した。またスコットランドにおいて、王権がとりうる最重要の議会運営の手段は、法案作成委員であったが、国王から指名されてこの地位を得た者が増えてきていた。もっとも法案作成委員会は比較的大規模で、身分代表が集まったという面がまったくなかったわけではない。議事は、法案作成委員会の承認がなければ、ほとんど議会という公開の場で論じられることはなかった。すなわちいくつかの点で、満場の議会の持つ役割は、法案作成委員会の決定を追認するだけになっていた。

　イングランドにおいてジェームズは、議会がどのように動くのかについて理解しようと大いに努力した。実際ここでの国王の仕事は、スコットランドよりもはるかに難しいものであった。イングランドでは国王に仕える大臣はたいてい貴族院のメンバーであった。二つの議院は、法案を綿密に審査する大きな権力を持っていたので、両院を通過させるために大臣は懸命に働かねばならなかった。例えば一六〇四年に、国王は問題視されている選挙を法廷で決着をつけさせるべく努力したが、議会はその動きを部分的に頓挫させた。もし国王の努力が実を結べば、議会は下位の権威に服することになったからである。選挙もさほど簡単には操れなかった。議席争いにもほとんど関心が持たれなかったアイルランドやスコットランドに比べ、イングランドでははるかに大人数の有権者が各州の選挙のプロセスにかかわっていた。おそらくイングランドの成人男性の三人に一人におよぶ割合で、人びとが選挙に参加できた。少なくとも庶民院の議席の四分の一が、貴族院に議席がある貴族の影響下にあり、また庶民院の三分の二に達する人数が土地所有貴族の出身であった。法王教（popery）と呼ばれたローマ・カトリシズム[6]と敵対すべきか否かなどの耳目を集める争点は、選挙運動において重要な役割を果たしていた。イングランドの一般の人びと、とくにロンドンの人びとが国家の政治問題について論議していたことには動かぬ証拠がある。一六二〇年代には、王権にはイングランドの選挙をうまく運営する能力がなくなっていた。このためチャールズ一世は一六二九年に議会抜きで統治を行うことを決定し、一一年にわたる「親政」が始まったのである。

一七世紀初頭には、国王の政府や政策への反対を体制内で認め機能させる「陛下に忠良な野党」（loyal opposition）という概念はなかった。国王は利害関係の絡んだ党派からさまざまな忠告を受けたが、不満の矛先は国王の大臣たちに向けられるのであって決して君主ではなく、国王は評判の悪いしもべをいつ辞めさせるかを決めるだけであった。チャールズ一世はバッキンガム公爵に肩入れすると決めたため、一六二〇年代のほとんどの時期、王とイングランド議会の関係はきわめて緊張した。たしかに一六二〇年代に問題が多発したのはイングランド議会であったとはいえ、三王国の議会はいずれも、王の政策が反対を受ける公開討論の場を提供したのである。一六〇三年以前にスコットランドの議会や臨時身分制議会では、とくに徴税に関して、ジェームズ六世は毎回後退を余儀なくさせられていた。イングランドとの同君連合の後、国王の地位が高まり恩顧の範囲も広がった。さらに法案作成委員の影響力が強まって、ようやく王はスコットランド議会の統制を強めたのである。議会が一院制であるため、議会操縦という点でスコットランドの大臣はイングランドの大臣よりも有利に事が運べた。イングランド議会では枢密顧問官のなかに有害無益な内紛が起きていたが、スコットランド議会にこうした例はほとんどなかったのも大きい。けれども、国王がスコットランド議会の協力を得るのは、けっしてあたりまえのことではなかった。一六二一年に財政および宗教政策に対する反対が沸き起こり、ジェームズの大臣たちは厳しい試練にさらされた。また一六三三年のスコットランド議会には、反対者の個人名まで知っているチャールズ一世が不機嫌さを隠さずに臨席していたのだが、それにもかかわらず財政や宗教に関する国王の提案に対し、恐る恐るではあるが不満の声が上がった。スコットランドにおいては、国王が最後は自分の思うように事を運ぶのが常であった。しかしその代償は大きかった。憤激が膨らみ、それが一六三九年から四一年にかけての議会でついに形となった。この議会は国王の権威を崩壊させてしまったのである。

アイルランド議会がほとんど開催されなかったことで見えてくるのは、王権が議会を運営できるかどうかに対して、想像以上に大きな不安を抱いていたという点である。たしかに、召集された二回の議会はともに総督を困らせることになった。一六一三年に二八年ぶりに議会が開かれた際、ローマ・カトリックの議員たちは、王権による議長職の扱いに抗議して議場から去った。議会の閉会に続いて苦情の請願がロンドンに提出され、これが二年後の総督チチェスターの解任の一因となった。一六三四年にはアイルランド枢密顧問官のサー・ピアース・クロスビーが、王権の提出した比較的問題のない法案に攻撃を仕掛けて成功した。これに総督ウェントワースは立腹し、総督が権力の座から転落するまでの七年間、クロスビーは嫌がらせや不当な扱い受けつづけることになった。

ステュアート朝の国王たちは、イングランド議会が最も手ごわいとわかってきた。ジェームズ一世゠六世は、国王の立場を悪くするような政治的議論に身を乗り出す傾向があった。国王が主張するには、スコットランドの身分制議会は彼の言い分を通してくれる議会であった。こうしたスコットランド議会の利点を挙げて、国王はイングランドの議員に訓戒を垂れたのであった。もともと国王にはイングランド議会とスコットランド議会を合同させる計画があった。しかし一六〇四年のジェームズ治世最初の議会は、この合同計画に対する強硬な反対に直面し身動きがとれなくなり、一六一一年の解散にいたるまで立ち直れなかった。解散時には、後見権[7]や徴発権[8]などについての長年の苦情をめぐる対立関係に悩まされていたのだ。一六一四年四月から六月にかけての混乱議会《アデルドパーラメント》は、徴税賦課の問題をふたたび取り上げた。このとき宮廷の各派閥は対立派閥を攻撃する機会を捉え、議事を妨げて何も成立させなかった。一六二〇年代の議会も同様の派閥政治を特徴としており、王の大臣たちが同僚から攻撃された。一六二一年の大法官ベーコンに対する攻撃、一六二四年の大蔵卿クランフィールドに対する攻撃、一六二五年から二六年にかけて起こったバッキンガム公爵に対する攻撃などがその例である。さらに派閥政治は、適切な歳入管理を差し控えることによって政府の機能を弱体化させたうえ、国王大権を論ずるように見せて、法的な問題で無用の議論を展開させることになった。これらの方法は相手の力を奪うためにたびたび行われた戦略的手段であったが、それらを用いて一六二四年にはチャールズ王太子すら、みずからの戦争計画に反対するクランフォードを破滅させるために議会を操っている。一方、イングランド議会内には、ヨーロッパでは権威主義的な君主たちが権力を強めているという見方があり、イングランド議会は代議制による統治を守る最後の砦になるのではないかという不安があった。こうした不安は誇張されているにしろ、広まっていった。他方、議員の意見が真二つに分かれるような現実の重要課題もあった。たとえば一六二五年にジョン・ピムは、宮廷に影響力をおよぼしているアルミニウス主義〔第三章訳註4を参照〕を攻撃した。思想をめぐる闘いは、スコットランド議会でこれより四年前にパースの五箇条〔七七〜八頁に後述〕をめぐる対立で表面化しており、ピムの攻撃も、スコットランドの場合とよく似た思想的な闘いであった。議会が歳入を確保しバッキンガム公爵への攻撃を終わらせる交換条件として、一六二八年にチャールズ一世は権利の請願を受諾した（その後に取り消そうとしたが）。明らかに議会は、国王大権を縮小させようとしていたのである。一六二九年の会期は劇的だった。議長フィンチがその地位から引きずり下ろされ、庶民院は徴税と宗教における新規の提案に対して三つの反対決議を通過させた。その後チャールズ一世は、いまの状況が続くと予想されるあいだ、議会からの助言などはもう受けないでやっていくと決意した。国王からみれば議会はあまりにも扱いづらく、口出しがすぎたからである。

財政

一六世紀および一七世紀のヨーロッパの支配者は、誰でも深刻な財政問題を経験していた。政府の機能拡大と施策の経費増大に、財源の手当てが追いつかなかったからである。とりわけ戦費が負担であった。スコットランドの国王としてのジェームズ六世は同時代の大半の君主より窮乏していたし、エリザベス一世も倹約に努めていた。じつは両者は根源的に同じ問題を抱えていた。王権の通常の収入源が激減していたにもかかわらず、統治機構を円滑に回していこうとして、ともに困難に直面したのである。ジェームズ一世＝六世は一六〇三年で以前よりはるかに裕福になったが、エリザベスの大きな負債も受け継いだ。それとともにイングランド王権は戦争すらしなければ戦費よりははるかに少ない額でどうにか日常の支出を賄えるだろうとわかっていた。また莫大な税金逃れによって徴税システムは弱体化していた。したがって臨時の収入を得るため、王の役人たちはシステムの改変に取り組まねばならなかったが、払うべき政治的代価は大きかった。残念なことにジェームズは、自分が新たに統治する王国、すなわちイングランドの財政構造に限界があるということを十分に認識できなかった。また、たとえイングランド王権の足場の弱さを理解していたとしても、節約に励むことはできなかっただろう。ジェームズは結婚して家族がおり、その所帯はエリザベス一世よりも物入りだった。さらにジェームズは、昔からのスコットランドの友人たちに報い、新しく臣下となったイングランド人にも気前よくする必要があると、強く意識していた。それゆえ宮廷の濫費は、財政運営の観点では思慮を欠いたといえるかもしれないが、政治的には必要であった。即位後数年で王権のイングランドにおける負債は五九万七三三七ポンドにまで膨らんだ。国王の気前よさに歯止めがかからなかったためである。一六〇九年には出費が五〇万ポンドを超過した。王家の土地も大幅に売却されたので地代収入も失われ、ジェームズもこれ以上は下賜金は出せないと認めざるをえなかった。

一方スコットランドでは、一六〇三年後の数年で国王の負債はなくなり、国王の収入は報奨金の支払いに振り向けられた。国王のいない政府は安上がりな政府であった。一六一七年に国王がスコットランドに行幸して二〇万スコッツ・ポンド（一万六六六六スターリング・ポンド）がかかった。そこで枢密院は国王不在の利点を痛感し、王権の財政状態がふたたび危険水域に達しないかと心配した。しかしながら、過去には、一五九五年に国王の財政を健全化させるため任命された八人衆《オクテイヴィアンズ》が財政改革を導入したものの、宮廷人たちに潰されたことがあった。一六一七年以降、財務府長官マーや、その跡を継いだ後任の者たちが幾度となく支出を削減しようとしたが、やはり宮廷人たちの保身によって挫折した。スコットランド以外でも王権は支出を減らす道を探ったが、同じように報奨金や贈与の削減に直面した宮廷人たちから強固な反対に遭った。たとえば一六一八年にいたるまで、ハワード一門はイングランドで財政に関し、どのような捜査が行われてもうまく妨害していた。その後にクランフィールドが行ったイングランドおよびアイルランドにおける支出の見直しは、六年後に本人が弾劾されて終了してしまった。したがって三王国すべてにおいて歳入不足を支出削減で穴埋めすることはできなかった。そこで王権がやむなく圧力をかけたのは、さらなる収入を生み出しそうな人びとであった。

恒常的な課税がなければ、王権が政治的手腕をふるう余地は非常に限られたものとなった。これゆえ国王の利用できる収入の流れを限界まで広げようと多くの努力が払われ、これは報われることとなった。ジェームズ一世＝六世のもとでは、賦課と、営業独占権や称号の売却、以前に貸し出して未回収になっている債券を探し出すこと、国王が封建領主として行使する諸特権の復活などあらゆる方途が活用された。それにもかかわらず、一六一七年までには負債が七二万六〇〇〇ポンドになっていた。これはバッキンガム公爵が国王の財政に対しておよぼした悪影響が完全に表面化する以前のことであり、イングランドもまだ平和であった時期のことである。それにもかかわらず、負債はテューダー王朝から受け継いだ額の二倍に近づいていたのである。戦争にはさらに莫大な費用がかかるという事実に直面し、チャールズ一世は収入増のために、よりさまざまな方策をとるようになった。一六二八年に設立された土地保有権欠格処理委員会[9]（commission for defective titles）はその一例である。アイルランドでも徴税以外の収入増のために同じような戦術がとられた。一六一三年には年額六〇〇〇ポンドの上納金と引き替えに関税徴収権が請負業者に与えられ、一六三〇年代にはウェントワースの徹底政策[10]（policy of thorough）により、国王の歳入がかなり増加した。スコットランドの歳入は三王国の全収入から見ると比較的少額であったが、ここでもしだいに官吏は、国王が封建領主として持つ臨時収入を搾り取るようになり、さらに一六三三年の悪貨製造や独占権売却のような正当性を欠く不人気な財政施策を遂行せねばならなくなった。

上記の方策では不十分な場合、残された選択肢は課税であったが、これは政治的に大きな危険を伴うというのが、王権の抱えるディレンマだった。もっともアイルランドとスコットランドでは、この危険はイングランドほどではなかった。イングランド議会は王権に譲歩を強いるほど、強い立場にあった。一六二八年にアイルランドのローマ・カトリックたちは、「恩寵」（graces）と引き替えに王に一二万ポンドを提供することに同意した。「恩寵[11]」とは、国王の至上権を認める誓いの強制を緩和し、所領の保全を確約し、国教忌避（recusancy）の罰金[12]を課さないという約束であったが、この取り決めは資金が支払われるや王権によって完全に反故《ほご》にされてしまった。とはいえ、アイルランドをブリテンの君主にとっての資金集めの場とすることは容易ではなく、ようやく一六三〇年代の末になってウェントワースが国王に黒字を献上することができたのであった。だが、ウェントワースが資金を引き出す手法は、最も厳しい搾取の対象となった新イングランド系のプロテスタント住民を激昂させることになった。スコットランドでは一五九〇年代には、臨時税として以前より多額の税金を支払うことが受け入れられるようになってきていた。ただし一五九九年から一六〇〇年の臨時議会では歳入が拒否されるなどかなりの抵抗もあった。一方、同君連合によって宮廷費が不要になるという幸運が舞い込み、一六〇六年まではスコットランドの税収は支出を超過していた。しかしこの年になって、国王の官吏には財政をめぐる厳しい現実がわかってきた。一六〇六年以降に開かれた議会と臨時議会は課税を認め、スコットランドにおいては一〇万スコッツ・ポンド（八三三三スターリング・ポンド）が国王の収入に毎年補充されるようになった。これはスコットランドの経済力相当の額とはいえ、少額といえよう。それでも一六一七年から一八年頃に経済および政治の状況が悪化した際には、負担となった。一六二一年、議会は多額の地税に加えて、石炭や塩といった基本的な物資について消費者を対象に多種の新税を導入し、一方で利子収入にも課税して、国王の財政の危機を回避した。しかしながらチャールズ一世は、二二万三九三〇スコッツ・ポンド（一万八六六〇スターリング・ポンド）という通常の収入に対して一五万九〇〇〇スコッツ・ポンド（一万三二五〇スターリング・ポンド）程度の深刻な負債をいまだに受け継いでいた。これは戦争の影響が出る前のことであり、それゆえ一六二五年の認可によって集められた税金はほぼ全額、負債の利子を払うのに当てられた。平和が戻った後も、ブレイドのウィリアム・ディック[13]のような債権者に王権が負っている債務と報奨金の請求書は通常の収入を超過しており、破産をかろうじて食い止めるには徴税とさらなる借金に頼ることになった。同時に王権は通貨操作や関税改定、スコットランドの資源を搾り取るため宮廷が立案したイングランドとの共通漁業政策など、不人気な経済政策に手を染めた。こうした方策はみな人びとの敵意を煽った。

　しかしながら最も問題になるのはイングランドの税金であった。イングランド議会は、賦課や国王の封建領主としての権利に基づく諸税など、いちだんと不評となっていた通常財源を国王にあきらめさせるため、税収の承認権を行使すると決めた。この決定が、国王にとって大きな障害となった。一六〇六年のベイツ裁判（レヴァント会社の商人ジョン・ベイツが輸入税の支払いを拒否して法廷闘争に持ち込んだが、ベイツが敗訴した）では関税に関する国王大権が拡大され、国王はこの税を議会の同意なしに徴収できるようになり、二年後には新しい関税表によっていまだかつてないほど幅広い輸入品目に税を賦課しようとした。それにもかかわらず、収入の不足はずっと大きな問題でありつづけた。ソールズベリーは一六一〇年の大契約に際し、先々を見通した計画を立てて努力を傾注した。これは毎年二〇万スターリング・ポンドの恒常税および王権の負債の整理と引き替えに国王の封建領主としての諸権利を譲渡させるという交換協定を取り決めようとしたものであったが、取引で損害を被るのではと国王がしだいに疑いを強めたため、この計画は挫折してしまった。この挫折により恒常的な税収入を欠いたことは平時にも悩みの火種であり、その結果、国王はさらに多額の資金を借り入れたり、一六一一年の強制借入や称号売買のような財政施策に依存せざるをえなくなった。さらに重要なのは、王権には戦争遂行に必要な資金が惨めなほど欠如していた点である。チャールズ一世も一六二〇年代半ばにはこの事実を知っていた。一六二一年の段階で、三十年戦争中のドイツ諸邦に効果をもたらすような介入をするというなら、五〇万ポンドかかると推測されていた。しかしイングランド議会は一四万スターリング・ポンドを軍事行動に提供すると票決したにすぎない（スコットランドでは続く四年間にわたり、総額で三万三〇〇〇スターリング・ポンドの予算を認めた）。とはいえ一六二四年、一六二五年、一六二八年のイングランド議会はさらなる資金供給を認めた。また一六二五年の議会は、ワインのトン税と輸出入にかかるポンド税という二つの臨時税を一年間に限って認める予算が認可されたものの、これは条件つきの認可であって、王権側の不満を高めただけであった。チャールズ一世は強制借入を導入するにいたったが、これは激しい議論を呼んだ。とはいえチャールズはこれによって一六二七年に二四万スターリング・ポンドを稼ぎ出し、強制借入が徴税よりももっと効果のある歳入増加の手法であることがわかった。しかしながら政治的代償は大きなものであり、同年に五騎士裁判[14]で法的な異議申し立てがあった。この裁判では国王は支払いを拒否する者を裁判なしに投獄できるという原則が確立された。こうしたことはみな、ただただ不信と憤慨の炎に油を注ぐこととなり、王権の歳入増加戦略は一六二八年に議会によって断罪され、一六二九年には庶民院の分裂が進行する一因となった。そうこうしている間に戦時中の王権の負債は二〇〇万ポンドという驚異的な額に達した。チャールズ一世は一六三三年および一六三四年にスコットランドとアイルランドの議会にさらなる税金を要求し、不承不承ながらそれぞれの議会は増税を認めざるをえなかった。一方、イングランドでは、国王はこうした施策のかわりに非常に効果的な地方税である船舶税〔中世において、戦時の船の艤装や海岸防衛のために国王大権によって課された賦課金。チャールズ一世の船舶税に対して、庶民院議員ジョン・ハムデンが反対の声を挙げた〕に頼った。これは一六三四年から三八年の間に八〇万スターリング・ポンドの純益を出した。当初は海岸沿いの州に導入されたが、徴税範囲はすぐに内陸の州にまで拡大され、王権の財政面での強制取り立ては不法だと主張する人びとを焚きつけることとなった。しかし船舶税に対する反対論は、当初ほとんど問題にならなかった。問題が顕在化したのは、一六三九年にイングランドが国王の引き起こしたスコットランドとの問題に巻き込まれてからのことである。戦争の回避、出費の引き締め、賦課のような別の歳入増加策が効果を表したこと〔一六四〇年までに年間二五万スターリング・ポンドの額に達していた〕、森林法の復活、騎士負担金などによって、議会の承認を必要とする課税が王権にとって以前ほど重要でなくなってきた。それゆえイングランド議会を召集する必要はしだいに小さくなったのである。

地方統治

国王と宮廷、三つの議会と三王国を構成する地域社会の人びとは、個人的でもあり、かつ制度的でもあるやり方で接触していた。スコットランド国王としてジェームズ六世は基本的にエディンバラ、リンリスゴー、フォークランドを往復していたが、北東部の反乱を鎮圧したり、国境地帯に赴き法廷を開いたり、西部の貴族を訪問するなど、遠い場所にも定期的に赴いていた。一六〇三年より後には、国王はスコットランドを一六一七年にたった一回訪れただけで、三年ごとに戻ってくるという約束を果たすことはとうていできなかった。チャールズ一世も自分の生まれ故郷を再訪するのには消極的であった。チャールズは即位からかなり時間が過ぎた一六三三年に、自分の戴冠式に出席し議会に臨席するため、スコットランドに短期間旅立ったのみであった。ジェームズとチャールズの行幸のどちらも、スコットランド人の失望を買った。スコットランド人と国王との間に物理的な距離ができて両者のやりとりがいかに疎遠となってしまったかを、行幸は如実に示した。チャールズ一世による一六三三年のスコットランド行幸は逆効果であったというだけではない。国王の政策に対するスコットランドの反対派がまとまる決定的な契機になったといえるであろう。アイルランドは完全に無視されていた。前任のテューダー朝の諸王もアイルランドに行きたがらなかったし、ステュアート朝の諸王も同様であった。ウェールズも国王が出向くにはおよばない所と思われていた。ジェームズ一世＝六世とチャールズ一世はイングランドの外に足を踏み出したがらなかったし、さらにイングランドの臣民に対してもあまり姿を見せたくないと思っていた。イングランド北部の人びとも、国王を見る機会はスコットランド行幸のための往復時だけであった。ロンドン周辺の州では王家の人びとが狩猟に出かけたり一握りの廷臣を訪問したりしていた。そのような点でも両国王は、エリザベス好みの大がかりな行幸を真似て人気取りをしようとは思っていなかった。臣民の圧倒的多数にとって、両国王は宮廷という雲の上の存在で、政治的地位にある者にとってすら状況はあまり変わらなかった。スコットランドのパースシャー州、アイルランドのゴールウェー州、ウェールズのグラモーガン州、イングランドのヨークシャー州でも人びとの見方はほぼ同じであった。

　国王が不在のとき、地方では国王の官吏がその代理を務めた。こうした官吏の大部分は世襲の土地所有貴族の出身であり、最もこれにあてはまるグループが、爵位貴族や、爵位のないイングランドおよびアングロ・アイリッシュのジェントリ、スコットランドの裁判領主(baronage)、そしてゲール社会の族長であった。低い社会的地位に生まれた者が地元の役職を得ることはあったが、それは珍しかったうえ、彼らは、まず社会的人脈や富を獲得し、それによって貴族とその価値観に結びついたのちに、役職を得ていたのであった。コーク伯爵はカンタベリーのあるジェントルマンの息子として生まれたが、商才を発揮してアイルランドに大きな利権を獲得することができた。最初の爵位を獲得したのは一六一六年であったが、みずからの富と権威で貴族社会に受け入れられてから、すでに長い時間が経過していた。行政職が平民から出るのは都市においてだけで、都市でも貴族がいたるところで最大限介入した。もちろん貴族といっても、アーガイル伯爵、オーモンド伯爵、ペンブルック伯爵、ノーサンバランド伯爵など広大な領地を所有する大貴族から、小規模な教区のジェントリやレルド[15](laird)まで、地位と権力には大きな幅があった。規模の大小にかかわらず、ブリテン島とアイルランド島全域で、地方社会は貴族家系に支配されていたのである。彼らは血縁や庇護による絆で相互に結ばれており、血統や名誉、ジェントルマンとはどうあるべきかといった価値観を核心部分で共有していた。ウェールズ北部やスコットランド高地地方《ハイランド》西部のような遠隔の地域社会にあっても、ジェントリと氏族の長は国の政治や文化といったより広い世界に惹きつけられていた。こうした支配エリートの内部で、階級の違いによる対立が起こることはまずなかった。しかし地域の支配の網を誰が握るかについては、有力家系のあいだで熾烈な対立劇が繰り広げられていた。イングランドの州における議席争いの場であれ、アイルランドにおける植民用の没収された土地の分配の場であれ、スコットランドおける準国王特権領[16]の裁判特権をめぐってであろうと、対立は激しいものであった。人事をめぐる対立が地方政治の問題であるとはいえ、人事権の配分に対して影響力を行使することで、王権は地域社会へのてこ入れをすることができた。一方、国王と地域社会をつなぐ回路となっている宮廷への仲介人たちが、宮廷での派閥政治と地域社会における対立抗争のなかで決定的に重要な人脈となっていった。アイルランドでは、バッキンガム公爵の出世を反映して、その部下であまり際立った身分の生まれではなかったサー・オリヴァー・セント＝ジョンが、ハワード一族に後援されていたサー・アーサー・チチェスターに代わって一六一六年に総督に任命された。その後すぐにヴィリアーズの人脈はアイルランド王国じゅうに広がり、一六二四年以降のコナハトの植民地化の追い風になった。

　貴族家系の人脈が相互に絡み合って大きなネットワークを形成し、それがさまざまな経路で国王につながる複雑なかたちをとっていたにしても、国王の権力が行使される行政の構造は未発達で比較的単純であった。表面的には、三つの王国はよく似た地方統治のシステムをとっていた。それぞれの王国は州（shire）や郡（county）に分けられ、州統監（lord lieutenant）や州長官（sheriff）、治安判事（justice of peace）、そして都市では市長（mayor イングランドおよびアイルランド）や市長（provost スコットランド）のような国王の官吏が統轄していた。こうした共通の構造は、ノルマン人の制度に由来するものであったが、この装いのもとに重要な違いが隠されていたのである。アイルランドでは、地方統治を統轄した総督が、新イングランド系の入植者による植民地型の統治機構を押しつけようと奮闘していたが、しかし人員不足のためアイルランド人も地方官吏に任命せざるをえなかった。とはいえ、アイルランドの地域社会は、一六〇六年にアイルランドの法務長官に任命されたサー・ジョン・デイヴィスの監督のもとで相当な干渉を受けたのであり、それは、イングランドやスコットランドの官吏には想像できないほどに強力なものであった。公式な植民地化がなかった場合であっても、法の悪用と新イングランド系住民集団の富のせいで、土地所有のあり方は大きな影響を受けた。一例を挙げると、スライゴー州では一六四一年以前の八〇年間に土地の約五〇パーセントが所有者を変えた。おそらく一七世紀前半において政府がみずからの力を示した例のうちで最も目を惹くのは、アルスター地方において五〇万エーカーの土地への植民が成功裏に組織され実行されたことである。この結果、それまでゲール文化の圧倒的な優位のもとにあったこの地は、取り返しがつかないほど大きく変容することとなった。

　イングランドの地方統治においては、王権にとって最も重要な人物は州統監で、通常は地方において王の目となり耳となって動く大貴族に与えられる役職であった。毎年任命される州長官は通常ジェントリから出ることになっており、その行政責任に基づく業務はきわめて煩雑であった。そのためあまりこの役職に就きたがる者はいなかった。とくに議会選挙の時期には州長官は議会に立候補できず、ウェストミンスターで州選出議席の一つを勝ち取るという名誉を受けられなくなるので、この職を望む者はほとんどいなかった。臣民の中核となるのは治安判事であり、これもジェントリの地位にある者が就く役職で、地域の司法業務を支配していた。ジェームズ一世＝六世はこうした地方の治安判事の能力を向上させようとかなり努力した。ところがチャールズ治世の初年の一六二五年には、いままで増員されてきた人員が、効率化の観点から削減された。しかもこの削減がなされたときにちょうど仕事量が大きく増え、治安判事にとっては不利な結果になった。またチャールズ一世が、治安判事の任務に対しいっそうの責任を求め、民兵制度(militia)に介入し、ジェントリに彼らの領地を離れぬよう強要しようとしたため、地域共同体は嫌気がさしていた。王権が自前で給与を払う地方官吏というものはいなかったため、王権は地域社会で地位を確立した一門と提携して業務を遂行するほかなかった。介入の兆しとなるような王権の発案があると、地域社会に対する自由の侵害と捉えられて、わけもなく大騒ぎになることもしばしばであった。

スコットランドの権力はイングランド以上に分権的で、地域社会のレヴェルでは国王の影響力が最小限に留まった。州統監は王が任命するが任期は限定的であった。統監は特定の軍事目的を遂行するためのもので、世襲裁判権とたびたび妥協しながら権力を行使したにすぎなかった。一六〇三年には州長官のほとんどは世襲されており、王権はうまく州長官職を買い取ったり、ときには没収したりしたものの、一六三七年の時点でいまだに三〇のうち一二の州長官職が私有となっていた。イングランドの治安判事をモデルとしたスコットランド治安判事が一六〇九年に導入されたものの、その任務は地域社会に波紋が生じるものではなく、非常に小さな警察業務に限られていた。スコットランド地域社会の実権は、揺るぎない世襲特権に基づく貴族の裁判所にあった。その一つ、直臣法廷（barony court）〔一般の直接受封者に与えられた裁判権が行使される下級法廷〕においては、あらゆる貴族がみずからの所領に対して、経済的紛争や法と秩序に関する軽微な違反を取り締まる司法権限を有していた。一方準国王特権領の裁判所においては、領主は「生殺与奪」の権利を含め国王の権力に近い力を行使していた。

一六世紀の後半、ブリテンじゅうで次から次へと反乱が起こった。一五六九年のダーシー所領の不運な領民たち[17]から一六〇一年のエセクス伯爵〔一八頁を参照〕にいたるまで、イングランドの反乱者たちはまったく成功しなかった。テューダー朝は、その権威に抗う者に容赦なかったのである。対照的に、アイルランドの反乱者はかなり成功した。王権は全力を挙げて対応しなくてはならない羽目に陥り、テューダー国家が長期の地上戦を戦うには十分な力を持たないことが明らかとなった。しかし結局、アイルランド人の反乱はみな失敗に終わった。ジェームズ一世＝六世が一六〇三年にアイルランドの国王になったまさにそのときに、新国王にとって幸運なことには、反乱の指導者タイローン伯爵は王権に服従することを決めようとしていた。スコットランドでは、まず一五六〇年のスコットランド宗教改革で、次に一五六七年にスコットランド女王メアリーが退位させられた際に、王権は劇的に転覆された。内戦、反乱、政変によりスコットランド政治は一五九四年までたびたび大きな区切りを経験した。ノックスとブキャナンの提唱した抵抗論〔ノックスは偶像礼拝を強いる君主に対して人民は従う必要がないとした。ブキャナンも暴君への人民の抵抗権を認めた〕は混ざり合い勢いを持って展開し、貴族や聖職者、聖書信仰のプロテスタントなど広範囲の人びとがそれに耳を傾けようとしていた。

スペインと反逆目的で通じていた貴族たちが一六〇七年に突然国を去ったにもかかわらず、アイルランドに対して王権は、おもに近年の歴史的経緯や、ローマ・カトリックの浸透度、スペインへの怖れのせいで、最も反乱が起きやすい場所とみなしていた。しかしながら、アイルランドの反乱者たちの無力さに加えてイングランドの官吏の厳しい警戒は、深刻な事態にいたるのを未然に防いできた。一六〇八年のサー・ケア・オドハティのデリーでの蜂起は政府にとって危険なものとはならなかった。たとえば一六一五年のアルスター地方や一六二九年のレンスター地方で見られたように、反乱が起こりそうだという怖れは表明されつづけていたものの、そうした怖れが現実化したことはなかった。一六一三年のダブリンでは、自治都市としての特権が王権によって覆されたときに緊張が走った。しかし、総じてゲール系や旧イングランド系住民は押し寄せるイングランドやスコットランドの植民者の波を驚くほど抵抗なく受け入れたのであり、これは黙従というよりはむしろ彼らの政治的軍事的な弱さを示していた。植民地化のためにアイルランドの社会の奥深くに亀裂が生じたとしても、一六四一年の反乱までは、それをうかがわせる証拠はない。しかしながら、強制された平和のもとで、亀裂が存在しなかったとはいえないのである。一六二九年、ローマ・カトリックの諸教会堂と修道院の閉鎖という、そもそも暴挙といえる政策によってダブリンで騒擾が勃発したが、これはアイルランドのローマ・カトリック共同体を怒らせるのがいかにたやすいかを示す事件であった。さらに一六三〇年代には、ウェントワースの徹底政策の厳格さのおかげでイングランドによる支配が維持できた一方で、ウェントワース個人は不評を買い、敵を作った。支配体制内の有力者のなかにも彼を追い落とす機会をうかがう者がいた。

一六〇五年の火薬陰謀事件が成功していたとしたら、三つの王国は危機に陥ったであろうが、仮に国王が殺されていたとしても、イングランドのローマ・カトリックが効果的な蜂起を継続できたとはほとんど考えられない。一六世紀前半に民衆の抗議活動が起きていたが、イングランド社会はあまり怖れなかった。そのなかでも、一六〇七年春にミッドランド地方で起きた囲い込み反対の蜂起は、失敗したものの最も深刻な事態を招いた反乱であったのだが。人びとがこのような規模で社会的抗議を組織することはスコットランドでもアイルランドでも例がなかった。イングランドの議会政治ではすぐに議論が沸騰し、また一六二〇年代には強制借入と兵士の宿泊を民家に割り振った措置は、地方住民の気持ちを逆なでした。にもかかわらずイングランドでは、ステュアート朝統治に対する不満の声がときおり挙がるにすぎなかった。たとえばデヴォン州は、ジェントリが地方統治をうまくこなし、外部の蚕食からみずからの利益を守っているような例外的な地方共同体ではなかった。コーンウォール州では地域支配層がコーンウォール公爵としての王太子の所領と錫鉱を通して王権と強く結びついていたが、国王の政策にどう対応するかについてはジェントリのあいだで意見が分かれた。宗教的不満も政治的不満に結びついた。エセクス州では、ピューリタンの共同体は侮れない勢力を持っており、この州では国王の宗教政策への違和感が表面化していた。しかし他地域も同じ状況であったとはいえない。

表面上は、スコットランドはおおむね落ち着いていた。一六一二年のオークニー諸島、一六一四年から一六一五年のアイラ島、一六二〇年のケイスネスで起こった小規模な反乱は、エディンバラの枢密院にとってはちょっとしたいらだちの種にすぎなかった。しかし面従腹背の陰で、スコットランドの地域社会は一六二〇年代後半までに、国王の官吏の力がおよばない危険域へとなだれ込んでいた。一六二五年の廃棄法の目的は、王家と教会の旧所領を再分配することで、それぞれが直面する現実の財政問題に対処し、なおかつ封建領主の借地農に対する支配権を弱体化させることであった。しかし廃棄法が真に合法的根拠を持つのか疑わしいものであったのに加えて、その導入に丁寧さを欠いたことが相まって、王権は土地保有共同体全体を離反させただけの結果に終わった。二年後に、十分の一税に関する委員会が、妥協策の一つとして設立された。しかしこの委員会の設立の結果として、土地保有に基づく社会の法的および経済的な基盤に対して王権が詳細な調査活動を行うこととなり、これが過剰な干渉と受け取られることになった。そのため非協力的な態度が広まり国王に対する憤りも増し加わった。一六一七年のパースの五箇条と一六三〇年代半ばの典礼政策はともに意図的な妨害に遭い、この妨害は相当な効果をあげた。パースの五箇条の直後に起きた騒動ののち、秘密集会が広く行われるようになり、それらは一六二〇年代の信仰刷新運動の広がりとチャールズ一世の挑発的な政策によってさらに勢いを増した。おそらく全三王国で国王の権力の解体が同じ速度で進み、しかもそれが不可避の運命であったかのように論じるのは、誤りであろう。しかし一六三〇年代までにスコットランドにおいて、王権の衰退は加速していた。それぞれの国の出来事をつなげてみると、それが国王にとっては大きな災いになりうるということもわかってきていた。

　さらに、批判に対する王権の手荒な処置は火に油を注ぎ、反対者たちは反乱へと追い込まれていった。イングランドにおいては、一六二九年にサー・ジョン・エリオット〔権利の請願に活躍し議会の特権を主張した〕がロンドン塔へ投獄され、そこで三年後に亡くなった。ウィリアム・プリン〔一六四〇年代には長老主義を信奉し論争家として活躍する〕は芝居上演を攻撃した廉で一六三三年から三四年にかけて投獄されて耳を殺ぎ落とされた。ジョン・リルバーン〔一六四〇年代にはレヴェラーズとして活躍し、パトニー討論を主導した〕は許可なく印刷物を出した廉で一六三七年にむち打ちとさらし台の刑に処された。これらはすべて、王は批判を許さないのだというはっきりした意図を伝えていた。アイルランドではマウントノリス男爵が、ウェントワースによる関税システムの運用に反対派の活動を組織したため、一六三五年に軍法会議にかけられて死刑を宣告された。反体制派はスコットランドでも弾圧された。一六三四年以降第二代バルメリノ卿〔チャールズ一世のスコットランドにおける教会政策に反対した。祈禱書の反乱以降、契約派貴族として活躍した〕にのしかかる執行猶予付き死刑判決には、他の者たちを抗議活動に参加させないように脅す意図があった。

結論

ステュアート君主国は、一六〇三年から一六三七年にスコットランドで革命が起きるまでのあいだ、どれほど効果的に複合王国の所領を統治したのだろうか。王朝の存続のため継承を取り仕切るという点においては、ジェームズ一世＝六世の即位と一六二五年の息子チャールズ一世の即位の両方によって円滑に権力を移行させることができたため、イングランドの前王朝、テューダー朝よりも成功していたのは明らかであった。テューダー朝には、他に継承権を主張する者が現れるのではないかという不安があった。しかし幸運にもステュアート家はそのような不安と無縁であり、また王家の結婚戦略は考え抜かれたものであった。さらに、ジェームズ一世＝六世が若かった頃の経験や、母メアリーと歴代スコットランド諸王のほとんどの治世において、統治に困難をもたらす出来事が起こっていたことに比べると、ジェームズとその息子チャールズ一世はスコットランドの国王として際立って安定した地位にあった。ステュアート朝が王国のいずれかを支配する権利について反論する者はいなかった。これが運営の巧みさというより幸運の産物であったとしても、継承をめぐる争いがなかったことは、注目すべき業績であった。しかしながら多様なステュアート朝の相続財産をまとまったブリテンという国家に結合するよう努力しても、さまざまな地域の自分の臣民たちをともに引き込むことはできないことが、ジェームズ一世＝六世にはわかってきていた。競合するナショナル・アイデンティティ、変化を拒む制度、狭い視野で私利を追求する傾向が絡み合って、ジェームズの努力を打ち消したからである。ジェームズはブリテンの創出という展望を完全にあきらめることはなかったが、イングランドに到着してから比較的短いあいだで、ブリテン議会などというものは成立不可能であると悟った。法と経済と統治の統合にも顕著な進展は見られなかった。ジェームズが多少希望を持っていたのは、スコットランドに主教制を再確立することによって三王国のそれぞれの教会のあり方を近づけていく方向であった。ブリテンは一人の王によって支配されていたかもしれないが、三つの別個の政治および行政のシステムによって統治されつづけるであろう。もしジェームズ一世＝六世が一六〇四年当初の意図に沿って事を運んだとして、それが誰にとっても良い結果になっていたかについては、もちろん不明である。統一された議会、単一の枢密院、グレート・ブリテンの一つの教会、拡大された自由貿易地域ができていたならば、君主国と三つの王国のそれぞれの政治的支配層の交渉を通じて双方にとってもっと受け入れやすいかたちで和解が成立し、一六三七年以後の数年間に起きた政治権力の崩壊を避けることができたのであろうか。それが王権にいちばん利益になったかは疑わしいし、スコットランドがもっと早く抵抗に沸き上がったかもしれない。しかしながら、次の一点において王権はブリテン君主国の統治者として機能することができた。それは外交政策であった。ステュアート朝はこの分野では、際立った成功を収めていた。というのも、チャールズ一世が三十年戦争において大胆な侵攻を行った一六二五年から二九年のあいだは別として、三王国はこの時期を通して平和であったのである。ジェームズ一世＝六世は自分から好んで、チャールズ一世は必要に迫られて平和を追求したが、動機は何であろうと、臣民にとっては長い期間にわたってほぼ全ヨーロッパを席巻した三十年戦争の影響を受けないですんだという結果になった。ヨーロッパにおいては、ブリテンの臣民ほど少ない被害ですんだ人びとはほとんどいなかったのである。

王朝の継承は安定しており、三王国の特質をわきまえた統治が行われ、さらに一六〇三年から一六三七年までのほとんどの期間において経費のかかる海外での戦争に巻き込まれずにすんでいた。これらすべては、政治的に成功する方向を指し示していた。ジェームズ一世＝六世はイングランド、アイルランド、スコットランドの政治的支配層との窓口として効果的に機能する宮廷をも確立した。こうした宮廷は道楽好きな雰囲気があり、混沌かつ党派的であったかもしれないが、国王、王室家政を司る奉公人、枢密顧問官、ロビー活動のためロンドンにやってくる多くの請願者のすべてが相互にかかわりあうことにより、多くの問題が合意へと導かれた。国王が議論を推奨し、自分と異なる意見に寛大であったため、国王はたいていのことがらをよく理解し、よい忠告を受けられるようになっていた。バッキンガム公爵が人事の権限を独占しはじめたときすら、ジェームズはバッキンガムに対抗する宮廷人や、スコットランド枢密院の反対意見を聞き入れつづけた。一六二一年、国王はイングランド議会に怒りをぶつけたが、庶民院にいた国王の批判者たちの言うことに耳を傾けた。チャールズ一世のもとで、これらすべては変わった。チャールズは耳を傾ける助言の幅を徐々に狭い範囲に絞っていった。ロンドンの宮廷は国王への恭順の度合いによって再構成された。つまりジェームズの枢密顧問官たちは中軸からはずされ、国王の言いなりになる者がイングランドとスコットランドで新しくその座を占めたのである。一六三二年にはアイルランドがウェントワースの強権支配のもとに置かれた。イングランド議会はまったく無視され、スコットランド議会は有名無実化され、アイルランド議会は痛めつけられた。一六三〇年代までに、チャールズ一世は自分が聞きたいことだけを言い、自分の音頭取りで動く数少ない助言者にしか耳を貸さなくなっていった。それはロード、ハミルトン、ウェントワース、コティントン、トラクェア、王妃らである。後世の人間はその後の展開を知っているからとはいえ、チャールズのこのような姿勢のもたらす結果は明白である。チャールズが統治をなすのにその手順を合理化し異論を排除せねばならないと考えたのは理解できるが、国王は一人、現実認識を失っていた。

しかし、ジェームズとチャールズが受けた助言の性格が異なるのは、明らかに宮廷の利用の仕方が両国王のあいだで異なっていたことによるのである。複合君主国のなかに、適切な助言が届かなくなるという弊害が組み込まれているわけではなかった。

ブリテンは愚かに統治されたといえるのだろうか。三つの議会すべてに、おもに外交政策、財政問題、臣民の特権としての諸自由、宗教などに関する王の政策に対して反対を表明する者がいたのは、否定しようもない。ブリテンのスペインに対する宥和策のあり方については、とくに一六二〇年代のイングランドでは意見がまとまらなかった。しかしながら戦争が思いどおりにいかなかったため、平和を追求するジェームズ一世＝六世や、戦争不介入の方針をとった一六二九年から三〇年以降のチャールズ一世に対して、反対する意見が沸き起こることはなかった。けれども、全三王国において王権が財政的に脆弱であったのはもっと深刻な問題であった。国王が迅速かつ柔軟に行動する能力を殺ぐばかりか、収入が不十分であったうえ、政治的意思を持つべき政治国民（political nation）がこの収入問題を処理できなかったため、ジェームズ一世＝六世とチャールズ一世はともに、不評でかつ法の網をかいくぐるような集金手法を考えざるをえなかった。王権はイングランドに対しては、賦課、強制借入、船舶税を、スコットランドに対しては地代への課税（借入の利子も含む）、銭貨製造のやりくり、十分の一税に関する委員会を、アイルランドに対しては「恩寵」をめぐる不誠実な取引を、それぞれ押しつけた。スコットランド人に対する徴税は比較的軽く反感もいちばん小さかった。アイルランドには服従以外ほとんど選択肢がなかった。最も抵抗したのはイングランド人であった。もしステュアート王朝の両国王の財政施策があまりに過酷であって、その過ちに責任を取るべきというのなら、国王大権について無理な要求をしたという点では、イングランド議会も同様に過ちに責任がある。ジェームズ一世＝六世もチャールズ一世も、国王大権について議会に対して大きく議歩することなどありえなかったからである。

ここで国王の自由裁量権についての相反する考えが諸王国議会の自由や地方の特権と衝突した。ジェームズ一世＝六世は国王には絶対的権威があると過剰に要求したとはいっても、やはり現実には妥協が必要で自分の権力には限界があるとわかっていたので、やむなく国王は庶民院に敬意を払い、スコットランドの貴族の世襲裁判権も認めていた。対照的に、チャールズ一世は議会の存在そのものを脅かすように見えた。チャールズはアイルランドの旧イングランド系住民の権利を踏みにじって彼らを離反させ、廃棄法を施行してスコットランドの土地保有階層を怒らせ、強制借入で資金を集め、民兵制度を改革しようとしてイングランドの各地方の神経を逆なでした。もちろん、ブリテンが一六三〇年代までに不満で沸き立っていたとはもはやいえまい。政治的危機が迫っていたなどとは意識しなかったのが大勢であったとする証拠も、三王国全般にわたって十分ある。しかし政府に憤激している国王の臣民もたくさんいた。たしかに一六三七年より前の初期ステュアート朝ブリテンには、ほとんど反乱がなかった。したがってチャールズ一世がスコットランドの反乱への対応を大きく誤らなければ、無事に切り抜けたかもしれない。しかしスコットランド人は統治に不満があって反乱を起こしたのであり、アイルランド人とイングランド人がともにスコットランド人と同じ方向に進んだ。この事実は、大きな不満が何の理由もなく出てきたわけではないことを示している。もちろん、この章がまったく言及しなかった問題がある。それは、他のなによりも政治的議論の火種となり、分裂を深め、忠実な臣民を反逆者へと変える危険な道を歩むよう人びとを煽り立てた。すなわち宗教である。

図３　作者不明「良い頭、空の頭、円い頭」（1642 年）[1]

第二章

三王国における教会と信仰、一六〇三〜一六四一年

ジョン・マカーフィティ

ジェームズ一世＝六世と三王国の宗教

ブリテン島全土とアイルランド島は、大きく異なりながらも相互に深く絡み合った歴史を形づくっていた。その全域を支配した初代と二代目のステュアート国王は、こうした過去から派生する数多くの挑戦に向き合った。臣民の実践するキリスト教信仰のあり方は多様性に富んでいた。そのため信仰の問題は、統治に際して、とりわけ細心の配慮が必要で、一歩間違えると危機的状況にいたりかねなかった——そして実際に、幾度か危機を招いたのである。スコットランドでは、ジェームズ一世（スコットランド国王としてはジェームズ六世）は宗教改革に向き合い、

さらに自身の幼少時に宗教改革がしだいに実現されていく状況にも向き合った。そしてそのスコットランドの宗教改革は、王権の力を借りずに達成され、むしろ王権に対抗して進められたことも多かったのである。イングランドとウェールズでは、ジェームズは体制教会として確立された改革派教会（reformed church）〔ここで言われている改革派教会（reformed church）とは、狭義のカルヴァン派教会を意味しない。近世の改革派教会の幅は広く、一六世紀のプロテスタント宗教改革を経たイングランド国教会（Church of England）もそれに属すると内外からみなされていた〕に向き合った。この教会を整備したのは亡きエリザベス一世であった。アイルランドには、一つではなく二つの教会体制が存在していた。一つは先のテューダー朝がもたらしたプロテスタントであるアイルランド国教会という教会体制であった。しかしアイルランド国教会を人びとの中に定着させるという点に関してはなかなかうまくはいかず、ジェームズ自身は希望的観測をしていたけれども、さらなる前進の見込みは少なかった。もう一つの教会――中世から続くローマ・カトリック教会に対しては、ローマ教皇庁からの統率が強化されつつあった。一六二五年にチャールズ一世が引き継いだスコットランドの教会は、惑わせるかのようにイングランドの教会に類似していた。一方、イングランドにおいてはジェームズは、多少は手を加えつつも、エリザベス一世の築いたもので満足していた。チャールズ一世はイングランド国教会の中で人生を歩み世を去った唯一のステュアート王であった〔スコットランド生まれのチャールズはスコットランド教会《カーク》で洗礼を受けたが、幼児期にイングランドに移住、それ以降はイングランド国教会とともにあった〕。チャールズ一世の治世においても、アイルランドには依然として二つの教会が存在していたが、ブリテン島からの移民によって、いまやアイルランド国教会はかなり多くの信徒を獲得しており、イングランドの母教会よりも明確に改革派教会としての姿勢を強くしていた。それに対して、アイルランドのローマ・カトリック教会は対抗宗教改革の神学と実践に歩調を合わせ、大陸で教育を受けアイルランドに在住する聖職位階制が保たれていた。こちらもまた、正統なヒベルニア・エクレジア（*Hibernia Ecclesia*）、すなわち「アイルランド教会」であると主張していた。

三王国それぞれにおいて、ジェームズとチャールズの治世の初めに、君主、政治国民、および、ほぼすべての臣民が、一連の困難な課題に取り組むことになった。君主、教会、さらにはキリスト教臣民のあいだの適切な関係とはいかなるものか。教会はいかに統治されるべきか。現状の教会体制を不適格であるとみなし、あるいはそれが教皇権を否定していることを理由として、教会体制を拒絶する臣民と、君主との正しい関係とはいかなるものか。聖職者の真の役割と機能は何か。中世教会が蓄積した財産と収入とはどのように配分され利用されるべきか。そしてさらにもう一つ別の問題が、細心の配慮を要する上記の問題と交差してくるのである。それは深遠な神学上の計算〔2〕が絡んだ問題であり、なおかつ一人一人の魂に関する救済と永劫の責苦といった、ぞっとするような算段の問題であった。すなわちそれは、反キリストとは誰なのか、という問いであった。これらすべての宗教問題に対する答えや、さらにはどの問題がどれだけ重視されるかの程度は、それぞれの王国によって異なっていたし、さらには各王国の内部でも一致していなかった。

一六〇三年四月六日水曜日、ジェームズ一世＝六世はベリックにおいて、彼の統治する領域として新たに加わった王国であるイングランドに入った。市門で地元の名士の歓迎を受けたのち、国王は教会まで行進し、そこで「最も学識深く立派な説教」を聴いた。この荘厳な式の説教師は、のちにヨーク大主教となるダラム主教トビアス・マシューであった。スコットランドからの従者のなかには、ダンケルド主教とロス主教の姿があった。ロス主教の娘婿であるジョン・スポッティズウッドも臨席していた。彼はコールダーの牧師であったが、のちにグラスゴー大主教、セント・アンドルーズ大主教を経てスコットランド大法官となる人物である。ベリックの教会に座して説教を聴く国王と主教たちは、国王がスコットランド、アイルランド、イングランド、ウェールズの臣民に提示する教会体制のモデルを、ちょうど静止画面のような形で示していた。問題は、その同じ臣民のなかの多くが、王国内でどのように宗教が実践されるべきかについてそれぞれに独自の考えを持っていたということであった。国王が南下すると、アイルランドにおいて蜂起を率いていたタイローン伯爵オニールがついに降伏したという報告が届いた。これはすなわち、エリザベスがやむをえず開始したアイルランド全島の軍事征服が完了したことを意味していた。同時に、アイルランドのマンスター地方の最も繁栄した諸都市で反乱が多発しているとの知らせも届いた。かの地の旧イングランド系ローマ・カトリック住民は、国王を動揺させて自分たちの信仰への寛容を認めさせようと願ったのである。他にも期待を抱いた人びとがいた。すなわちピューリタンと呼ばれる、熱心で聖書信仰に立つイングランドのプロテスタントの期待もまた高まっていた。なぜなら彼らの前に現れた国王は、（長老主義に基づきスコットランドの体制教会となった）スコットランド教会《カーク》（Scottish Kirk）の中で育ち、ジョージ・ブキャナン[3]に教育され、黙示録とキリスト者としての王の義務についての解釈を書いた人物でもあったのである。四月二八日、国王は「人が作り出した儀礼と儀式という重荷を背負い共に苦しむ一〇〇〇を超える国王陛下の臣民および牧師《ミニスター》のすべて」を代表する請願書を受け取った。この「千人請願」（millenary petition）は、ジェームズ本人の文章を引用しつつ、国王にイングランドの教会の病を癒す信仰篤き治療者となることを強く求めるものであった。アイルランド海の対岸で反乱が劇的に繰り広げられるのと同時期になされたこの請願は、思慮深い言い回しと慎重な定義づけがなされていた。しかし請願もアイルランドの反乱もともに、新しい支配者がどのような気質の人物であるのかを計り知ろうとしたものであった。

　ジェームズは、自分が最も愉しいと思うことをしようと決めていた。つまり彼は話し合うことにしたのだ。クリスマスの祭日の後に、彼は請願者のなかから選ばれた代表者とハンプトン・コートで会談することにした。その一方で彼は布告を発し、予定された会談がどのようなものになるにせよ、その結果を一つの方向へと誘導しようとした。国王は前年の夏から初秋にかけて舞い込んできたピューリタンの騒々しい諸請願を嫌っていた。それらの諸請願は、彼の見解を確かなものとした。すなわち、信仰篤き嘆願者の大部分は従順な臣民であるが、そのなかには君主政に反対しかねない煽動的な一派が隠れているということである。ハンプトン・コート会談の相当以前から、国王は信仰篤き嘆願者をふるいにかけて、煽動的な一派を割り出そうと待ち構えていた。それは一六〇三年一〇月二四日の布告の響きからも明らかである。イングランド国教会が信仰によって清められることを願った勢力は落胆しただろう。なぜなら、イングランド国教会の体制と教義はともに「神の御言葉である聖書に適い原始キリスト教会〔十二弟子や使徒パウロの時代の教会〕の状態に近い」ものであるとされたからである。この国王たる治療者は、教会組織の根本的改革という劇薬ではなく、対症療法的な弱い薬を処方することしか予定していなかった。もしこの布告が二三年後にチャールズ一世によって出されたならば、布告だけで終わったかもしれないが、チャールズの父王はいつも、国王至上権をみずから誇示することのほうを好み、またそれを愉しんだのである。

ハンプトン・コート会議は一六〇四年一月一二日に招集され、二日後に国王私室において開かれた主教と主席司祭の会合によって開始された。一月一六日月曜日、国王はピューリタンの論者四人を主教二人と討論させ、水曜日に全体会を開いて会議を終了した。この出来事についての説明はさまざまであり、党派的な偏りが目立つのだが、すべては次の点で一致している。すなわち、ジェームズは大変に愉しんだのである。ジェームズは後世語り継がれる「主教なくして国王なし」(no bishop, no king)という警句を生み出しただけでなく、エリザベス体制を首尾よく追認し、そうすることでエリザベス体制をみずからのものとした。ジェームズは、みずからが神の権威によって支配する敬虔な君主であり、かつ使徒継承に基づく主教に支えられている君主であるというイメージを作り上げた。それは、イングランドは現状維持、という意味であり、スコットランドにとっては、やがて訪れる事態の先触れでもあった。しかし、ハンプトン・コートでの出来事のすべてが一方通行だったわけではない。熱心なピューリタンには痛撃であったが、敬虔な国王が限定的であってもなんらかの重要な改革を裁可するだろうとは誰もが思った。教区の性格も、説教を中心とした司牧へとはっきり変化する方向を示していた。洗礼式で十字を切る仕草、聖職者の聖衣（surplice）の着用、主教による堅信式など、請願者が法王教〔第一章訳註6を参照〕と呼びカトリックの遺制として非難した多くの慣習は、廃止はされずとも、〔誤解を与えぬよう〕説明が付された。また高位聖職者は、聖職者の叙任、停職、聖職禄剥奪の際に臨席することが新たに求められた。つまり国王は主教制支持者に対しても野放しにせず、やんわりと歯止めをかけたのである。

ハンプトン・コートでは、イングランド国教会内部の指揮系統が非常に明瞭な形で示された。それは、国王、主教、一般の聖職者、平民という序列であった。至上の統治者たる国王は、イングランドとスコットランドの教会人に語りかけたり励ましたりはするが、対等な関係で交渉に応じたり論争したりはしないのである。新たにカンタベリー大主教となったリチャード・バンクロフトは、イングランド国教会の基として国王至上権[4]、共通祈禱書[5]、三九箇条〔エドワード時代に作成された四二箇条をもとにした国教会の信仰箇条〕の聖職者の受諾を中心とする教会法（canon）を起草するよう委ねられた。一六〇三年一〇月にすでに予想されていた聖職者の振るい分けが、ここで実行に移されたのである。その結果あらゆる説得にもかかわらず一〇〇人余りの聖職者が受諾を拒否し、聖職禄を剥奪された。この結果、残る大多数の聖職者は国教会に信従し、非常に少数の者のみが分離主義という茨の道へと踏み出した。しかしいったん受諾した聖職者は、教会法に従うのを最低限に留めておこうとあるいは積極的に信従しようと、自分の教区内ではたいてい自由であった。いまやピューリタニズムは牙を抜かれて、イングランド国教会の体制内に取り込まれたのである。国王は「長老主義」（presbyterianism）という不気味な妖怪の跳梁を許さなかったのであり、それは国王の望みどおりの結果であった。さらにイングランド臣民は教会規律を重んずるスコットランド人の国王を心配していたが、彼らも国王の方針に安堵したのだった。

一六〇四年に示された教会体制についての決定が最も大きく影響したのは、イングランドの教会であった。しかしここで打ち立てられた教会統治の青写真は、国王の生まれた国スコットランドと彼が新たに征服した王国アイルランドにおいても重要な意味合いを持っていた。ジェームズは「アイルランド王国は……神の真の知識に服従させられねばならぬ」という思いを明らかにしていた。というもの、過去二〇年間で、アイルランドの体制教会がゲール系アイルランド人および中世の入植者の子孫である旧イングランド系の忠誠を獲得できそうにないということは、明白になっていたからである。アイルランドは国王にとって厄介な頭痛の種でありつづけており、平定しておかなければならなかった。統治に成功するかどうかは旧イングランド系の協力にかかっており、これはイングランドおよびスコットランドと同程度に厳しい反ローマ・カトリック法案は、アイルランド議会を通過しないということを意味していた。しかしイングランドとスコットランドの多くのプロテスタントにとっては、法王教を黙認することでさえ言語道断であった。アイルランドはまた、イングランドの外交政策をも複雑にしていた。フランスとスペインの国王は、外交交渉においてアイルランドのローマ・カトリックの受難を嬉々として持ち出したのである。その結果認められたローマ・カトリックに対するいかなる譲歩もブリテン島では酷評され、まして増加傾向のアイルランドのプロテスタントにはまったく受け入れられなかった。頭痛はときおり悪化した。世紀が進むにつれ、アイルランドのプロテスタント人口は増加していった。そのおもな要因は、個人の冒険心と福音宣教の使命が結びついて始まったアルスター植民にあった。スコットランドおよびイングランドの投機家たちは（その数は予想にはおよばなかったものの）、この最初のブリテン的な植民活動の前線に引きつけられた。ゲール系領主から没収された土地が分配されたことが誘因となったのである。この計画はアイルランド国教会に広大な土地を与えるものであり、数の面でも影響力の面でもプロテスタントの新イングランド系はローマ・カトリックの旧イングランド系に匹敵する存在になりつつあった。その一方で、アイルランドに生まれ育った人びとのプロテスタントへの改宗は、ほとんどなかった。

ジェームズはハンプトン・コート会議を通して、君主主導のイングランド宗教改革にはっきりとしたお墨付きを与えた。さらにジェームズ六世は、スコットランド教会《カーク》に対する王権の支配を取り戻し、国王という地上における至高の統治者が存在する恩恵を故国の臣民にあまねくおよぼそうと望んで、それを隠そうともしなかった。ジェームズは、教会《カーク》と君主は完全に分離しているという見解と戦おうとした。この見解には、教会《カーク》は君主を処罰することすらできるとの考えも付随しており、これを国王は打破しようとした。こうした考えは、スコットランドにおけるアンドルー・メルヴィル[6]の辛辣な発言にみごとに凝縮されていた。「二人の王がおって、二つの王国があるんや。王たるイエス・キリストがおって、彼の王国があるんや。彼の王国は教会《カーク》やな。その臣民たるジェームズ六世は、そこでは王でも貴族でも首長でもなく、一人の会衆にすぎまへん」。「神のかよわきしもべ」とメルヴィルに形容されたジェームズは、教会《カーク》の最高意思決定機関である教会総会（General Assembly）の力を殺ぎ、スコットランドにもイングランドと同様に明確な指揮命令系統を打ち立てる必要があると認識した。そこでジェームズは一六〇〇年、教会からの議会代表として主教に議席を与え、指揮系統の樹立に着手した。主教の議会出席によって、スコットランドの主教制を眠りから起こしたのである〔一五九二年に長老主義的教会統治が法的にも成立したので、主教制は一五九〇年代には途絶えていた〕。一六〇三年以降ジェームズはイングランドの主教たちが示す恭順に魅惑され、またイングランド国王としての収入と権威とに高揚し、この動きを加速させた。二年後には、スコットランドの一三の主教管区のうち一〇主教管区に主教が復活した。ただし主教といっても、しばらくは監督[7]に栄誉が加わった程度の地位であった。一六〇五年七月にアバディーンで開催された教会総会《ジェネラル・アセンブリ》に国王が認可を与えなかったことは、王権と教会の関係について、優劣の決着をつける契機となった〔国王の許可を得ず強行された教会総会の出席者は極少数であったからである〕。その一年後にパースで開かれたスコットランド議会では主教に教会領の地代収入が返還され、さらにすべての議会身分に対する国王の優越的な権威が正式に認められた。スコットランドもまた、イングランドと同様に、聖俗を統べる一人の国王を戴く一つの王国になろうとしていた。

一六〇六年八月末、アンドルー・メルヴィルをはじめとする異論派がロンドンに召喚された。今回はハンプトン・コート会議とは異なっていた。スコットランドから来た牧師たちは討論を許されず、神学的な警句で味方を得ることもなかった。彼らは言うことを聞くようにと呼び出されたのである。そこで彼らが聞いたのは、中会《プレスビテリ》〔長老教会の中核となる組織。一〇～一五の教会の代表から成る〕は「本来持つべきでない」権力を手にしており、その権力は教皇の権力と同様「不当」なのだという、説教壇からの嵐のような集中攻撃であった。激怒したメルヴィルは大主教バンクロフトの法服を「ローマのぼろ切れ、反キリストの獣の印のついた布きれ」と罵った。これにより彼は一六一一年までロンドン塔に幽閉されることになった。この懲罰的な見せしめに続いて、スコットランドでは主教の権限が強化された。すなわち一六〇七年には教会総会の投票によって主教が「恒常的な議長」〔地方長老会（Synod）の議長との意〕とされ、一六〇九年には大主教の手元に管轄下の教会法廷に対する裁判権が取り戻されたのである。

また、主教制が使徒継承に由来する点を説明するために、国王の命を受けた説教団がイングランドからスコットランドへ二度派遣された。スコットランドの主教は、永続的な地位を得るにいたり、かつ理論的には地方長老会《シノッド》（synod）、中会《プレスビテリ》、小会《カーク・セッション》（kirk session）のシステムに対抗しうる教会裁判権を与えられたことで、イングランドおよびアイルランドの主教と同等の地歩を固めつつあった。ジェームズは勢いを緩めず、一六一〇年には高等宗務官に属する二つの裁判所を設置した。その権限には、スコットランド教会《カーク》の既存の体制に反対する説教を行った者への取り締まりも含まれていた。当然ながら、何が「既存の体制」であるのかという点についても、しだいに再定義されていった。大主教ジョン・スポッティズウッドが主宰した一六一〇年の教会総会では、聖職者に国王への服従の宣誓を行うことを求める法案が可決された。これは国王大権のみが教会法廷を召集できることと、すべての主教管区において、現実に機能する主教の権威を確立できるのも国王大権だけであることを認めさせる宣誓であった。さらに主教制の使徒的起源の強調にともない、グラスゴー大主教スポッティズウッド、ブリーヒン主教アンドルー・ラム、ギャロウェー主教ギャヴィン・ハミルトンの三人が、ロンドンにおいてイーリー主教、ロンドン主教、ウスター主教、ロチェスター主教によって聖別され、同僚に使徒継承を授けるためにスコットランドに帰郷した。しかしこれは周到に準備された権威の委譲であった。イングランドによる乗っ取りとの印象を与えないために、壮麗な聖別式の裏で細心の注意が払われたのである。すなわち、イングランドの二人の大主教、カンタベリー大主教バンクロフトとヨーク大主教マシューは二人とも出席せず、またセント・アンドルーズ大主教グレッドスタンズもイングランドへは行かなかったのである。とはいえ少なくとも公式には、ステュアート朝の三王国の主教のあいだにはいまや本質的な同質性が生まれたことになる。その主教の一人であるアンドルー・ノックスは、スコットランド島嶼部の主教およびアイルランドのラフォー主教として、二つの王国に同時に主教管区を持つことになった。

ジェームズ一世＝六世は狡猾であると同時に現実もよく見ていた。たしかにスコットランドにおける教会の変化は、目も眩むばかりであったし、黙示録にあるような災厄が下る前兆だという者もいた。しかし政治エリートが批判に熱中するところまでにはいかぬよう、抑えが効いていた。たとえば教会《カーク》はイングランド国教会の複製にはならなかったし、地方長老会《シノッド》と中会《プレスビテリ》は継続して機能しており、小会《カーク・セッション》による教区の規律も同様であった。たしかに新任の主教は国王の手先だったが、彼らもたいてい中会《プレスビテリ》に協力的であった。スコットランドにおいても、ひとたび公式に国王が勝利すると、あとは放任に近い自由が与えられたのであった。この点はイングランドと同じであった。国王は神学に通じていたが、そこに口を出すことには慎重であった。たとえば一六一五年のアイルランド信仰箇条（Irish Articles）や一六一六年のスコットランドの信仰告白〔スコットランド教会《カーク》の信仰告白として作成され、通常アバディーン信仰告白と呼ばれる〕などのジェームズ治世下の信仰告白は、改革派教会の伝統に直接連なるものであり、主教による支配が法王教にいたる道ではないことを証明していた。イングランドの主教の選定は注意深く熟慮を重ねたもので、任命された主教は教会が包摂する広範な神学上の見解を反映していた。一六一一年にジョージ・アボットがカンタベリー大主教に任命されたことはこのよい例である。アボットは反キリストたる教皇を嫌い、使徒継承による主教制を擁護し、そしてまた学生時代に学んだカルヴァン主義にしっかりと立っていた。

教会組織の問題がかなり満足のいくかたちで解決され、神学的な論争が抑えられ穏便に済まされてきたのに対して、典礼の改変、すなわち教区における礼拝様式の変更は、はるかに難しい問題であった。イングランドおよびアイルランドにおいて一六〇四年の共通祈禱書を使うことは、それが部分的であっても、国教会への信従（conformity）の証であった。一方スコットランドでは、共通礼拝規定書は牧師にとって選択肢の一つではあっても、その不使用が処罰の対象ではなかった。さらにスコットランド教会《カーク》は、年中行事として節目に行っていたローマ・カトリック教会の典礼上の時節を廃しており、週日と安息日を強調して一年をその単調なリズムで刻んでいた。そこへ、教会《カーク》の聖礼典と典礼をイングランドとアイルランドの国教会という二つの体制教会に近づけるようとする試みが、一六一八年のパースでの教会総会でなされたのである。大きな混乱なく成立したパースの五箇条では、聖餐受領の際に跪くこと、病人と危篤の人のために個人的に聖餐式をすること、緊急の洗礼が必要ならそれを授けること、子どもへの教理問答を主教の指導と祝福のもとで行うこと（これは、堅信式の一環としてかつて行われていたが削除されていた。それに最もよく似た形を復活させたのである）、そして降誕日、聖金曜日、復活祭、昇天日、聖霊降臨日を祝日とすることが定められた。ところで一六一七年にジェームズは、生まれた国スコットランドへ即位後一度のみとなった帰還を果たした。その際、王家の礼拝堂では、イングランドの共通祈禱書が用いられた。この後の数年間に、典礼の改定が提案され、一連の草案がスコットランドの礼拝形式に基づいて作成された。多くの牧師や平民にとって、パースの五箇条は旧悪への回帰であり、もう一度古い偶像を据え付けるような行為であった。したがって国王は抵抗に遭った。一歩引いたのは国王であった。一六二一年に五箇条をスコットランド議会で通過させるため、教会総会《ジェネラル・アセンブリ》以上に巧妙な駆け引きが繰り広げられた。しかしスコットランドの枢密院と主教が、パースの五箇条への信従を強いるいかなる方策にも乗り気でないことは、数百マイル離れた首都ロンドンにいても、明確に感じられたのである。実際スコットランドでは、次々と野外説教運動が始まって、体制教会から半ば分離した自発的な会衆の集まりである秘密礼拝集会が行われるようになっていた。典礼の変更を状況が好転するまで、法令集の中に手をつけずに置いておいたのが、ジェームズらしいところであった。同様に新たな祈禱書もたんなる委員会内の草案として残された。また、礼拝の変更を保留にしたのには、国王の娘婿フリードリヒの率いるプロテスタント軍がボヘミアにおいて敗戦し不穏な空気が漂っていたという理由もあった。一六一〇年代の半ばまでには数多くの火種が存在したわけだが、ジェームズはけっしてそれらを燃え上がらせなかった。しかし彼は、くすぶりつづける火種を、火消し道具よりもふいごが好きな後継者に手渡したのである。チャールズ一世は火消し道具で遮るより、ふいごで吹いて問題を大きくしたがる人物であった。

ローマ・カトリックの臣民と教皇という反キリスト

教会の中心は神の言葉である聖書に基づく説教であることが、ジェームズ一世＝六世治世に建てられた教会堂の設計と設備から見て取れる。新たに建てられた教区の教会堂は簡素な長方形の建物であることが多く、講堂として設計された。その内部では、聖餐式のための机が動かせるようにして使われており、教会全体の重点が祭壇から説教壇へと移ったことがわかる。主教は説教することを期待され、彼らもまた聖職者が説教するメンバーとして適格かどうかを監督していた。ブリテン島とアイルランド島のほとんどのプロテスタント聖職者はカルヴァ

図４ⓐ　スコットランドのファイフにある、バーンタイランド教区教会
1590 年代に建設され、外から見ると講堂のように見える（撮影　富田理恵）

ⓑ　1601 年には国王臨席のもと、この教区教会内で教会総会が開催された（撮影　富田理恵）

(c) 説教壇こそが教会の中心。祭壇は存在しない。なお、1633 年チャールズ 1 世に随行してスコットランドに到来したウィリアム・ロードはこのバーンタイランド教会を訪れ、彼の価値観と相反するこの教会の構造に不快の念を示したという（撮影　富田理恵）

ン派、より正確には改革派教会の環境の中で訓練されており、アイルランドとスコットランドの信仰告白は、複雑なイングランドの三九箇条よりも、これら聖職者の気質をより的確に反映していた。しかしながら、教会体制は幅広い層を信従させることができたものの、そこから完全にはみ出してしまう人びとも相当数いた。彼らの決定的な証は——それが何を意味するのかは当事者も熱心に議論していたのだが——ローマ司教すなわちローマ教皇に服従しているという点であった。宗教よりも政治的観点を優越させる「ポリティーク派」の見方に立って政治的な忠誠と霊的な忠誠をある程度区別して考える意見があり、この意見を受け入れる用意がある人びとも、たしかに多かった。ジェームズも気分しだいでこうしたポリティーク派であったろう。長期的には子どもたちの教育と法的差別によってローマ・カトリシズムは消え去るだろうとする考え方もあった。そしてローマ・カトリック問題についてのもう一つの分析として、これらの考え方と同じくらい（それ以上ではないが）当時の人びとにとって合理性があると思われる見解があった。それは教皇が反キリストであると説くものである。たとえば一六一五年のアイルランド信仰箇条第八〇条は教皇を「聖書で予言された罪人」と表現している。この見解は、ステュアート朝統治下の大多数のプロテスタント臣民の心を結びつける真の基盤となっていた。信仰箇条を作成したアイルランド聖職者会議（Convocation）は、この信念をそのまま表現したにすぎない。ゆえにローマ・カトリックは、たとえどんなに慎み深くして法に従っていたとしても、人類の最大の敵の僕《しもべ》であり、巨大な国際的陰謀の一部なのであった。スコットランド、アイルランド、イングランド、ウェールズのローマ・カトリックの人びとは自分の生まれ育った地でみずからよそ者になってしまい、実際はどうであれ、ローマ、フランス、スペインの潜在的な手先とみなされた。その一方には、神に選ばれしプロテスタントの民と諸国があった。教皇とその擁護者は統治者を廃位させる権限を主張するかもしれないが、それこそ邪悪にも神の権威を簒奪しようとする証であると考えられた。しかしジェームズ治世のプロテスタントの心のうちでは、次のようにつぶやかれていた。もしも統治者が寛大にすぎて反キリストを許容する態度を示し、あまつさえ教会をローマに回帰させようとするならば、下級の行政官は、――カルヴァン神学によれば彼らこそ神から愛され大切な任務を託されている――国王が真の使命を再認識できるよう助力する必要があるかもしれないと。ローマ・カトリシズムを断固として拒否することは、忠実な臣民の証であるだけでなく、聖別された統治者の神聖な義務であると考えられたのである。

ジェームズ一世＝六世は、彼の長い治世に在位した一一人の教皇を黙示録において反キリストの暗喩とされるバビロンの大淫婦が顕現したものとみなす考えに異論はなかった。彼にとって、教皇が統治者を廃位する権威を持つと考えることは、二つの王国というメルヴィルの考えをまさにローマ・カトリックの流儀で言い換えたにすぎなかった。一六〇九年、国王至上権を擁護し、ローマ・カトリックの論争家に対抗するため、彼は神学者の精鋭集団を育成するチェルシー・カレッジの基礎を築いた。国王自身も峻烈な『キリスト教君主への警告』を著した。とはいえ大局的に見れば、彼のローマ・カトリシズムに対する態度は抑制のきいたものであり、事実上の寛容で満足する者にとっては受け入れ可能なものであった。火薬陰謀事件に恐怖した際に見せた彼の態度はこのことをよく示している。彼は、スペインとの間で連絡を取り合っていた狂信的なローマ・カトリックを押さえ込むための協力を教皇に仰ぐ一方で、一六〇六年の『法王教の国教忌避者《レキュザント》をより効果的に発見し抑圧する法』を通じて徹底した立法措置を講じるイングランド議会に賛同した。この法律には忠誠の誓約が定められていたため、君主を廃位することができるという教皇の権威に対して先鋭的なかたちで問題を突きつけることになった。誓約はイングランドのローマ・カトリックのあいだに分裂を生み、それに続いて起こった論争は海を越えてダブリンにも波及した。ジェームズ自身もベラルミーノ枢機卿との激しい論争に巻き込まれ、『三つの結び目』（一六〇八年）の中で教皇は聖書の予言にある反キリストであると断罪した。しかしここでもジェームズの戦略は、本来従順な穏健派を強硬派から切り離すという、これまでにも用いられたジェームズらしい手法であった。イングランドの分離派やスコットランドの長老主義者と同じく、熱心な教皇支持者は国王の領土からさっさと亡命してくれてかまわないということだった。この点で火薬陰謀事件は一つの終わりであるとともに始まりでもあった。それは、ローマ・カトリックの活動家が暴力的な方針を放棄したとともに、国王権の側も、寛容は否定しつつ黙認するという政策をとりはじめたのである。しかしローマ・カトリックは、国際情勢の変化、国内政治の変調、「法王教の輩の陰謀」の発覚などにともなって、ときおり起こる法的な訴追、あるいは、迫害にさらされつづけた。

　アイルランドのローマ・カトリックの運命は、ブリテンのローマ・カトリックよりも多くの不確定要因にさらされていた。国王に忠実な旧イングランド系ローマ・カトリックはアイルランドの統治に参与していたものの、長期的な国策は一貫しており、それは彼らの権力基盤を侵食して、プロテスタントの新参者を有力にしていくことにあった。とはいえアイルランドのローマ・カトリックもけっして一致団結といえる状況でなく、むしろこの時期には多様な勢力の声が聞こえてきた。特に一六〇七年に指導的なゲール系のアイルランド貴族が亡命した後には、かなり大きな亡命者の共同体が国外に存在した。追放された貴族、神学生、軍人によって構成されるおもにゲール系の亡命アイルランド人集団——もちろんその他の種類の人びともいたが——が、フランドル地方〔ネーデルラント南部〕、スペイン、フランス、そして都市ではルーヴァン、サラマンカ、ローマ、マドリードのアイルランド系神学校の周辺に存在した。とはいえスペイン王家に媚びて臣従した者は〔一五五六年にフェリペ二世となる王太子がイングランドのメアリー一世と結婚していたため、これは法的には正当だったのだが〕、ほとんどいなかった。とりわけルーヴァンのフランシスコ会士などの亡命著述家は、アイルランド王国はローマ・カトリックにとっての故郷の一つであるという感覚を育てるべく腐心した。完全な寛容ばかりか、一五六〇年にエリザベス一世が定めた国教会体制の撤回、さらにはポイニングズ法に拘束されないアイルランド議会の実現に向けて、多くの者が盛んに論じ、策略をめぐらし、あるいはそれを夢見た。ジェームズもチャールズもこれほど極端な複合君主国の論理を容認することはなかったけれども〔のちにジェームズ二世＝七世はこれを試みて代償を払うことになったともいえる〕、アイルランドにおいて、それまでの〔ゲール系かイングランド系かといった〕民族的な分断を乗り越えて、たとえ外形のみであってもローマ・カトリック国民の形成に向けた動きが見られたことは確かである。こうした動きは体制側にとって警戒を要するものであり、アイルランド国教会にとっては屈辱的で苦々しいものであった。そうでなくとも、アイルランド国教会には勢いがなかったのである。原因は、反ローマ・カトリック《レキュザント》法が最低限のものでしかない点と、国王がローマ・カトリック刑罰法の厳格な運用をたびたび躊躇したことにあった。実際に刑罰法の運用を強化しようと試み、一六一一年には、反逆罪としてではあれ、ローマ・カトリックの司祭と司教を処刑した総督もいた。しかし旧イングランド系の廷臣は、その練達した政治的技量によって、いくら職務熱心な総督であっても、その手足をたびたびからめ取ってしまった。体制側にとってアイルランド国内での内乱はありがたい話ではなかった。またアイルランドのローマ・カトリックの扱いは外交上の考慮とも直結していた。その結果、アイルランドのローマ・カトリック教会はこの時代を通じてその勢力と自信を強めていったのである。

一六二二年の布教聖省[8]の創設によって明らかになったように、ローマ教皇庁も、「不信仰の地」(*paribus infidelium*)におけるローマ・カトリシズムを保護し管理することに関心を抱いていた。プロテスタントは、反キリストの教階制度を警戒していた。この警戒心は、ある程度納得できるものであった。なぜならアイルランドにおいて、ローマ・カトリックの聖職者によって成り立つ、いわば影の聖職位階制といえる司教団が、一六一〇年代以降しだいに姿を現してきたからである。一六〇〇年から一六四〇年の間に、トレント公会議の教令を立法化するために二〇の教会会議が開かれたことが知られている。ローマ・カトリックの高位聖職者は、ローマ・カトリック教会があたかも法によって確立されているかのように大胆に行動していた。スコットランド教会《カーク》が主教制にしだいに呑み込まれていったまさにそのときに、アイルランドの司教座＝主教座に教皇が任命した者が着任していった。[9]ほとんどがブリテンの出身者であるアイルランド国教会の主教たちは以前、ブリテンの大学で反キリストについて抽象的な議論をしてきたが、いまや反キリストである教皇の使者が、みずからの主教区の中に生身の姿で出現して、みずからと同じ称号、威光、権限を主張し、いったん失ったはずのローマ・カトリックの教会財産の回復もほのめかしていたのである。これらを主教たちは苦々しい思いで眺めるしかなかった。

アイルランドによって、国王は外交政策と国内政策を融合せざるをえなくなった。そして宗教問題においては、全ブリテンとアイルランド両国の首位者たる国王は、みずからの王国内だけでなくその外でも、「皇帝」として振る舞おうと試みた。二つの王冠の統合には、関税政策の統一や法制度の統合以上の可能性が宿っていると、ジェームズ一世＝六世は信じていたのである。時代は新たなコンスタンティヌス帝、すなわち信仰を刷新しキリスト教共同体（Christendom）の再統合を指導するようなブリテンのコンスタンティヌス帝（在位三〇六～三三七年　ミラノ勅令を発しローマ帝国において初めてキリスト教を公認した。のちにキリスト教を保護する敬虔な君主と表象されるようになった）を求めているのであった。イングランドとスコットランドの教会においては、それまで目に見える形で選民意識と極端な考え方が実践されていたが、これをジェームズが取り除いたことは、ハンプトン・コート会議の最も永続的な成果といえる一六一一年の欽定訳聖書の出版と並んで、キリスト教皇帝の似姿にふさわしい業績であった。そしてキリスト教皇帝たる者、大きな構想から個人の人事にいたるまで、ヨーロッパにおける宗教的な出来事に監視を怠らなかった。一六〇四年、初めてのイングランド議会において、皇帝たらんとする国王は宗派を超えた教会会議を開催することを提案した。当然、教皇クレメンス八世は突き放して見ていた。何年か後、ヴェネツィアが聖務禁止を命じられた際には、結局は失敗するとはいえ、イングランドのヴェネツィア駐在大使ヘンリー・ウォトンがイタリアで事態の打開に当たった。このウォトンを助けたのが、のちにアイルランド国教会キルモア主教となる、学識ある彼のチャプレン、ウィリアム・ビーデルであった。一六一六年には、スパラート大司教マルコ＝アントニオ・デ・ドミニスが国王の熱烈な支援のもとでイングランド国教会に迎えられた。普遍的《カトリック》なキリスト教共同体がローマから切り離されたかたちで再構築されるという、とんでもない期待が盛り上がっていたのである。他方で、プロテスタントによるキリスト教共同体の教義が侵されるとのおそれから、ジェームズはネーデルラントのヤーコブス・アルミニウス（一五六〇～一六〇九年）の教説を支持する神学者コンラート・フォルスティウスのレイデン大学神学教授への任用にみずから介入した。一六一八年には、アルミニウスの教説に従うネーデルラントの神学者たちが提言した恩寵と救済についての条項[10]を議論すべく、国王の推奨のもと重要なプロテスタントの教会会議がネーデルラント都市ドルトレヒトで開催された。ジェームズは穏健な考え方のブリテン代表団を派遣した。この代表団の構成と彼らに下された指令の内容は、当該の教義上の対立以上の重要性を帯びているので、詳しく見てみる価値がある。代表団は、ブリテンの代表団と称されていたが、じつはすべてイングランド人で構成されており、唯一の例外であるスコットランド人のウォルター・バルカンカルもまた、長らくイングランドに住んでいた。このことは、イングランド国教会こそが唯一君主にふさわしいものであると国王が思い込みはじめたことを示している。代表団ははっきりと協調路線を目指すよう指導された。彼らは難解な形而上的思索を注意深く避け、概して、冷厳な教義よりむしろ実際の司牧について論じ、予定説の神学が仮借なく冷厳で悲観的な神学として語られることのないようにした。ジェームズ自身が、代表団にこのような行動を望んだのであるが、代表団もまたそれを望んだという点も重要である。以上のごとく、改革派の伝統に直に連なりながら同時に実際的な司牧の神学を提唱することは、説教の推奨とともにジェームズ治世の教会の本質であった。キリスト教徒の良心を惑わすような空論を慎むことは、まさにこの教会の中で成長していたチャールズ王太子に深く刻み込まれた。一方ドルトレヒトにおいて、アルミニウス主義の立場は断固否定され、改革派教会のさまざまな立場を要約するかたちで正統教義が定立された。当時、聖職者と教養のある信徒は、定立と反定立の枠組みでものごとを捉える傾向にあったので、正統教義の定立は重要な帰結をもたらした。すなわち、改革派の正統教義は当然ながらプロテスタントのものとされ、それゆえ反改革派であるアルミニウス主義者は反プロテスタンティズムであり、法王教徒である、とされたのである。この「アルミニウス主義」と「法王教」を同一視する等式は、次王の治世で重要となるだろう。

厳密化する国教信従、一六二五～一六三七年

一六二五年、ジェームズ一世＝六世の死は、コンスタンティヌス帝の威光を惜しむ群衆に迎えられたのではな

く、一六〇三年の治世開始時と同じように、プロテスタント臣民とローマ・カトリック臣民の宗教的な緊張が高まるなかに訪れた。公平を期すために言えば、これは彼の内政の失敗ではなく、むしろヨーロッパ大陸に対しての宗教政策の帰結というべきものであった。国王はつねに、宗教的大義を掲げた壮大な軍の派遣よりも平和的に話し合う教会会議のほうを好んでいた。先に述べたように、彼は一六一九年にボヘミア国王となった女婿フリードリヒ五世を支援しなかったし、一六二〇年に白山《ビーラー・ホラ》の戦いでプロテスタント軍が敗走した後にも、プロテスタントの立場からの意見表明をすることはなかった。結局ブリテンの皇帝がヨーロッパのプロテスタント大同盟を率いる見通しはなかったのである。その結果として国王とイングランドの主教との関係さえも冷え込んでいた。本来は、イングランド国教会の主教はもっとも先鋭的に、政教関係においては国家が優越する《エラスティアン》と見る人びとであったのだが。一六二三年にチャールズ王太子とバッキンガム公がスペイン王女に求婚するために悪漢小説風《ふう》の冒険へと旅立った際には、ほとんどのプロテスタントは罠から救い出されることを祈り、ほとんどのローマ・カトリックが縁談成立という喜ばしい勝利を祈った。少なくともアイルランドのローマ・カトリックにとって、縁組の見通しだけでもありがたみがあった。なぜならば、当時ダブリン城に置かれたアイルランド総督府は普段以上に強烈で継続的な反ローマ・カトリック《レキュザント》法の施行を試みていたが、これが中止させられたからである。一六二四年に開催されたジェームズ治世最後のイングランド議会はものものしかった。そこではスペインとの戦争が強く求められ、ローマ・カトリックに相当の罰を与えるべきだとする請願がなされ、刑罰法が将来にわたっても撤回されない保証が求められた。これに老王は激昂したが、チャールズ王太子は貴族院に対して、彼がローマ・カトリックと結婚したとしても、彼の妃は宮廷内においてのみローマ・カトリック礼拝の自由があるだけでローマ・カトリック《レキュザント》全体には何らの利益も与えないことを公式に宣言した。

一六二五年のジェームズ一世＝六世の葬儀において、セント・アンドルーズ大主教スポッティズウッドはカンタベリー大主教の下座に位置することを拒否し、与えられたイングランド国教会の法衣をまとおうとしなかった。彼は黒い法衣を着て、イングランドの主教から離れて立っていた。こうした彼の大げさな意思表示は、国王の三つの体制教会のうちの二つの間に依然として存在した大きな隔たりを反映したものであった。ジェームズ・ステュアートの治世末期、三王国の各体制教会の聖職者は静穏とは程遠い状況であった。一六二二年八月にはすでにイングランド国教会のヨークとカンタベリーの大主教管区（province）内の聖職者に対して、説教において国家の問題を論じることを禁じる訓令が発布されていた。これらの方策は、スペイン王家との縁組が予想され聖職者たちの怒りが高まっていたことから必要になったのであった。神学的な緊張が高まっているさらなる兆候もあった。聖堂参事会主席司祭（dean）以下の聖職者に対して予定説と選びの教義に関する突っ込んだ議論を禁じる訓令が出されたのである。同年にはアイルランド国教会＝国家関係を調査する王立委員会が任命された。その調査は、体制教会がかの地の人心の掌握になんら成果を挙げていないことを明らかにした。ウェールズ語版に遅れてゲール語に翻訳された共通祈禱書（Leabhar Na nUrnaightheadh gComhchoidchiond）が一六〇九年に出版されたが、これも目に見える影響を与えるものではなかった。スコットランドでは、セント・アンドルーズ地方長老会《シノッド》はその広大な領域のうちフォース湾以北の地域において、一六二二年一〇月の時点で一〇〇人の牧師が必要なところ、三三人の牧師が欠員であると報告していた。それに先立つ復活祭では、パースのパトリック・ギャロウェー牧師が、片膝をつき、他方の足の裏を地面につけ、ベンチに座りつづけるという奇妙な礼拝の姿勢をとっていた。それは一六一八年のパースの五箇条以来のスコットランド教会《カーク》の不安定さを身体で示したものであった。ジェームズ治下の諸教会は、空疎な祈禱書を唱えるだけの形式主義と予定説のもたらす絶望を緩和しようと熱心な説教があてがわれ、説教を聴いて理解する「耳の宗教」を緩和しようと跪拝という行為があてがわれた。しかしこのような政策それ自体に、不和と軋轢《あつれき》の種が宿っていた。王権の統御する体制教会はまったく異なるかたちで三王国それぞれに根づいていたが、どこでも注意深い剪定と思慮深い水遣り、そして整枝を続けることが必要であった。庭師として熟達していたはずのジェームズ一世＝六世はしばしば技を忘れ、チャールズ一世はそもそもどうしていいかを知らなかった。

一六三三年は多くの点でチャールズ治世の重要な年であった。その年、国王はついに、スコットランドでの戴冠式のために北へ向かった。これには気乗りしない様子が見て取れた。父王が一六一七年の訪問の際にイングランド国教会の典礼を使ったので、息子もそれにならった。ジェームズが多弁で親しみやすかったのに比べ、チャールズは寡黙でよそよそしかった。父王はスコットランドで国王の教会に対する至上権を時間をかけて育ててきた。しかしこの事実が、逆に息子にとって陥穽《かんせい》となった。父の苦労の成果である花もまだ咲いていないのに、収穫の時期だと考えたからである。三〇年前と同様に、国王と主教が教会堂に集まっていた。しかし今回の装飾は大変に異なったもので、由緒あるステュワート（Stewart）王国の臣民にはたいそう衝撃的なものであった。ホリルード修道院教会《カーク》は、手すりのついた舞台、蠟燭で飾られ祭壇の位置に置かれた聖餐台、そして磔刑《たっけい》像で飾られたタペストリーを誇っていたのである。スポッティズウッドを含む六人の主教たちは法衣《ロチェット》と金の外衣《コープ》を身にまとって現れた。スコットランド人の国王は、一六二五年にイングランドで行われたのと同じように戴冠され、教会法上の特権を保護し、統治下の主教と教会を擁護することを新たに約束した。かつてハンプトン・コートで発せられた「主教なくして国王なし」という警句が、いまや誓約で保証された君主の義務となったのである。

舞台の上で補助を務めていたのは、イングランドの王室礼拝堂《チャペル・ロイヤル》の主席司祭であったウィリアム・ロードである。彼は一六二五年のときと同様に、一六三三年のエディンバラの式典の台本作者であり、その二ヶ月後にはカンタベリー大主教になった。一六四四年のロードの裁判以来、多くの歴史家は一六二〇年代後半から一六三〇年代の宗教政策の台本を書いていた人物を特定しようとしてきた。歴史家の判断は、冷淡で傲慢な国王が親身で善意の大主教をそそのかしたという説から、国王が狡猾な一七世紀版ウルジー枢機卿に操られたのだという説までさまざまである。しかし誰かを「悪者」に決めつけ、一六四〇年代から一六五〇年代の内戦の原因と断じ、それで内戦を説明してしまう試みはあまり有益ではないばかりか、同時代人が問いかけ、ときに声を大にした問題を見えなくしがちである。その問いかけとは、イングランド国教会の特定の見解を他の教会に押しつける試みは存在したのか、またチャールズの統治はローマ教皇庁の気を惹こうとしたものだったのか否か、というものであった。

　チャールズは聖職者の持つ教会法上の特権を保護するとの特別の宣誓を行っていた。それ以前にジェームズ一世＝六世が、聖職者の特権を復活し、教会財政を豊かにして俗人による侵食から守ろうと手を打っていた。チャールズはそれをさらに推し進め、教会の地位や聖職身分全体の立場を高め、教会裁判権、教会収入、その他のすべてのことがらにおいて優遇しようとしたのである。三王国すべてにおいて聖職者はより大胆になり、彼らの要求は法外なものになり、しだいに俗人の利益の脅威になっていった。教会の権勢は文字どおり目に見えるようになってきたのである。アイルランドのかつての司教管区クロイン（一五世紀にコーク司教管区に吸収合併された）は、主教管区としてふたたび地位を回復し、教会財産を再移譲された。これは有無を言わせず俗人の手から取り上げられたものであった。セント・アンドルーズの大主教管区からは新たにエディンバラ主教管区が創出された。ロンドン、ダブリン、エディンバラの三首都では、それぞれセント・ポール、クライスト・チャーチ、セント・ジャイルズという大聖堂を再建し壮麗にする運動が行われたが、これは強いて言えば半ば自発的参加といえたものの、高額で負担が大きかった。こうした中心的な教会の中では、主教はますます傲慢になり、説教を聴くべき講堂として存在した教会堂の作りを、聖礼典を行う場へと変えてしまっていた。

　聖職者が台頭し俗人に尊敬と優越を求めており、これに俗人地主は苛立ちを強めた。そのときさらに深刻な懸念が表面化し始めた。かつて宗教改革に際しては、古い修道院や托鉢修道会、礼拝堂が解散され、流動性の高い土地財産が大幅に増えた結果、新たな貴族とジェントリが創出されていた。とくにアイルランドにおいては、ローマ・カトリックであっても棚ぼた式に莫大な土地を入手した者すらいた。さらに広大な土地財産と財貨は中世の教会施設の財産の一面でしかなく、それらの諸施設は領地外の教区の収入と聖職推挙権をも操っていたのである。新たな俗人所有者はローマ・カトリックの修道院長の法的な相続者とされた。たとえば一七世紀初頭、アイルランドのミーズ州ジュリアンズタウン教区においては、ドロヘダのムーア子爵ジェラルドが聖職禄である十分の一税を獲得し、その金で教区司祭《ヴィカー》（vicar）または司祭補《キュレイト》（curate）を雇って会衆の信仰上の必要を満たしていた。教会収入の「俗人専有者（impropriator）」がローマ・カトリックでもありえたという事実から、こうした収入の相続権が財産の一部と捉えられていたとわかる。しかし教会財産の俗人専有、十分の一税、そして教会所有地に対して、チャールズは挑戦してきた。こうした一連の出来事にブリテンとアイルランド両島の土地利害集団はいらだった。スコットランドにおいてチャールズは、一六二五年七月に廃棄（国王の成年前に譲渡された王領を回復する法的処置）を宣言した。これは即位時、法的成年直前であったチャールズの年齢からすると、かろうじて合法といえるにすぎず、この法的処置はまさに合法性の衣の下に鎧という状況であった。廃棄の計画は性急に案出されたもので、法的な欠陥が目立ったにもかかわらず、一五四〇年以降に俗人の手に渡ったすべての教会財産を国王の手に回復しようとするものであった。チャールズの廃棄は、ローマ・カトリックの神聖ローマ皇帝フェルディナント二世（在位一六一九～三七年）が持ち出した廃棄法と類似していた。そしてこの事実により、スコットランドにおける怒りと混乱はいっそう激しくなった。しかも、フェルディナントはこれを取り消したが、チャールズはさらに推し進めたのである。彼は戦術を少し変え、教会に十分の一税の受領権を返還した俗人に現金で補償をするための「譲渡と十分の一税」委員会を一六二七年に設立した。しかしこの委員会の設置をはじめとする一連の方策は裏目に出た。スコットランド社会では、王権にどう対応するかを額を寄せて相談したり、不在君主に対し不服従に近い態度を示したりすることが常態化した。さらに主教こそが、恣意と専横をふるう国王の代理人であるとみなすことも、スコットランド社会では当たり前のこととなっていた。

アイルランドでは国教会による教会財産を回復しようとする試みは他と比べてうまくいった。しかしこれは、総督の権力の濫用と議会操作、そして地主への露骨な恐喝行為によって初めて可能となったにすぎない。また、一六三四年から三五年のアイルランド議会は法を定めて教会領での定期借地に制約を加えた。このモデルとなったのはロード大主教らイングランド主教の行動であった。彼らは自身の所領で契約が終了した借地について貸し出しを控えていたのである。アイルランドにおける俗人領主からの土地の買い上げ計画は、デリー主教ブラムホールによってかなりの成功を収めた。じつはこの成功は、マンスター地方の広大な教会領に対してコーク伯爵が持っていた権利を、総督府が慎重かつ巧妙に剝奪したことに多くを負っていた。三王国の全土で、体制教会が本来教会のものであると要求する地代収入権の個所が、地図上に記され、テリアと呼ばれる特別な土地台帳の編纂と更新を通じて詳細な調査が行われた。国王はロンドンの十分の一税など聖職者の関与する訴訟の結果に、臆面もなく関心を寄せていた。教会の土地と財産に関する一連の対応は、一六世紀に剝奪された財産の回復という観念にのみ基づいて行われたわけではない。そこには俗人による教会財産の侵害は神聖冒瀆に等しいという考えが貫かれていた。ヘンリー・スペルマンの『神聖冒瀆の歴史』は、かつての修道院領を保有する不幸な人物に降りかかった恐ろしい災難を入念に並べ立てることによって、教会財産の入手を冒瀆と見る当時の雰囲気をよく伝えている。一六三五年、かなり遅れてリンドーズ修道院領が廃棄の対象になり接収された際には、かつての修道院領はすべて教会に返還されるとの噂が飛び交った。俗人の手に渡った教会の地代収入を返還させようとする熱心な試みは、綿密に計画された運動というよりは、むしろチャールズ、ロード大主教、主教とその他の聖職者、そして幾人かの世俗の有力者すべてに共通する態度あるいは心理を反映したものであったと考えるべきである。このことは、この試みが一六二五年以降執拗に継続され、国王大権、布告、法令、教会法、巡察条項などの数多くの手段が用いられたことにも明らかである。また、これはたんなる偏狭なイングランド化の方策でもなかった。なぜなら、ロード大主教自身があるときウェントワースに向かって嘆いたように、イングランドにはコモン・ロー上の制約があったため、最小限の成果しか見込めなかったからである。教会財産の入手を冒瀆と見てその返還を促す心理は、統治を司る国王と高位聖職者のあいだに浸透していた。こういった、宗教政策に通底する観念や指導原理が存在するとの感覚は、国王あるいは主教にとって危険であった。なぜならどんな事情であれ、教会財産の返還がいったん特権的自由の危機、侵害、破壊と同一視されてしまうと、政治的にうまく立ち回る余地がほとんどなくなってしまうからである。明確な一つの運動は終わらせることも延期することもできるが、統治の流儀を変えるのは大変難しいことであった。チャールズ自身は決してその変更を望まなかったし、また変更を望むというそぶりも見せなかった。

称揚される主教制

広大な土地の再取得と教会堂の再建は、時代の雰囲気の変化の一部にすぎなかった。変化の気配をより確かなものにしたのは、公的な世界において聖職者の存在感が高まったことであった。これも他の多くの出来事と同様に、先王の治世から見られたことであった。なぜなら、すでにジェームズが主教を官職とみなして枢密院に迎え入れていたからである。しかし聖職者の地位上昇は、チャールズ治世にこそ以前よりはっきりと見えてきたのであった。一六三五年にはスポッティズウッド大主教がスコットランドの大法官に、一六三六年にはロンドン主教ウィリアム・ジャクソンがイングランドの大蔵卿に就任し、一六三七年の冬まではデリー主教ジョン・ブラムホールがアイルランドの大法官に就任するとの噂が広まっていた。ロード自身、オックスフォード大学とダブリンのトリニティ・カレッジの両方の総長となっていた。変化は高級官職に限定されず、この点ではスコットランドが先行していた。一六三四年にはすべての主教が治安判事に任命され、ある歴史家によれば、イングランドの諸州の州統監に匹敵するほどの役割を与えられた。牧師たちもまた、治安判事からなる委員会に名を連ねた。アイルランドとイングランドもこれにならった。つまり地方では聖職者はジェントリと肩を並べ、宮廷では主教が貴族と肩を並べたわけである。実務上の必要からの政策判断以上ものが、土地の回復と同様、ここでも動いていた。早くも一六二六年に、ロードは国王に対して、主教制は「神授」(*iure divino*)のものとする故ランスロット・アンドルーズ主教の論考を出版するよう要請していた。チャールズの治世が進むにつれて、国王は言うまでもなく主教も、みずからの役割を国王の行政官《アンタンダン》(*intendan*)ではなく、聖なる君主国に仕える、叙任された公僕であるとみなす風潮が広まった。

　チャールズ一世の治世もまた、一六二六年二月にバッキンガム公の邸宅であるヨーク・ハウスで開かれた神学会議とともに開始された。論争の契機となったのは聖職者リチャード・モンタギューが出版した『年寄り鵞鳥のための新たな轡《くつわ》』という小冊子である。会議は有力俗人によって組織され、この著者がアルミニウス主義者で「異端的」であることをはっきりさせようとした。またこの会議は、人心を蝕む教義論争が引き起こしかねない悪影響を、貴族たちが懸念した結果でもある。今回出席したのは、国王ではなく、その寵臣であった。チャールズは神学的な「失読症」、すなわち神学論争を読み解く能力がなかったといわれるが、むしろ興味がなかった、というほうが正確だろう。このステュアート家の国王は、服従という「実践的な」神学と、儀式に示された天と地を貫く荘厳な位階制のほうを好んだのである。それゆえ彼が一六二六年に出した「イングランド国教会の平安を樹立する」ための布告の中では、当初は法王教を論駁する目的で始められた神学論争が、あまりに巨大な不和を生んでおり、いまやローマ・カトリックが国教会の分裂《シスマ》を望みうるような状態であるという認識が示された。一六二二年の説教者への訓令は聖堂参事会主席司祭以下の聖職者に沈黙を強いたのだが、いまやイングランドおよびアイルランドのすべての臣民は、「宗教に関してこれまでにイングランド国教会の教義によってはっきりと保証され、……その権威によって適切に発表されたもの以外のいかなる新機軸や意見」を表明することも禁じられた。当時も後世も多くの観察者が、チャールズによる論争の禁止を国教会における改革派教会の伝統に対する攻撃であり、なおかつ、イングランドの主教と聖職者のなかの、数は少ないが自信に満ちたアルミニウス主義の徒党を勢いづかせるとみなしていた。一六二九年には庶民院に小委員会が設置された。その目的は、宗教上の新機軸への支持を許さず、有害なアルミニウス主義が広がらないよう保証することにあった。すでに一六二六年と一六二八年に、イングランド議会は三九箇条と一六一五年のアイルランド信仰箇条の権威をともに法制化するように勧告していた。議会はジェームズ治世の神学上の合意を再確認しようとしたのである。一六二九年の小委員会は、アルミニウス主義に対する防波堤の役割を果たすものとしてドルトレヒト教会会議の正統教義を持ち出した。たしかに一七世紀は現代よりも神学に深い造詣を持っていた時代であり、深遠でほとんど人知を超える救済と永遠の断罪の仕組みに、あまりに強い関心が注がれていた。しかしこの事実は、さらに大きな変化を危惧した不安の表れであると解釈しうる。ここにおいても三段論法の思考が働いていた。すなわち、宗教の変化は災いの元であり法王教を招く、アルミニウス主義も法王教を招く、よって宗教の変化はアルミニウス主義的である、というわけである。

　一六二九年に発布された一連の国王勅令は、一つ一つは大して意味のないようにみえても、全体として重要な意味を持つ方向転換がなされたと感じさせた内容であった。一〇月に出されたある布告は、教区教会と礼拝堂の修復を命じるものであった。一二月には、主教はみずからの管区に居住し、管轄下の地代収入権を保全し、体制教会への信従を維持すべきであるとした。しかしその信従は、多くの同時代人も感じはじめていたように、ジェームズ治世のような許容範囲の広いものではなくなりつつあった。主教は、最近宗教の新機軸や変更があったと言い立てる説教師を罰するように命じられた。さらにイングランドとスコットランドの通常の教区においても、状況は変わりつつあった。これもまた、あからさまなイングランド化の試みではなく、むしろ王室礼拝堂の礼拝の規準をまず大聖堂に、続いて各教区に押しつけようとしたものであった。その結果は、教会領のときと同じように、三王国を通じてさまざまであったが、ここでもまたある特定の様式や雰囲気が明確に感じられるようになった。スコットランドにおいては、一六二六年にパースの五箇条の効力が復活した。ただし当初は新しい牧師に適用されるだけであった。一六二九年までには、一つの規範がとくに強調されるようになった。それは聖餐式での跪拝である。国家の役人、顧問官、判事は王室礼拝堂において三ヶ月に一度、跪いて聖餐を受けることとされた。そこでは当然ながらイングランドの共通祈禱書が使われていた。また、スコットランドのすべての臣民はおのおのの教区教会において一年に一度、跪いて聖餐を受けるように命じられた。もっともそれらは明らかに実施不可能なことがらであったのだが、そこには、国王至上権とはスコットランド教会《カーク》に対してみずからの権威を振りかざすことにあるというチャールズの信念が反映されていた。各人の教区教会で跪拝を行うというのは、体制教会へのより十分な臣従のしるしであるだけではなく、主権者への服従のしるしでもあった。王命は、人びとがより敬虔な聖職者を求めて近隣の教区へと出向くことを禁じた。聖餐式は、イングランドとアイルランド両王国においても典礼の変更の要であったのだが、その展開の仕方は異なっていた。イングランドにおける祭壇をめぐる政策は大きな注目を集めてきたが、聖餐の儀式の再編がおそらく最も明瞭に見て取れるのは、一六三四年のアイルランドの教会法第九四条であろう。それは、以下のように規定していた。「教会堂の東端か内陣には上等な聖餐台と聖餐式を挙げるための銀の杯が用意されねばならない。その聖餐台は礼拝の最中には絹かそれに代わる上質な織物で覆われねばならない」。一六〇四年のイングランドの教会法では、十戒を刻んだ板のために、教会の東壁が確保されていた。したがって、この二つの教会法を比べると雰囲気の変化は一目瞭然である。聖餐台は通常は礼拝堂の内陣に置かれていたが、その位置は決められていなかった。これをかつてのように東方に面した位置に置き、永遠の方向へと大きく頭を垂れることは、聖礼典における優雅さと、しばしば「聖なる美」と呼ばれた作法が新たに重視されたことを示している。ただし特定できる限りでは、アイルランドのプロテスタント聖職者はこの法規を最小限度守ったにすぎない。同じ一六三四年、ロードの訓令によってカンタベリー大主教管区では祭壇を手すりで囲み、その中で聖餐に与《あずか》かることが規定された。これは一六三〇年代が進むにつれてしだいに浸透していったものの、主教の反応がさまざまであったのも事実である。ランスロット・アンドルーズは自分の礼拝堂でこれを実践し、国王もこれを好んだので、依然として不安な面持ちだったロードも満足した。ある意味では、次のようにいうこともできる。聖職者と一般の人びとが跪拝や教区教会の改装にどの程度応じたかを特定することは、さほど重要ではない。むしろ大切なのは、跪拝や改装の押しつけによって、体制教会に信従することに含まれる許容範囲を大きく狭めてしまったことを理解することである。信従の許容範囲を狭めることは、体制教会への非信従（non-conformity）の範囲が拡大するということである。これはジェームズ一世＝六世の方針とは正反対であった。純粋に神学的にいえば聖礼典（sacrament）を重視することが本質的にアルミニウス主義的だということはない。しかしこの当時、聖礼典重視にアルミニウス主義のレッテルを貼りローマに近づく兆しであるとみなすことは自然なことであった。そして法王教が大きく変容していた時代にあって、ローマ寄りとのレッテルを貼られることは、この時期特有の問題を引き起こすことになった。

一六二九年にウィリアム・ビーデルが改革派のダブリンのトリニティ・カレッジ総長を退いたとき、上級フェローの一人は「アルミニウス派でもイタリアかぶれの男でもない」よき後継者を送り給えと神に祈った。このように、外人《ガイジン》であることは不適切な神学的見解や法王教と結びつけられ、これがブリテンとアイルランドのほとんどのプロテスタントの思考回路の一部となっていた。先の国王は、極秘でローマ・カトリックに改宗した女性を王妃〔アンナ王妃はルター派を国教とするデンマーク出身で、ルター派として育てられたが、結婚後に秘密裏にローマ・カトリックに改宗したとされる。改宗の時期については諸説ある〕としていたにせよ、従前どおりローマ教皇を反キリストとして扱っていた。現国王は法王教の外人《ガイジン》である王妃と枕を交わし、何らの告発もせず、教皇特使を公然と受け入れていた。そのような使節の二人目であるジョージ・コンが到着すると、瞬く間に何人もの著名な宮廷の貴婦人たちが公然とローマの教えに改宗した。一六二四年に約束したとおり、チャールズは王妃アンリエット＝マリーに宮廷内でのローマ・カトリック礼拝の自由を認めていたが、一六三二年に二〇〇〇の会衆が参加してサマーセット・ハウスの新しい礼拝堂の除幕式が大々的に行われてからには、当座は声高には問われなかったものの、いくつかの疑問が提起されるようになった。同時期、アイルランドにおいては、ローマ・カトリック教会が国民の教会（national church）であるかのように振る舞いつづけていた。アイルランド国教会のダブリン大主教ランスロット・バルクリーは、ダブリン城にほど近いカルメル会修道院におけるミサを急襲しようと試みた。しかし、一六二九年の聖ステファヌスの祝日に起きたこの事件の顛末は、国家主導の宗教改革の限界をはっきりと示すものとなった。すなわち、バルクリーは路上で襲われてしまい、さらにその後に逮捕することができたのは、石を投げた群衆ではなく、彼を助けに来なかったローマ・カトリックの都市参事会員だけだったのである。チャールズ治世初期に起きたスペインとの戦争では、旧イングランド系ローマ・カトリックは戦争中も国王への忠誠を保持し、ローマ・カトリック信仰が臣民としての忠誠と両立できることを示した。当時アイルランドのプロテスタントの意見では、ローマ・カトリックに対する罰金が適切に徴収されれば、戦争の負担を賄えるはずであった。それゆえチャールズはローマ・カトリックに対して「恩寵」と呼ばれる一連の譲歩を約束したのだが、アイルランド国教会の主教たちは「宗教を売りに出す」行為としてその危険性を声高に叫んだ。実際には、「恩寵」は与えられなかった。仮に実現していたとしたら、多数の新イングランド系プロテスタントもまた、「恩寵」のさまざまな約束から利益を受けたはずであったのだが。一六二九年の聖ステファヌスの祝日の混乱は、じつは宗教的な反体制派に対するこのような散発的な政府の締めつけの先駆けであった。しかし一六三三年にトマス・ウェントワースが総督として着任すると、ふたたび風向きが変わった。ウェントワース自身の説明によれば、彼は新旧の入植者を競わせて愉しんでいたが、その間、いっさい宗教的なカードを切らなかった。一六三〇年代の終わり頃まではアイルランド国教会の再建に並々ならぬ精力が注がれたため、ローマ・カトリックは放置されていた。それゆえ、ローマ・カトリックの組織は法的には禁止されていながらも、在住の司教のもとで教会裁判所や修練院を設立し、全体として前治世よりもさらに発展していた。通常の司牧関係も再開され、修道会聖職者と在俗の聖職者のあいだで、お互いの権利をめぐって、さらにはかつての修道院教会の所有と俗人による教会財産の接収をめぐって、係争が起きた。アイルランド総督府が在俗の聖職者を目立たぬかたちで支援するということさえあった。一六一九年以降アイルランドのフランシスコ会は、スコットランドの高地地方《ハイランド》および島嶼部への宣教を進め、古くからのゲール人とのつながりを回復するのに決定的な役割を果たした。スコットランドのローマ・カトリック人口は少数であったが、ローマ・カトリック領主のハントリー侯爵とニスデイル伯爵には大きな権勢があって、実数以上の政治的影響力を行使できた。三王国全土において、刑罰法の施行は過酷な弾圧と長い無風状態の間を揺れ動いた。スコットランドの主教たちは折に触れ根強い反ローマ・カトリック感情を利用し、ローマ・カトリックに対する厳しい政策を行おうとしたが、限られた成功しか収められなかった。一つにはローマ・カトリック《レキュザント》である枢密顧問官の介入があったからであり、もう一つの原因は、公職への就任にかかわる宗教審査にあった。審査儀式における跪拝が、体制教会への信従の最低基準を満たすものとして含まれていたのである。

ローマ・カトリシズムに関する国王の政策の方針は、総じて慎重で状況対処的で漸進的なものであり、これは一六〇三年から一六四〇年までほとんど変わらなかった。しかし聖俗のプロテスタントによるローマ・カトリック問題の受け止め方は、不満からいらだちへ、さらに疑惑から煮え立つ怒りへと、緩慢に、しかし確実に変化した。これは整然と順序よく変化したわけではなく、すべてのプロテスタントが同じ時期に同じ感情を抱いていたというわけでもないが、しかし一六三〇年代後半までには、政界の中枢になんらかの「法王教徒の陰謀」を想定することが普通になっていた。この先入観をもって見ると、宮廷、主教の邸宅、法廷や大学での活動さえもが疑わしいものに見えたのである。そして同じ頃、緩やかに関連しあう二つの現象が、宗教上の風景にさらなる陰影を投げかけることになった。

その第一は、反キリストという旗が下され消失したことである。そして第二は、教会法の統一が進められたことである。ローマ教皇を反キリストとして弾劾することは、メアリー女王時代の亡命者を支え、エリザベス時代のプロテスタントをイングランド防衛のために結集させ、ジェームズ時代の三王国の連帯を形づくっていた。教皇を反キリストとみなすことは、ほとんど一つの信仰箇条として、多くの者が分離への道を進むことをたしかに防いでいたのである。しかし一六三〇年代の聖界における支配的な風潮は、かつて「バビロンの大淫婦」を告発した終末論的な厳格さとは相いれないものになっていた。ロード大主教とその一派はローマからの分離よりも継承のほうに大きく傾いていた。彼らによると、ローマはたしかに堕落し逸脱した罪深い存在ではあるが、本質的に反キリストであるわけではなかった。それゆえ、ローマ・カトリックが嘲って「ルター以前にお前たちの教会はどこにあったのか」と詰問した場合の回答は、かつての「ヴァルド派、カタリ派、ロラード派のような敬虔な生き残り、迫害された真の信仰者の間に存在していた」から「ここに、それはまさにここに、つねに存在した」に変化した。あるいは、ブラムホール主教が一六四〇年代の辛い亡命中に発言したところによれば、「草取りをする前の庭と草取りをした後の庭が同じものであるように、宗教改革前のイングランド教会と宗教改革後のイングランド国教会が同じものであることは疑いえないのであった。これは二つのことを含意していた。なによりもまず、救済された人びとからなる「真の教会」（true church）と、人びとが日曜に礼拝する機関である「目に見える教会」（the visible church）との重要な違いがなくなった。この事実は、新たに聖礼典を通じて与えられる恩寵が強調されはじめた事実と、みごとに符合する。第二に、この考え方によって、プロテスタントの諸教会の父祖が「堕落した」教会ということになった。これでジェームズ治世の宗教的な合意の主要部分を葬り去ったといえる。もしブリテンとアイルランドのプロテスタント諸教会が、中世教会を祖先としながら、悪に染まらなかっただけの後継者であるならば、どうしてそれらが「真の」教会でありえようか。それは昨今のキリスト教共同体の戦争の歴史が、光と闇、あるいは真実と虚偽との対決であったことを否定するものであった。オスマン・トルコの皇帝《スルタン》をヨハネ黙示録の第二の獣と同一視するロバート・シェルフォードの『五つの敬虔で学識ある論説』（一六三五年）などが出版される一方で、アーマー大主教ジェームズ・アッシャーのような古参の歴史評論の論客はラテン語で書きダブリンで出版することを勧められた。

　アッシャーは、ジェームズ治世からの老論争家で、改革派の高位聖職者であり、そしてローマ・カトリックの過ちを学問的に糾弾してきた。まさにハンプトン・コート後の宗教合意を体現してきたといえよう。一六三五年までには、アッシャーが教会をめぐることがらに非常に困惑していたことが明らかであったので、彼がローマの教えに改宗しようとしているという悪ふざけの噂までもが流布する状況であった。この噂はまったく根拠のないものであったが、このアイルランドの首座大主教〔アーマー大主教はアイルランド国教会の最高位、首座大主教である〕には怒りで心を乱すに十分な理由があった。アイルランド国教会を支配する立場から退けられること自体は、本好きのアッシャーにとってさほど大きな苦痛ではなかった。しかし一六三四年から三五年に行われたアイルランド聖職者会議の結果は非常に不本意であった。それまでは、三九箇条およびランベス信仰箇条（一五九四年にエリザベス一世が批准を拒んだ）をも包含する一六一五年のアイルランド信仰箇条が、一六一六年のスコットランド教会《カーク》の信仰告白（アバディーン信仰告白と呼ばれる）とドルトレヒトの正統教義とともに、アイルランド海両岸の諸教会にある種の共通性と宗派としての一体性をもたらしていた。しかしチャールズは、アイルランドおよびイングランドの信仰箇条の体系を法令として承認すべきだという議会の要求に同意しなかった。そうではなく彼は、ロード大主教の助けを借りて、一六〇四年のイングランド教会法に基づく統一、すなわち、教義ではなく規律に基づく統一を目指したのである。一六三七年の初めまでに、全三王国は核となるおよそ四〇箇条の教会法を共有するかたちになった。この教会法の拡大は、またしても、たんなるイングランドの規範の押しつけという問題ではなかった。そうではなく、これは新たなかたちでの国教会への信従を、より正確に言えば、いまだかつてないほど厳格に定義された新たな信従を展望させるものだったのである。

　アイルランド聖職者会議は一四一箇条のイングランド教会法を一〇〇ちょうどに減らしたが、条項数をたんに切りのいい数字に減らしたわけではなかった。この聖職者会議は、実質的には総督ウェントワースの脅しを受けて結論を出したのだが、三九箇条をアイルランド国教会の行う教義審査の唯一の規準とすることで、一六一五年の改革派の信仰告白を骨抜きにしたのである。新たな教会法は（すでに九四条について検討したように）、祭壇を壮麗にするイングランドでの宗教政策の潮流を純化したものであった。そこにはローマ・カトリック信仰特有の私的な告解に関する条項さえも含まれていた。さらに、国王至上権、祈禱書、信仰箇条への大まかな同意に留まらず、国王至上権を是認する旨の宣言を定期的に反復すべきこと、祈禱書に関するいかなる批判も完全に禁止されること、教会の聖職位階に対する批判者はただちに破門されるべきことまでを規定する書類に新たに署名することになった。さらにアイルランドの聖職者は、宗教改革は完成し完全なものであるとの見解に同意することを求められた。

これに対してアッシャー大主教が試みた抵抗は、いくらか成功したものの、小規模なものに留まった。新たな教会法体系は、アイルランドの教会がイングランド国教会を祖先とし、いまもつながっていることを再確認した。さらに、そこでアイルランド国教会に対して要求された新たな国教信従の規準は、いずれイングランド国教会自身に要求される規準ともなったのである。スコットランド教会《カーク》は、これとは異なる道筋を辿った。スコットランドの宗教改革は国王に対抗するかたちで行われたのだが、チャールズ一世はこれを失念していた。それゆえ一六三六年のスコットランド教会法は教会総会《ジェネラル・アセンブリ》に諮られることもなく（教会総会《ジェネラル・アセンブリ》は一六一八年から一六三八年の間、開催されなかった）、国王の一存で教会《カーク》に押しつけられた。「謙虚な嘆願書」(humble supplication)が、一六三三年の戴冠式に合わせた議会のために起草された。この嘆願書は、提出は見送られたものの、教会の新機軸と主教制が育てたともいえるアルミニウス主義への懸念を表明するものであった。一六三六年に書物として出版された教会法の本は、チャールズは専制的な不在君主で、法王教徒あるいは法王教に肩入れする助言者によって判断が曇らされているとの見解を補強しているように見えた。これは国王至上権を繰り返すことで始まり（ほとんどがイングランド王国の法規集の引用である）、パースの五箇条の大部分を復唱し、主教を独自の聖職として規定した。この立場では、主教の権威は他の牧師の認可ではなく聖別によって授与されることになる。またこの教会法は新たな公同の典礼が導入されることをほのめかしていたが、これも怒りを大きくしただけであった。秘密告解(auricular confession)も限られた場面で認められた。教会総会《ジェネラル・アセンブリ》、中会《プレスビテリ》あるいは小会《カーク・セッション》については何の言及もなかった。あたかも〔長老主義に基づいた〕スコットランドの体制教会が消失し、イングランドかアイルランドの国教会になったかのようであった。祈禱書や按手式の式次第書に聖書に反する内容が入っているとか、国王至上権や主教制に基づく統治は腐敗し不法で聖書に反するなどと主張する者は、聖職者であれ平信徒であれ、破門をもって処罰された。このように国王は、勅令によりスコットランド教会《カーク》の基本的なあり方を作り直そうとし、教会《カーク》に相談するそぶりも見せなかった。イングランドにおいては、一六四〇年に議会が解散された後であっても、国王は聖職者会議の開催を認めた。そのときのチャールズは、自分の意志こそが教会の法の究極的な源泉であると考える国王であった。アイルランドとスコットランドの教会法に見られる新たな体制教会信従規準の輪郭は、多くの点でチャールズ一世自身の意志、あるいは彼の魂の輪郭そのものだったのである。

契約

かつて三王国の体制教会は、教義的には共通性があり、ゆるやかな構造でまとまっていた。しかし一六三七年までに、少なくとも紙の上では、こうした構造は途絶え、一元的な構造へと移行した。この構造をまとめるのは国王の意志であり、それは教会法、高等宗務官裁判所、同じ様式の典礼に示されていたのである。そのなかで一六三七年の「スコットランド祈禱書」は、据えつけられるべき最後の柱の一つであるはずであったが、しかしこれが解体用の鉄球となったのである。スコットランドの主教は、祈禱書導入の初めから危機感を持っていた。にもかかわらず、結局責任を負わされたのも主教であった。ジェームズ一世＝六世による一六二〇年代以降の構想は、すべて現地の礼拝規程に基づいたものであった。なぜなら、ジェームズとその主教は、スコットランド教会《カーク》の礼拝形式の変更は、神業のごとき細心さと熟慮をもって行わないかぎり、スコットランド人のアイデンティティそのものに対する攻撃として解釈されることを知っていたからである。一方で、一六三七年の祈禱書は国王チャールズが自ら起草したもので、イングランドの祈禱書に基づいていた。かつてエドワード六世が刊行した第二祈禱書の一五五九年版は、小修正され一六〇四年に新たに出版されていた。しかし一六三七年の祈禱書はこれを基本にしたのではなくて、少年王エドワードによる一五四九年の第一祈禱書に基づいたのである。スコットランド人がすぐに指摘したように、一五四九年の祈禱書は古いミサ典書にいっそう近いものであり、それゆえアイルランドとイングランドのプロテスタントが忍耐して使用している祈禱書より、ひどいものであった。これはイングランド化の動きが忍び寄ってきたという以上に、もっと背筋が凍る出来事であった——チャールズは祖先が統治した国スコットランドを新しい、よりローマ寄りの祈禱書の実験台にしたのである。廃棄法の経験で抵抗することに慣れていた国民は、いざとなったら立ち上がる準備もできていた。一六三七年七月二三日にエディンバラのセント・ジャイルズ大聖堂で公表された新たな祈禱書は（その一部が包装紙として市中に出回っていたことで、多くの民衆は事前に内容を知っていた）、組織的な抵抗の契機となり、それはやがて民衆騒擾へと発展した。

グレイフライアーズ教会《カーク》で一六三八年二月二八日、初めに貴族たちが署名した「契約」（Covenant）〔「国民契約」（National Covenant）と呼ばれるようになる〕が、国の紐帯となった。最初、契約派《カヴェナンターズ》（Covenanters）は三王国の一つスコットランドにしか関心を抱いてはいなかった。「契約」の礎石となったのは一五八一年の否定信仰告白（Negative Confession）であり、これはローマ・カトリシズムを絶つことを誓うとともに、スコットランドに「真の宗教」を打ち立てたすべての議会制定法を繰り返すものであった。「契約」は主教と国王至上権については賢明にも明言を避けているが、以前の立法を指標とすることで近時の変化を明確に浮き彫りにするものであった。全体としてのメッセージは明瞭で、スコットランド人の国王は神に適う統治をしなければならない、というものであった。「契約」は、幅広い支持を得ることを念頭に慎重な言い回しをしていた。しかし、この新たな紐帯に全面的な支持があったとはとうてい言えない。署名した貴族が大多数だったものの、ロンドン宮廷や、スコットランド内にも、さらにはアルスター地方のスコットランド系貴族にも署名しない者はいた。しかし、国王支持を表明する署名運動である「国王の契約[11]」が失敗してチャールズは後退し、二〇年ぶりの教会総会《ジェネラル・アセンブリ》の開催を認めた。この教会総会は、教会法と祈禱書の撤回、高等宗務官裁判所およびパースの五箇条の中止に進むことになる。総会開催当時すでに、署名運動と終末論的な説教によって興奮が渦巻いており、たとえ傑出した策略家であっても主導権を奪い返すのは大変難しい状況であった。一六三八年一一月のグラスゴー教会総会《ジェネラル・アセンブリ》は、国王の急襲を恐れ武装した契約派で入り口まで満員となった。この会合は不安と怒りを背景に、教会の革命を遂行した。すなわち、国王至上権、主教制、パースの五箇条、教会法、新たな典礼書を一挙に停止することによって、三八年間のステュアート朝の事績を無効にしたのである。一年後に教会総会は「契約」への署名を強制し、主教制は神の意志に反すると宣言することで、ついに宗教的な価値を一八〇度転換させた。「主教なくして国王なし」という、ジェームズ一世＝六世とチャールズ一世の意志は、いまや神の意志に反するものとみなされたのである。

一つの王国のプロテスタントが、ひとたび主教制は本質的に罪深いという原則を打ち出すと、彼らはそのメッセージを他王国に広めないではいられなかった。一六三九年二月にこれを予期したトマス・ウェントワースは、アルスター地方のスコットランド系植民者に対して「契約」を否定する誓約を強制すべきであると、ロード大主教に書き送った。おもにプロパガンダ策として企図されたこの誓約は、のちに「暗黒誓約」(black oath) として知られるようになる。しかしこれもまた、スコットランド人にとっては、国王と宮廷はスコットランド人であること自体を疑いの目で見ているという印象を濃くし、さらにスコットランドという王国自体が存亡の危機にあるとの感覚を強めただけであった。契約派《カヴェナンターズ》のパンフレットはスコットランドの外へと目を向けはじめ、他の姉妹王国に向けて次のように訴えた。まさにプロテスタント宗教改革の将来が危機にさらされているのであり、法王教徒の陰謀はスコットランドにとって脅威であり、イングランドにとってもそれは変わりないと。一六三九年、チャールズ一世がスコットランド制圧のための正規軍を徴集することを決めた。その結果、国王自身の臣民に対する戦争は宗教と結びつくこととなった。戦争には資金が必要であり、資金を集めるためには議会を開く必要があった。短期議会が一六四〇年の春に一五日間だけ開かれた後、抵抗にショックを受けた国王は、実質的な交渉に入らずに議会を解散した。スコットランドの臣民たちは、プロテスタント宗教の防衛のため正式なかたちで結集していた。その臣民を攻撃するため、必要とあれば主としてローマ・カトリックからなるアイルランド軍を使うことも辞さないという国王の姿勢は、すでに広く伝わっていた。これはただ、法王教徒の陰謀という噂を補強するだけであった。この噂は短期議会ののちにはより大きくより広く語られるようになっていたのである。イングランドで一六四〇年に開催された聖職者会議は、たしかに法王教のさらなる拡大を防ぐための教会法を起草した。しかしこの聖職者会議に出席する聖職者は、自分たちには生来の、「神の法」（*iure divino*）による権威が備わっているとの信念を持ち参加したように見えた。そうした聖職身分の主張を強化するために、国王大権が使われたのである。この事実から、チャールズのいう敬虔な統治を確かなものとする試みにおいて、主教制の持つ聖職位階制が重要な意味を持つであろうことは、容易に想像できることであった。事実そうなった。それゆえ一六四〇年一二月の「根こそぎ」請願（‘Root and Branch’ petitions）〔一五〇〇〇人のロンドン住民が署名しイングランド議会に提出された〕では、「大主教、主教、聖堂参事会主席司祭、大執事による支配」の根絶が要求されただけでなく、国教会に対する国王の権力を制限することも要求した。アイルランドにおいては、トマス・ウェントワースが逮捕され弾劾された。これを合図として、ローマ・カトリックとプロテスタントの双方が一六三〇年代の教会体制を手荒に解体させはじめた。一年後の一六四一年一〇月、アイルランドの政治的宗教的な緊張状態は、激しい宗派間の流血となって爆発することになった。

　一連の裁判、請願、騒擾、怒りに満ちた論争は、一六四〇年代が進むにつれて悲惨な戦争へと発展していった。その動乱の中では、エリザベス一世およびジェームズ一世＝六世の治世を懐古して黄金時代とみなす者が多かったであろう。

本章で言及された人物一覧

アッシャー、ジェームズ（Ussher, James）	一五八一年～一六五六年
アボット、ジョージ（Abbot, George）	一五六二年～一六三三年
アンドルーズ、ランスロット（Andrews, Lancelot）	一五五五年～一六二六年（イーリー主教）
ヴィリアーズ、ジョージ（Villiers, George）	一五九二年～一六二八年（初代バッキンガム公爵）
ウェントワース、トマス（Wentworth, Thomas）	一五九三年～一六四一年
ウォトン、ヘンリー（Wotton, Henry）	一五六八年～一六三九年
ウルジー、トマス（Wolsey, Thomas）	一四九三年頃～一五三〇年（枢機卿）
オニール、ヒュー（O'Neill, Hugh）	一五五〇年頃～一六一六年
ギャロウェー、パトリック（Galloway, Patrick）	一五五一年頃～一六二六年頃
グレッドスタンズ、ジョージ（Gledstanes, George）	一六一五年没
クレメンス八世（Clement VIII）	一五三六年～一六〇五年（教皇）
ジャクソン、ウィリアム（Juxon, William）	一五八二年～一六六三年
スペルマン、ヘンリー（Spelman, Henry）	一五六二年頃～一六四一年
スポッティズウッド、ジョン（Spottiswoode, John）	一五六五年～一六三九年
デ・ドミニス、マルコ＝アントニオ（De Dominis, Marco Antonio）	一五六〇年～一六二四年
ノックス、アンドルー（Knox, Andrew）	一五五九年～一六三三年（ラフォー主教）

ハミルトン、ギャヴィン（Hamilton, Gavin）　一五六一年頃～一六一二年（ギャロウェー主教）

バルカンカル、ウォルター（Balcanquhal, Walter）　一五八六年頃～一六四五年

バルクリー、ランスロット（Bulkeley, Lancelot）　一五六八年頃～一六五〇年

バンクロフト、リチャード（Bancroft, Richard）　一五四四年～一六一〇年

ビーデル、ウィリアム（Bedell, William）　一五七一年～一六四二年

ブキャナン、ジョージ（Buchanan, George）　一五〇六年～一五八二年

ブラムホール、ジョン（Bramhall, John）　一五九四年～一六六三年

フリードリヒ五世（Frederick V）　一五九六年～一六三二年（プファルツ選帝侯・ボヘミア国王）

ベラルミーノ、ロベルト（Bellarmine, Robert）　一五四二年～一六二一年

ポイニングス、エドワード（Poynings, Edward）　一四四九年～一五二一年

ボイル、リチャード（Boyle, Richard）　一五六六年～一六四三年（初代コーク伯爵）

マシュー、トビアス（Matthew, Tobias）　一五四六年～一六二八年

メルヴィル、アンドルー（Melville, Andrew）　一五四五年～一六二二年

モンタギュー、リチャード（Montagu, Richard）　一五七七年～一六四一年

ラム、アンドルー（Lamb, Andrew）　一五六五年頃～一六三四年（ブリーヒン主教）

ロード、ウィリアム（Laud, William）　一五七三年～一六四五年

〔称号が記されているのは原著では称号で言及された人物である〕

A MAD DESIGNE: OR, A Description of the King of Scots marching in his Disguise, after the Rout at Worcester, With the Particulers where He was, and what He and his Company did, every day and night after He fled from WORCESTER.

23 The Substance of the Scots Kings Speech.

FINIS.

LONDON

Printed by Robert Ibbitson 1651.

図５『馬鹿げたもくろみ、またはスコットランド国王の物語』（1651 年）[1]

第三章

聖者と兵士の支配
——ブリテン諸島における宗教戦争、一六三八〜一六六〇年

ジョン・モリル

序

ブリテンとアイルランドの歴史において、一六四〇年代から一六五〇年代初頭ほど、全列島が長く激しい内戦を経験したことはなかった。イングランド人は内部で互いに戦争を繰り広げ、国王は裁判にかけられ、有罪判決を受け、そして処刑された。王権は「自由と安全と公の利益にとって不必要、重荷でありかつ危険」とされ、貴族院も「イングランド人民にとって無用かつ危険」であると宣告された。[*1] とはいえ、イングランド内で一六四〇年代に戦われた一連の戦争で武器をとって戦った者のうちおそらく四人に一人は、スコットランドやアイルラン

ドから参加していたようである。イングランドでは、成人男子のおそらく五人に一人が従軍し、二〇人に一人が戦場でまたは戦闘に関連した原因で死亡した。スコットランドではイングランドと比べて内戦は断続的であったが、自国でよりもイングランドやアイルランドで戦闘に参加したスコットランド人が多かったため、成人男性で従軍した者の割合や死亡率は、イングランドとほぼ同等であった。アイルランドに住む諸集団（すなわち、ゲール人、アングロ・ノルマン系入植者の子孫でゲール化された者たち、ゲール化されていないアングロ・ノルマン人、宗教改革以降移り住んだイングランド系およびスコットランド系住民）はいずれも、それぞれの内部で争い、また互いに交戦した。これらアイルランド住民のほぼすべてが、一度はブリテン島から襲来する軍隊の攻撃の対象となった。アイルランドでは少なくとも成人一〇人に一人が戦闘で死亡し、さらに、一六五〇年代のあいだに少なくとももう一割が、亡命したり追放されたりした。これらの戦争は、近世ヨーロッパのどの戦争もそうであったように、宗教戦争であった。すなわち、宗教以外のさまざまな争点をめぐる戦争ではあったが、信仰の違いを対立軸として戦われたということである。これらの戦争はまた、イングランド（ウェールズを含む）、スコットランド、アイルランドという三つの政体をまとめる国制上の関係を再定義するべく、指導者たちが奮闘した戦争でもあった。ただし分離独立を考えた者は、ほとんどいなかった。一五三四年以来形成されてきた国家システムを再編することよりも解体することに真剣に取り組んだ唯一のグループは、イングランド（とアイルランド）に共和国《コモンウェルス》を樹立させた直後のイングランドの指導層である。このとき彼らはスコットランドと手を切ろうとしたのであった。

ブリテン式の玉突き現象[*2]、一六三七〜一六四三年

一六三七年までに教会と国家におけるチャールズ一世の政策は、三王国のすべてにおいて鬱積した憤りを引き起こしていたが、大きく情勢を動かすほどには至っていなかった。政治的に洗練された三王国の支配層は、チャールズの穏健で制御された専制よりも無政府状態のほうをはるかに強く恐れたため、即座にあるいは自発的に武力に訴えることにはならなかった。不満を抱く者たちは行政権の乱用に対して法の保護を求めたが、いずれの王国においても主立った裁判で期待を裏切られた。また彼らは国王や枢密院にも陳情したが、枢密顧問官のほとんどは地域につながりの深い昔からの名望家ではなく、野心的な成金と生え抜きのエリート役人たちであった。世論を形成する有力な集団の一部が排除されたり周縁に追いやられたりしていた。とりわけイングランドの地方の治安判事たちは、中央に要求されるままをそのまま実施することに耐えがたくなっており、のらりくらりとかわそうとしたが、さらなる圧力を感じていた。三王国のどこでも、臣民の不満を和らげるための議会が開かれる見通しは立たなかった。こうした理由で、憤懣が高まっていたのである。憤りだけでなく、恐怖心もあった。イングランドでは、よく知られた説教師ヘンリー・バートン、内科医ジョン・バストウィック、法律家ウィリアム・プリンの三人が、政府方針を批判したために耳殺ぎの刑に処せられた。だが国王を取り巻く追従者の陰険な

＊1　S. R. Gardiner, *The Constitutional Documents of the Puritan Revolution 1625–1660* (3rd edn. Oxford, 1906), 385, 387.

＊2　この比喩は次の文献による。Conrad Russell, 'The British Problem and the English Civil War,' *History*, 72 (1987), repr. in P. Gaunt (ed.), *The English Civil War* (Oxford, 2000), 94.

攻撃に直面したのは、スコットランドではバルメリノ男爵、アイルランドではコーク伯爵のような貴族であった。さらには、国王がスコットランドとアイルランド両国において修道院の土地を没収した際に取り決めた条件について再交渉しようとしたことで、両王国では激しい怒りが起こり、イングランドでも大きな不安が広まった。スコットランドおよびアイルランドにおける教会法が改変されたのに続いて、熱心なプロテスタントのほとんどがイングランドの祈禱書より劣悪と考えた、新しいスコットランド祈禱書が導入されたことで、ブリテンじゅうに恐怖感を引き起こすことになったこのスコットランド祈禱書は、カルヴァン主義的影響をいくらかは含んでいた一五五二年版および一五五九年版ではなく、カルヴァン主義的影響をまったく含んでいなかった一五四九年版のイングランド祈禱書に基づいていたのである。この一五四九年版祈禱書をアイルランドに導入しようとデリー主教ブラムホールが考えていたことがもし表沙汰になっていたら、いっそう大変なことになっていたであろう。高位聖職者はいたるところで政治に関与しようとしていた。主教たちは世俗の統治の中枢に座り（イングランドではロンドン主教ジャクソンが大蔵卿に、スコットランドではセント・アンドルーズ大主教スポッティズウッド[2]が大法官に就任）、国王大権を行使する権限を与えられて、宗教改革で失った教会領と管轄権を回復しようとしていた。こうした振る舞いを容認する者はほとんどおらず、怒りや不平のつぶやきがおきた。だが実際に行動を起こす者はなかった。

そして一六三八年、スコットランド人が、期せずして反乱を起こした。スコットランドでは裁判権と地方統治は貴族に委譲されており、貴族が団結して王権の政策実行を拒否することで国王の統治を無力化させるという高貴な伝統があった。この方法でスコットランド貴族は、一六二六年から一六三三年のあいだ、「廃棄法」（Act of Revocation）〔第二章九一～九二頁を参照〕を骨抜きにしたのであった。一六三八年二月の「国民契約」（National Covenant）も、同様の目的で作成された。これは、国王の求める宗教政策を実施しないことを神の名によって取り決めて国王に突きつけた、スコットランド人民の厳粛な契約であった。数百年におよぶ政治的団結の伝統と数十年前からの宗教的誓約の伝統に基づいて締結された「国民契約」の意図は、教会《カーク》の構造と形態を改変する国王の計画をスコットランド人は認めず、それゆえ実行は不可能であると、スコットランド国王に伝えることであった。これは、武器をとることを呼びかけたものではなかった。一六三八年に「国民契約」に加わった人びとは、「契約」を維持するために戦わなくてはならないとは考えていなかった。つまり、チャールズが同君連合によって結ばれた領邦群を統べる国王として反応し、みずからの政策を実行するためにブリテン諸島全体から軍を動員する可能性までは、想定していなかったのである。しかしまさに文字どおり、チャールズ一世は自分の臣民たるスコットランド国民に宣戦布告した。これが、諸島じゅうに暴力が広まる引き金であった。スコットランド人が軍事行動へと駆り立てられていったのは、「国民契約」に参加したが、アイルランドにいたためにより無防備であった同郷人に対する迫害〔トマス・ウェントワースによる「暗黒誓約」の強要のこと。第二章一〇六頁参照〕と、アイルランドとイングランドの軍隊を動員してまでもみずからの方針を貫徹しようとするチャールズのもくろみが明らかになったからであった。イングランドとスコットランドの違いを把握していなかったチャールズには、スコットランド貴族は武装した従者はもはや保有していないとはいえ、即座に軍隊を動員できることが予測できなかった。国外で傭兵として働いていた相当数の子弟が帰国し、スウェーデン式の軍管区と兵員割り当て制度を導入した。「三王国戦争」はスコットランドにおいて始まったのだが、これはそこで国王の力が最も弱かったから、またスコットランド人のほうが国王よりすばやく武力に訴えることができたからであった。

　チャールズによる挑発とスコットランドの先制的軍事動員に対するイングランド国内での反応は、複雑であった。スコットランド人に対する嫌悪から、彼らとの一戦に参加してもかまわないと考えるイングランド人も一六三九年の時点では多かった〔こうしたイングランド人には、たとえばフェアファックス一族のように、のちの議会派になる者も多数含まれていた〕。またスコットランドとの戦争に応じて議会がふたたび召集されることを予期し、そこでイングランド国家の長期的な改革を確かなものにできるなら、スコットランド撃退のための財政支出を認める価値はあると考えたイングランド人もいた。

チャールズの政府は困難な状況にあったが、一六三八年の夏の段階では危機的というほどではなかった。アイルランドは確固とした統制下に置かれており、アイルランド総督が収奪と植民地化という強圧的政策をはじめていさえなければ、国王の統治が崩壊するかもしれないと考える理由はなかった。イングランドでも組織的抵抗の兆候は見られなかった。貴族やジェントリに法律問題を助言していた専門家たちは船舶税[3]が徴収される行政上の手続きに新たな抜け穴を見つけており、国王がこの財源を長期的に確保しようとすれば次の司法闘争では敗れる見込みが強まっていたとはいえ、である。実際、たとえ船舶税がなくとも、関税やその他諸税による歳入は潤沢で、平時であれば均衡のとれた予算を国王が長期的に組めるほどであった。一方、国王による宗教政策は、カンタベリー大主教ロード[4]にさえいささか強圧的に映った。ロードは国王と目的と共有しつつも国王ほどの緊迫感は抱いていなかったためである。しかしここでも、憤りは増しても、抵抗運動は盛り上がらなかった。ところがスコットランド反乱に際しては、チャールズはみずからの宗教政策の実行をあきらめるか、他の二王国の力を使ってそれを強行するかのどちらかを選ばざるをえなかった。もしチャールズがその宗教政策の手綱をゆるめ、スコットランド政策をあきらめたならば——彼の父ジェームズは一五九〇年代にスコットランド政策で譲歩したが、続く二〇年間でみずからの政策を復活させたことに留意すべきである——戦争を回避し親政を再開できたであろう。選択はチャールズに委ねられたが、結局彼は愚かなほうを選んでしまった。

一六三九年、国王はスコットランド低地《ローランド》地方の攻撃を企てた〔第一次主教戦争〕。彼が頼みにしたのはアイルランドのプロテスタント軍隊、イングランドで集めた即席の軍隊、そして忠誠心から、あるいは野心から国王を支援すると見込まれた一部のスコットランド高地《ハイランド》地方の貴族であった。国王の意図が明白になると、スコットランド中央地帯の「契約派《カヴェナンターズ》」[5]指導者たちは、きわめて厳粛な口調でフランス国王に支援を求める書簡を送り、海外在住の愛郷的なスコットランド人将校らには帰国して王国と教会《カーク》を防衛せよと訴えた。国王のイングランド軍は統制がとれない状態で戦場に先駆けた。国王はしかし、国境地帯で自分に対峙した軍隊が自軍同様に不揃いで士気に欠けていたことには気づかず、直前になって攻撃計画をとりやめた〔六月〕。スコットランドの戦意は強くなかったので、それを打ち砕く千載一遇の好機を彼は逃したのかもしれない。

　ここでもまだ、主導権はチャールズの側にあった。もし彼がスコットランド政策を放棄し、スコットランドの枢密院を改編し、より広範な自治を（さしあたり）スコットランドに認めていたとすれば、彼はイングランドで親政を続行することができたであろう。だがスコットランドに対する本当に効果的な軍事行動を行うのなら、さらに多額の現金とよりよい条件の借入金が必要であり、このことはチャールズも理解していた。この現金と借入金を確保する方法は二つあった。一つは、イングランド議会を召集して巧みな交渉をし、イングランドにおける改革と引き替えに現金を入手することである。もう一つは、スペイン国王およびローマ教皇庁と交渉して、ブリテンとアイルランドのローマ・カトリックに相当の救済措置を与えることと引き替えに、現金および借入金を入手することであった。チャールズは一六四〇年の春に、この二つの方策を同時に試した。〔四月に〕召集された短期議会[6]は二週間、交渉に乗る姿勢を示した。この議会はチャールズが最も重視していた宗教政策には正面切った反対を示さなかった。それどころか議会は、船舶税および軍服・召集旅費税の撤廃と、議会のさらなる開催という国王の約束と引き替えに、先例のないほど大規模な資金援助を行うことさえ提案した。ところが、チャールズは完全に誤った判断に基づき、スペインとローマ教皇からの資金援助の可能性に賭けて議会を解散してしまう。スペイン君主国がカタルーニャ、ポルトガル、そしてイタリア地域での反乱の激化に動揺したことで、ローマ・カトリック勢力からの資金獲得の見込みはすでに消滅していたことを、チャールズはすぐに知ることとなった。

国王にはまだ、選択肢があった。つまりスコットランドの要求を呑むという選択である。この場合、国王はスコットランド人に自決権を与えることになり、イングランド議会と妥協するよりはるかに屈辱的ではあったが、イングランドおよびアイルランドでの親政は維持することができたし、スコットランドの内部対立に乗じて少なくともいくぶんかでも個人的権威を回復する機会をうかがうこともできただろう。あるいは、イングランド議会をふたたび召集して、そこで出されるいかなる要求も受け入れることで、スコットランド人との対決に必要な資金を手に入れることもできたであろう。これらはいずれも不愉快なことであったが、戦争を継続するための財源を確保しないままスコットランド人との戦争を始めてしまうよりは、はるかに利点が大きいはずであった。だが、国王は勝ち目のない二度目の軍事作戦を実行し、屈辱を味わった〔第二次主教戦争、一六四〇年八月〕。さらに都合の悪いことには、スコットランド軍がイングランド北東部を占領し、国王の将来の振る舞いについてイングランド議会が保証し、戦時債が完全に償還されるまで撤退しないと宣言したのである。

このときこそ、情勢がチャールズ一世の手に負えなくなった時点であった。一六四〇年初秋のことである。スコットランド人との和議を結ぶ条件として、彼らが負った戦費を支払うための資金を調達し、スコットランドの新しい国制のあり方と、王国間の新しい国制的関係とを保証する議会をイングランドで召集することが、国王に求められた。これらのことが達成されるまで、スコットランドの軍隊は港湾都市ニューカースルおよびイングランド北東部を占領しつづけることになった。彼らの振る舞いは、スコットランド人に対する古来の反感と憎悪を呼び起こすことにもなったのだが。

こうして、三王国の各国内および王国間で戦乱の一〇年が続くことになった。この争いは、言葉と武器とによる戦争、ペンと印刷機における戦争であり、互いに競合する新しい政治的・宗教的構造をめぐる戦争でもあった。それらを順に検討していくことにしよう。

出版物におけるさまざまな戦争

一六四〇年代は、言論による戦争が未曾有の規模で行われた時期であった。出版界には紳士協定は存在しなかった。一六三〇年代には、約七七〇〇の出版物がイングランドおよびウェールズで刊行されたが、一六四〇年代には一万八二四七を数えた。人びとは数ペンスで、戦況を報じ重要な軍事的・政治的・宗教的な進展を解説する初めての〔週刊〕新聞を手に入れることができた。一六四〇年代後半までには、一〇から一五紙が毎週発売されるようになっていた。誤報や誤解も含まれていたとはいえ、議会派の新聞は事実に根ざしたものであった。一方、王党派の新聞は、捏造か、あるいは少なくとも「ラウンドヘッド」〔round head〕〔議会派の意〕の新聞で報道された事件に関する虚偽に満ちた論評の形態をとっていた。王党派新聞は新情報を欠いていたが機知のある毒舌には長けており、ロンドン中心部にさえ読者を獲得した。議会両院の指導的な議員による主要演説と銘打った印刷物も、老若男女を問わず数ペンスで——少なくとも一六四〇年代初頭には——入手することができた。さらに、国王と議会両院がプロパガンダ戦に勝ち抜こうと苦闘する状況下で、数ペンスあれば、各々の間の公式なやりとりの最新版を購読することもできた。たとえば、ヨークシャー州の都市ハル——一六四〇年に失敗した対スコットランド作戦の際の弾薬が保管されていた——を獲保しようとした国王の〔一六四二年の〕試みについての論評は、二三を数えた。また、一六四二年春の民兵条例〔7〕についての論評は、三三の記事が現れた。[*3] 群を抜いて多かったのは、エリザベス

*3　次の文献から計算。〔E. Husbands〕, *Exact Collection of All Remonstrances, Declarations, Votes, Orders* 〔etc.〕(1643).

期以来の教会体制を攻撃あるいは擁護する出版物、とりわけ「共通祈禱書」と教会統治形態の将来についてのものであった。一六四〇年から四三年には、宗教改革にさらなる「改革」をほどこすべきか、それとも（チャールズ一世自身の言うように）「法が定めた、真に改革されたプロテスタント信仰」をこのまま護るべきかという争点をめぐって、聖職者やコモン・ロー法律家、その他一般人により、四〇〇点を超える小冊子や一枚刷り《ブロードシート》印刷物が発行された。[*4] これらの議論は一六四三年から四七年にかけての期間も続いたが、やがてピューリタン・議会派内部における論争のほうが目立つようになった。すなわち、ジュネーヴおよびスコットランドの経験に依拠して長老教会制度を提唱する派と、信者の討論というイングランドの伝統および当時のニュー・イングランド入植者の経験に基づいた非分離会衆主義[8]を擁護する派とのあいだの論争であった。一六四七年以降、論争の重心はふたたび変化し、改革された国家教会への国民の強制加入を求める側と、いかなるかたちの国家教会も望まない、少なくとも第一次内戦で勝利した議会が導入を準備していた国家教会の一員たることは望まない人びとに信仰の自由を与えるべきだとする側とのあいだで、白熱した議論が交わされた。

　議会軍兵士たちの精神と良心を満たす目的で、彼らが頻繁に自問すると思われた一連の質問と、回答となる聖書の引用句から成る「携帯版聖書」および「携帯版教理問答」が作られた。議会はこれらをすべての兵士に支給するために一部につき数ペンスを負担した。さらに、人びとは数ペンスを払えば、議会両院で開催された月ごとの断食日の説教、議会軍の戦死者を追悼する演説、戦場での勝利について記した両陣営の将軍からの書簡を入手することも可能であった（もっとも、クロムウェルの書簡の場合には、信仰の自由と宗教複数主義についての彼の早熟な議論はしばしば出版前に削除されたのだが）。そして、おそらく最も驚くべきことは、この熾烈を極めた戦争のさなか、多くの論争的な著作において戯作《バーレスク》的で猥褻な表現が空前絶後の開花を見せていたことである。「人間の伝統という臭いパン種、それは富と昇進のぬるま湯につかる高位聖職者の心の中で偽善という有毒物と混じり合って、腐った塊《ミサ》（mass）となる。こ

図6　著者不明『レンの不潔な巣、またはレン主教の解剖――その行動の全貌が明らかに』1640年初刊。

のパン種は、まさに毒蛇の卵である。ところかまわず反キリストを孵化し、その塊の大きさに劣らぬ怪物を生み出すのである」[*5]。一六四一年の反主教制パンフレットに見られるジョン・ミルトンの辛辣かつ洗練された皮肉は、主教制を擁護する王党派のブルーノ・リーヴズやサー・ジョン・バークンヘッドの風刺に引き継がれた。バークンヘッドは、ウェストミンスター宗教会議[9]での几帳面で強欲なピューリタンの世界を次のように描く。

「彼らは、王国を分割したように聖書を切り刻み、互いに喧嘩させる。コーネリアス・バージェス〔ウェストミンスター宗教会議の代表的メンバー〕もまたセント・ポール大聖堂参事会所有地を、私有地に分割した。そのほうが金がもうかるからだ」[*6]。また、『委員会の男、袋だたきにあう』〔一六四七年〕のような、人を食った対話形式の作品も現れた。露骨で辛辣なユーモアは、しばしば出版物の表紙画における駄洒落にも引き継がれた。たとえば、『レンの不潔な巣』〔一六四〇年〕がイーリー主教マシュー・レンとミソサザイ《レン》をかけて木版画で絶妙に風刺したように〔図6の煙突の上のミソサザイと巣に注目〕。

言論による戦争の舞台はイングランドに限られてはいなかった。たしかにスコットランドとアイルランドの出

＊4　次の文献から計算。G. K. Fortescue, *Catalogue of the Pamphlets . . . collected by George Thomason, 1640–1661* (2 vols. London, 1908). この文献は出版物を時系列で並べており、数点取りこぼしているかもしれない。

＊5　John Milton, *Of Reformation* (1641), book ii. 入手しやすいエヴリマン版を参照せよ。ed. K. M. Burton, *Milton's Prose Works* (London, 1958).

＊6　以下に引用されている。P. W. Thomas, *Sir John Berkenhead, 1617–1679: A Royalist Career in Politics and Polemics* (Oxford, 1969), 148.

版所の数ははるかに少なく、出版点数もはるかに少なかった。この時期ロンドンでは一万五六二七点で、イングランド全域では一万七五〇〇点であったのに対し、スコットランドでは五〇〇点をわずかに超えただけで、アイルランドでは一二〇点であった。このように両国で出版されたものは少なかったとはいえ、論争と宗教の面で相当な衝撃力は有した。だがおそらく、スコットランドとアイルランド内部における言論闘争よりもさらに意義深かったのは、諸王国のあいだでの論争のほうであった。アイルランド反乱の勃発（一六四一年一〇月）からエッジヒルの戦い（一六四二年一〇月）にかけての一二ヶ月間、出版された全パンフレットのうち六点に一つ以上は、アイルランドにおける虐殺の鮮明で煽動的な、また大胆に誇張された報告で埋め尽くされていた。セヴァーン川とディー川の三角洲と渓谷に沿ったウェールズ国境地帯で議会派勢力が優勢であったのは、アイルランド虐殺に関する加熱した報道に触れていたことが直接かかわっているかもしれない。同様に、一六四〇年代半ばのサー・ジョン・テンプルによる『アイルランドの虐殺』（一六四六年）の出版は、次の七年間における征服と民族浄化のレトリック形成に、致命的と言えるほどの影響力を与えることになった。

やや異なる仕方で、ロンドン駐在のスコットランド代表たちは、厳格な「神授」（*iure divino*）の長老主義の確立を要求し、エラストゥス主義、宗教複数主義、そして「傷つきやすい信仰」の自由を求めるいかなる主張にも反対する運動の最前線に立っていた。[10] 一六四一年から四六年にかけて、長短まちまちの説教集やパンフレットにおいて、ロバート・ベイリー、ジョージ・ギレスピー、アレクサンダー・ヘンダーソン、サミュエル・ラザフォードらは、自国スコットランドの読者に向けたものより多くイングランドの読者に向けた執筆を行っていた。彼らの努力は、ほぼ完全に逆効果であった。ヘンリー・パーカー（彼の一六四六年のパンフレットは『長老制トロイの木馬、解体される』と題された）やジョン・ミルトン、そして後のマーチャモント・ニーダムを含む、当時最も有力で影響力の強かった議会派の論客のあいだに、激しい拒否反応を引き起こすことになったからである。

国制をめぐるさまざまな戦争

一六四〇年から四一年にかけてチャールズ一世は、彼のすべての王国において実効支配を失った。スコットランド人は国王に一連の要求を呑ませた。すなわち、三年ごとに議会を開催すること、スコットランドにおける、またスコットランドに関する政策を立案し執行する者は、スコットランド議会もしくは他の方法で各身分の代表者の承認を受けなければならないこと、さらに、本格的な長老教会体制のみならず厳格な政教分離まで承諾すること。これらの要求はイングランド議会が保証する〔ロンドン〕条約のなかで確認された。一方、一六四一年の秋にはアイルランドのローマ・カトリック社会も、スコットランドが国王から引き出したのと同様の成果を手に入れようとした。すなわち、改革されローマ・カトリックが優位を占める定期議会、自立したアイルランド議会が任命または承認する、アイルランド出身者が行うアイルランド住民統治、そして（少なくとも初期には）宗教複数主義的な枠組みの中にあっても、他のヨーロッパのローマ・カトリック信奉国家において享受されるあらゆる権利を持つ、完全に独立したアイルランドのローマ・カトリック教会を求めた。だが、敵意に満ちたイングランド議会がプロテスタント信奉国家をアイルランドに創り、強要してくれば、弱い国王にはそれを止められないかもしれないという恐怖心が、一連の大規模な反乱を引き起こした。これがローマ・カトリック信奉国家の創出へとつながったのである。ただし、この国家は、イングランドとのあらゆる結びつきを切ろうとした一方で、ステュアート家との関係は切断しようとはしなかった。

イングランド人もスコットランド方式の解決案を真剣に受け止めた。彼らは、三年議会法を可決し、「古来の富裕層」と、両議院の有力集団が信頼する者たちとの双方の意見に国王が確実に耳を傾ける仕組みを作るよう、かつてない強さで要求した。すべての王国において、過去の悪政の責任ありと判断された者たちは公職から追放され、その悪政の手段のなかでも最も悪質とみなされた機関――すなわちイングランドの星室裁判所と高等宗務官、アイルランド総督府とアイルランド高等宗務官、スコットランドの高等宗務官――は廃止された。しかし、多くのスコットランド人と一部のアイルランドのローマ・カトリックが求めたのは、たんにスコットランドとアイルランドの制度を変革することではなく、王国間の国制的関係を改変することであった。たとえば、一六四一年にイングランドとスコットランドのあいだで締結された条約〔ロンドン条約〕の第八条は、連邦的な国制の創出を構想したものであった。すなわち、両王国で同時に議会を開催し、自国民に不利な立法を拒否する権限を有する代表を双方の議会に出席させること、さらに、両王国からの代表から構成され、戦争遂行や和平の締結、王国間の紛争の仲裁といった重要事項に関する決定権を与えられた和平委員を常設することが想定されていた。スコットランド人は、アイルランドにおける新しい支配体制の共同管理に加わることも要求した。チャールズ一世もイングランドの長期議会[11]もこのような連邦制の実現に前向きであると考えて、スコットランドの軍勢は一六四一年の夏のさなかに帰国し解散した。彼らは新制度に対応した組織をみずから整えてイングランド側が反応するのを――空しく――待った。両国関係の改変の約束は、一六四三年に長期議会とスコットランド議会との間で締結された「厳粛な同盟と契約」（Solemn League and Covenant）で、さらに一六四八年には国王とスコットランド議会との間の「約定」（Engagement）でも再確認された〔カリスブルックで国王が署名したのは一六四七年一二月、スコットランド議会の承認は一六四八年三月〕。スコットランド人にとっての最優先事項は三王国すべての教会を長老教会に統一することであったが、その次に重要だったのはイングランドとの連邦制であった。

　一六三八年から四〇年にかけてのスコットランドの危機が起こらなかったなら、イングランドで戦争を計画し実行した長期議会は存在しなかったであろうし、たとえあらゆる政治的危機と暴力が現出したとしても、実際に起きたような内戦にはならなかったであろう。とはいえ、一六四一年から四二年の冬には、スコットランド人は得られた成果にほぼ満足して帰国していた。本格的な戦争へと発展するには、やはりアイルランドにおける反乱の発生を待たねばならなかった。この反乱が起こらなければ、国王はイングランドでの主導権を回復していたであろう。一六四二年の夏にサフォーク州ストゥア川流域で見られたような陰惨な局地的暴力行為[12]はいずれにせよ発生していただろうが、それだけならかえって国王を利したかもしれない。なぜなら、当時の社会は専制を恐れる以上に無政府状態を恐れていたし、また、反キリストたる教皇がその教皇冠をイングランドに植え付けるのをチャールズが――故意にせよ過失にせよ――許すなどとまともに信じていた者はごく少数で、彼らだけで国王に対する戦争を遂行するのは不可能だったからである。

一六四一年に起こったアイルランドの反乱の原因は次の二点であった。（のちに処刑されることになる）アイルランド総督ストラフォード伯トマス・ウェントワースの退任により生じた権力の真空状態と、イングランドの長期議会がアイルランドの直接統治や反ローマ・カトリック諸法の強化および厳格な施行、さらには植民政策をあまりにも露骨に論じたことである。ウェストミンスター（イングランド議会）の直接介入によって、アイルランド議会を通じた国制改革の見込みが遠のいていくのを見て、ペイル（Pale）（中世イングランド人が征服・定住した、ダブリンを中心とする地域）のローマ・カトリック有力者たちはクーデタを起こし、権力を手中に確保しようとした。これと同時に、そして半ば自主的に、一世代前にアルスター植民で土地を失ったローマ・カトリックの一部が、過去の遺恨を晴らす決意を固めた。彼らには、ハプスブルク家に仕える亡命アイルランド傭兵隊として名をなした「野生の雁《ワイルド・ギース》」も加勢した。反乱による血祭りの結果、二〇〇〇人またはそれ以上のプロテスタント入植者が殺害された（当時の報告はその数を二〇万としたが）。さらに多くが負傷し、何千の者がブリテン島へと帰還を余儀なくされた。この大虐殺はイングランドで憤慨を巻き起こし、ただちに大規模な報復を行うべきだという声が高まった。しかしここで誰が討伐軍を指揮するのかという深刻な問題が浮上する。もし国務卿や大蔵卿の選任において国王を信頼できないのであれば、将軍の選任も任せられないということになる。ひとたび軍がアイルランド反乱を鎮圧したあと、国王は軍をどう用いるだろうか。もちろん、軍に対する権限を譲渡するというのは、いかなる国王にとっても論外であった。また、長期議会を率いた人びとは、真の宗教改革を願い、ピューリタンの共和国《コモンウェルス》を創ろうとした者たちであった。それだけの理由で長期議会が自発的に国王との対決を選ぶことはありえなかったであろう。だがアイルランド反乱と、渦巻く恐怖、不信そして反乱で明るみに出た交渉の余地のない諸問題により、国民が分裂し武器をとる状況が生じたのである。大部分の人はためらい、難しい選択を回避しようとした。しかし、不信感という強風に追い立てられるかたちで、イングランド国家という帆船は軍事体制という名の岩礁に乗り上げてしまったのである。

　イングランド議会にはアイルランド征服のための税収源を確保する意志はなく、そのために知恵を絞ることも（まだ）しなかった。代わりに議会がしたことは、接収されたアイルランドの土地一〇〇〇万エーカーを担保に一〇〇万ポンドを借り入れることであった。これは土地再配分を前提としたいくつもの抵当の最初のものであった。これに続いて、聖堂参事会所有地、主教所領、「奸臣」たる王党派の土地、そして王領地そのものが担保され、アイルランド四主教管区のうち三つに存在するローマ・カトリックの土地すべての再分配が約束された。これらの取り決めにより戦費の調達は可能となったが、その後の交渉による休戦はより困難になった。

　こうして、本格的な内乱がイングランドとスコットランドで勃発した〔第一次内戦〕。スコットランド人は、最初は一六四二年にアイルランド内戦に巻き込まれ、続いて一六四三年の冬からはイングランド内戦にもかかわることになり、さらに一六四四年秋以降はスコットランド内での戦争に引き込まれていくことになった。すべての国のすべての派閥に、タカ派とハト派が存在した。現状で手を打つことで和平が達成できると考える者がいた一方、完全な軍事的勝利を達成するまで休戦条件については勘案しないと決意している者もいた。

じつは、誰よりもタカ派だったのは国王である。一部側近の宥和的な言葉遣いの裏で、チャールズ自身はその戴冠時に手に入れたあらゆる権限を完全に回復する以外のことは眼中になかったのである。一六三九年から四一年にかけて自分から引き出された譲歩を、チャールズは無理強いされた結果とみなしたが、同時に自分自身の弱さのしるしであり、戴冠時の宣誓に対して彼が犯してしまった、説明はつくものの忌々しい背約であるとも考えていた。アイルランド同盟[13]〔キルケニー同盟（Confederation of Kilkenny）〕に対してさらに譲歩すれば、彼の拠点となる王国であるイングランドでの権威を回復することもできたかもしれないが、それも彼の能力の限界を超えていた。このような状況下にあっては、戦争で国王を打ち負かすことをもってさえ、彼を真摯なもしくは適切な交渉に着かせることはできなかったのである。

イングランド議会は軍事的勝利を確実にするためにスコットランド議会を必要としたが、「厳粛な同盟と契約」を履行しようと努めた者、あるいはその意志だけでもあった者が安定した多数派になることは、けっしてなかった。ウェストミンスター宗教会議とその中核にいたスコットランド代表たちが、スコットランド長老教会制度を模範として三王国すべてに向けた新たな教会統治体制を提案した際に、イングランド議会は聖職者の役割をはじめ、その体制そのものの権限を弱め、さらにこれを受け入れたくない同胞のピューリタンには信仰の自由を認めることさえした。議会は両王国委員会のような戦争遂行のための二国間協力を調整する暫定的な仕組みは構築したが、効果的で長期的な連邦制の基礎を築く努力はまったくしなかった。イングランドは、スコットランド人がアイルランド問題に口を挟む権利を、一度は認めたものの撤回し、スコットランド軍の給与と補給のために資金を確保しようともしなかった。一六四七年までにスコットランドの契約派《カヴェナンターズ》は、イングランド議会派が自分たちにとって真の友ではないことを悟っていた。そこで彼らは、国王こそ真の友人であるにちがいないとの結論に達して、イングランド議会と結んだものと同様の「約定」[14]を、イングランド議会派同様に自分たちを欺こうとしているチャールズと締結してしまった。これが破滅的結果を招くこととなる〔第二次内戦〕。

スコットランドの契約派《カヴェナンターズ》は、貴族の大部分、聖職者のほぼ全員と、連続して開催されていた三年議会の議員らによって構成されており、彼らの望みは一致していた。それは、宗教上の契約で結ばれた一つのブリテン＝アイルランド連邦の中で、スコットランドが自治権を持つことであった。しかしそれを達成する最善の方策については、意見は一致していなかった。一六四三年には、イングランド議会との軍事同盟〔「厳粛な同盟と契約」〕が時宜を得た賢明な方法であるかどうかをめぐって意見が分裂した。一六四七年から四八年には、チャールズ一世との軍事同盟〔「約定」〕が時宜を得た賢明な方法かどうかめぐって分裂し、さらに一六四九年から五一年にかけては、形式上「契約」に署名しただけのチャールズ二世といますぐ軍事同盟を結ぶことが時宜を得た賢明な方法であるかどうかをめぐり分裂した。イングランドが、積極的にとは言えなくとも、容赦なくスコットランドを征服し、拡大したイングランド国家へと吸収したのは、スコットランドにおけるこうした分裂の結果なのであった。

アイルランドに二世代前から入植していたプロテスタント住民の大半は、イングランド議会が自分たちの窮状を優先的に検討してくれることを期待して一六四〇年代を過ごしていたが、その一方で国王が派遣したアイルランド総督（プロテスタント）や、おもに旧イングランド系からなるその支持者たち（プロテスタントとローマ・カトリック両方がいた）、そしてスコットランド人たちと不安定な連携を維持していた。一六四〇年代の状況では、ウェストミンスターを中心とする国家システムへのさらなる統合は不可避であると彼らも感じていたが、ダブリンを拠点としたプロテスタントによる行政府と議会の実現を望む者も依然として数多く存在した。第一二代オーモンド伯爵ジェームズ・バトラー（一六四二年より侯爵・一六四四年よりアイルランド総督）と彼の旧イングランド系支持者たちは、イングランドでの戦争で国王が勝利するためなら支援を惜しまないつもりであった。そうすればアイルランドにおける彼らの権限を回復するために国王も支援をするだろうと期待していたからである。アイルランド南東部の都市キルケニーに拠点をおいたアイルランド同盟はローマ・カトリック住民にプロテスタントと対等な権利を与え、それによってアイルランドのローマ・カトリック社会に政治的な主導権を握らせようとしたが、ブリテンにいるチャールズを支援することの妥当性や効果をめぐっては深く分裂していた。同盟にはその結束を阻害しかねない強硬な聖職者の一派が含まれており、彼らを率いていた教皇特使ジャンバティスタ・リヌッチーニは、それまでの植民と教会財産の没収をすべて白紙に戻そうと望んでいたのである。

　このような状況において一六四〇年代には、しばしばアイルランドのプロテスタントは他のプロテスタントと争い、ローマ・カトリックはローマ・カトリックの同胞と争うか、あるいは少なくともその妨害をしていた。そして何よりも彼らは、なんらかの妥協による長期間有効な決着を目指すあらゆる試みを妨害していた。

　三王国の中で、またあいだで起こった出来事や争点を見れば、一六四〇年代を通して交渉による解決を目指す試みがすべて徒労に終わった理由がわかる。戦争それ自体のもつ機能主義と急進化という原理により、平和的解決の望みは困難なものとなってしまった。実質的な妥協策も、暴力と戦闘による混乱を前にして崩れ去った。戦争に伴う行政的な必要のために、三王国すべてにおいて新たな行政構造が作られ、伝統的な支配層外の社会集団から現れた新参者に権力基盤を提供した。イングランドでは戦争の終わりまでに、「何のために戦っているのか知っていて、またそれを愛している」茶褐色の粗末な外套をまとった大尉たち[＊7]が軍隊を牛耳るようになった。数多くの小ジェントリ、地方商人、臨時雇いの法律家たちが、王党派の土地の没収執行吏、徴税吏、税査定人などとして戦争遂行のための委員会を運営した。スコットランドでは日常統治の多くの権限は、議会が議会内外に設

＊7　州委員会を運営していたジェントリへ宛てた書簡にある、社会的支配層よりも聖者に特権を与えることを求めたクロムウェルの有名な請願を言い換えている。*Letters and Speeches of Oliver Cromwell*, ed. T. Carlyle (rev. S. Lomas, 3 vols. London, 1904), i, letter 16, 11 Sept. 1643.

立した、州や自治都市の委員により構成される諸委員会や、スウェーデン式の軍管区を管理する地区委員の手に移行していた。アイルランドにおいては、キルケニーのアイルランド同盟が独立したアイルランド王国（あるいはアイルランドの自由な共和国《コモンウェルス》と呼びうるもの）に合わせてひとまとまりの統治構造を作り上げていた。状況を何らかの解決に導くこととは、ますます無遠慮になるこれら新参者たちの要求を勘案することを意味した。だがそれはまた、戦争の犠牲者の声を聞くことをも意味した。すなわち、骨の髄まで課税された人びと、軍隊の強制宿営や略奪、友軍砲火そして徴兵に辟易《へきえき》していた人びとのことであった。何千もの人びとがこれらすべての終結を要求した。イングランドでは、「どっちの家も呪われろ」〔『ロミオとジュリエット』第三幕第一場マキューシオの台詞〕といった厭戦心理が、一六四四年から四六年の中立派「クラブメン」運動[15]に、また、一六四六年から四九年のレヴェラーズ〔水平派〕による請願、ピケ、パンフレット発行に全面的に表れている。戦争への反応でアイルランドとスコットランドにより特徴的だったのは、匪賊の増加であった。すなわち、アイルランドでは盗賊《トーリ》、南西スコットランドでは山賊《ホイッガーモア》と呼ばれた集団である。

第二次内戦が終わった一六四八年の秋には、イングランドを支配していたのは混乱であった。国王はふたたび敗北したが、懲りてはいなかった。軍は国王に何かしらの責任を負わせようと決意していたが、圧倒的に多くの議員はほぼ無条件に国王を復権させるほかに無政府状態を回避する道はないと信じていた。スコットランドでは契約派《カヴェナンターズ》が、一六四七年末に国王と「約定」を結んだ人びとを懲らしめ打ち倒す決意を固めていた。アイルランドではローマ・カトリック人口が復讐心に燃えたイングランドのニュー・モデル軍の侵攻を予測して備えていた。

さまざまな軍事的戦争

一六四〇年代の内戦は、各王国内での戦争でもあり、王国間の戦争でもあった。戦争が最も激しかった一六四三年と一六四四年の夏には、イングランドで一五万人、アイルランドで四万人、スコットランドで二万人の兵士がいたと推定される。また一六四二年を除き一六四〇年代には毎年、八〇〇〇人から二万人のスコットランド人兵士がイングランドにいた。しかし、アイルランドにも六〇〇〇人から一万一〇〇〇人のスコットランド人兵士がいたし、最大で一万二〇〇〇人のイングランド人兵士もいた。アイルランド人ローマ・カトリック兵士はスコットランドにおそらく五〇〇〇人おり、正確な数はわからないが若干数がイングランドにもいたと思われる。

戦死者が出た戦闘はイングランドとウェールズで合計六四五回あったと算定されている。スコットランドではおそらく四六回、アイルランドでの回数は不詳であるが二〇〇～三〇〇回が最も妥当な推測である。イングランドで五〇〇〇人以上の兵士が参加した戦闘が二五回、二〇〇〇～五〇〇〇人規模の戦闘は一五回あったことが確実にわかっている。戦闘中に受けた負傷がもとで死亡した全兵士のうち約半数が、これらの大規模の戦闘で命を落とした。一六四〇年代半ばのスコットランドで初代モントローズ侯爵ジェームズ・グレイアムがかかわった戦闘は八回におよんだ。アイルランドでは七回の激戦が行われた。戦闘の発生地による違いを挙げるとすれば、イングランドで発生した戦闘の大多数では戦闘員の五パーセントが死亡し一五～二〇パーセントが捕虜となったのに対し、スコットランドとアイルランドでは二〇～二五パーセントが死亡し、捕虜とされた者は皆無であった点である。

一方、イングランドとアイルランドでの内戦に見られる（しかしスコットランドには見られない）特徴は、野戦だけでなく包囲戦も多かったことである。イングランドの一八〇の自治都市のうち一〇〇以上の都市が、包囲もしくはなんらかの襲撃を受けた。イングランドの主教座都市の大多数が、数週間から数ヶ月におよぶ包囲を受けた。アイルランドでは、この割合はほぼ確実にイングランドを上回る。オリヴァー・クロムウェルは、一六四九年から五〇年の九ヶ月にわたる軍事作戦のあいだに、アイルランドの二八の町を陥落させた。一六四〇年代を通じて多くの町が六回以上、攻撃また略奪に遭った。スコットランドで一六四四年から四五年、一六四八年、そして一六五〇年から五二年に発生した熾烈な衝突は、急激な軍事展開と死傷者のほとんど出ない小競り合いの連続であり、戦闘員数で内戦中上位二〇に含まれる戦闘はダンバーの戦いの一度であった。ダンバーはクロムウェルの大きな勝利の一つだが、契約派《カヴェナンターズ》はスコットランドの外では戦闘に勝利できても本国内では敗北が多かったことを示す例でもある。

　この内戦は地域により様相の大きく異なる戦争であった。イングランドのケント州、サフォーク州、ケンブリッジシャー州、そしてウェールズの中・西部地域に住んでいた人びとは、むろん戦争が行われていることは知っていた。妻たちは夫たちが他の場所で戦うために出征していくのを見送ったし、誰もが戦争に協力するため一貫して資金を徴収されつづけ、外部からの「侵略」を待ち構えて暮らしていた。しかし、彼らが直接戦闘に巻き込まれることはほとんどなかったのである。北東部の諸州の住民は戦闘を見ることはほとんどなかったが、戦争を、すなわちイングランド議会が定期的に給与を支払うという約束に基づいてスコットランド人が領内に入ったことを恨んでいた。イングランド議会がその約束を本気で履行する様子が見られないなか、スコットランド人は粗暴かつ勝手気ままなやり方で食料を現地調達して過ごすままになっていたからである。セヴァーン川、テムズ川、トレント川の流域やミッドランド平野に居住していた人びとは、最も苛烈な戦闘と支配者の絶え間ない交代、そして最悪の蛮行を目の当たりにした。第一次内戦における一〇の大きな戦闘のうち七つが、トーントンからレスターを結ぶ直線から一五マイル以内の領域で行われた。スコットランドでも、一六四四年から四六年の戦闘のほとんどは、エア、マル、インヴァネスそしてアバディーンからなる長方形の中で行われた。一方、クロムウェルによる征服戦争での戦闘は、それよりも南の、ダヌーン、ダンディー、ダンバー、エアからなる長方形地帯に集中した。

アイルランドでは、戦争はさらに悲惨で予測不可能な様相を呈した。大規模な戦いは七回しかなく、その大半は五〇〇〇人以下の兵士によるものであった。それ以外のほとんどのときは、四万から六万の兵士たちは無数の部隊に分散しており、ときおり一人の将校が軍勢を集め、行く手を阻む者を皆殺しにしながらある地域を進撃して、新たな占領地を築くことはあっても、やがてその勢いを失ってしまいばらばらになる、ということの繰り返しであった。暴力が集中したのは一六四二年、一六四七年、そして一六四九年から五二年にかけての期間（これらの年にすべての戦いが起こっている）であったが、この合間にも多くの突発的な殺し合いが発生した。

戦争が行われるときの決まりが各王国により異なっていたことは、明らかであろう。イングランドでは市民の虐殺があったが、そのほとんどは、王党派の指揮官ループレヒト公子（チャールズ一世の姉エリザベス・ステュアートとフリードリヒ五世の三男。ブリテンではルーパート王子と呼ばれる）のボルトンとレスター急襲のように、激情に駆られて起こったものであった。意図的に市民が虐殺された例はほとんど見られず、それも死亡者が一〇人を大きく上回ることは一度もなかった。戦闘後に投降した兵士は通常助命され、包囲戦の多くは兵士の生命および市民の生命財産を尊重する協定の締結により終結した。イングランドにおいて投降兵が殺害された最悪の例においても、犠牲者の数は二〇人を超えることはなかった。ある歴史家によれば、「戦争犯罪は賢明な方針とはみなされず、虐殺行為は組織的ではない突発的なもので、復仇行為も強い確信のもとで行われることはなかった[*8]」。

イングランドとは対照的に、アイルランドでは最初から容赦のない虐殺がすべての部隊の方針となっていた。

一六四二年四月三〇日、スコットランドの将軍ロバート・モンローが最初にローマ・カトリックの反乱者と遭遇した際、彼は捕虜にした者全員を絞首刑にした。モンローは、ニューリーに入った際に町の住人を全員集めて尋問したことを書き残している。「無関係な連中を悪党から選り分けて、残った六〇人と二人の司祭を銃殺刑や絞首刑にした[*9]」。こうしたことが、その後数年間にわたり繰り返された。とはいえ、アイルランドにおける戦争は、何世紀も前からイングランドにおける戦争よりも残虐なものだったのであり、数ヶ月前のプロテスタント住民の虐殺は、ブリテン側の決意とそれに対するアイルランド側の反発をさらに強めたにすぎなかった。双方ともみずからの正しさを確信していたため、ますます姿勢を硬化させていったのである。クロムウェルによる一六四九年の悪名高いドロヘダ〔九月〕およびウェクスフォード〔一〇月〕守備隊の虐殺は、アイルランド海を渡った彼が現地の作法を採用した結果にすぎない。むしろ、一般市民の虐殺が彼の意図でなかったことは、ある種の節度のあらわれであるといえる。スコットランドにおける戦争は、イングランドとアイルランドという両極端の中間といったところであったが、初代アーガイル侯爵アーチボルト・キャンブルはアイルランド人とみなした捕虜を必ず殺したし、スコットランドの戦闘における戦死率はイングランドよりもはるかに高いものであった。

戦争のさまざまな展開

一六四〇年代に続いた戦争は個別だが互いに絡み合っていたから、その帰結の説明はことさらに難しい。国王は一六四三年の秋まで、イングランドにおいて戦争を有利に進めていた。統一された指揮体系、そして北部とミッドランドおよび南部からロンドンを挟撃するという明確な戦略的目的のゆえだった。だがその後は、より豊富なリソース、とりわけ資金の調達力を高め、より効率的な行政と軍事の体制を整えた議会側が、国王とその支持派を追い詰めることとなった。一六四四年のスコットランド軍の「侵攻」（一月）は、この戦局の転換を速めた。だがもし、国王がイングランドで内戦に勝利していたとしたらどうなっていただろうか。敵対心に満ち自己の正しさを信じて疑わないスコットランド人に、彼はいかに対処したであろうか。そして、アイルランド・キルケニーのアイルランド同盟者たちにはいかに対処しただろうか。おそらく国王は戦費のかさむ決着のない戦争を繰り返す羽目となり、イングランドはますます不安定化していたであろう。結局、チャールズは三王国すべてが一つの大きな戦争に巻き込まれていると見て、そのすべてにおけるみずからの支配権を回復する目的で、各王国の資源と力を追い求めつづけたのであった。アイルランド同盟者たちを説いて大規模なローマ・カトリックの軍隊を自分の側へ派遣させることができるかもしれないと国王が期待しつづけていたために、より有利な軍事的拠点を築こうとするオーモンド侯爵の試みは失敗し、アイルランド内部の平定は遠のいた。また、チャールズがローマ・カトリックの軍隊を動員しようと策動しているとの知らせが広まって、彼はイングランドでの支持を失った。一六四四年のスコットランドに対しては、国王は次の二つの戦略から選ばなければならなかった。一つは、スコットランドの高地地方《ハイランド》人と、（一六世紀に）アイルランドに移住していたマクドネル氏族を利用し、いわば氏族間戦争を引き起こすことである。もう一つは、「厳粛な同盟と契約」に反対したスコットランド貴族の多数派に訴えかけて、「契約」を推し進めた少数の貴族および無数の急進派レルド、都市民、聖職者から権力を奪還させることであった。のちの一六四八年に国王が採用したのは、後者の戦略だった。例にもれず、国王は浅はかな選択をした。

一六四三年には、国王はイングランドの北部、西部、ミッドランドにおいて優勢で、主要な戦闘地域すべてで

＊8　B. Donogan, 'Atrocity, War Crime, and Treason in the English Civil War,' *American Historical Review*, 99 (1994), 1146.

＊9　以下より引用。David Stevenson, *Scottish Covenanters and Irish Confederates: Scottish–Irish Relations in the Mid Seventeenth-Century* (Belfast, 1991), 106.

拠点を保っていた。アイルランド総督がキルケニーを拠点とするアイルランド同盟と休戦したため、国王は一六四二年の反乱の後にアイルランドに派遣されていたイングランドの兵士を呼び戻すことができた。〔イングランド内戦での〕王党派の勝利の公算が高まり、また、アルスター地方のスコットランド人保護のために派遣されていたスコットランド兵士の安全が、情勢の不安定化で危険にさらされるようになっていた。この状況を受けスコットランド人は――スコットランド、イングランド、アイルランドの各教会の教義、規律、そして礼拝方式に統一性〔だが統合ではない〕が実現するだろうという理解に基づいて――イングランドの戦争に加わる決意をしたのである。

一六四四年、チャールズはイングランドにおける戦争に敗れた。七月二日のマーストン・ムーアの戦いは、国王の主要部隊およびニューカースル侯爵ウィリアム・キャヴェンディッシュ指揮下の北部軍と、対してスコットランド軍および議会派北部・東部軍からなる連合軍とのあいだで行われたが、これは後者の完勝に終わった。第三代エセクス伯爵ロバート・デヴルー〔議会軍総司令官〕はコーンウォール半島に追い込まれた際に兵員の半数を失ったが、他の戦域、とりわけミッドランドから届く知らせの大半は吉報であった。一六四四年一月一日の時点では、両陣営の支配域は同程度であった。そのちょうど一年後までには、議会派は国土の三分の二を支配するにいたった。スコットランドでは、モントローズ侯爵と彼のアイルランド人同盟者たちが、〔契約派のアーガイル侯爵アーチボルト・〕キャンブルらとの戦闘に六回続けて圧勝した。最盛期には、モントローズ側はテイ川の北側の全領域を支配下に置いていた。だが彼らはみずからの利益の観点からも性向からも、高地地方《ハイランド》の外に出て南進しようとしなかった。アイルランドでは、不安定な和平が定期的に崩れて小競り合いや虐殺行為が頻発したが、アイルランド同盟が島の五分の四を支配しており、大きく情勢が変化することはなかった。

一六四五年、再組織された議会軍、すなわちニュー・モデル軍が、ミッドランド、さらには南部や西部の諸州において勝利への道を切り開いた。その年の暮れまでに、国王の実効支配がおよんでいたのは、オックスフォードからテムズ川流域の細長い一帯、ウェールズとの国境地帯の一部分、チェスターやニューアクなどのいくつかの都市だけであり、これらの都市も厳しい包囲にさらされていた。モントローズ侯爵の破竹の勢いも、一つの決定的な負け戦〔フィリップハウの戦い、九月〕で突如として終わりを迎えた。アイルランドでは不安定ながら和平が継続した。一六四六年の春までにイングランドでの戦争〔第一次内戦〕は終結した。勝利した側の関心はアイルランドに向かいはじめていた。六月にタイローン伯爵ヒュー・オニールがアイルランド北西部のタイローンのベンバーブの戦いでスコットランド人を撃破した出来事は、とくに注目を集めるものであった。カトリック同盟は内部で争っていたが、それでも島の八割を占領していた。ローマ・カトリック反乱に対する恨みは晴らされていなかったし、投機家たちは再征服に対して資金を貸与する見返りとして約束されていた何百万エーカーもの土地を求めて議会でロビー活動を行っていた。

　一六四七年には、イングランドとスコットランドで政治的な激変が起こった。軍隊は、未払い給与と包括的な補償金の問題が徹底的に解決されるまでは解散することを拒否した。アイルランドのプロテスタント入植者は、スコットランド人と、小規模であまり強力ではないイングランドからの軍隊とともに、アイルランド同盟に対する攻撃を再開した。

　一六四八年、チャールズはみずからの権限を回復させようと、ふたたび三王国すべての勢力の利用を試みた〔第二次内戦〕。イングランドではいくつかの地方で反乱が頻発した。そこでは、第一次内戦で〔国王側について〕戦った者たちが、軍隊の圧力に負け政治的抑圧と宗教的無秩序を助長してしまった長期議会に幻滅したかつての議会派に合流した。これらの反乱は、イングランド東部および南東部、ウェールズ南部、ミッドランド、そして自治都市コルチェスターやペンブルック城、あるいはヨークシャー州といった主要な包囲戦の現場で、小競り合いや戦闘に発展した。「約定派」スコットランド人によるイングランド侵攻も起こったが、プレストンの戦いで惨敗した。アイルランドにおいて一六四八年は、緊張感漂う交渉の年であった。これは、イングランドにおいてチャールズが権威を回復できないかぎりみずからの長期的な安定は得られないと考えていた者たちが、旧アイルランド系および旧イングランド系のローマ・カトリックとプロテスタントからなる玉虫色の連合を組織しようとしたからである。しかし彼らの努力は、ローマ・カトリック同盟の最高評議会の構成員のほとんどを破門処分にさえしたローマ教皇大使リヌッチーニの強硬な要求により、頓挫させられることになった。イングランドからやってくる、復讐心に燃えたプロテスタントの神の兵士たちと一年後に対峙することになるのは、分裂し弱体化しきった地元民であった。

国王弑逆とイングランド＝アイルランド共和国の建国

一六四九年一月三〇日に行われたチャールズ一世の処刑は、イングランドの出来事であったが、その影響はブリテン諸島全体におよんだ。スコットランドとアイルランドでは国王処刑を求める圧力は皆無であった。イングランドの将校たちは彼らが選んだ少数の文民の支持は得ていたが、チャールズを裁判にかけて斬首することを彼の他の王国に通知するつもりはなく、ましてや相談することなど考えもしなかった。

国王弑逆は、次のような信念に基づいて推進されたものであった。国王は一六四八年に〔第二次〕内戦を再開したことで、神の神聖を犯した。神が一六四二年から四六年にかけての第一次内戦で明確に下したもうた審判を覆そうとしたからである。国王は、罪なき神の民の流血を招いた「血を流す者」[10]（Man of Blood）であり、神の咎めを受け、人の手で処罰されなければならない。しかしながら、国王弑逆は共和主義に基く行為ではなかった。処刑を主張した文書群はチャールズ一世とその長男を批判していたが、国王職もステュアート家も、批判してはいなかったのである。チャールズにみずから退位して次男以下の息子に王位を譲るよう説得する望みを軍の指導層が最後の段階まで抱いていたことを示す、強力な証拠が存在する。チャールズが死罪には値しないと彼らが考えていたわけではない。だが彼らは、国王弑逆を成功させることの困難さに慄然としていたのであった。明らかに彼らはイングランドで、ブリテン諸島で、そして国際的に大規模な憤激が巻き起こることを予期していたし、凄まじい軍事的報復に直面しなければならないことも認識していた。残部《ランプ》議会[16]（Ramp Parliament）が国王処刑の直後にスコットランドに驚くべき提案をしたのは、この大混乱の規模を抑えるためであった。それは、イングランドとアイルランドでは君主政を廃止するが、スコットランドではそうしないというものであった。同君連合は両国民にとって災厄であったという主張から、スコットランドは、一つの人民および一つの政体として独立を回復するのが望ましいとされ、イングランド＝アイルランド共和国《コモンウェルス》の北側に存在する別個の王国として留まることを勧められた。もちろん、この提案はスコットランドの政治的支配層全体から完全に拒絶されてしまった。スコットランド議会はチャールズ二世をブリテンおよびアイルランドの国王と宣言し、続く五年間の大半のあいだ、すべての王国における彼の権威を復活させようと試みつづけたのである。スコットランド側から見れば、これらの諸王国は、一国だけの判断では解消することのできない神との契約で結合されていた。契約はスコットランドだけの文書ではなくブリテンとアイルランドの全体のものであり、この全域にかかわる義務を含んだものであった。

　国王弑逆を主張あるいは実行した者たちは続いて数週間の煩悶ののちに君主政廃止に踏み切ったが、彼らの種々の宣言文には、概して共和主義的な言葉遣いは見られない。共和主義的な言葉遣いは、チャールズに取り代

＊10　旧約聖書「民数記」三五章三三節。以下も参照。P. Crawford, 'Charles I, That Man of Blood', *Journal of British Studies*, 16 (1977), 41–61.

わった政体の擁護者たちがのちになって持ち出したのであるが、これは別の問題である。言論人が一六四〇年代後半に何を考えていたにせよ、実際に行動していた者たちは、チャールズ一世の廃位も君主政そのものの廃止も、意図も望みもしてなかった。王なき共和国の建設は、まさに青天の霹靂《へきれき》であった。報告書をロンドンからエディンバラに送りつづけていたスコットランド代表たちは、残部議会がチャールズ一世を裁判にかけること、さらには処刑するかもしれないことは想定していた。彼らが国王のためにできたことは、せいぜい時間稼ぎをすることであり、実際にそうすべく動いていた。

しかし、彼らスコットランド代表は本国スコットランドの臨時身分制議会への詳細な報告書において、君主政廃止に備えよとは警告していなかったのである。アーガイル侯爵とその仲間たちは、これとは別の困難な決断をする覚悟はしていた。もしイングランド議会が王位継承の世襲原則を破ってチャールズ一世の次男以下の息子を王位に就けようとしたときには、どうするべきかという問題についてである。彼らは、スコットランド全土を(彼らがチャールズ王太子と呼ぶ)スコットランド君主《プリンス》に従わせる宣誓を準備した。つまり、彼らはこの時点で一七〇一年から一七〇七年の危機[17]を先読みしていたのである。しかしスコットランド人の読みは甘かった。チャールズ一世が退位を拒絶したために、彼は処刑されなければならなくなった。そして彼が処刑されたために、彼を他の者に取り替えることはできなくなった。チャールズが処刑されたうえで他の者が王位に就くことには猛烈な反発が予測されたからであった。理想的な解決法は、頑迷固陋《ころう》な大人の王を、彼の同意を得て、融通のきく少年王に取り変えることであったが、それが不可能となったので、苦し紛れの次善策として自由な共和国が建設されたのである。だがそれでも君主政復活の夢は残った。敗北を喫した王党派と意気沮喪《そそう》した議会内の長老派の大多数は、ステュアート家への忠誠を維持していた。一方、一六五〇年代の諸政権の下で働くことになる者の中には、別のかたちで君主政再興をもくろむ者もいた。王党派内の少数の現実主義者、非主流派の政治的長老主義者、日和見主義的な法律家、そして軍隊内の一部が望んだのは、クロムウエル王朝による君主政であった。

国王弑逆への共和主義的反応

国王弑逆は、チャールズ一世の下にあった国家体制の中では他に共鳴する者のいなかった、イングランド少数派による選択であり、また処刑が結果としてもたらした「強力な共和主義」、つまり、国王という称号と地位の廃棄は、望まれたものではなかった。だがその一方で、国王処刑が「弱い共和主義」と呼びうる政治体制についての広範囲にわたる議論を呼んだということも確かである。弱い共和主義とは、古代およびルネサンス期の政治思想の研究から正しき統治の理想型を論ずる市民的共和主義とは異なる、一種の急進的な立憲主義である。それは、神から委託された使命であると信じて自由な人民を代弁し、国王が授与されるべき権限とは何か、誰がいかなる制約の下でこれらの権限を行使できるかについて決定できる政体にこそ自由は実現する、という考え方である。急進的な立憲主義者たちは、こうしたすべての条件が満たされるまで君主政を停止しておくことに前向きであった。この意味で、一六四七年から六〇年にかけてのブリテン諸島は、「弱い共和主義」の議論に溢れていた。[*11]

スコットランド議会は、イングランド人が国王処刑を断行したという知らせが届くやいなや、チャールズ二世を「神の摂理と、まごうことなき継承と血統による正しき権利によって、ブリテン、フランス、アイルランド」

＊11　これについてのさまざまな見解については以下を参照。David Norbrook, *Writing the English Republic 1627–1660* (Cambridge, 1999); S. Barber, *Regicide and Republicanism 1646–1659* (Edinburgh, 1998); B. Worden, 'English Republicanism', in J. Burns and M. Goldie (eds.), *The Cambridge History of Political Thought, iii. 1450–1700* (Cambridge, 1991), 453–85.

諸王国の「正しき相続人かつ合法な継承者」であると、満場一致で宣言した。しかしこの宣言には、これに比べてあまり引用されることのない以下のようなくだりが続いている。

国王陛下は、神の法と本王国の基本法により正義と公正に基づく統治をなすべく義務づけられている。……陛下はしたがって、国王としての威厳を行使することを許される前に、厳粛な同盟と契約に従って、宗教の保全、王国間の連合、そして陛下の〔さまざまな〕王国の幸福と平和にかかわることがらについて、本王国の要求を満たすものとする。*12

さらにこの点をいっそう明確にするため、二日後の一六四九年二月七日、スコットランド議会は「宗教と王国の平和を確立する法」を制定し、戴冠時の宣誓の内容を改め、真の宗教および連邦君主国的な国制の両方を国王が確立するという保証をさらにはっきりと求めた。これらの点について確約が得られるようになるまで、国王は権限行使を停止させられていたのである。一六四九年時点のスコットランドの国制理論によれば、チャールズ二世が有していたのは国王となる権利であって、国王の職務を執行する権利ではなかった。一六四九年、この立場で契約派《カヴェナンターズ》は団結した。ところが、続く一五ヶ月のあいだ、国王からの確約が得られたか否かをめぐって、チャールズ二世の約束を額面どおり受け取ろうとした決議派（Resolutioners）とそれを望まない抗議派（Remonstrants）の対立が生じ、完全かつ修復不可能なまでに分裂してしまった。

　これは弱い共和主義のなかでもとりわけ弱い種類のものと考えられるかもしれない。しかし、王を持たないことという意味以上に共和主義の定義を拡大するならば、このスコットランドの考え方は共和主義の範疇に含まれる。逆に、これを共和主義ではないとするならば、イングランドのレヴェラーズや軍隊の「共和主義」とわれわれが呼んでいるもののほとんどもまた共和主義と呼べなくなるだろう。より強い性格の共和主義はたしかにスコットランドにも生じていたが、それは国王の裏切りと軍事的征服、そして、拡大したイングランドへの吸収という強い圧力下での現象である。

アイルランドでも状況は同じであった。ローマ・カトリックのアイルランド同盟参加者たちは、チャールズ二世、ステュアート家、ブリテンとアイルランドの連合への個人的な忠誠心を表明することにやぶさかではなかったが、無条件にではなかった。彼らにとってチャールズ二世は国王であったが、アイルランド議会の独立および自治を保証するアイルランドの立憲主義をチャールズが無条件で受け入れるまでは、彼が権力を行使することも軍事・財政上の援助を彼らに強要することも許すつもりはなかった。彼らの要求とは、古来の独立したアイルランド人による政治体と、多数を占めるローマ・カトリックと少数派プロテスタントのあいだの世俗と宗教の両面における完全な平等であった。アルスター地方は例外である。例えば、一六四九年にはマクドネル一族が国王側から離反した。彼らはステュアート家の権威を否定し、クロムウェル派と便宜的に連携することでみずからと土地を守ろうとしたのであった。ただし彼らの行動は、強弱や関心の有無にかかわらず、熟考や原則に基づくようないかなる共和主義とも無関係であった。それは、無政府状態と荒廃という結末を避けるための方策にすぎなかったのである。一方、アルスターのオニール一族は——クロムウェルも行ったように——聖書の逸話や類型を引き合いに出すことで国制のイメージを描き直そうとしていたということもできる。オニール一族の場合それは、ユダ・マカバイの逸話であった。この物語は紀元前二世紀に遡る。ユダ王国はシリア帝国の一部にあって部分的に自治を認められていたが、ユダヤ人は、以前にもまして徹底した税の取り立てを受けたり、セレウコス朝への

*12　*Acts of the Parliament of Scotland*, ed. T. Thomson and C. Innes (Edinburgh, 1814–75), vi. 363.

統合を試みられたり、さらには異教徒の王アンティオコス〔四世〕によって「祖先の法を捨て、神の掟を守ることをやめ、その神殿を汚すことを強要」されたりするなど、ますます弾圧を受けるようになっていた。かつてのイスラエルの士師たちは、王たちに先立って現れ、自由な民全体により選出されたのだったが、ユダ・マカバイとその兄弟たちは、この士師の例にならって最高為政者の役目を果たすようになり、アンティオコス王に対決を挑んだのであった。この逸話を近世アイルランドの状況になぞらえるのは、オニール一族のオーウェン・ロウを囲む詩人たちが得意とすることであった。実際、マカバイ的な統治を求める気運は高まっていった。だが結局は、アイルランドはイングランドに征服され、オーウェン・ロウも死去したことで、この展開も幕引きとなった[*13]。

　国王弑逆は完全にイングランドでの出来事だったが、さまざまなかたちでの弱い共和主義の拡散は全ブリテン諸島にわたる現象であった。そしてこのことが、次の一一年間の情勢を左右した。クロムウェルはアイルランドに赴いて「罪なき民の大量の血で手を染めた野蛮な悪党どもに対する、神の正しき裁き[*14]」を執行したのであった。またクロムウェルは、スコットランドに赴いて不承不承ながらその地の敬虔な民の征服者となり、彼らを不当に指導していた者たちは権力に酔いしれる者のごとくみずからの正しさを信じて疑わなかったのだと告げ、ブリテン王への支援を思い止まるように「救世主の憐れみにかけて」懇願した[*15]。クロムウェルは一六五三年四月に長期議会の残部《ランプ》を解散した。国王と主教の専制から一度解放された人びとを、こんどは肉体の煩いから解放し宗教的な関心へと導くのに失敗したという理由によってである。彼はその後、不本意ながら（「教区の治安を維持するために定められたよき治安官[*16]」として）護国卿（Lord Protector）の権力を引き受けることになった。この護国卿体制は、立憲君主政にますます近づいていった。すなわち一六四二年の「一九箇条の提案〔18〕」、また一六四七年に軍とクロムウェルがチャールズ一世に突きつけた「提案要綱〔19〕」が構想していた、制限された立憲君主政である。これらすべての後、クロムウェルの死により、リベラルな地主たちと軍幹部の脆弱な連携は崩壊した。後継者に指名されていたクロムウエルの息子〔リチャード〕が地主のほうへ傾斜したことに軍幹部は反発し、クーデタを決行し共和政体の回復を図った。しかしその後、彼らは致命的な内輪もめに陥り、ついに無政府状態となった。この事態を収拾したのはイングランドの軍人で、一六四〇年代にはアイルランドで王党派軍に従軍し、一六五〇年代にはスコットランドにおけるクロムウェルの占領軍に加わっていた人物、ジョージ・モンクであった。モンク配下の一派が「自由な選挙」を求めて停戦を呼び掛けた結果、チャールズ二世〔在位一六六〇～八五年〕をブリテンとアイルランドの国王と宣言することに異議を唱える者はほとんどいなかった。

国王弑逆はしたがって、安定した共和国を創りはしなかった。だがそれぞれの王国に非常に異なった社会的影響をおよぼしたのである。

革命の結果

国王弑逆はイングランドにおいて社会革命にはつながらなかった。一六四九年二月、貴族院が廃止され、三月一九日には議会の法律がそれを追認した。しかし、貴族院とその議員特権の廃止を除けば、国王弑逆は貴族の権限、権威、名誉には何の変化ももたらさなかった。実際この法律は、共和国《コモンウェルス》に対して「名誉と勇気と誠実に基づいて行動した」貴族は国務会議のような国家の公的な各種評議会への参加を許されること、また議会への被選

*13 J. Casway, 'Gaelic Maccabeanism', in J. Ohlmeyer (ed.), *Political Thought in Seventeenth-Century Ireland* (Cambridge, 2000), 176–90.
*14 *Letters and Speeches of Oliver Cromwell*, ed. T. Carlyle (rev. S. Lomas, 3 vols. London, 1904), i, letter 105.
*15 Ibid. ii, letter 136.
*16 Ibid. iii. 63 (speech XI).

挙権を持つことを保証しようと苦心した内容になっていた。[*17]

全国的な問題に対してであれ、地方的なものであれ、貴族は影響力を失いはしたが、それは彼らを権力から遠ざけようとする一連の政治体制の決定によるものではなく、貴族自身の遠慮によるところが大きかった。貴族は、一六五二年以降のほとんどの治安判事職、また多くの民兵隊委員会や査定委員会に加わっていた。貴族による教区聖職禄への推薦は、ほぼ例外なく聖職者審査委員会《トライアーズ》により承認された。貴族の一割は没収や売却によって領地の二割以上を失っていたが、破産したのはわずか二人にすぎなかった。さらに、一六三〇年代と比べ一六五〇年代後半の方が収入が高かった貴族は、全体の三分の一を超えていた。抵当権市場を巧みに操り負債を適切に管理したことにより、貴族の大半は復活を果たしたのである。

同じことはジェントリにもあてはまる。二万家のジェントリのうち、四〇〇〇は家長が王党派としての活動した責を問われて、その地所を没収された。ところが、彼らのうち六割は結婚持参金の規定と同額の罰金を支払うことで土地を取り戻した。二割のジェントリはより高額な罰金を払い、残る二割は解決できなかったか解決することを禁じられたため、代理人を通じて地所を買い戻さなければならなかった。とはいえ、代理人の多くは友人や親戚であり仲介料を請求しなかったし、安価に地所を購入することもできた。こうしたケースのみごとな例としては、ジョン・ランバート少将が挙げられる。ランバートはヨークシャー州で（ローマ・カトリックも含む）親類たちの代理として土地を購入し、管財人も務めていた。こうした状況もあり、一六四〇年代・五〇年代を通じて失われた貴族とジェントリの土地は、一割にも満たなかったと推定される。

君主政は廃止されたが、それ以外の行政的な変化はあまりなかった。外部拡張を大いに進めつつあったブリテン国家を維持するためのすべての課税方式——とりわけ査定土地税、割り当て地税、物品税——がこの数十年に導入されていることを考えれば、この時期が国家形成の歴史において重要であったことは確かである。陸軍の存在感の増大——大半の歴史家に誇張されていることも否定できないが——、また海軍とそれらを統制する官僚制的機関の発達は、それまでには見られなかった新しい現実となった。これらのことはみな、国際戦争において主役として覇を競うために必要な課税を行うイングランド国家の能力を一変させた。名誉革命後のウィリアム三世〔在位一六八九～一七〇二年〕とマールバラ公の戦争〔九年戦争（プファルツ継承戦争ともアルクスブルク同盟戦争とも呼ばれる）およびスペイン継承戦争のこと〕を通して発達したとこれまで歴史家が主張してきた「国力の腱」は、実際には一六四〇年代・五〇年代の遺産なのであった。しかし他の面では、状況は時が経つにつれますますかつての姿と似かよったものになっていった。裁判所は多少なりとも利用しやすいものになったかもしれないが、中央でも地方でも司法制度の構造と実態はほとんど変化しなかった。巡回裁判所《アサイズ》や四季裁判所《クォーター・セッションズ》は、地方の司法・行政の業務を処理する主要な場として完全な復活を果たした。自由土地保有者、またヨーマンと教区ジェントリにまたがる土地保有者からなる大陪審は、地方の諸問題においてさらに発言力を増し、より強い主導権を確保したといえるかもしれない。国家財政においては、徴収と監査の権限が財務府の手に戻った。すべての公文書の登録と認証は、同じクロムウェルでもオリヴァー・クロムウェルではなくテューダー期のトマス・クロムウェルが確立した国璽管理制度に従っていたほどである。つまり、大空位期の政府は決して新種の多頭獣ではなく、頭部を腕の下に隠した旧体制の強健な亡霊のようであったと言えよう。

　大空位期の地方史研究が急速に進むにつれ、それがジェントリの力が崩壊した時期ではなくジェントリ内部における力関係が変化した時期であったことが明らかになってきた。王党派に対する公職追放令がその子息たちには適応されなかったため、一六五〇年代が進むにつれ逆流現象が見られた。一六五〇年代には、権力とは無縁の

＊17 Gardiner, *Constitutional Documents*, 387-8.

人びとの一割は現実からかけ離れた夢を見て、それを紙に書き留めた者もいたであろう。[20] しかし、いずれの夢も実現しなかったのである。

さてこうしたイングランドの状況をスコットランドやアイルランドと比べると、違いは歴然とする。スコットランドには廃止すべき貴族院は存在しなかった。国王殺逆から三年以内に、スコットランド議会そのものが廃止され、拡張して四六〇議席になったイングランド議会にスコットランド分として三〇議席が割り当てられた。だが廃止までのあいだスコットランド議会は、社会政策の議論に活発かつ急進的であった。これは残部《ランプ》議会が慎重で煮え切らない姿勢をとっていたのとは対照的である。等級法により、スコットランドの支配層で公職から追放された者の割合――少なくとも貴族の八〇パーセントとレルドの六〇～七〇パーセント――はイングランドよりも高く、議会に出席する貴族の数はそれ以前の平均一二〇人から約一二人にまで減少したのであった。都市代表の大半は貴族階級に敵対的だった。実際、一六四九年から五一年のあいだ、スコットランド議会議員と諸身分代表の大半がスコットランド教会の中会《プレスビテリ》と地方長老会《シノッド》からの指示に従っていたことは明らかである。俗人の議会代表に対する聖職者の道徳的権威は一六四九年に頂点に達し、主要な道徳改善策が立て続けに制定された。一六四九年二月だけでも、悪口・酩酊・罵倒・その他の不敬に関する法律、秘密結婚に関する法律、不道徳な人間に関する法律、慈善施設への寄付に関する法律、貧民に関する法律、偶像崇拝者に関する法律、「神や三位一体の位格の一つでも罵るあるいは呪う者、また三位一体説を頑迷に否定する者」は死罪に処すると短く規定した、簡潔で大真面目な法律が制定された。これらは、慣習の改革としては、イングランド議会が一六五〇年代に達成したものすべてを上回る、立法上の革命とでもいうべきものだった。しかし、この最初の数ヶ月に制定された法律のうち最も劇的だったのは、俗人による聖職推挙権をただちに、何の補償もなく、廃止するものであった。これは（少なくとも一〇年間は）俗人による教会《カーク》と小会《カーク・セッション》の統制に終止符を打つ出来事であった。それはまた、ブリテンの他の国よりもスコットランドにおいて貴族の地位がはるかに沈んだ一〇年間でもあった。*18 護国卿体制下における合同法〔一六五四年四月〕が決定したのは、民衆派の契約派《カヴェナンターズ》が一六四九年に目指したことだった。この法律は、スコットランドの地方に強く豊かな自営農《ヨーマンリ》を創り出し、彼らがイングランドから受けた過去の恩への感謝と、未来への期待を抱くように周到に計画されたものだった。この法律により第一に、すべての小作地は、固定され不変の地代に基づいて信頼性があり譲渡可能な借地に変えられ、固定された現金地代以上の余分な賦役を課されることもなくなった。第二に、あらゆる「〔封建的〕支配、貴族制、裁量権」が廃止され、取り払われ、無効とされた。貴族による経済的・司法的な統制は崩れて、エディンバラにあるイングランド行政部によって任命され、これに責任を負う治安判事が貴族に取って代わった。州長官の地位も、スコットランドのレルドとイングランドの駐屯軍の司令官に共同で担われるよう改革された。これらの変革では野心が成果に先行していたのは確かである。だが、空位期に変革の流れが逆行することはなかったし、変化を定着させる一世代ほどの時間が与えられていれば、構想どおりになっただろうと考える十分な理由がある。スコットランドにおいて国王殺逆はイングランドよりもはるかに大規模に、あらゆる次元で政治制度の根本的な変革をもたらし、富と権力の社会的分布の大規模な変化につながったのであった。*19

一方、アイルランドにおいては悲惨で逆行不可能な革命が起こっていた。クロムウェルによる征服、さらにそれに続いた出来事は、近世ヨーロッパにおける民族浄化の最大の事例であったといえよう。アイルランドの三二州のうち二五州において、すべての財産保有者から財を奪い去り、西部に追いやるか国外追放することが残部議《ランプ》会とその国務会議のよく知られたもくろみであった。だがこれは、イングランド共和国の政治的意志も行政能力

*18 *Acts of the Parliament of Scotland*, vi. 368–70, 383, 389–90, 399, 408–9, 411–13; J. R Young, *The Scottish Parliament 1603–1707* (Edinburgh, 1996), 216–32; D. Stevenson, *Revolution and Counter-Revolution, 1644–1651* (London, 1977), 234–45.

*19 Gardiner, *Constitutional Documents*, 418–22.

も超えるものであった。奇妙にも、わずかな数の善人と大量の悪人を区別しようという道徳的義務感が悲劇の元となったのだ。一六四一年から四二年の虐殺に報復しようという憤激の渦中にあって、イングランド共和国はうわべにおいては法の支配を維持しようと決めていた。だが一六五二年八月のアイルランド処分法は背筋も凍りつくような恐ろしい文書である。そこには「全国民を殲滅することは議会の意図するところではない。むしろ農民、小農、作男、職人その他、すべての身分の低い者の生命と財産に関しては慈悲と恩赦を与えるつもりである」と記されていた。しかし、この文書を読める者で安堵した者はほとんど皆無であっただろう。文書は続けて事の核心に入っていく。「より身分の高い他の者たちは、おのおの罪とその斟酌《しんしゃく》に従い、議会の意図を思い知ることになろう」。文書は、新イングランド系以外の者を一括して「アイルランド民族の人びと」と扱った。これはのちにゲール系アイルランド人と旧イングランド系そしてペイルに住む形式上のローマ・カトリック信徒らがみなみずから「アイルランド人」と名乗るようになることの先がけであった。文書に続く、生命と財産を剥奪される者のリストには、バトラー、バーク、フィッツといった姓に混じって「O」や「Mac」といった文字から始まる姓がぞんざいに投げ込まれている。[*20] 結局、カトリックの支配層を意図的に破壊するというイングランドによる計画の最初の部分は実行に移され、アイルランドの土地の四割でその所有者がアイルランド生まれの者からイングランド生まれのプロテスタントに代わり、ローマ・カトリックと旧イングランド系プロテスタントによるアイルランドの土地所有の割合は五八パーセントから一五パーセントに低下した（この数値は一七世紀末に一〇パーセントに激減する前、一六六四年にはいったん二二パーセントに回復している）。これこそ、富と力の社会的・文化的・経済的な分布の根本的な変化といえるだろう。新たな所有者は、没収された土地の六割以上を征服活動の代価として得た約一万二〇〇〇人のブリテンの兵士と、ジェントリ、法律家、商人からなる数百の投機家であった。投機家たちは、ブリテンの入植者を保護し虐殺に報復するために一六四二年にアイルランドに派遣された軍隊に投資しており、彼らのほとんどは不在地主として影響力を行使することになった。

一六五〇年代には、ブリテン諸島の各領域のあいだの国制上の関係においても革命的な変化がおこった。国制上の関係を変更することに最も消極的であったイングランド人が、結果的に劇的で顕著な変革の達成者となったことは、逆説的である。ステュアート家による国家制度のなかで半自治的なかたちをとっていたアイルランド王国の特徴的な制度は、スコットランドの場合と同様、イングランドの征服者たちにより徹底的に破壊された。ここにブリテンとアイルランドの、これまでで最も完全な統合が実現した。一六五四年から五九年にかけて、一人の国家元首（護国卿オリヴァー・クロムウェル）、中央行政を担う一つの国務会議およびアイルランドとスコットランドに置かれた地域ごとの国務会議、一つの議会（三年ごとに最低五ヶ月開会されることになっていた。実際には、一六五四年、一六五六年、一六五八年、一六五九年に開会した）が存在した。法的手続きと明文法の統一への動きがあり、カルヴァン派複数主義の原則に基づく宗教制度が確立し、ほぼすべてのプロテスタントに対する公的活動と公職への平等な参入が認められた。そして、ローマ・カトリック礼拝が公式に禁止され、ローマ・カトリック信仰を公言する者は公職から排除されたのであった。

結論

一七世紀中葉、スコットランドとアイルランドの人びとは、イングランドとウェールズの人びとが経験した以

＊20　Ibid. 394-400.

上に、権力の社会的・文化的分布の根本的な変化、聖俗の制度の変貌を目の当たりにした。イングランドについては、近代的な意味における革命ではまったくなかった。王政復古の際、弱体化した王権には、前世紀と相変わらず同じ家系、社会階層の頂点に位置する同じ人びとに報いて頼るほかなかった。世紀半ばの混乱は、行政府による専制の可能性は打ち壊したが、ブリテンの文脈においては立法府による専制の増大を阻止することはなかった。しだいに、立法府の統制は旧来の社会秩序の頂点に位置する者の手に回帰していった。信教国家は大打撃を受けたが、体制教会、そして旧来の社会秩序の頂点に位置し教会を支配した者たちは、続く二〇〇年のあいだ重要な公職を独占することができた。スコットランドでは、富と権力の不可逆な変化の見込みはあったものの、まもなく起こった王政復古がこれを食い止めた。スコットランドにおける社会と教会の旧秩序が解体するのは、別の要因と展開を俟《ま》たねばならず、それらは本章の扱う範囲を超える。アイルランドでは、富と権力の社会的・文化的分布の不可逆な変化は実際に起こった。そこには一六四一年以前には存在していなかった状況が生まれた。それは、強力で声高な不在地主たちによる植民地支配、そして（予測されてはいなかったことだが）宗教的な配列の構造変化である。ケルト的キリスト教に多くを負っていた信仰に代わって、対抗宗教改革的な、独特の傾向を持ったローマ・カトリック信仰とローマ・カトリック文化が、土地と富の二〇パーセントを所有する、人口の八〇パーセントの人びとによって担われるようになった。このアイルランドのローマ・カトリック文化と競り合っていくのは、ブリテンのプロテスタント教会と不安定な関係を保ちながら、ますます断片化し攻撃的になっていくアイルランド・プロテスタント文化なのであった。

図7　チャールズ1世とチャールズ2世の彫像[1]

第四章

復古か刷新か
――王政復古期のブリテン

トビー・バーナード

三つの王国、一人の国王

一六八四年、直前までアイルランド北部デリー市〔2〕裁判官であったジョン・ウィルソンが、『君主政体論』という本を出版した。チャールズ二世への忠誠を示そうと同じような主題で書物を手がけた者は他にも数多くいた。だがウィルソンの議論は、「イングランドの、スコットランドの、そしてアイルランドの王権」の取り上げ方において他の多くとは異なるものだった。宗教的にも民族的にも深く分裂したアイルランドで最高法律顧問にまで出世したイングランド人法律家として、ウィルソンはステュアート朝の抱えていた諸問題を独特の観点から眺めていたのである。ウィルソンの目から見て、チャールズ二世が一六六〇年から治めてきた多民族からなる君主国は、空中分解の危機にあった。一七世紀を通してアルスター地方の拠点デリーでは、アイルランド人のローマ・カトリック住民がイングランドとスコットランドからの入植者に組織的に入れ替えられていた。これらの入植者たちは遠く離れた中央政府に従わず、反抗的な態度さえ見せていた。たとえばウィルソン同様、国王への忠誠に対する報奨としてどさくさまぎれに地位を手に入れたプロテスタント系アイルランド国教会のデリー主教は、同じプロテスタントでも長老主義のデリー市民たちの反抗に直面して、一六七二年にはダブリンへ避難したほどであった。一六七九年、スコットランドで長老主義者の武装集団によってセント・アンドルーズ大主教ジェームズ・シャープ[3]が暗殺されたという知らせに、デリーの支配者たちが歓喜した様子をウィルソンは記録している。ステュアート国家を強化する役割を果たすはずだったアルスター植民は逆に、イングランド平野部〔ここで言われる「平野部」(lowland)は、ロンドンおよびその周辺地域の、政治的中心であると同時に経済的にも豊かな地域を指す〕の規範に対してもダブリンやエディンバラからの指令に対しても反抗的な、ブリテン人の異種を育てていたのである。

デリーという辺境の地で市裁判官ウィルソンが直面していた問題には、独特の難しさがあった。それは、ロンドンやエディンバラ、またはダブリンでチャールズ二世が直面した問題とは異質で、関連性はないように見えるかもしれない。しかし、この北部の港湾都市はステュアート国家の重要な一部であった。事実、チャールズの死後数年間に見られたデリーの住民たちの振る舞いは、その後の三王国の趨勢を決定する意味合いを持つほどであった。[4]再建されたステュアート朝体制の成否は、本国イングランドの情勢と同じくらい、デリーのような辺境地の成果にかかっていたのである。ステュアート家の治める各王国は広範囲かつ多様であったため、ありとあらゆる問題が生じており、一つの政策をもってそれらの問題を解決することは不可能であった。ウィルソンはこの点を理解していた。イングランド、アイルランド、スコットランド、ウェールズは王政復古以降、見かけ上の友好関係にあったが、各王国間には本来的に緊張と不均衡があることは隠しようがなかった。ウィルソンも言及しているように、まずスコットランドが、次いでアイルランドが、一連の内戦勃発の原因となり、またその帰結をも決定づけたのだった。いずれの国も、イングランドに武力征服され服属させられた。この苛烈な混乱の後で、チャールズ二世とその家臣たち、そしてアイルランドとスコットランドの政治支配層は、三王国の統治を旧体制に戻し、かつての慣例にならって別個のものとして継続させることでよしとした。だが一六七八年から八一年にかけて、またもや静穏は脅かされる。短期間に続けて三回開催されたイングランド議会は国王の裁量に制限を加え、次期国王とされていたチャールズの弟でローマ・カトリック信徒であったアルバニー＝ヨーク公爵ジェームズの王位継承権を排除しようとしたのである〔王位継承排除危機〕。このときイングランドの政治家たちが指摘したのは、アイルランドやスコットランドにおける過去の失敗、現在の権威主義、そして未来に待ち受ける危機であった。もっとも、王権を制限し王位継承順位を変更しようとした彼らイングランドの反国王派が、他の二王国に相談を持ちかけることはなかった。

　アイルランドでは、住民の少なくとも七五パーセントはローマ・カトリックであったから、彼らが自分たちと同じ信仰を持つ君主の即位を期待していたことは当然であった。一六八五年にこの期待は現実となり、ジェームズ二世〔在位一六八五～八八年〕は、メアリー一世〔在位一五五三～五八年〕以来、ローマ・カトリック信仰をアイルランド人と共有する初めての統治者となった。スコットランドはといえば、みずからの権限をめぐるイングランドでの熾烈な論争を避けてジェームズが避難していた場所だったが、その間に彼は現地の多くの有力者たちの好意を得ることができた。一六八一年に、ジェームズが国王代理としてスコットランド議会で議長の座に就いたとき、彼を次期国王と認めることに異論はなかった。さらに、再建されたホリルード宮殿での活気溢れる宮廷生活にも助けられて、ジェームズは本来スコットランド王家であるステュアート朝に対するスコットランド人の長年にわたる愛着を、ジェームズ個人への信奉へと変換させることに成功していた。ウィルソンがほのめかしたように、大多数のアイルランド人と同様にスコットランド人にとってもまた、イングランドに屈従するだけのために、強い理由もなく正統な跡継ぎを国王の地位から排除するなど、ありえなかった。したがって、アイルランドとスコットランドの両方、あるいは片方が、イングランドおよびウェールズとは別の君主を迎えることになるおそれは、短期間ではあるが実際に存在したということになる。ジェームズを王位継承から排除しようとするイングランドでのあらゆる試みが失敗したことで、この危険は封印された。しかし、このようなことが持ち上がったこと自体、ブリテン諸島およびアイルランドを構成する諸領土がいかに政治的・宗教的に多様な文化を包含していたのかを物語っていた。すべての構成員をつなぎとめていた共通項があったとすれば、それは国王ただ一人であったのである。

　以上がジョン・ウィルソンの論点ならば、ここに一六六〇年から八八年にかけての不調和の歴史についての、一つの主題が提示されているといえる。すなわち、チャールズ二世はその三王国と向き合うとき、彼の父がしたような統合的・一元的な方法はとらなかったということである。それどころか、復古された王権は、一六四〇年代末から五〇年代にイングランド＝ウェールズ共和国（あるいは自由国）にスコットランドとアイルランドが連結させられていた、あの不人気な統一主義を、あっさりと打ち捨てた。一六六九年から七〇年にかけてのごく短期間にだけ、不振にあえぐスコットランド経済を支援しようという動きが公式の課題として浮上したが、関心が集まらず計画はすぐに立ち消えとなった。一六八五年以降には別のアイルランド統合案を、熱意あふれる投機家サー・ウィリアム・ペティが考え出し、関心を示すかのように見えたジェームズ二世にしつこく進言している。ペティは、プロテスタント所有者によるアイルランド再植民を企画して富を築いたが、政治的影響力を欠いていたために無力だった。ペティの計画は、きわめて利口な者だけにしか実現できないような理想主義的かつ非現実的なもので、彼以外の誰も魅力を感じない代物だった。諸王国間で人民の交換を行うというその壮大な計画は、一七世紀の前半に行われたアイルランドでの強制移住を彷彿とさせるもので、ペティの時代には不適当であり、国家財政力をはるかに超えたものだった。三王国代表が一同に会する議会のような共通機関の設置を伴う、法制度上の統一が真剣に検討されたことは、一度もなかった。

後期ステュアート朝の行政官たちは、アイルランドとスコットランドが異なった状況にあることを認識していた。結果として、スコットランドは独立したままにされた。外見上の静穏を保つことはスコットランド支配層に任された。貴族の大半――キャスルズ、クローフォード、グレンケーン、ローダーデイル、ミドルトン、ロシス、トゥイーデイル――は、軍人であったミドルトンを除き、一度はステュアート家に対抗して契約派《カヴェナンターズ》〔第二章一〇五頁・第三章一一四～五頁を参照〕の側についたことがあった。だがいまスコットランドが平穏であるかぎりは、地域の統治を任された支配者たちがイングランドからの干渉を受けることはほとんどなかった。一方、彼らは地元における優位をめぐって互いに抗争していた。第二代ローダーデイル伯爵ジョン・メイトランド〔一六七二年に公爵〕は一六六三年までに国王の寵愛を獲得していたので、肩書はないものの実質的には副王とみなされていた。ただし彼の成功はイングランドの宮廷での安定した地位に支えられていたため、逆にスコットランドでは脆弱でありつづけた。さまざまな勢力と手を結んだ彼の方針はその時々の趨勢になびく風見鶏的なものであり、寛大と圧服の間を行ったり来たりした。一六七〇年代の大半は、後者の傾向が目立ったため、ローダーデイルは嫌われることになったが、一六八一年まで権力の分け前に与《あずか》ることができた。

アイルランドは国制上はイングランド国王の従属物であったが、徐々にイングランド全体との関係が深まっていった。長いあいだ、アイルランドの扱いをめぐる公的な権益と私的な利害は一致していたためである。一六世紀から、富と権力は、信用ならないローマ・カトリックから御しやすいプロテスタントへと移行していた。後者の多くはアイルランド島外からの移住者であり、アイルランドが軍事征服されたことで、この変化に拍車がかかった。一六五二年までに、土地と官職の大半が、イングランド、スコットランド、そしてウェールズの野心家たちに入手可能となった。近づく者を飽き足らせる豊穣の地というアイルランド像に、イングランドの君主やその重臣、抜け目のない投機家たちは魅了された。チャールズ二世も例外ではなかった。あらゆる廷臣、負債者、債権者、取り巻きたちが、アイルランドからの利益に浴した。ヨーク公爵ジェームズ、アーリントン伯爵で国務卿のサー・ヘンリー・ベネット、国王の愛妾カースルメイン伯爵夫人バーバラ・ヴィリアーズ〔パーマー〕など、復古体制の頂点にいた者たちもアイルランドに利権を確保し、当然そこで起こる問題に干渉する理由も得た。加えて、アイルランドを支配下に置くためには政府、司法、教会の役職をプロテスタント移住者で固めることが不可欠であるという考えが、長期にわたりいわばイングランドの政策上の公理になっていた。よって能力、野心、あるいは金銭的必要のある者たちが次々にダブリンのさまざまな「暫定」委員会や税関、裁判所、主教制教会の公職に就いたのであった。同時に、反乱を起こしたアイルランドのローマ・カトリックから接収された土地に新参者たちが入植していった。一六七〇年にこの複雑な過程の最終段階が終結するまでに、約七五〇〇人の新たな地権者が記録されている。この数字はクロムウェル期における推定三万五〇〇〇人と比べればごく小さいものであるが、それでもステュアート家の支配下にあった他の王国には見られない規模で土地所有に激変が起きたことを示している。とはいえ、土地所有権の移転は、アイルランドがかつてないほど厳格にイングランドに服従させられていったさまざまな仕組みの最も目立ったあらわれにすぎない。イングランド人やウェールズ人にとってアイルランドにおける公職、労働力、金銭的利益は重要であったため、一六八〇年代初頭には国王や重臣たちのみならず、大蔵卿、陸軍卿、海軍卿もアイルランドに対する支配を強化した。スコットランドよりも人口が多く繁栄していたアイルランドでは、期待できる分け前もより大きかったのだ。

アイルランドをステュアート朝体制により強く連結することについての関心が復古体制にあったことは、これら別々の国々が一つに収まるような、なんらかの大がかりな構想が存在した可能性を示唆している。この野心的な構想が具体的にどのようなものであったのか、正確にはわからない。揚げ足をとる議会の束縛なしに自由に統治を実行したいという願望がチャールズ二世に、そしてより切実にジェームズ二世にあったと見る研究者もいる。国王が議会の足かせから自由になる機会は、実際〔王位継承排除危機が去った〕一六八一年以降に訪れた。だがいずれの国王も、その気質や願望がどうであれ、また忠実なスコットランドと友好的なアイルランドの助けがあったとしても、絶対君主のように振る舞うことができたとは考えにくい。むしろ、頑固な議員たちの束縛を受けなくなった一六八一年以降のステュアート朝は、一六六〇年代の不寛容な議会に妨げられて実現できなかった、より宥和的でコスモポリタンな方針へと本気で舵を戻そうとしていた、と見ることができるかもしれない。一六八〇年代に何が進行していたのかを考えれば、三王国およびウェールズを一枚岩と見ることの不都合さがよくわかる。また、一六八〇年代は新しい問題が持ち上がった一〇年であったことも見えてくる。その極めつけは、四つの領土を統べる王座にローマ・カトリックのジェームズが就いたこと、そして一六八八年には期せずして彼に正統な世継ぎが誕生したため、そのローマ・カトリック化計画が永続する可能性が生じたことである。この時点でアイルランドを除けば、ステュアート朝の全王国においてローマ・カトリックはごく少数派にすぎず、そこでは激烈な反ローマ・カトリック感情が沸き立っていたのである。

赦しと復讐

チャールズ二世が歓喜に沸くロンドンに帰還した一六六〇年五月に至る一連の流れは、彼の北の王国、スコットランドで始まった。ジョージ・モンクはクロムウェルの下でスコットランドを治めていたが、その地で彼が反乱を鎮圧したのはチャールズ・ステュアートの名においてであった。クロムウェルが死亡すると、モンクは秩序を維持すべく事態の展開を注意深く見守った。急進派と兵士たちが連携して三王国を運営するという知らせに危機感を抱いたモンクは一六六〇年一月一日、ついに手勢を南進させた。ロンドン郊外から彼は、まず一六五三年に解散させられた議会の参集を、続いて仮議会設立のための選挙を、熱心に呼びかけた。仮議会はウェストミンスターで四月二五日に開会した。この出来事は、一六四七年に始まった軍による一連の政治介入の最後の事件となった。モンク配下の兵士はおもにイングランド出身者であり、彼自身もこの時点でスコットランドを離れていたが、必然的にスコットランドに代理人や情報源を維持することになったので、それらを通じてエディンバラとロンドンでの活動の指揮を執ることが可能であった。またモンクは以前にはアイルランドで従軍した経験があり、アイルランドのプロテスタントたちとも連携を保っていた。

　いずれの国においても、統治の基礎を確立することが最優先事項であった。税金が徴収され、秩序が維持される必要があった。これらの喫緊の課題の先に、統治体制の将来像という難題が待ち受けていた。アイルランドでは、プロテスタントが全席を占める一三八人から一五八人の仮議会が選挙され、二月二五日にダブリンで開会することになった。ロンドンやエディンバラに先手を打ったこの動きを見て、イングランドではアイルランドがふたたび独立を主張するか、あるいは他国より先にチャールズを国王として招請するのではないかという懸念が広がった。結局、ダブリンの強硬派たちはイングランドが行動を開始するまで待機するように説得させられた。また、アイルランドにもスコットランドにも、単独行動が平和的解決を脅かし、自分たちより強大なイングランドによる報復行動をふたたび招くかもしれないと恐れた慎重派がいた。だが、ウェストミンスターに集まったイングランドの仮議会は、三王国をどのように確定することが最善かをめぐって、分裂していた。一六四〇年代からの古参議員たちは、国王を呼び戻す際の条件をめぐって躊躇していた。彼らは、チャールズ一世の気ままな行動に制限をかけようとして一六四〇年代に準備した諸条件と同じものをチャールズ二世に求めたかったのである。これとは対照的に、仮議会に初めて選出された多数の新参議員たちは、議会と先王の不幸なやりとりについてはほとんど記憶しておらず、むしろ一六五〇年代に行われた法外な王権侵害のほうが強く脳裏に焼き付いていた。結果的に、躊躇する古参議員たちの主張は押し退けられた。

　ともあれ、チャールズの名で四月四日（OS）にブレダで発布された巧みな宣言[5]によって、疑念は抑えられた。宣言の意味するところを理解するのには、時間を要した。たとえば、プロテスタントからなるダブリン自治体が国王の寛大な措置に対して感謝の意を大仰に表明したのは、五月一一日になってからのことだった。その同じ日にようやく、南部の港町キンセールにブレダ宣言の写しが届けられている。このときには事態は加速しており、プロテスタント支配下のアイルランドで新たに国王に忠誠を誓う者は、今度は他のご機嫌取りたちに後れをとるおそれがでてきた。ロンドンからエディンバラやダブリンまで情報が到達するにはかなりの時間を要したからである。アイルランドとスコットランドの支配層は、国王周辺の動向について独自の情報源を持ってはいたが、まずはイングランドの動きを見守った。五月一日、イングランドの仮議会は、今後の統治体制は「国王、貴族院、庶民院による」ものと決議した。続いて八日には、チャールズが国王であると宣言した。スコットランドがこれに足並みを揃え、同日に類似する宣言文がエディンバラで読み上げられた。五月一四日になって初めて、ダブリンがこれに続きチャールズが国王であると宣言した。その後ただちに、ダブリン暫定政府とクロムウェル政権の主要人物たちは、先を争うようにロンドンへ向かった。彼らは、彼ら以外の者たち、すなわち王権簒奪に協力しなかった者、節を曲げずに亡命していた者、早めにステュアート家の側に鞍替えした者が有利な立場にあることを、知っていたのである。

　チャールズを支持することになったアイルランド人たちにとって気がかりだったのは、一六四〇年代からアイルランド総督で、一六五〇年代を通してつねにチャールズに付き従っていた初代オーモンド侯爵ジェームズ・バトラーの存在であった。クロムウェル体制に協力した者たちにとってさらに脅威であったのは、亡命宮廷に連なる、一六五〇年代に土地を没収された者たちの存在であった。ダニエル・オニール、シオボルド・ターフィ、リチャード・トールボット、ピーター・トールボットらは、復古した王政下での繁栄が確実とみなされただけでなく、その親族を良い地位に就け、さらにアイルランドのローマ・カトリック集団の地位を向上させるかもしれないと考えられた。これらの不安材料の背後には、さらに大きな脅威が控えていた。これらチャールズと親密な者たちが、それまでになされた権力と財産の再分配を無効にするように王に進言するかもしれない、という問題である。大空位期に土地所有におけるローマ・カトリックの割合は五九パーセントから二二パーセントに低下していた。カトリックの礼拝は禁止され、その司祭と修道士たちで命の残っていたものは亡命していた。政府と公職は、すでにプロテスタントに独占されていた。こうした諸政策、そしてそれに依存していたプロテスタントによるアイルランド支配体制の存続は、いまや風前の灯火のように思われた。国王はアイルランドのローマ・カトリックから受けた支援に恩を感じ、包括主義的な方策に気持ちが傾いていたからである。アイルランドのプロテスタント有力者たちはロンドンへ駆けつける際、権力と財産を確保するための長い戦いの始まりを覚悟した。チャールズに遅まきながら敬意を表しようと順番待ちをしていたイングランド、ウェールズ、スコットランドの者たちも、自身の身に何が起こるのか、ただ待ち受けるしかなかった。

　チャールズは、少なくともこの時点においては、ブレダ宣言の内容を守る気であった。一六五〇年代のクロムウェルのように、できるだけ幅広い支持に基づいた政権にしようと考えていたのだった。また、大空位期に活発だった政治家を執拗に迫害すれば、敵意を増長し政権を不安定化させるおそれもあった。和解こそ、新体制の標語となるべきであった。チャールズは可能なかぎり、その範を示そうとした。恩赦の対象とならず罪を問われたのは、三三人のみであった。このうち一一人が、裁判を経て処刑された。また象徴的な報復として、クロムウェルおよび彼と近い関係にあった者たちの遺体が掘り返され、タイバンで晒された。スコットランドでは契約派《カヴェナンターズ》体制の主導者三人、すなわち初代アーガイル侯爵アーチボルト・キャンブル、ワリストン卿アーチボルト・ジョンストン、そしてジェームズ・ガスリーが、同様の処分を受けた。一六三〇年代後半にステュアート王家を攻撃した三つの集団、すなわち貴族、国民契約に参加したレルド、そして強情な長老主義の牧師を代表して、死をもって罪を償うべき人物に選ばれたのであった。これらの残忍な処刑には、一六五〇年代に鬱積していた憎しみや不満を発散させる効果はあった。だが不幸なことに、報復への渇望は衰えなかった。チャールズの古くからの忠臣たちは、国王のようには泰然と構えていることはできなかったのである。彼らは長年にわたる戦争、財産剥奪、隠遁生活で失ったものの補償を期待したが、多くの場合わずかな見返りしか得られず失望した。怒りの収まらない者たちは国王の命令を無視し、自分たちで恨みを晴らす行動に出た。彼らは一六六一年に選挙された各王国の議会に報復的な態度で臨み、さらにイングランドとウェールズでは、州統監、州副統監、治安判事、特別行政委員としての職務を行う際にも復讐心を持ち込んだ。地方自治体法（一六六一年）、民兵法（一六六一年および一六六二年）、国教会非信従者取締諸法（一六六二年から一六七〇年の間に制定）といった制定法（Act）を振りかざし、さらに治安判事としての職務権限を盾にとり宿敵を苦しめた過激な者もいた。チャールズとその重臣たちは、内乱以前に存在したと彼らが楽天的にも信じていた調和を回復しようと試みたが、戦争が残した諸問題や個人的な恨みによる激情を前にして、挫折してしまった。のちの数十年の経過を見ればわかることであるが、チャールズもジェームズも土地所有者への依存なくして政策を実行することはできず、その土地保有層の多くは、強い党派心を維持していたのである。枢密院でも、地方の法廷でも、都市の参事会でも、かつての議会派やクロムウェル支持者と同席を強いられた熱烈な王党派は、同僚への侮蔑の念を隠そうとはしなかった。

　チャールズは、他の者たちの模範となることを期待して枢密院を組織した。大法官となった初代クラレンドン伯爵エドワード・ハイド、大蔵卿の地位を与えられた第四代サウサンプトン伯爵トマス・ライズリー、そしてオーモンド侯爵など一六五〇年代の国外亡命者たちに加えて、後から国王の側近になった者たちがいた。目立った例としては、働きを認められアルバマール公爵に除せられたモンク、クロムウェルの海軍提督でサンドウィッチ伯爵となったエドワード・モンタギュー、そしてドーセット州の地主アンソニー・アシュリー＝クーパーがいる。クーパーは大空位期の王権簒奪者たちへの曖昧な態度のおかげで復古後に取り立てられ、一六七〇年代にはシャフツベリー伯爵として国王の方針と権限の雄弁な批判者として注目を浴びることになる人物である。その他に、アングルシー伯爵になったアーサー・アンズリー、ノーサンバーランド伯爵アルジャーノン・パーシー、そしてデンズィル・ホールズなど一六四〇年代の議会派の人物も、チャールズの枢密院に加わった。しかし、良かれと思って幅広い人材を登用したことがあだとなり、枢密院は自壊することになった。個人的なものであれ、あるいは主義主張に基づくものであれ、派閥が生じて組織は弱体化し、国王は枢密院外に意見を求めるようになった。だがもともと秘密主義的なところがあったチャールズは、自分の考えを多くに打ち明けなかった。一見開放的に見えた彼の性格の裏には、つかみどころのない側面があった。それはしだいに彼の父を連想させるようになり、父が直面したのと同様な政治問題を引き起こすこととなった。臣下のあいだで権力闘争をさせることが国王にとって都合がよいこともあったが、党派対立によって行政は長期にわたり不安定化した。「カバル」[6]（the Cabal）と呼ばれた不釣り合いな五人組が一六六七年から七三年まで高位公職を独占し、一六七八年から七九年にかけての政治危機では枢密院が不統一で頼りにならなかったため、国王は院外に助言を求める習慣をさらに強めた。一六七四年から七八年にかけてダンビー伯爵〔のちに公爵〕サー・トマス・オズボーンが大蔵卿として運営した体制は、チャールズが好むものであった。ダンビーは、イングランド国教会の不寛容方針を露骨に押し進め、個人の利益に強く働きかけることで、議員たちの機嫌をとることに成功している。一六八〇年からはまた「小僧《チッツ》」（the Chits）のあだ名をつけられた従順な重臣たちが国王に仕えることになった。シドニー・ゴドルフィン、クラレンドンの息子のロチェスター伯爵ローレンス・ハイド、サンダーランド伯爵ロバート・スペンサーの三名であった。

人物、政策、原理

重臣たちの個人的な性格や野望がさまざまであったこととは別に、古くからの国制上の難問が控えていた。まず、国王が好みに合わせて助言者を選ぶ自由は存続した。反対派にできたことといえば、議会が持つ課税承認権を盾に重臣たちに圧力をかけることか、彼らを弾劾することしかなかった。この弾劾という手法は、一七世紀前半の対立を彷彿とさせるもので、一六六七年にはクラレンドンが、一六七九年にはダンビーが、それぞれ責め立てられた。重臣を問責したり好ましくない政策を覆えしたりする議会側の要求に国王は明確に応えることができなかった。しかしこれらは王政復古体制が抱えた多くの問題の一つにすぎない。すぐに新手の問題が起こり、先代から持ち越された問題はさらに面倒なものとなった。一致して国王に感謝するかに見えた臣民の感情が、激しい不和へと転化したことである。このため、現代の研究者のなかには、この時期こそ党派抗争的な政治の始まりであったと見る者もいる。もっとも、一五世紀の薔薇戦争における貴族間の抗争や一六世紀の国家宗教の変転を考えてみれば、公的な事柄に関して完全な合意を目指す政治など、おそらく一度も存在したことはなかったのだが。いずれにしても一七世紀半ばの論争は、世紀の後半まで続く長く不吉な影を落としていた。一六六〇年以降、良識派は社会の分極化を嘆き、懐旧主義者たちは実在しなかった調和の回復を求めた。しかし派閥対立は動かぬ現実となっていた。やがて党派主義は政党へと発展することになる。復古体制初期に開かれた議会は、三王国のいずれにおいてもあらゆる提案についての反対派を育てる場となった。議会が決議をするたびに亀裂は広がり、宗教問題においてはとくに顕著となった。国教会非信従の広まったことも、中央および州の統治以外の領域で政治活動に加わる人びとの増加に貢献した。職人、小売商のような中間層《ミドリング・ソート》や資力の乏しい人びとは、一六四〇年代には戦争に動員され、分離派の会衆教会に引き寄せられていた。彼らは上位者の言いなりになるつもりはもはやなかったのである。都市は洗練されたさまざまな公職保有者、専門職集団、自発的結社の拠点であり、宗教や文化の活動も盛んで、たいていの場合住民の識字率は高く、外部との交流もあった。こうした都市が育てた多様性は、一六八〇年代の反体制派と、王党派を支持する声のそれぞれの成長に貢献したのだった。都市は規模が大きいほど活動の機会も多かったから、人口五〇万に近づこうとしていたロンドンは、民衆政治の中心地でもあった。居酒屋、コーヒーハウス、ギルドの集会所、また個人の邸宅が、議論する人びとで賑わいだ。出版界は、一六七九年に出版法から一時的に自由になったこともあり、その時々の出来事を取り上げた短評、バラード、風刺、またはより洗練された時事評論が大量に生み出され、消費された。熱論は、エディンバラ、グラスゴー、リムリック、コーク、ダブリン、デリー、ノリッジ、グレート・ヤーマス、ブリストル、グロスターのような諸都市にも反響した。これらの都市での議論は、宮廷や議会、ロンドンといった中央の動向を追いかけてはいたけれども、問題の取り上げ方には地方ごとの特徴も見られた。

　治世のほぼ最初から、チャールズ二世の見解は数多くの有力な臣民のそれとは異なっていた。国王が三王国の各議会に、新体制の具体的なあり方について議論するよう委ねたとき、彼はみごとな詐術に成功するかのように見えた。しかし、議会が制定したことにチャールズもその後継者たちも縛りつけられることになる。一六六〇年の時点において、財政、防衛、宗教の三点が、ただちに対処されるべき喫緊の課題であった。すぐに騎士議会とあだ名がつけられた彼の最初の議会は、チャールズの帰還を熱烈に歓迎しながらも、意図してかあるいは図らずしてか、王の要求に対して出費を惜しみはじめた。関税、物品税、炉辺税などの主要な税で、年一二〇万ポンドの税収が見込まれており、議会は平時における通常の経費は請け負う用意があった。だが実際には、治世の初めの数年間、税収が八五万ポンドを超えることはまれであった。気の進まない国王に定期的に議会を招集させるための伝統的な手段としての課税承認権は、こうして議会の手の中に留められたのである。チャールズは議員たちの前でたびたび援助を請わなければならないことに苛立った。議会に依存することの煩わしさから、国王の側近は議会によらない財源確保のための代替案を模索するようになる。フランスからの報奨金[7]を取り付けることは、その一つであった。このことで国王は、海外からの仕送りと引き替えに、独立したプロテスタント国家イングランドの国益を売り渡していると疑われた。国王はさらに一六七〇年代に、アイルランドでの豊かな収益をイングランド・アイルランドの共同事業団の管理下に置くという、疑わしい取引を承認した。この事業団は、アイルランドのプロテスタント貴族でロンドン在住のラネラ子爵〔のちに伯爵〕により運営されていた。チャールズを惹きつけたのは毎年の手数料であった。だがこれらの副収入によってもチャールズが課税権限を握る議会から自由になることはなかった。彼が一六八〇年代に議会からようやく自由になったのは、交易が活発化し関税収入が大幅に増加したためである。

この好景気は、部分的には一六六〇年になされた決定に起因するものだった。その決定とは、一六五一年の航海条令ですでに明確にされた、好戦的な経済ナショナリズムをさらに拡大させるという合意である。これによってロンドンは、拡大する世界貿易の商品が行き来する中継地点となりつつあった。ロンドンの高まる輸送需要はイングランド人の所有・運行する船舶によって対応されなければならなかったため、イングランドの商船保有の規模は拡大した。一六八〇年代までには、イングランドの船舶総トン数は競争相手であったネーデルラント連邦共和国とフランスを超えた。その結果、ブリストルやリヴァプールのような大西洋岸の港湾都市は繁栄したし、ダブリン、コーク、キンセール、スライゴー、デリーですらその恩恵を受けた。しかしアイルランドとスコットランドは、全般的には航海法から大きな利益を得ることはなく、イングランドの貿易力の高さと他の二王国の相変わらずの遅れぐあいは、ますます対照的になった。アイルランドの主要商業はさらに差別的な扱いを受けた。イングランドにおける農業生産と地代収入の停滞をアイルランドのせいにする地方請願をウェストミンスターの議会が聞き入れたためであった。イングランドおよびウェールズへのアイルランドからの家畜の輸入を禁じた一六六七年の条例を見れば、姉妹王国間の難しい関係の本質がわかる。ダブリンにも議会があったにもかかわらず、イングランド議会はアイルランドに関する立法を行う権限が自分たちにあると考えていた。アイルランドの商業に対する差別的な立法を、国王の重臣たちは阻止することができなかったのである。利害に関わるアイルランドのプロテスタント陳情者たちは——その一部は定期的にロンドンに滞在し、宮廷での地位も有していたが——、アイルランドで発生したことはたいてい、イングランドの宮廷や議会で終結するのだということを、またしても痛感することになった。スコットランド人もまた、イングランドに遅れることによる痛手を受けた。とくに、チャールズ二世が始めたネーデルラント連邦共和国との二回の海上戦争（一六六五年〜六七年、一六七二年〜七四年）では、スコットランドにとって実入りのよかった海上交易が打撃を受けた。一六八〇年代にようやく、アイルランドは経済的に回復しはじめた。植民地との交易や後期ステュアート期の市場拡大をうけて、農作物の生産が増加したためであった。しかしながら、一六八〇年代における商業的活況のこうした副産物よりもチャールズにとって重要だったのは、彼自身の歳入が増加したことであった。本来であれば三年議会法の規定によりチャールズ二世は一六八四年に、ジェームズ二世は一六八八年に召集しなければならなかった議会を、彼らが召集しなかったのは、追加徴税を議会に求める必要がなくなったからである。ジェームズの即位までに、国王の収入はつねに二〇〇万ポンドに達した。この資金でジェームズは、軍を大幅に増強することができた。

　その始まりから、王政復古体制は国内外の敵からみずからを防衛する必要に迫られていた。一六六一年初頭のロンドンでのトマス・ヴェナーの蜂起[8]、一六六三年ダブリン[9]およびイングランド北部での反乱計画[10]など、陰謀事件が頻発し、共和主義者が共謀して王政転覆を狙っているとの不安が広まった。スペインとの戦争も引き継がれたが、これは手早く終結に導かれた。ヨーロッパ大陸に対して強硬な態度で臨むという空位期の姿勢は継続したが、勝利と呼べるものは減少した。一六六〇年の時点での優先事項は、巨額の経費がかかり反乱の元凶ともなりうる陸軍を解体することであった。とはいえ、三王国を無防備のままにしておくわけにもいかなかった。議会は重い腰を上げ、基幹となる三〇〇〇人規模の常備軍の維持を承認した。さらに大きな危険が残るスコットランドとアイルランドでは、それぞれ一二〇〇人と七五〇〇人からなる常備軍が承認された[11]。財政が豊かになり、チャールズやジェームズの国内外に対する野心が高まるにつれて、常備軍も増強された。常備軍の拡大につれて、軍が平時の行政に介入し地方行政や一般人からなる民兵と軋轢《あつれき》を生む可能性もまた高まった。アイルランドからの兵員で増強され各王国の間をたやすく往来できた軍隊は、反抗的なスコットランド契約派《カヴェナンターズ》に圧力をかけたり、一六八八年には不満に沸き立つイングランドで不人気なジェームズ二世を護衛したりしたので、国王が最終的に何かよからぬことを企んでいるのではないかという不信感も高まることとなった。とりわけ、ジェームズ二世の軍隊が一六八五年には二万人にまで増強されていたことは[12]、国内での動員がその真の目的ではないかと疑わせるものであった。さらにアイルランドでは短期間にこれまでになく大きな規模でローマ・カトリック信徒が将校に任命され、他の公職もローマ・カトリックに解放された。このことは、そこから排除された者の怒りを招いただけでなく、アイルランドから来るローマ・カトリックの軍隊がイングランド、ウェールズ、もしくはスコットランドを支配するかもしれないという、一六四〇年代の悪夢を再燃させることになった。フランス亡命中に若きジェームズ自身も身につけた正規軍の気風は、国制の複雑さを軽視する権威主義を定着させた。あえて評価すべきことがあったとすれば、三王国の枠にとらわれない正規軍の存在が、民兵制度に浸み込んでいた地方主義を解体しはじめたことであろう。しかし、ジェームズへの忠誠心の高まりにもかかわらず、ひとたび彼の権威が脅かされると、軍の指導者たちは彼を見捨てたのであった。かつて海軍卿であったジェームズの人気も、海軍内での不平不満の広がりを止めることはできなかった。結局のところ、地方主義と貴族の私益追求を抑制し国王の権威を高めるはずの軍隊の潜在力は、ほとんど活かされることはなかったのである。

イングランドとウェールズでは、防衛の必要から州統監が復活した。州の防衛と治安維持において中心を果たすこの公職は、民兵法のおかげで機能がより明確になり権限も拡大した。この措置は、初期の騎士議会の伝統主義のみならず、おそらくは貴族的な反動の産物でもあった。一六六一年に州統監に任命された者は三名を除きすべて爵位貴族で、たいていは王党主義を曲げなかったことへの恩賞としてその地位を与えられたのだった。このことは、軍事が依然として貴族の役目とみなされていたことを示している。ただし、各地方において累代の仇敵に復讐したり取り巻きを優遇したりするといった、貴族が行使できる裁量の余地は減少した。州統監への貴族の採用は、復古体制が地方の名望家たちとの同盟関係を回復させた方法の一例である。それでも、地方有力者たちにおもねることによる政治的メリットのために、軍事的効率性や、地方における秩序の安定が犠牲になる場合もあった。たとえば、サマーセット州統監に任命されたオーモンド侯爵は、宮内府長官でもあり、一六六一年からはアイルランド総督にもなったため多忙をきわめ〔さらにオーモンドは一六六一年三月に公爵に叙任された〕、サマーセット州の位置するイングランド西部で民兵の指揮を執ることができなかった。この弱点は、緊急事態になるとすぐあらわとなった。英蘭戦争の最中に沿岸諸州が侵略されそうになったとき、そして一六八五年にイングランド西部で発生したモンマス公爵の反乱時[13]がそうであった。

民兵はアイルランドとスコットランドでも活用されたが、州統監は設置されなかった。ここでも、結果は思わしいものではなかった。このため、復古体制は州統監を任命しなかったものの、配下の者を動員できる地元有力者たちに頼ることになった。これもまた、すでに特定地域において大きな影響力を持つ者の立場をさらに強化する効果があった。スコットランド政府は一六六四年までに、憎まれていたクロムウェル軍の駐屯地や要塞を解体しおえていたが、不穏な動きを見せる高地地方人《ハイランド》たちににらみを利かせるために、ブリーマー、インヴァロッキー、バデノックのリヴェンに新たな軍事拠点を設けなければならなかった。第二代アソル伯爵には私兵を率いて反抗勢力を平定する権限が与えられた。一六七一年までに政府は、反抗的な高地地方人《ハイランド》を征伐する者に殺戮・放火の許可状を発行するという伝統的な方法にたびたび訴えた。一六六八年までには、スコットランドの民兵は歩兵が二万、騎兵が二〇〇〇に達していた。イングランドやアイルランドと同様にスコットランドでも、軍事面における土地所有者たちの伝統と経験は、復古体制の承認を受けて、活かされつづけたのである。しかし一六七〇年代には高地地方人《ハイランド》に代わって、新たな主教制教会体制への帰順を拒否する契約派《カヴェナンターズ》の長老主義者たちが、スコットランドの安定にとって最大の脅威とみなされるようになった。高地地方人《ハイランド》と体制の関係は回復し、一六七七年以降には、とくに南西部に住む反抗的な長老主義者の制圧に高地地方人《ハイランド》を動員できるほどになっていた。このことは、のちにジェームズがこの地方の首長たちに対して支持を期待するようになることの前触れであったといえよう。イングランドとアイルランドでは、民兵は王党派の熱意を利用する安上がりな手段として魅力的であったため、引き続き維持された。だが民兵の維持と並行して、より専門化され中央集権的な軍隊が拡張されつつあった。とくにアイルランドでは、民兵はプロテスタントのみで構成されていたから、おもにローマ・カトリックからなるジェームズの正規軍と反目することとなった。

教会

王政復古における教会体制の再建に関するかぎり、三王国のいずれにおいても実現されたのは、チャールズやその側近たちが望んだ体制ではなかった。熱心な長老主義者を懐柔できるような修正はまったくなされないまま、主教制度は復活した。新しい共通祈禱書[14]が定めた典礼は、厳格なカルヴァン派が拒否してきたものだった。また、国教会の聖職に叙任される者は「三九箇条の信奉[15]」を宣誓することが義務づけられていたが、そこで定められた教義と教会体制は、主教制が神命により定められた教会制度であると認めない者にとっては、とうてい承服できない内容であった。一六六二年の礼拝統一法によって、イングランドの聖職者は国教徒と国教会非信従者とに振り分けられることになった。二二〇九人の牧師、説教師、教師がその地位から追放された。この数はおそらく全体の一割に当たる。スコットランドでも主教制が予期せぬ復活を遂げ、それを承認することが聖職者の就任の条件となったので、二六八名の司牧者が追放された。その多くはギャロウェー、ダムフリース、エア、グラスゴーなど南西部の地方長老会《シノッド》に属していたが、スコットランドの聖職者全体の約四分の一におよぶ数であった。アイルランドでは、まず主教たち、次いで議会の動きにより、一六六六年に礼拝統一法が制定され、これを認めない者を聖職から追放した。追放が集中したのは、アルスター地方のなかでもスコットランド植民者勢力とスコットランド長老主義の勢力が強かった諸地域、そしてダブリンのような比較的大きな都市であった。こうした処分の実際の効果は弱いこともあった。しかし、よく組織化され連携していた聖職者集団の間に楔を打ち込むことには成功した。さて、聖職者たちに不利な条件を課したのが議会であった以上、その撤廃を求められたのも議会であった。非国教徒《ディセンター》の不平が政治化するのは避けられなかったし、政治的解決によってしか、不満を緩和することはできなくなった。スコットランドとアイルランドでは加えられた制約が似ていたので、共通の苦境に対する反応も共有された。三王国のいずれでも追放の憂き目にあった者たちは、定期的に連絡を取り合った。彼らは緊密なネットワークを通じて、とりわけ教育と叙任の便宜を図ることで、互いに助け合っていた。非国教徒の牧師たちは王国の間をたやすく往来していたが、とくにアイルランドとスコットランドの間のノース海峡ではそうであった。

このような規模で宗教的反体制派が生じることは、チャールズが避けたかった事態であった。だが彼のすぐ目の前には不寛容な臣下たちが立ちふさがっていた。議会が召集される前から、一六五〇年代の聖職者独裁から国教会を奪還し、祈禱書を復活させ、内戦期に追放された教会人を復職させようという気運が――彼らの言葉によれば自発的に――高まっていたという。一六六〇年のこのポピュリズムも、混乱した空位期時代に主教制を支持しつづけた教会人、大学人、地主が世論を操作して作り上げたものだろう。たしかにスコットランドでは、長老主義の牧師の尊大さと好戦的態度に、かつては協力していた貴族や都市住民も辟易《へきえき》していた。とはいえ、強大になりすぎた牧師たちを懲らしめたいという俗人の願望だけでは、スコットランド教会《カーク》では決して人気とは言えない主教制を再導入するという、驚くべき決定は説明できない。スコットランドと他の二王国の間に体制上の一致を保つことに熱心だったミドルトン伯爵の方策であったのかもしれない。ブリテン諸島で主教制を容認する空気が広まったのは、儀式や聖職を尊重する高教会《ハイ・チャーチ》的な文化を俗人が熱烈に支持したからというよりも、他のすべてが動揺している状況で、不動の岩のように頼ることができる伝統の魅力によるところが大きい。それは通常、王位簒奪という結論の出ない実験の後に君主政を歓迎したくなる感情と一体になっていた。だが、一六四〇年代・五〇年代の神権政治主導者への復讐を成し遂げた反聖職者感情は、やがて主教制の完全な勝利を敬遠させる力として働きはじめた。聖職者推挙権を有する治安判事や土地保有者はその裁量権を行使して、非国教徒に対して穏健な態度をとった。発作的ともいえる厳しい迫害も、寛容な対応と交互に起こった。非国教徒は、国王の気まぐれや地元のパトロンの意のままにされていることを喜べなかった。彼らはまた、国王と議会のすれ違いにも苦しめられた。議会は一六七三年および一六七九年の審査法によって、国王が出した「信仰自由宣言」を覆した。[16]公職からローマ・カトリックを追放するための方策だったが、このため良心的なプロテスタント非国教徒も犠牲となった。彼らも、また政治体制内にいたその支持者たちも、寛容《インダルジェンス》もしくは包括《コンプリヘンション》[17]を法的に確立させる機会を注意深くうかがった。国教会非信従は、三王国（およびウェールズ）における二代の国王治世にわたって、信仰のみならず政治の問題でありつづけたのである。

　ローマ・カトリックをどのように扱うかという問題にも、さまざまな政治的影響があった。プロテスタントの扱いと同様、ローマ・カトリックへの対応をめぐっても、議会・地方を問わず、政治エリートたちは国王と頻繁に対立した。個々のプロテスタント非国教徒が保護され隣人と友好的に暮らしていたのと同様、イングランド、スコットランド、ウェールズにおける大半の共同体では、少数のローマ・カトリック信徒が恐怖の対象になったり、攻撃の目標にされたりすることはほとんどなかった。その一方で、外人《ガイジン》との結託、得体の知れない儀式、よこしまな陰謀といった法王教のイメージは、すぐに激しい敵意を引き起こした。隣国アイルランドのローマ・カトリシズムに対する敵意も同様だった。アイルランドのローマ・カトリックが一六四一年に引き起こした（そして再び引き起こしかねない）虐殺事件についての巧みな宣伝の効果によって、彼らは完全に悪者扱いされた。プロテスタント側の恐怖心は非常に強く、ローマ・カトリック信徒に市民権と法的な寛容を与えようとする国王の試みは、一貫して阻止されつづけた。

　イングランドでは、ローマ・カトリックは人口のわずか一パーセントしかおらず、スコットランドやウェールズでもその割合はほとんど変わらなかったことを考えれば、ローマ・カトリック信仰をプロテスタントと対等に扱おうとするチャールズ二世とジェームズ二世の熱意は、まったく非現実的なものと思われた。これに対してアイルランドでは、人口の多数を占めるローマ・カトリックを満足させることのみが、王国を幾度も揺るがしてきた反乱に終止符を打つ唯一の方法であった。一六六〇年代の大半を通じてアイルランド総督を務めたオーモンド公は、体制に忠実なローマ・カトリック信徒たちをステュアート君主国とより強く結びつけるための方策を探し求めた。この政策はじつに直截ではあったが、多くの者にとっては論外であった。複合国家とはいえその中で信教上の多様性を認めることは、正しく秩序立てられた政体についての当時の概念に抵触したからである。さらに直近の歴史から、ローマ・カトリック、とりわけアイルランドや外国からのローマ・カトリックは、カッコウのようにやってきてはプロテスタントの巣を荒らす連中であると認識されていた。しばらく下火になっていた恐怖心も、一六七〇年代にチャールズが、カトリック・ヨーロッパ世界の覇王たるフランス国王ルイ一四世（在位一六四三～一七一五年）との同盟に加わったとき、さらにヨーク公爵ジェームズが自身のローマ・カトリック信仰を公にしたときに、ふたたび燃え上がった。一六七八年には、チャールズ二世を暗殺し代わりにヨーク公爵を王位に就けることをもくろんだとされる法王教徒陰謀事件[18]が発覚した。これを受けたパニックは、自然に発生した部分もあるものの、大半は計画的に演出されたもので、この結果ローマ・カトリック信徒に対する過激な暴力を誘発した。老齢であったイングランドのスタッフォード子爵ウィリアム・ハワード、少なくとも一八名のカトリック司祭、そしてアイルランドにおけるローマ・カトリックの首座、アーマー大司教であったオリヴァー・プランケットがその犠牲となった。

議会

宗教問題を自分の思うように処理できなかったことは、すぐにチャールズ二世とジェームズ二世の支配力の限界をあらわにした。早くも一六六二年に、チャールズは一部の者を国教信従の義務から免除しようとしたが、庶民院に拒絶された。ここで、その後の展開のパターンが決まった。一六七二年にチャールズの名で発布された「信仰自由宣言」は撤回を余儀なくされ、特定の信教を排除する政策が議会により決定された。一六八六年には、通常は御しやすいスコットランド議会も、信仰自由宣言を認めることを拒否した。ジェームズは一六八八年に、第二の信仰自由宣言をすべての教区教会の説教壇から読み上げさせようとしたが、イングランド国教会の主教のうち七人が拒否した。これらの出来事は、国王の寛容方針に対する抵抗の広まりをよく示している。敵対的な反応に苛立ったチャールズとジェームズは、そうした反発を回避したり別な方向にそらしたりする手段を求めるようになった。伝統的な合意を無視して、別の方法で取り決めを作ろうとしたのである。

チャールズの帰還の後すぐ、貴族の権限は復活し補強された。慣例上、貴族は国王の側近であり助言者であった。だがチャールズは家柄にこだわらず、どのような人物であれ才能があれば評価した。国王の寵愛の対象は古くからの爵位貴族の子弟だけに留まらなかったので、それがしゃくにさわった者もいた。他の土地保有者同様、爵位貴族たちは、一六六〇年代・七〇年代の地代収入の不振に苦しんでいた。広大な土地を所有する大地主であれば、この困難を耐え抜くことができたし、公職を保持していることも役に立った。宮内府長官とアイルランド総督であったオーモンド公爵、ウェールズ辺境評議会長官（lord president of Wales）であったボーフォート公爵ヘンリー・サマーセットがその例にあてはまる。これらの有力者は高位公職に伴う大きな出費を負担しなければならなかったが、配下の者に報酬を与えることができるだけの利益を得ていた。こうして、重要な公職を任され手厚い処遇を受けている少数者と、それ以外の大多数とのあいだの亀裂が広がった。後者は、みずからの苦境の原因を議会の悪意のせいにしてはいたが、同時に復活したステュアート朝が助けてくれないことに憤慨していた。王権と国教会は一六四〇年代に剝奪されたそれぞれの土地の大部分を取り戻すことに成功していたが、一六四〇年代・五〇年代に土地を売却したり抵当に入れたりしてしまった個人土地所有者たちが土地を取り戻すためには、国家の助けを得ずに独力で解決しなければならなかったのである。たいていの場合それは費用のかさむ訴訟を起こすことを意味したが、思わしい結果を得られないことが多かった。

　表面的であれ君主へ恭順が示されたのと同様に、貴族や有力な土地所有者が地元を巡見した際には、その身分にふさわしい敬意が払われた。ただし、これらの丁重な対応は、支配者が下々の者に求めた完全服従に必ずしもつながるものではなかった。ウェールズ南部のボーフォート公爵対ペンブルック伯爵、あるいはタウンゼンド男爵対ヤーマス子爵など、貴族間の確執によって、選挙戦や都市における政治は熱を帯びた。後者の二人の対立は、一六七〇年代にノリッジ、グレート・ヤーマス、ローストフトにおける抗争に反響した。一方、都市民も事の成り行きをただ受動的に眺めていたのではない。彼らには彼らの利害があり、その地域の有力者にとってそれを無視するのは危険なことであった。このため最近の一七世紀史研究では、貴族的な反動を一六四〇年代の戦争だけでなく、復古された君主政に対するものとして捉える見解がある一方で、一六四〇年代の急進政治や民衆政治、さらには党派政治を一六七〇年代・八〇年代にまで延長して読み取ろうとする立場もある。この二つの解釈は相互に矛盾するものではなく、政治活動の中心が議会であったと見る点ではほぼ一致している。事実、三王国いずれにおいても、議会は王政復古で活力を得た。それ以後どのように国家が統治されるべきかについて、その詳細の多くを決定したのは議会であった。ただし、どの議会も意見の相違に溢れ返っていた。ダブリンで議員たちは、土地処分法（一六六二年）および土地問題和解法（一六六五年）の条項をめぐってもめた。というのは、これらの法は、クロムウェル時代の土地所有権の移転で巨利にありついた者に対して、帰還した王党派や筋金入りのローマ・カトリックたちと利益を分け合うことを求めていたからである。さらに、ふたたび体制教会化された主教制国教会への信従を強要する方針もまた、議会の一致した同意を得られなかった。事態がこのようであったから、政治が暗礁に乗り上げないように、クロムウェル期の議会で経験を積んだオーレリー伯爵（かつてのブログヒル男爵）のような、巧みな舵取り役が求められるようになった。一六六六年以降、ダブリンの議会は開かれなくなる。一六五〇年代・六〇年代の土地配分がふたたび変更されるのではないかという不穏な噂を抑えるために、一六七八年に新たな議会を召集することも検討された。しかし法王教徒陰謀事件が発生したため、召集は取りやめとなった。ダブリンのプロテスタント社会は、イングランドやスコットランドで自分たちと同じ立場にある者が行っている政策や計画を持ち込むことに楽観的すぎたのかもしれない。結局のところ、アイルランドは布告、司法命令、イングランド議会が定める法、国王大権などによって統治されうる場所であった。立法手続きや政治的手法を急速に学び取っていたとはいえ、アイルランド議会の活動はまだ不定期であり、未熟なものでもあった。

スコットランド議会は、一六四〇年代を通じて国を運営したことで得た実力と自信を、そう簡単には手放そうとはしなかった。一院制議会の中で自治都市や低位レルドの代表たちは、経済的・社会的により上位にいる者たちに対してみずからの権利を主張してきたが、一六六〇年代に入っても彼らは完全には沈黙させられなかった。

しかし、復古前の一連の展開に対する政治的反動が最も激しかったのはスコットランドであった。一六六一年の撤廃法により、一六三三年以後にスコットランド議会が制定したすべての法律が無効となった。その一部には国王の認可を受けていた法律も含まれていたにもかかわらず、である。スコットランド社会は少数の有力な地方領主とそれ以外とに両極化していたため、イングランドやアイルランドよりも貴族の徹底した反動にさらされやすいと考えられていた。とはいえ、こうした一見わかりやすい構造の陰に、別の集団も存在していた。小規模レルドに並んで、一六八〇年代までには、エディンバラ、グラスゴー、アバディーンなどの自治都市では、少数ながら確実に増加しつづける専門職や商工業者がいた。彼らは必ずしもステュアート家に敵対的ではなかったが、有力な土地保有者に縛られてもいなかった。さらに、追放された長老主義の牧師は、互いに対立する教派へと果てしない分裂を繰り返しながらも、反体制運動の鍵となった。法案作成委員会のような、行政が議会を操作する伝統的な手法は復活したが、すべての議員をおとなしくさせることはできなかった。

　ローダーデイルの独裁に屈辱を味わっていたハミルトンやトゥイーデイルのような貴族たちは、議会の内外で抗議した。ローダーデイルは現実主義者であったから、反発を封じ込めるためには方針をたえず調整する必要があることを心得ており、抑圧策と懐柔策を交互に実施した。これはイングランドとアイルランドでも政策に揺れ幅があったことに続くものだったが、そのタイミングはつねに連動していたわけではない。一六七三年、秘密集会に集まる反主教制の長老主義者たちに対する弾圧が激しくなったとき、迫害された者たちは海峡を渡り、当局の取り締まりの緩かったアイルランドに移った。そこでは一六七二年以降、長老派は法王教に対抗する「プロテスタント人民戦線」の中で評価を受けていたし、国家からささやかな王室下付金《レギウム・ドヌム》さえ受領していたのである。ローダーデイルの敵対者たちは、エディンバラで運動をしても彼を排除できる見込みがなくなったとわかると、イングランド（およびアイルランド）における専制政治の批判者たちと協力関係を結んだ。ローダーデイルのスコットランドにおける政策は、ダンビーのイングランド統治の（モデルではなくとも）変種だ、という主張である。執拗にローダーデイルを責め立てたことから、スコットランド議会が危険をはらんでいたことは明らかだった。このためステュアート朝の王たちとその重臣たちは、可能なかぎり議会を召集しないようにした。事実、一六七三年から一六八一年まで、議会は開かれなかった。この間、財政を承認するために代わりに開催されたのは臨時身分制議会（Convention of Estates）だった。この計らいには、反対派を弱体化させる効果はあったかもしれないが、完全に封じ込めることはできなかった。古くからの支配層を反体制に立ち上がらせる計画が実行され、しかし失敗する。第九代アーガイル伯爵アーチボルト・キャンブルは、その父が契約派《カヴェナンターズ》の中心人物として一六六一年に処刑されていたが、自分もスコットランド南西部から支持者を集め、モンマス公爵ジェームズ・スコットへの反乱に加わった。一六八五年、その失敗の代価を払うことになり、彼もまた処刑された。それ以外に一六六六年および一六七九年から八〇年の時期に新体制にあからさまに反抗したのは、長老主義急進派たちであった。一六三〇年代の場合とは異なり、彼らは貴族の支持を欠いていた。

彼らの父チャールズ一世と同様、チャールズ二世もジェームズ二世も、基本的な姿勢においては議会を否定していたわけではない。柔順であるかぎり、議会は政策を実行する最も有用な手段だった。また議会は、選挙された代表の承認によって国家と政策を結びつける役割も果たした。一六八八年、ジェームズは、自分と同じローマ・カトリック信徒の完全な市民権を回復するという望みが、議会制定法により実現されることを期待した。だが議会の承認を得るという伝統的な方法で事を進めるためには、議員を選出する自治都市や州に直接的に政治介入するという、完全に伝統から外れた方法をとらざるをえなかった。だが言いなりになる議会が成立しそうになくなると、彼は議会そのものを放棄してしまったのである。新たに制定される法律はなくなり、ジェームズは君主が本来有する権限、すなわち刑罰法の全体を停止したり特定個人を免除したりする権限に頼るようになった。

地方――理想と理念

調和という理想は、秩序立った国家像の中心をいまだに占めていた。党派《パーティー》は派閥《ファクション》と同一視され、調和を乱すものとして非難された。かつて一体となっていた共同体を分裂させた元凶として、内戦を非難する者もいた。

一六六〇年、チャールズ二世は分裂した国家をふたたび一つにしようと試みたが、それは非現実的な望みだった。一六三〇年代・四〇年代に共同体を分裂させたさまざまな主義主張は残存しており、さらなる亀裂を生む可能性を秘めていた。それらがどこに潜んでいるかは、それまでに人びとや集団が示した忠誠や行動を見ればわかるとされ、こうして一六六〇年以降の危険分子が誰であるか決まることになった。議会の反乱に協力した都市という汚名をもつコヴェントリー、グロスター、ノーサンプトン、トーントンでは、ふたたび君主に反旗を翻す気を起こさないように城壁が解体された。これらの都市は、その数年前に反抗的な都市であったリムリックやゴールウェーがみごとに屈服させられたのと同様、国王にひれ伏すことになった。一六六一年から六三年にかけて、イングランドの最も大きな三六の自治都市では、参事会員と公職保有者の三分の一が解任されている。治安判事に関しては、さらに大きな入れ替えが起こった。一六六〇年に前年から留任した治安判事は、ヨークシャー州のウェスト・ライディングでは七六人中わずか一四人、ノース・ライディングでは五七人中一一人、イースト・ライディングでは五五人中たった八人だった。ただし、入れ替えの度合いは一様ではなかった。重要な諸都市では、大空位期に活動した者の三分の二が残っていた。さらには、追放された者が密かに復職することも可能であった。

州裁判所のような組織からは、よく知られた共和政協力者が一掃されてもおかしくなかった。しかし、代わりに着任した者たちの思惑も一様ではなかった。地方の支配層は、政策を実施する権限をひとたび与えられると、議会や政府の強硬派が期待したのとは非常に異なったことを優先することが多かった。とくに、中央がプロテスタント国教非信徒者に対する圧力を強めたことは、まったく逆の結果を生んだ。彼らに同情的な貴族やジェントルマンは、すでに非信徒により聖職から追放された牧師たちを家庭や学校の教師として匿っていたが、さらにみずからの公的立場を利用して宗教による迫害を自粛したのである。これは、一六五〇年代に国教会派の地主階層が、体制と妥協しなかった主教らを匿っていたことと似ている。アイルランド南部では、その広大な領域の秩序維持にとって不可欠なマンスター地方長官の職にあったオーレリー伯爵が新たに設立したアカデミーの校長に就かせたのは、イングランドで聖職禄を剥奪された非国教徒であった。同様に、ウェールズのグラモーガン州マーガムのマンセル家は、子息の教育に追放された聖職者を雇っていた。互いに関連のない孤立した現象だったとはいえ、このような庇護の事例は無数にある。その裏には、プロテスタント非国教徒よりも危険なのはローマ・カトリックであるという、一六七〇年代に急速に高まりつつあった感情があった。プロテスタンティズム推進のために設置されたウェールズ・トラストのような基金運動を活気づけたのは、こうした考えであった。

一六八〇年代の頑強な王党派は一六六〇年代を振り返り、この間に起きたほとんどの問題の原因は、地方支配者のあいだでさまざまな立場や主義主張が混在していたことにあると考えた。このため、より統一主義的な方法と思想的な一貫性が地方行政に求められるようになり、これに応じて、州と都市の行政はより効率的に改組された。法王教徒陰謀事件や無議会統治、王位継承排除をめぐる激論が巻き起こり、相対立しあう請願や演説の応酬となったおかげで、急進派と無関心派は容易に識別された。一六八〇年代の前半、イングランドおよびウェールズの治安判事二五五九人の一〇パーセント強が解任された。一六八一年には、ヨーク公爵ジェームズの王位継承排除を支持した三人の州統監――エセクス、マンチェスター、サフォーク――がその職を解かれた。一方、自治都市では、それ以前数十年間に見られた手ぬるい組織改革に代わって徹底的な公職追放が行われた。地方自治体がいかなる権限に基づいて行動しているのかを査問する、権限開示訴訟（quo warranto）という法的手続きによって、既存の特許状は精査され、無効にされた。一六八二年から八七年のあいだに、一三四の特許状が新しいものに取り替えられた。自治都市内の各派閥は、自分たちこそが現地におけるステュアート君主国の唯一かつ適格な擁護者であると、競って主張した。彼らの一部が各地の市庁舎に落ち着き、またそのライバルたちが遠ざけられたことは、成功した側の主張が正しかったことを意味した。これを「旧来の友人、騎士議会派（Cavalier）、国教会支持派」の圧勝と受け止めたヨーク公爵ジェームズが有頂天になったのも無理からぬことであった。

　少なくともイングランドとウェールズには、国家統治の末端を任せられる、忠誠心のある財産所有者たちが十分に存在してはいた。だがアイルランドでは、一六八〇年代の反動的な体制に対してごくわずかなプロテスタント支配者たちがさしのべた支持は、ずっと慎重なものだった。総督のオーモンドは、クロムウェル派協力者として名の知れた人物や共和主義の疑いのある者を重用しているとして、中央からの咎めを受けた。アイルランドでは公職からローマ・カトリックが引き続き排除されていたため、一貫してステュアート家に忠義を尽くしてきた者で公職に採用すべき候補者が危険なほど減少していた。政権は、君主への個人的な忠誠心や、神に定められた支配者としてのステュアート家への揺るぎない信頼を示す臣下を、とくに評価し手厚く用いるようになっていった。議会が好んだ信教による審査という方法は、国王にとっては、従順な羊と身勝手な山羊を分ける最善の方法ではもはやなくなっていた。一六八五年以降ジェームズ二世が支配者集団への入会資格を改定したのはそのためであった。

ローマ・カトリック王

アイルランドでは一六八六年以降、ローマ・カトリック住民のなかから名望のある都市民、専門職に従事する者、そして地主の地位回復が行われるようになった。これを実行したのは、彼自身ローマ・カトリックで新たにアイルランド総督に任命されたリチャード・トールボット（まもなくティアコネル伯爵、のちに公爵となる）であった。このことにより、旧来の地方指導者たちに権限を委託するという、他の二王国では一六六〇年から採用されていた方法が、遅ればせながら実現することとなった。だがアイルランドのプロテスタント住民、ならびにスコットランドやイングランドにおける彼らの同盟者たちが恐れていたことも、実現したのである。イングランドと同様、アイルランドでも自治都市は新たな特許状を発給されたが、これらの自治都市は元来イングランド人の（一六五〇年以降はプロテスタント住民の）産業と地位を保護する牙城として建設されたものであった。しかしいまや一〇五の都市で、ローマ・カトリックはプロテスタントの国教徒や国教非信従者と混ざり合って生活していた。州長官、治安判事、裁判所、枢密院のすべてがローマ・カトリック受け入れ可能となった。これらの変化が起こったのは、ちょうどイングランドとウェールズで、審査された公職保有者たちが無名の新参者たちに取って代わられた時期であった。ステュアート朝の所領地のなかでもアイルランドの宗教的構成は特殊であったから、のちに他の王国に適用されることを期して新たな政策を試行するのに適切な場所ではなかった。ティアコネルの行動は、宗教改革以降分離され世俗の手に譲渡された旧教会所領が、ローマ・カトリック教会支配のもとに返還されるのではないかという噂を招いた。さらには、ローマ・カトリック教会がアイルランド国教会の収入の一部を共有し、やがては法によって定められた体制教会の場を奪うのではないかという懸念もあった。すでに不吉に思われており、他の王国でも起こりうる事態を連想させていたのは、アイルランド軍がローマ・カトリック軍へと急速かつ徹底的に変容していたことだった。一六八八年までに、アイルランド軍兵士にローマ・カトリックが占める割合は九〇パーセントになっていた。免職されたプロテスタント将校たちはネーデルラント連邦共和国へ渡り、そこで仕事を探すか、この状況から救済してくれる可能性が高い人物として国王の義理の息子であったオラニエ公ウィレム三世に接近した。他の者たちはブリテン島西海岸に上陸した避難民に加わった。逃れてきた者たちが語るローマ・カトリックの攻勢は、聞く者の肝を冷やした。そこで意図的に想起され語り直されたのは、一六四一年に起こったとされたローマ・カトリックによるプロテスタント住民の虐殺だった。これらの避難民たちは、ジェームズの同盟者であるルイ一四世の迫害政策に追われてきたフランスのプロテスタント信徒たち[19]と共同で、西ヨーロッパ全土におけるローマ・カトリック対抗宗教改革の攻勢に警告を発した。アイルランドのプロテスタント住民は、一六四〇年代のときのように、自分たちが反キリストの軍勢に包囲されたプロテスタントの戦いの最前線にいるという考えを広めた。このような思考様式が、法王教徒陰謀事件についての神経質な言説を長引かせ、強めたのである。これは、イングランド人とスコットランド人の集合的記憶、そして神に選ばれた民という自意識を刺激した。平常は穏健な者をも行動に駆り立てる力を持つ考えであった。一六七八年から八八年にかけての政治危機および王位継承排除危機が議会政治の射程を超えていったのは、このような考えが広範囲に広がり容易には消え去らなかったためであった。事実、一六八一年から八八年までのあいだにウェストミンスターの議会はわずか二ヶ月しか開会されず、ダブリンではまったく開催されなかったから、政治活動の大半は議場外で展開したのである。生存をかけたヨーロッパの宗教戦争においてチャールズとジェームズがローマ・カトリックに味方するという恐怖は、ステュアート家のあらゆる領土に住むプロテスタントを一致団結させた。ただし、このときでさえ、ローマ・カトリック勢力やローマ・カトリック化政策がもたらす脅威がどのようなものであるかについての理解は一致していなかったと認めざるをえない。大貴族が揃って不利益を被ったのは、アイルランドのみであった。だが直近の歴史が教えていたのは、そのアイルランドでこそ、ローマ・カトリックの軍隊が島を蹂躙《じゅうりん》し、プロテスタントのイングランドとスコットランドに対峙するかもしれないという可能性であった。

　アイルランド以外にいたわずかな数のローマ・カトリックたちは、どこであれジェームズが取り立ててくれるのであれば、あえて止めることはしなかった。イングランド、ウェールズ、スコットランドの全人口から見ればローマ・カトリック信徒の数は取るに足りないものであったが、爵位貴族やジェントリに占める割合は異常に高かった。そしていま、彼らは認められることとなった。一六八七年、ジェームズとその寵臣たちが議会の構成を思案したとき、ローマ・カトリックの解放を支持しそうな者が優遇された。一六八〇年代初めに重用された国教会支持派は政治の中心から外され、代わってプロテスタント国教非信従者、ローマ・カトリック、そして体制の変化に柔軟な国教徒の連合が呼び込まれた。一六八七年から一六八八年のあいだに、二一州の州統監が交代させられた。新たに任命された州統監には、一三人のローマ・カトリックと、非国教徒に理解を示していた三人（フェアファクス、ハンティンドン、マルグレーヴ）が含まれていた。交代の理由とされたのは、州統監の多くが任地で大きな影響力を行使できず、国王の計画の役に立っていない、というものだった。治安判事は、二四五人が解任された。新たに任命された約五〇〇人のうち、六四パーセントはローマ・カトリックであったと考えられる。大法官クラレンドンの息子であった第二代クラレンドン伯爵やロチェスター伯爵のような、王の信任を得ていた国教会派も、政治の中枢から追われた。ウェールズ辺境評議会長官で強固なトーリであったボーフォート公爵が解任され、ローマ・カトリックであったパウウィス侯爵（のちには名目上の公爵となる）が後任となった〔誤り。実際にはジェームズがパウウィスに与えたのはチェシャー州統監で、ボーフォートがウェールズ辺境評議会長官を解任されたのは名誉革命後〕。グレート・ヤーマスのトマス・メドーズのように献身的な王党派が、いたるところで地位を追われた。こうして、各王国でジェームズの主要な重臣はすべてローマ・カトリックとなった。アイルランドでは、先に見たように、ローマ・カトリックである旧イングランド系住民の待遇を改善する政策がティアコネルによって推進されていた。彼はみずから亡命中に、また宮廷で築いてきたステュアート家との長い信頼関係を利用して、解決したはずの土地処分の問題を再検討させることにも成功していた。この展開は、ティアコネルが治めていたアイルランドのプロテスタントだけでなく、対岸で事の推移を見守っていた者たちにとっても、まったく安心できないものであった。スコットランドではドラモンド家の兄弟すなわちパース伯爵とメルフォート伯爵（のちに両者とも公爵）が、イングランドではサンダーランド伯爵のように、ローマ・カトリックへと身軽に改宗した者たちが国王に仕えるようになった。彼らがしたことが、他の日和見的なプロテスタントの悪い手本になるかもしれないという懸念が起こった。何よりも、アイルランド行政の要職の大部分がローマ・カトリックの手に渡り、イングランド、スコットランド、ウェールズで旧来の支配層の多くがその座を追われていたことは、――一六五〇年代のように――逆転した世界の到来を思わせた。ローマ・カトリックと長老主義の共和主義者というにわかには信じがたい同盟関係について、煽動的な論者たちは、これがチャールズ一世の廃位と処刑の原因であったと非難したし、また王党派たちは一六七九年の王位継承排除派が、この危険な同盟関係を復活させたと責め立てた。だが、一六八八年までにこの同盟関係を、自分でも承知のうえで作り上げたのは、ジェームズ二世であった。その帰結は、父チャールズ一世と同様、破滅的なものとなったのである。

王権——表象と実体

一六六〇年のまばゆい朝明けの後、じつに驚くべき早さで、乱雲が流れ込んできた。信教上異質な各王国を統治するための方策は初めから不安定で、その欠陥は明々白々となった。すべての王国に唯一共通する要素である国王は、一時的には各王国の必要をうまく調整した。チャールズ二世の場合、持ち前の柔軟性が功を奏した。国王の巧みな言い逃れは、結果的には支持者たちをうまく混乱させたのかもしれない。確固たる目的を持ち公務に集中することにチャールズが無縁であったとするなら、彼の政治的な柔軟さが彼を大いに助けたということになる。チャールズは多くの場合、どのような王権の像も投影可能な無地のスクリーンのようであった。神授の権利に基づく国王として、彼は位階制、父権制、恭順という伝統的概念によって守られていた。創意溢れる王党派の演出家たちは、チャールズを威厳のある装飾で飾り立てようとした。彼は大陸への亡命中に国王儀礼のいくつかを目撃していたし、ルイ一四世がヴェルサイユで行っていたことについても知っていたから、こうした演出を受けることに乗り気であった。にもかかわらず、国王をバロック的な荘厳で包み込む計画は国王の財源不足、また形式ばらない本人の性格もあり、うまくいかなかった。一方チャールズは王政復古後、手の込んだ方法でステュアート王権への崇拝を国民に広めることの有効性は認めていた。「王の病」として知られていた壊血病の治癒を求めて大勢の人びとが謁見に押し寄せたとき、チャールズが彼らに触れることで、国王の持つ司祭的そして魔術的な力が宣伝された。チャールズは、陰謀者の殺害予告をものともせず、大胆にイングランドを巡幸した（ただし、アイルランドには訪問していない。また、一六五一年以降はスコットランドにも訪れていない）。国王の享楽、とくに競馬と色事は、共和主義の論争家たちもやめさせることができなかった。国王は自身の臨席を、畏怖させる目的で利用することができた。たとえば彼は貴族院に定期的に出席した。一六八〇年から翌八一年にかけて王弟ジェームズの王位継承が焦点となった会期においてチャールズは、五九回の審議のうち五一回に臨席した。よほどの豪傑を除けば誰もが、暖炉の側に着座した国王に畏怖の念を植え付けられた。結局、貴族院はジェームズを王位継承から除外する法案を否決した。三九票差という予想を超えた結果は、おそらく国王の影響によるところが大きかったであろう。同様に、彼は枢密院においても、とくに一六七九年から八一年にかけての政治危機の際、多弁な厄介者たちを沈黙せることに成功した。

チャールズはすぐに飽きるたちであった。彼はいつも文人（wits）、女性、そして伊達男と付き合いたがった。科学実験という知的な趣味も気に入り、王立協会《ロイヤル・ソサエティ》の設立に協力した。だが他の領域では、チャールズは保守的な傾向が強かった。騎士道、それもとりわけ古風な形態のものを奨励した。一六五一年のウスターの戦い後にチャールズが身を隠した樹を紋章としてオーク騎士団を設立し、内戦期王党派の英雄たちを結束させるという計画は、頓挫してしまった。だが、長い伝統を持つガーター騎士団の儀礼にはチャールズは深く関与した。一六六〇年五月、ロンドンへの凱旋の途上、カンタベリー大聖堂で騎士の叙任式を執り行っている。のちに彼は、騎士団についての大規模な歴史編纂事業を後援したり、儀式のための絢爛たる部屋をウィンザー城に造営したりした。騎士団の何人かは、チャールズのお気に入りの家臣であった。スコットランドでは、同じく伝統に思い入れのあったジェームズ二世＝七世が、あざみ騎士団を創設した。これらとは対照的にアイルランドでは、一七八三年に聖パトリック騎士団が創設されるまで独自の騎士団は存在しなかった。ときどきではあるが、オーモンドやその息子のオソリー、そしてローダーデイルなど、アイルランドやスコットランドに住む国王の寵臣たちが、ガーター勲章を授与されている。だがガーター勲章はきわめてわずかしか授与されず、三王国にいる有力層を相互に結びつけるまでの働きはしなかった。このことは、チャールズもジェームズもみずからの相続地のうちイングランド以外の要素には関心が低かったことと軌を一にしている。スコットランドとアイルランドの臣民は、彼らが王にもたらしてくれるもの以外においては、価値をほとんど認められなかった。チャールズは、スコットランド国王として戴冠し、「契約」に宣誓した一六五〇年のごく短い期間に経験した、スコットランド契約派《カヴェナンターズ》の尊大な態度に嫌悪感を抱いていた。アイルランドに対しては好意的だった。ローマ・カトリックかプロテスタントかを問わず、人当たりのよいアイルランド人をからかうことはチャールズの楽しみだったからだ。それでも、一貫性のある政策につながることはなかった。ジェームズのスコットランド滞在と、そこで彼が高地地方《ハイランド》人に好意を示したことは、彼がアイルランドのローマ・カトリックに従来以上に実質的な支援を与えたことと同様、人びとを警戒させ分裂させた。一方、アイルランドのローマ・カトリックから見れば——スコットランドの熱心なローマ・カトリックにはそうでなかったかもしれないが——、ジェームズはあまりにイングランド人であり、自分たちの究極の希望を叶えてくれる存在ではなかった。このことは、アイルランドのプロテスタント地主層から土地を没収することにジェームズが前向きでなかったことに顕著に表れている。

　国王の追従者たちはもちろん、壊れやすい複合国家を結合させておく力が二人の君主にあると信じていた。チャールズとジェームズには、彼らが統治する各民族の神話的な過去へと遡ることができるさまざまな系譜が付与された。ウェールズの吟唱詩人たちは、彼らの君主をブリテンの伝説上の創設者ブルートゥスの末裔として賛美した。再建されたエディンバラのホリルード宮殿では、一六八四年に、現国王と伝説上のファーガス王を結びつける一一人のスコットランド王を描いたパネルが特注された。アイルランド西部では、旧アイルランド系の血筋を引くある古物研究家が、ジェームズを、神話上の古代アイルランド征服者ミーレ王族の子孫として称えた。だがさらに大げさなへつらいの例は、一六八六年にあるローマ・カトリックのアイルランド人がステュアート家を「アイルランド、スコットランド、ピクト、ノルマン、サクソン、そしてブリテン王の持つあらゆる権利と称号が、あまりに奇跡的にも集中した」家系であると絶賛したことであろう。このような主張はたいてい、君主を統一されたブリテンやアイルランドの長とみなすよりも、個々の構成国との関係性のなかだけで国王を描こうとしていた。

図像、顕示、そして偉容は、伝統的に君主を支える機能であった。チャールズ二世の住居を国王によりふさわしいものにしようとする動きは、彼の父が好んだ計画の復活であった。王宮でありまた政庁でもあったホワイトホール宮殿は不格好で統一性を欠いていたため、機能的な古典様式の複合施設へと改築しようとする計画があったが、財政難のため一六六〇年代を通じて前進しなかった。一六七〇年代に入って、それなりに財政が豊かになったときには、国王の気持ちはウィンザー城改築のほうに向いていた。この選択は、ウィンザー城の装飾と同様、重要な意味を持っていた。チャールズはすでに、批判的な議会や御しがたいロンドンでの生活に辟易しており、自分の性分に合う場所に王都を移すことを夢見ていた。この点で彼は、パリを見捨てヴェルサイユを造営したルイ一四世を真似ていたのかもしれない。ガーター騎士団の儀式の間を含め、ウィンザー城には堂々とした部屋の数々が造られた。その天井画は、君主制と主教制の復活を祝福していた。最後に、ブルボン王家の埋葬地であるパリ郊外のサン・ドニ修道院礼拝堂を彷彿とさせる丸天井の霊廟の建設をもって、調和のとれた城が完成するはずであった。すでに埋葬されていたステュアート王家の殉教者、チャールズ一世が、そこで崇敬の対象となることになっていた。費用のかさむこの計画は、一六七八年の政治危機で頓挫した。この試練から立ち直り力を得た頃には、チャールズのロンドンへの嫌悪感はさらに増していた。資金潤沢となった彼は、宮廷の移築をふたたび決断した。今度はウィンチェスターであった。クリストファー・レンが壮麗な宮殿の建築を手掛けることになった。新手の政治勢力に邪魔される心配のなかったウィンチェスターは、神話的な過去に満ちた、王党派にとって魅力的な場所であった。ウェセックス王国、そしてサクソン時代のブリテンの首都であり、またアーサー王とその騎士たちがその上で会議したという円卓も保存されていた。チャールズとガーター騎士団にとってこのうえない設定であった。ステュアート朝権力のこの壮大な中心地はしかし、国王自身の死去によって、出現することなく終わってしまった。

十分な資金に恵まれていたとはいえ、ジェームズ二世の優先事項は違っていた。彼は建築物を、自身の信仰を高らかに表明するものと考えたからである。彼は、伝統的に権力の中心地であったホワイトホール宮殿にふたたび着目した。一流の職人たちが宮殿の改築に集められ、ローマ・カトリックの典礼を執り行うための礼拝堂が設営されることとなった。大理石、金箔、塗装木材、絵画といった目のくらむ舞台装置を用いてローマ・カトリック信仰を大胆に表明したことには、忠実な廷臣たちさえ驚いた。たしかにステュアート朝の宮廷では、ローマ・カトリック信仰は長いあいだ流行していた。一六〇三年以来、君主の妻はすべてローマ・カトリックであった。当然のことながら、王妃たちの宮廷はローマ・カトリック信仰の特別区のようになっていった。また外交使節たちも、ときには大胆に、ときには慎重に、それぞれの礼拝堂でローマ・カトリック礼拝を守っていた。これらの事実はときおり、民衆の怒りの矛先となった。しかし、一六八六年以降、国王自身が公然とローマ・カトリックの典礼による礼拝を行うようになったのである。彼は多額の金を費やしたが、それは彼自身の享楽のためではなく、彼の信仰のためであった。

建築は、象徴的な意味だけでなく、実用的な重要性を持つものである。後期ステュアート朝の君主たちが臣民に自身の意志を強いる力を欠いていたことは、その治世の主要な建造物に表れているといえるかもしれない。一六六六年の大火災の後のロンドンの空にそびえ立ったのは、堅固な王宮ではなく、イングランド国教会の母教会たるセント・ポール大聖堂であり、五〇以上の教区教会であった。議会も教区民も、進んでこれらの再建事業には金を出したのである。対照的に、ウィンチェスター宮殿は完成しないまま放置された。彫刻家グリンリング・ギボンズがジェームズ二世のホワイトホール宮殿のために作成した優美な天蓋と彫像はすぐに回収され、論争にならない安全な場所で再利用された。スコットランドでは、ジェームズがみずからの即位を待つあいだにホリルード宮殿が改築されたが、建築様式上の刷新を行ったのは、国王が不在のあいだに利益に浴していた土地保有者たちであった。アイルランドのダブリンの総督邸の改修に多額の資金を費やすことをたびたび拒否したことは、ステュアート朝のアイルランドへの関心の低さの別の表れでもあった。内戦前のアイルランド総督ウェントワースは、総督職に備わる威厳に相応する豪壮な住居が欲しいと願っていたが、その望みは一六六〇年以降たなざらしとなった。これは王国の経済統制と軌を一にしていた。一六七〇年代後半になると、アイルランドにおいて国王の代理を務めるのは君主の同族者がよいという考えが現れた。人気の高かった国王の庶子モンマス公爵は候補として名が挙がったが、彼自身の処刑でその可能性もなくなった。スペインのハプスブルク家とは異なり、ステュアート朝には国王の血をひく王子や王女に多く恵まれていなかったので、総督に就任できそうな人材はなかった。さらに、総督として成功した人物がさらなる権力を求めてアイルランドに拠点を築き上げるかもしれないという懸念もあった。現にモンマス公爵は一六七九年に起こったスコットランドの反乱の鎮圧に成功しており、プロテスタント君主としてローマ・カトリックのジェームズに代わりうるという主張を強めるかもしれないと、警戒されたのである。

　ここに、チャールズ二世の治世後半に持ち上がっていた不穏な問題の中心とも呼べるものがあった。性的能力に長けていたという伝説にもかかわらず、チャールズは正統な世継ぎを儲けることができず、王位継承をめぐる危機が持ち上がったのである。継承順位第一位であるがローマ・カトリックであるとよく知られていたジェームズ以外の者が国王となる可能性を模索する者は、モンマス公爵か、国王の甥であったオラニエ公爵ウィレム三世を考えていた。ウィレムは一六七七年以降、ジェームズの長女メアリーの夫でもあった。だが、彼らのうちの誰かをアイルランド総督に任命するとやがて三王国の君主となってしまうかもしれないという危険は考えなかったとしても、ステュアート朝は伝統的にアイルランドを軽視していた。スペイン国王がスペイン領ネーデルラントを重要視していたのとは対照的である。結局ダブリンが、ブリュッセルや、ジェームズが短期間滞在したエディンバラのような、王家の者によって営まれる活気あふれる宮廷所在地となることは、一度もなかった。このためアイルランドにおいて、せめてプロテスタント支配層だけでも速やかに国教会体制に取り込む可能性は、失われた。こうしたステュアート朝の態度もあり、この時期にダブリンの高層建築に加わった最も立派な建物は総督公邸ではなく、キルメイナムに造られた元兵士の年金受給者たちのための施設であった。パリの廃兵院《アンヴァリド》をモデルに建設されたこのキルメイナム病院は、チャールズ二世というよりオーモンドの功績を今に伝える建築物となった。

国王は、選んだ者に恩顧を与えることで、周辺部にいる者を彼のもとに団結させることができるはずであった。しかし、そうした甘い汁は無計画に、また非常にわずかにしか分配されなかったので、個人的な恩義以上のものを生まなかった。一六六〇年以降、イングランドに永住することを選択したスコットランド人はほとんどおらず、宮廷との結びつきを持つ者も以前より減少した。ウェールズ人は、王党派の大物ウスター侯爵（一六八二年にボーフォート公爵に昇格）や、のちにはリオライン・ジェンキンズやフランシス・グウィンら国務卿を通じて、宮廷との結びつきを保ち恩恵に与《あずか》ることができた。アイルランドでスコットランド人が保有していた地位の多くは、イングランド人の手に移った。オーモンドとその一族は成功者である。その他に恩恵を受けられるだけ国王に近づくことができたのは、アングルシー、コンウェー、ラネラ、サー・ロバート・サウスウェル、サー・ウィリアム・テンプルらであった。オーレリーは地位を求めてたえず活動していた。亡命中のチャールズを助け慰めたアイルランドのローマ・カトリックも歓迎された。彼らの存在は、面倒なアイルランド問題をさらにこじれさせた。彼らはまた、一六七〇年代終わりに、またさらに重要な時期としてジェームズとティアコネルの統治期に無議会政治を非難する動きがあったときにも、アイルランドの利害が議論に含まれるよう働きかけた。

君主の図像は本来、人びとに臣下としての義務を喚起させるものであった。財布の中の硬貨、教会の中に掛けられた紋章、公共の場に建てられた像、そして頻繁に複製された絵画などは、万人がその下に住まう人物と秩序を思い起こさせるものであった。これらのものに人びとが示した反応から、ステュアート家へのさまざまな態度をかいま見ることができるかもしれない。国王夫妻が描かれた絵画が踏みつけられ破られたという一六六七年のダブリンからの報告は、失望したローマ・カトリックと危機感を抱いたプロテスタント両方に広まるチャールズへの幻滅感を物語っている。チャールズ二世の肖像画を購入するという、ダブリン商人ギルドの一六八四年の決定は、遅きに失した対応であったかもしれない。だが、彼らの王党派感情の表れであったことも事実である。それは半ば自発的で、半ば操作された感情であったが、かつて三王国を戦争へと巻き込んだ感情でもあった。エディンバラではチャールズ二世の死後、その騎馬像が最も重要な議事堂前広場に立てられたことに対して、不満の声が寄せられた。膨大な建立費用とは別に、騎馬像の尾が議事堂の扉の上に置かれた正義の像に向いているという批判をした者がいた。チャールズがローマ皇帝のように表象されていること――それ自体は珍しいことではなかったが――に困惑した者もいた。「卑しい庶民」はただたんに驚いたようである。騎馬像を、国民がひれ伏して拝むために立てられたネブカドネザルの金の像（旧約聖書ダニエル書三章）と比べる者がいた。または、「黙示録」（第六章第八節）に登場する、「死」が跨《また》がる「青ざめた馬」になぞらえる者もいた。こうした反応はとりとめもない連想かもしれないが、同時に王家を表象して神聖化されたはずの図像が、じつにさまざまに解釈を受けていたという事実を示している。一六六〇年から八八年にかけて、年老いていく享楽的な国王に対する表面的な崇敬の裏では、独立心と批判精神という根強い伝統が生き残っていたのだった。こうした感情は、新たな不平不満の種と結びついた。名誉革命の勃発した一六八八年末までにジェームズ二世＝七世は、魅了したよりも多くの人心を、離反させてしまったのである。

図8　ヒリス・ファン・ティルボルフ『ティッチボーンの施し』(1670年)[1]

第五章

経済と社会

J・A・シャープ

一七世紀ブリテン諸島の社会と経済の歴史を書くことは、ときに途方に暮れるほどのさまざまな経験を含む膨大な史料を整序するという大変な仕事を歴史家に強いることである。社会と経済の分野において、一七世紀は、ブリテン諸島にとって変化の世紀、ときに非常に著しい変化の世紀であった。しかしこの社会経済的な変化の過程は、ノーフォーク州の独立自営農民《ヨーマン》、港湾都市ブリストルの貿易商、エディンバラの法律家、スコットランド高地《ハイランド》地方の小作農、マン島の漁民、あるいはアイルランドのコナハト地方の日雇い農夫の視点からはそれぞれにまったく異なったものに見えたことであろう。その一方、こうした男性に所属する女性や子どももそれぞれ男性とは違った見方をしていたであろう。変化が起こったことについては、議論の余地はない。一七〇〇年までには、ブリテン諸島はヨーロッパにおいて最も先進的な商業地域の一つになっており、すでに知られていた世界のほぼ

すべての地域、とりわけ北アメリカ東海岸の急成長を遂げつつある領土との交易におけるつながりを享受していた。しかしこの商業的な発展という物語は、ブリテン諸島のほとんどの人びとが小さな農村定住地に住み、彼らがもっぱら従事したのはときに真に伝統的な形態の農業であり、そこでの彼らの社会的な地平というものはまずもって彼らが居住する地方、あるいはおそらくそこの共同体を出なかったという事実によって修正されなければならないであろう。一六〇〇年以降の一世紀間にブリテン諸島に存在したあまたの地域の社会と経済の経験を概観しようとするとき、連続性と変化のバランスを正確にとる難しさが際立ってくるのである。

人口と生存

それゆえに多様性を認識し受け入れなければならない。まず論理的な出発点からいえば、この多様性は、ブリテン諸島の地勢やその地勢が基礎的な経済活動たる農業に与えた制約と利点にあることは明らかである。農業史家は、テューダー朝からステュアート朝にかけてのイングランドを、さまざまに一〇あるいは四〇の農業地域に人それぞれに分類してきたが、その一方で、おそらくその最も単純な区分は、イングランドの高地地方と低地地方をトレント川河口とセヴァーン川河口を結ぶ線で分かつものであろう。スコットランドでは、社会、経済、文化、あるいは政治を研究する歴史家いずれもが、それぞれに数多くの下位地域区分を含むとはいえ、より知られている高地地方《ハイランド》と低地地方《ローランド》という区分をきわめて重要であると長いことみなしてきた。湿潤な気候のため耕作よりも牧畜に適するアイルランドでも、高原地帯と湿地地帯の両方が農業地域の多様性を生み出してきた。より小さな地理的単位に目を向けると、それぞれの州には、通常その内部に数多くの異なる農業地域があったことが明らかである。たとえばウェールズのグラモーガン州においては、小作農が畜牛を飼育するやせた牧草地帯ブライナウ（Blaenau）と、商業用の耕地と農業収入でしだいに富裕化するジェントリ層によって特徴づけられる肥沃な平原ブロウ（Bro）とが対照をなしていた。ブリテン諸島のほとんどの州よりも小さく二二〇平方マイルしかないマン島においてさえ、気候が最悪で土地がひどくやせた高地と、それを取り巻く台地群と、耕作に適した低地とに分けることが可能なのである。

この多様な地勢によって育まれた人口は、非常に多様であった。予想されるように、国勢調査がまだ実施されていなかったこの時代の人口計算は不正確にならざるをえず、それゆえに、これまでに複数の異なる推計が提出されてきた。大まかにいえば、一六三〇年代までの一世紀間でイングランドの人口はほぼ倍増し、五〇〇万から五五〇万人に達していた。それ以降、人口は安定し、一七世紀の残りの期間はそれとほぼ同等かわずかに下回る程度の水準で推移した。ウェールズとスコットランドの人口も、似たような傾向を辿った。ウェールズでは一六三〇年の時点で四〇万人かそれよりわずかに下回る程度の人口であり、その数字は一五三六年の二七万八〇〇〇人、および一七五〇年の四八万九〇〇〇人という数字と対比されるかもしれない。スコットランドでは、イングランドやウェールズよりも記録が少ないが、一六世紀後半にはおそらく七〇万から八〇万人であり、一七〇〇年にはおそらく一〇〇万人に達していた。これら三つの国では、一五〇〇年頃以降のヨーロッパの特徴をなしていた人口増加が、一七世紀半ばを目前にして停止した。同様にこれら三つの国には、それぞれのなかに人口増加率の高い地域と低い地域が存在していた。イングランドで相対的に最も高い人口増加を経験したのは南部であった。スコットランドでは、低地地方《ローランド》と高地地方《ハイランド》の人口はその後の時代よりもはるかに均等な分布を示していたが、人口増加の最も高かったのは低地地方《ローランド》の中心部であった。

この時期のアイルランドの人口史はより問題含みのもので、それはヨーロッパの一般的基準とは異なっていた。

すなわち、ここの人口は一六世紀ヨーロッパの多くを特徴づけた人口増加の活力を欠いていたようだが、ブリテン諸島や大陸ヨーロッパの大部分とは異なり、一七世紀を通じて人口増加を経験したのである。あくまで推計であることを強調したうえで示すと、アイルランドの人口は一六〇〇年に一四〇万、一六四一年に二一〇万、一六八七年に二二〇万、一七一二年に二八〇万であった。この増加は、一六四一年に始まった戦争がアイルランドの人口に与えた破壊的な影響を考えれば、さらに驚異的である。この戦いは、一人のアイルランド詩人によれば、'*an codadh do chriochnaigh Eire*' すなわち「アイルランドを終わらせた戦争」だったのである。伝統的なケルト社会がこの戦争とその後の入植によって破壊されただけでなく、一五から二〇パーセントの人口が失われたのである。その後の人口の回復は、アイルランドの低開発状況、さらにいえば植民地的な状況に多くを負っていたにちがいない。一七世紀後半のアイルランド経済は、短期的には不安定になることがあっても、拡大傾向にあり、その一方では、とくにその農業的基盤が増加した人口を吸収するのに十分なだけの成長可能性を有していた。幸運にも、一六八九年にふたたび始まった戦争は激化も長期化もせず、アイルランドの人口に深刻な被害を与えることはなかった。またアイルランドには、ブリテンへのその政治的な従属の結果として、アルスター地方に入植したスコットランド人をはじめ、おびただしい数の入植者が流入した。アイルランドには一六四一年の時点でおそらく一〇万人のブリテンからの入植者が居住し、この人口はさらに一六五〇年代に入植したクロムウェル派の兵士たち（彼らの多くはアイルランド人女性と結婚して土着化したため、当局を失望させた）や一六九〇年代のスコットランド飢饉後にアイルランドに入植したスコットランド人によって増加した。多様な地域的経験というテーマに立ち戻ってこの人口流入を見れば、これは一七世紀初頭には戦争で破壊された後進的な人口過疎地域のアルスター地方が、一七〇〇年までにはアイルランドで最も人口稠密で相対的に進んだ経済を享受する地域になったことを意味したのである。

人口の増減は経済に最も大きな影響を与える要因の一つだったので、近世社会では人口増加は多大な重要性を有していた。人口増加は、一般的に農産物と工業製品双方の需要の拡大の最も重要な要因であった。一六世紀後半から一七世紀初頭にかけてのヨーロッパのほとんどの地域では、相対的に非弾力的な供給がこの需要の増大に見合うことができなかった。すなわち、手短にいえば、多くの分野で経済成長が人口増加に足並みを揃えられなかったのである。全員に行き渡るだけの十分な職がないために賃金収入に頼る人びとは、職を得るのがきわめて難しく、さらに彼らの賃金の実質価値が下がっているのに気づいたのである。一つの指標を紹介すると、イングランド南部の建築労働者は一六一〇年代の日当では一五〇〇年の日当で購入できた約三分の一の量の食糧しか購入できず、彼らの賃金の実質価値は一九世紀に入るまで中世後期の水準に回復することはなかった。もっと劇的な変化としては、農業生産と人口の関係が不安定であったために、穀物が不作のときには人口の大部分が飢えに直面し、そしておそらく飢餓、あるいは栄養失調か汚染食物が原因の飢饉が引き起こしたのかもしれない疾病で死去したのであった。

　これらのことから、実際に人びとが何を食べていたのかという問題が浮上してくる。上層階級、とりわけ貴族とジェントリについての証拠は、数多く存在する。多くのそうした事例の一つを紹介すると、スコットランドの貴族カーネギー卿ロバートの一六七一年度の会計簿には、彼の世帯において、汁物、一日二回の肉、鶏や魚など他の蛋白質、パン、相当量の酒類、ごく少量の牛乳、卵数個、それに相当量の野菜が消費されていたことが記されている。特別の催しにはもっと多くの、ときにはもっと豪勢な食事が食されたであろうが、おそらくこれが貴族の標準の食事だったはずである。概して、これらの高蛋白食品を摂取した結果、エリートたちは農民よりも健康で、長生きし、背が高かったのであった。とはいえ、飽食と酒におぼれることがそれ自体の問題を生み、裕福な者の一部は少なくともほとんど、どの平民たちよりも肥満であった。たとえば一八世紀初頭の事例を引くなら、一七二三年にウェールズのモンゴメリー州のジェントルマンであるアーサー・ウィリアムズが死去したとき、彼はあまりにも体重が重すぎ、早急に埋葬されなければならなかった。「なぜなら彼はあまりに太りすぎ、そのまま寝かせておくことができなかったのだから」[*1]。

下層階級の食事についての研究は始まったばかりである。裕福な農民や羽振りのいい小売商は、食卓に肉を欠かすことはなく、食事を十分とっていたのは確かである。貧民の食事は、これまでに明らかになっていることから判断すると、粗悪なものであった。多分に印象的判断ではあるが、社会の底辺に生きる人びとは、おそらく塩漬けを除いて、肉類はほとんど食せず、いつも決まり切った穀類の食事をとっていたことを示す証拠が存在する。マン島の貧民は鰊や他の魚も食べていたが、ミルク、バター、チーズ、大麦パン、燕麦パンを食していた。ウェールズでもほとんど同じ状況が見られた。たとえばカーディガン州では、ある農業労働者はオート麦パン、チーズ、バター、少量の肉、韮、キャベツ、玉葱、豌豆《えんどうまめ》、豆、卵を食べて暮らしていた。スコットランドでは、主食はオート麦パンや粥にした燕麦——ポリッジについては、一六一五年にイングランドの旅行家リチャード・ジェームズが初めて触れている——で、他にミルク、バター、チーズ、キャベツ汁も出た。アイルランドの貧民は、鉄板で焼いた燕麦パン（とある観察者は一フィート半の幅がある大きな茶色い燕麦パンに言及している）、大麦パン、豌豆《えんどうまめ》、乳製品、それに牛の血を燕麦に混ぜて作った黒プディングまがいのものを食べていた。一七世紀の終わりまでには、アイルランドの貧民は、イングランド北部やスコットランドでも知られるようになっていた馬鈴薯も食するようになっていたのである。

貧民の食事は穀類に大きく依存していた。それゆえ穀物の不作による被害は甚大なものであった。ブリテン諸島全域が一五九〇年代の不作で被害を受け、一六二〇年代初頭にも飢饉の幽霊が再来した。一六二〇年代には、スコットランドで不作が原因で飢餓が発生したが、それは一六二三年が最もひどかった。アイルランドでは当局が穀物輸出を禁じたことで被害が抑えられた。また、イングランド北部の教区簿冊にも飢饉による多くの死者が記録されている。たとえばカンバーランド州グレイストークの教区簿冊を見てみよう。一六二三年には「援助を請う貧しい同胞」が教区の治安官の家に運び込まれて死亡したことが記されている。「貧しく飢えた物乞いの少女」ドロシー・パターソンも死亡した。ジェームズ・アーウィンは「イングランドの国境付近で生まれた貧しい物乞いの若者である。彼はジョンビーにおいて悲惨な死を遂げた」。「貧民リチャード・ベルの子ども」トマスは、「食べ物も他の生活の糧もほとんどなかったので死亡した」。「ジョンビーの故人アンソニー・カウマンの妻」ジエーンは、「生活の糧がなくてグレイストークのエドワード・ドーソンの納屋で死んだ」。*2 これらのぞっとするような記載が示すように、一般的に若年者、高齢者、貧民といった社会の周辺的な存在こそが、作物がとれずパンの価格が高騰したとき誰よりも死にいたりやすかったのである。それが大量死を生む最後の食糧払底になったということは、おそらくイングランドの農業がしだいに洗練度を高めていたことの証左であったろう。イングランドにおいては、穀物の不作が起こる可能性が高く、それがつねに心配の種でありつづけ、実際に一七世紀半ばと一六九〇年代には不作が続いたのである。多くの者が飢え、栄養失調あるいは飢えで抵抗力が低下してかかった病気で、少なからぬ数の人びとが死亡したのはまぎれもない事実である。財産に対する犯罪（一五九〇年代以降のイングランド経済の混乱を測る絶対に確実な指標）が増加し、穀物騒擾が発生した。しかし、大量餓死という現象は過去のものとなったのである。

　国境の北側では、事態はまったく異なっていた。すでに述べたように、スコットランドはすでに一六二三年に甚大な被害を受けており、都市ダムフリースではその年に人口の五分の一が、都市ダンファームリンでも少なくとも同程度の人口が失われた。一六九〇年代にはスコットランドの全人口の五から一五パーセントが、飢饉で死

＊1　Geraint H. Jenkins, *The Foundations of Modern Wales: Wales 1642–1780* (Oxford, 1987), 99 からの引用。

＊2　*The Registers of the Parish of Greystoke in the County of Cumberland, 1559–1757*, ed. A. M. Maclean (Kendall, 1911).

去するか、そうした死を逃れるためおもにアイルランドへ移民したと見積もられている。いくつかの地域では、人口の三分の一以上が失われた。一六九九年当時の状況が、ある観察者によって克明にこう描かれている。

> 欠乏のため、ある者は道端で死に、ある者は通りに倒れ込み、乳に飢えた哀れな赤ん坊は、母親の空っぽの乳房を吸っていた。いたるところに溢れている貧民の顔に、誰もが死の影を見て取るだろう。彼らのやせこけた顔つき、その幽霊のような外見、気力のなさ、悪寒と下痢は、放っておけば彼らを死の脅威にさらすだろう。そしてこれは通常の浮浪する物乞いにあてはまるだけでなく、みずからの労働と勤勉さで豊かに暮らしていた多くの世帯主までもが、いまや欠乏から持ち家を手放さざるをえなくなっている。そして彼らと子どもたちは物乞いをしなければならず、困窮のあまり手に入るものは腐った食べ物であろうと何でも口にし、さらにはなんらかの病気で死んだ獣の肉まで食べることで、疫病にかかるかもしれないのだ。[*3]

工業化以前の過去を美化しようとする者なら誰でも、こうした文章をじっくり考えてみるのが賢明であろう。

彼らはまた、一七世紀の生活に関するもう一つの事実、つまり実際に疾病を前にした際の患者側の手立てのなさについても考えなければならない。当時の日記は、小疾患や当時の医者によってより重篤な疾患を治療してもらおうとするときに伴う苦痛についての記述で溢れている。少なくともこの世紀まで最も恐れられていた疫病である腺ペストは、一七世紀後半にブリテン諸島を去ったのだが、その置き土産として、一六六五年に七万人以上のロンドン市民が最後の犠牲となったのは有名な話である。しかし、他にも致死的な病気は存在した。すなわち、天然痘、腸チフス、発疹チフス、小児期に特有のジフテリア、しばしば肺炎を引き起こす麻疹、それに猩紅熱である。これらの疾病が全体として与えた影響の大きさについては、歴史家たちのあいだに以下のような共通認識が存在している。すなわち、それは、一六三〇年代に人口増加が停止し、その後人口が停滞した大きな原因は、既存の病気が猛威をふるったことにあるという認識である。

幼児死亡率はとくに高く、子どもの半数が一歳の誕生日前に死去するような状況であった。それにもかかわらず、産児制限に無関心な時代にあって出生率が高かったということは、年齢人口が若かったことを意味しており、おそらく人口の四〇パーセント以上が二一歳未満であったろう。そして、二一歳まで生き延びた者は、普通の年齢まで結構生き延びたことだろう。一八世紀初頭の平均寿命は、イングランドでおそらく三五歳、スコットランドで三〇歳であった。しかし両国ともに、ヨーロッパのすべての国々の場合と同様、そうした平均寿命は高い幼児死亡率によっていつも低く抑えられていたのである。

社会構造

それゆえに近世のブリテン諸島ははっきりした年齢構造を有していたが、同時にある範囲のはっきりした社会構造も有していたのである。イングランドにおいて鍵となる社会経済構造は、南東部、イースト・アングリア、ミッドランド東部で普及していた農業組織であり、それは集村と商業的農業によって特徴づけられていた。その中心には「当時の呼び方で「ヨーマン」（yeoman）と呼ばれる」富裕な農民がいて、彼らが地主ジェントリから賃借した大規模な集約的農地を、土地をまったくあるいはわずかしか持たない農業労働者を雇って経営していた。

＊3　Sir Robert Sibbald, *Provision for the Poor in Time of Dearth and Scarcity* (Edinburgh, 1699), 3.

この社会構造は当然のことながら、このように単純なものではない（たとえば依然として中間層の借地農である「ハズバンドマン」（husbandman）も数多くいた）が、しかし商業的農業がイングランドで着実に成長したことで必然的に借地農、地主、農業労働者からなる三分割制が出現し、それが一八〇〇年頃までのイングランド農業の特徴とされるようになったのである。この三分割制の背景には、土地保有様式と農業組織の変化の歴史が存在している。伝統的な土地保有形態や荘園制による農業への共同体的影響力の形跡はしだいに侵食され、いまや個人による保有、定期借地、そして最大限の利潤を追求することが強調されるようになったのである。

ブリテン諸島の多くの地域では資本主義の論理が伝統的な社会と土地保有様式に挑戦していたが、その事情はブリテン諸島でも他の地域では大きく異なっていた。スコットランドの低地地方《ローランド》における展開はいまだ十分に研究されていないが、それが複雑だったことは明らかである。初期中世にアングル人の移民が定住したロージアン諸州[2]の外部では、集村はほとんど形成されず、農業が合有財産権[3]（joint tenancy）による農地を通じて伝統的に行われていた。働き手は、しばしば親族集団であり、共有の農作物、共同の輪作、共同の種まきと刈り入れの時期についてはいつも協働と合意によっていたのである。しかし一六六〇年頃から低地地方《ローランド》の農業は、しだいに羊毛、牛肉、羊肉、皮革、穀物をスコットランドやイングランド北部の都市部に供給するようになり、それにともなってより商業化された農業が行われるようになったのである。たとえば詳しい調査が進んでいる数少ない地域の一つ、フォーファ州の低地地方《ローランド》にあるパンミュア所領[4]においては、一七世紀後半までに六七パーセント以上の農地が単独保有になっていた。そこには債権債務の洗練された制度が出現しており、商魂たくましく成功した農場経営者と貧しい日雇い農夫を両極とする社会構造の進展を反映した保有地規模の分化が見られた。これらの日雇い農夫は、掘っ立て小屋、菜園、「インタック」（intack）と呼ばれる共同耕地でささやかな穀物を栽培する権利、荒れ地にわずかな家畜を放牧する権利以外にはほとんど何も持たないのであった。

高地地方《ハイランド》では、伝統的な社会構造がより長く維持された。ここで鍵となるのは氏族（clan）の組織である。しかし多くのスコットランド史家が述べているように、たしかに氏族が存在し、その組織は当然ながらスコットランド史におけるよく知られた概念であるが、その正確な特質や機能というといまだによくわからないのである。それは親族関係に起源を持ち、文字どおりには子どもを意味するゲール語の「ア・フラン」（A' Chlan）から派生した語であり、血縁の観念が氏族意識の中心をなしていた。しかしながら、早い段階から氏族のネットワークは疑似親族関係によって結びつけられた個人や集団を含み、本質的には封建的な取り決めによって族長に仕える者もそこに含まれていた。高地地方《ハイランド》の農業は牧畜が支配的だったが、その一方、耕作農業は共同体のさまざまな取り決めによって組織されていた。最も有名なものは、イングランドの地条制に似たランリグ（runrig）制である。それは一般的には合有財産権に基づき、少なくともいくつかの地方では定期的な土地の再配分も行われていた。一七世紀を通じて、エディンバラとロンドンの政府は氏族のエリートをスコットランドひいてはブリテンの政治組織により緊密に組み込むことに熱心であり、これはみごと大成功を収めた。また、市場経済が高地地方《ハイランド》の農業に浸透したことを示す証拠もある。一七世紀後半までに畜牛が高地地方《ハイランド》からスコットランド低地地方《ローランド》やイングランドに向けて送られていたのは確かであり、これは、おそらく高地地方《ハイランド》のエリートが資本主義のより広大な世界にすでにかなり統合され、この交易を支配し利益を得ていたのが氏族の族長であるレルド（laird）、あるいはタックスマン（tacksman）と呼ばれる氏族の指導的な借地農であったことを示しているのである。

土地保有様式について最も大きな変動を経験することになったのは、アイルランドである。一六〇〇年には、ペイル（Pale）〔ダブリンを中心とした地域の古称〕と他のイングランド化された地域において、イングランドの荘園に比すべき制度が存在し、しばしば二一年期限での借地と分益小作が行われていた。しかしアイルランドのほとんどの土地は親族集団によって耕作され、土地の私的所有あるいは大規模な商業的農業といった観念はほとんど存在しなかったようである。スコットランドの高地地方《ハイランド》の場合と同様に、農業の最も重要な構成要素は畜牛の生産であり、そこでは祭り（hooleying）として知られる畜牛の群れが季節ごとに移動するという慣習が行われていた。しかしこれらの伝統的な慣習はまずアルスター植民によって挑戦を受け、世紀半ばの戦争に続く入植によって完全に破壊された。一六四二年、全アイルランド人は一六四一年反乱の共謀者であるとすでに断じていたイングランド議会は、二五〇〇万平方マイルの土地を一〇〇〇万ポンドで配分する投機者法を制定した。クロムウェル軍の勝利に続いてアイルランド全土でイングランドの土地法が施行され、アイルランドのローマ・カトリック地主エリートの土地が没収された。彼らの大半はアイルランドで最も土地のやせたコナハト地方へと配置替えされた。これらの変化がアイルランドのエリートと伝統的土地保有様式に与えた影響は、計り知れないものであった。しかしアイルランドの地主が追放されても、アイルランド人による土地保有はほとんど元のままであった。すなわち、アルスター地方においてさえ、より肥沃な低地地方にはスコットランド人が入植したものの、高地地方では、相変わらずアイルランド人が土地を耕作しつづけたのである。アイルランド農業の大部分は依然として牧畜であり、相対的に商業化には立ち後れていた。アルスターにおいてさえ、農村定住地のあり方を特徴づけるのは、点在する農地と散村であり、集村ではなかったのである。

都市部

近世ヨーロッパの大部分と同様に、ブリテン諸島における経済と社会の最も重要な要素は、農業と農村部の社会構造であった。しかしここでも他のヨーロッパと同様に、都市部の存在は経済成長の指標の一つであった。この時期に都市が発展するにはさまざまな理由があった。おそらく最もはっきりとした理由は交易である。世界的規模の交易は王政復古期にロンドンの成長を促し、あるいは純然たる地方交易でもブリテン諸島全土で数多くの地方都市の成長を促したのである。しかし都市はまた、とりわけ法律家、医者、教育機関などによる各種の専門業務を提供した。さらに都市の多くは国家的あるいは地方的統治の中枢でもあり、商業エリートは行政官、陸軍将校、上級聖職者によって補完されていたのである。これらの要素は、貴族やジェントリの生活様式の変化にともなって、都市をエリートにとっていっそう魅力的なものにしていた。すなわち、一七〇〇年までに大きな重要性を持つようになっていた、上品な社会の行動規範は、趣味のよい流行に敏感な人びとが数多く集まり、彼らに必要な文化施設がたくさん存在する都市環境において、より伸び伸びと栄えたからである。

　イングランドにとって、そしてのちにはブリテン諸島全体にとって、ロンドンの成長こそが都市史における決定的な要素であった。中世において、「ロンドン」は城壁に囲まれたシティとおそらくはそのすぐ近郊を意味していたであろう。しかし一七〇〇年までに、「ロンドン」はグレーター・ロンドンとでも呼べるようなものを指す略語となっていたことは確かであり、それは、シティ、ウェストミンスター、のちにイースト・エンドとして知られるようになるところへ拡大を続けるミドルセクス州の都市化しつつある地区、およびロンドン橋を越えたテムズ川南岸の重要な特権都市サザークを包含する首都圏を指していたのである。この巨大都市のおおよその人口は、一六〇〇年には二〇万、一六五〇年には三七万五〇〇〇であり、一七〇〇年には五〇万に近づいていた。このときまでに、ロンドンはオスマン帝国首都コンスタンティノープル［現イスタンブル］を除くヨーロッパ最大の都市となっており、おそらくイングランドとウェールズの全人口の一〇分の一を吸収していたであろう。ロンドンは、規模だけでなく重要性の点でも、ブリテン諸島の他の諸都市を圧倒していた。そこには宮廷、イングランドとウェールズの主要な法的機関、急成長する世界的規模の交易を支える金融機関があった。そして趣味や流行が決定されたのもそこだったのである。ロンドンの需要は国内交易にも刺激を与えており、イースト・アングリア地方の穀物生産、タインサイドの石炭生産、イングランド北部およびスコットランド低地《ローランド》地方の畜牛生産は、すべてロンドンの市場に照準を合わせていたのである。

ロンドンは、ブリテン諸島において群を抜く最大の都市であった。しかし成功した都市の例は他にも数多く存在した。おそらく最も重要なのはダブリンの成功であり、一七〇〇年までに六万に達した人口は、ブリテン諸島で第二位の規模であった。ダブリンの繁栄はブリテンによるアイルランド支配と固く結びついていたが、一七世紀後半までには重要で洗練された都市へと成長し、そこでは一つの劇場、一つの哲学協会、二つの大聖堂、一つの大学、一つの内科医協会、それに繁栄する出版業が誇っていた。アイルランドでは、他にある程度の規模に達していた都市はコークのみで、その人口は二万、リムリックとゴールウェーはそれぞれ約五〇〇〇であった。スコットランドにおける最も重要な都市はエディンバラで、近郊の海港リースと併せて一七世紀末には人口四万に達していた。エディンバラもダブリンと同様に都会的な雰囲気を醸し出しており、一六〇三年に王宮が移転していった後も、多数の法律家が居住し、貴族所有のタウン・ハウスが存在し（これらはおそらく世紀が進むにつれて軒数や重要性を増していったであろう）、かつら商、医者、馬車職人を含む人口を抱え、文化的・知的生活の活発な都市であった。この知的・文化的生活を支えたのは一五八三年設立のエディンバラ大学と、法律家協会図書館であった。一六八九年に設立されたこの図書館は、一七〇九年からブリテン島で出版されたすべての本の一部を必ず所蔵することになっている著作権登録図書館となり、一九二五年にスコットランド国立図書館へと切り替わっていくのは当然のことであった。しかし、たしかにエディンバラはスコットランドで最も大規模な都市であったが、一七世紀を通じて最も顕著な成長を遂げたのはグラスゴーであり、一七〇〇年までには人口一万四〇〇〇を有するスコットランド第二の都市に成長していた。人口三万のノリッジは当時イングランド第二の都市であったが、成長著しい人口二万のブリストルに追いつかれつつあった。エリートが石炭交易の利潤で富裕化していたニューカースル＝アポン＝タインの人口は一万六〇〇〇であった。

　このように地方の中心となる諸都市が存在したものの、ブリテン諸島の大部分においては都市生活はまだ未発達なままであった。マン島の主要な都市であるダグラス、ピール、カースルタウン、ラムジーは、大きな村にすぎなかった。スコットランド低地地方《ローランド》の経済の主要な欠点の一つは、地域経済の要となりうる人口三〇〇〇程度の小都市が存在しないことであった。ウェールズでは一六世紀後半から一七世紀にかけて顕著な人口増加を経験した都市がいくつも存在したが、各都市人口の絶対的な規模は小さいままであった。一六七〇年に三二二五人の人びとが住んでいたレクサムはウェールズ一大きな都市であり、スウォンジーは一二〇〇人弱であった。ブリストルとウェールズ南部、ウェールズ産の毛織物の主要な販路であったシュルーズベリーとウェールズ中部、チェスターとウェールズ北部のように、経済的に見れば、多くのウェールズ人は商業ネットワークを介してイングランドの諸都市と結びついていたのである。それゆえ都市化の進展にも一長一短があり、経済的な機会が縮小した都市もまた存在していた。しかし、都市機能が産業から地方ジェントリへの便宜と娯楽の提供へと移行するにつれて、一七世紀後半までに多くのイングランド都市がなんらかの再生《ルネサンス》を享受するようになっていたのである。この変化は一八世紀初頭になるとさらに顕著になり、これをまさに象徴するかのように、一七〇五年、伊達男《ボー》ナッシュがバースに式部官として赴任したのである。しかしこのときにはすでに、ヨーク、プレストン、ノリッジをはじめとする多くの州都市は、州エリートとその他の来訪者に娯楽と便宜を提供する中心地へと変貌を遂げつつあったのである。

　ほとんどの都市も規模は小さく、一七〇〇年の時点で人口一万を超える都市はおそらくブリテン諸島全体でも一〇に満たなかったであろう。このことは、都市生活の経験が多くの点で農村部での生活とまったくかけ離れたものではなかったことを示している。どんな都市でも人口の大部分は農村部から移住してきたばかりの者で占められており、ロンドンにおいてさえ、都市の景観、音、そして何よりも臭いは、農村部のものと変わらなかったのである。それにもかかわらず、都市の社会構造には、いくつかはっきりとした特徴が存在した。大小のほとんどの都市を社会的・経済的・政治的に支配していたのはエリート商人であった。彼らは地域経済を統制するかあるいは統制することを目指し、さらには特権都市か類似の組織を通して地域の統治を掌握していた。たとえばエディンバラは商人エリートである正規市民《バージェス》層に支配されており、この特権層に参入するためには正規市民のもとで徒弟奉公をするか正規市民層の令嬢と結婚する必要があった。またロンドンでも都市の高級行政職は非常に小さな集団内部から補充されており、このような都市における寡頭支配の傾向は、急速に発展するニューカースル＝アポン＝タインや産業の停滞するヨーク、メイドストンのような小都市、新興の手工業中心地シェフィールドなど、さまざまな都市においても明らかであった。また、伝統的な商人寡頭支配層に並んで、都市には他にも重要な集団を存在した。すでに見たように、エディンバラでは法律家集団ができて活況を示し、ヨークのような教会統治の中心地では、聖職者が都市生活において重要な役割を担っていた。また多くの地方都市では、一握りの医者と法律家が業務に精を出し、中産階級の生活様式を発達させていたのである。

これらの有力な商人や専門職の人びとよりも下の都市住民については、通常史料が乏しく、研究もほとんど進んでいない。都市社会の安定基盤は中程度の富を有する職人層からなり、少なくともそのうちの一部は、勤勉、経済感覚、幸運が絡み合って、当時の経済的変化から利益を得ていたのである。中世のギルド組織はほとんど力を失っていたが、多くの大都市、とりわけロンドンにおいては、職人の組織が生き残り、まだなんらかの重要性を有していた。小売商にも好機が目の前にあり、それを実際に手にしていたということが、この時期の経済的洗練度が高まっていることのしるしなのである。たとえばエディンバラ、グラスゴー、ダブリンの活力は、ますます栄える多様な職人と小売商の集団によって体現され、マン島のカースルタウンやピールのような小都市でさえも、世紀末までには瓦屋根職人、ガラス職人、桶職人、建具職人、仕立て職人、鍛冶職人〔の数〕を誇ることができた。しかしそれほど豊かではない職人や商人は、いつのまにか都市の貧民層と変わらなくなっていることもあった。これら貧民の大半は、臨時雇いか未熟練労働者、肉体労働者、人足、雑役婦などであり、さらに少なくとも比較的大きな都市には軽犯罪者、物乞い、売春婦からなる階層も存在した。その多くが移住してきたばかりの者である都市の貧民は日陰の存在であり、彼らが最も頻繁に史料に残るのは当局に逮捕されたときか救貧を申請したときであった。最も劣悪な住居に住まう運命にあり、他の都市民よりも疾病にかかりやすく、いちばん余裕のあるときでも粗悪な食事しかできず、職に就くあてもなかった。彼らの状況は過酷なものだったのである。

商業と製造業

都市は商業《トレイド》を意味する。一七世紀のブリテン諸島の商業は、基本的には大西洋経済圏が出現し、その中でのロンドンの卓越した地位とそれに続くブリストルによって影響を受けていた。一五五〇年のロンドンの交易は、イングランド全体の動向と同様に、大部分がヨーロッパとのあいだで行われていた。しかし一七〇〇年までには、これはグローバルなものへと変化していた。おもにヨーロッパに輸出される毛織物は依然としてイングランド第一の輸出品であり、その価値は一六四〇年の最大値である三〇〇万ポンドから一七〇〇年には四五〇万ポンドへと上昇していた。しかしながらこの頃までには、ロンドンとブリストルの埠頭には、一七世紀初めにはほとんど知られていなかった産品が積み上げられるようになっていた。たとえば一六一九年には、ヴァージニアから送られてきた二万重量ポンドのタバコが、イングランドでは奢侈品として一重量ポンドあたり一から二ポンドの値をつけていた。しかし一七〇〇年には、二二〇〇万重量ポンドものタバコが植民地からイングランドへと輸出されていた。このタバコの四分の三はヨーロッパへ再輸出されたが、残りは国内で消費され、すべての階層の人びとに一重量ポンドあたり一シリングの値段で愉しまれた。しかしイングランドの商業革命には交易の成功を単純に寿《ことほ》ぐことを不可能にする一つの要素が含まれていた。一七世紀後半は奴隷貿易が開始された時期であり、これは一六六〇年の航海法と一六七二年の王立アフリカ会社の設立後に急速に発達した。この会社は、キャラコとさまざまな工業品を西アフリカ海岸で奴隷と交換し——おそらく一七世紀後半で一年に五〇〇〇人——、彼らを売却するためにインド諸島と北アメリカ植民地へ運び、そのあと植民地の産品を満載してイングランドに帰ってくることで、大成功を収めた。一七〇〇年より後にはブリストルとリヴァプールの貿易商が、ロンドン商人の行うこの儲かるが恥ずべき取引に加わったのである。

　このように長距離交易が大規模に急増したことに目を奪われ、すでに航路に沿って行われていた短距離交易の引き続く重要性を見失ってはならない。スコットランドは長らくスカンディナヴィア半島、バルト海地方、低地地方《ネーデルラント》、フランスとの交易から恩恵を享受しており、一六〇三年以降にイングランドとの交易の重要性が増した後も、スコットランドの港とこれらの地域との交易は続けられた。ウェールズ南部とアイルランドはフランスとイベリア半島に輸出し、マン島も限られていたとはいえ、フランスとの交易から利益を得ていた。概してブリテン諸島のこれらの地域は、肉製品、乳製品、羊毛、穀物、畜牛、獣皮、アイルランドからの木材などの一次産品を輸出し、代わりに果物、ワイン、タール、ピッチ、スカンディナヴィア半島からスコットランドへの木材、さまざまな奢侈品や外来品を輸入していた。また当然のことながら、ブリテン諸島内には海上輸送に頼る商業圏も存在した。ニューカースルの石炭業は、主として石炭を船でロンドンに送ることに依存していた。一六八四年のクリスマスからの一二ヶ月間で、六一万六〇一六トンの石炭がニューカースルからロンドンへと船で運ばれ、一七〇三年までには大半が北西部で建造された六〇〇艘もの船がこの交易に従事していた。もっと国際的な商業圏はブリストルを中心としていたと考えられ、それはイングランド南西部およびウェールズ南部の諸都市と、アイルランドの東部海岸および南部海岸の海港を包摂していた。一六五二年の悲劇的な事例から、この商業圏内部での海上交易の経路を知ることができる。その年、内戦による荒廃からやっと立ち直ったばかりのウェールズの小さな港町であるハヴァーフォードウェストがペストの猛威に見舞われた。その伝染経路は次のようなものである。ペストは、一六五〇年にスペイン船に運ばれてアイルランドのゴールウェーに達すると、そこから通商ルートを通じてリムリック、ウォーターフォード、ダブリンへと伝播し（ダブリンにおいて一六五〇年九月の一週間に一〇〇〇人を死亡させ）、さらにそこからブリストルへと渡り、一六五一年にはそこにしっかりと根を張った。ペストはそこからさらにウェールズ南部へと伝播し、当地の伝承によれば、ミルフォード＝ヘイヴンの土曜市を訪れた二人の船乗りによってハヴァーフォードウェストに持ち込まれたのである。しかし通常この商業圏にあるさまざまな港に立ち寄る船は、伝染病よりも歓迎すべき積荷を運んでいたのであり、ブリストル経由でウェールズとアイルランドを大西洋経済圏へとつなぐ役目を果たしていたのである。

　それゆえに海上交易は、その大半が小型船で行われていたとはいえ、かなりの重要性を有していた。それは内陸交易が困難だったことでなおさらそうであった。ブリテン諸島のほとんどの場所での劣悪な道路状況が陸路での商品輸送の障害となっており、たとえばスコットランドの低地地方《ローランド》に木材を運ぶには、高地地方《ハイランド》の森林から陸路で運ぶよりもデンマークから船で運んだほうが安かったのである。しかし、内陸交易はたしかに困難であった（これはおそらく旅行者の印象に頼った説明にもいくぶん依存している）が、荷馬や荷車や荷物を背中に担いだ行商による内陸交易は一七世紀を通じて着実に発達しつづけた。ほどほどの財産しか持たなかった人びとの遺言状からでさえ、鍋釜、遠隔地の布地で作られた衣服、時計、本などの小さな工業品や奢侈品あるいは半奢侈品が広く流通していたことがわかるのである。

実際にこれらの遺言状の多くは、産業の発展、あるいは当時の言い方で、製造業《マニュファクチャー》の発展を証明している。しかし、ブリテン諸島は依然として真の工業化からは程遠い状況であった。工場は存在せず、製品のほとんどは家内生産であった。それはしばしば男性の副業か、女性や子どもが家計を助ける手段であった。最も重要な製品は織物であった。イングランドにはイースト・アングリア地方、ウィルトシャー州、サマーセット州、デヴォン州、ヨークシャー州西部などに重要な織物生産地があったが、他のほとんどの地域でも、たしかに品質は劣るが、羊毛や毛織物が多少とも生産されていたのである。鉄は大量に産出されていたが、冶金術は未発達であった。沿岸交易向け、長距離交易向け、あるいは英国海軍向けの造船業は巨大な事業であった。当時の〔建物の〕再建造や都市の拡大は、石切り工、煉瓦職人、建築労働者に職を与えていた。石炭の採掘も重要性を高めていた。当時の最も劇的な発展は、タインサイドにおける石炭鉱業の急速な成長であった。一五九七／八会計年度に一六万二五五二トンであったニューカースルからの石炭輸出は、一六八三／四年度には、すでに述べたように、六一万六〇一六トンに伸びていた。世紀の終わり頃までに、タインサイドの炭鉱は巨大で雑多な労働力を抱え込み、相当に洗練された採掘技術を持つようになっていた。タインサイドの石炭鉱業はブリテン諸島で最も進んでいたが、他の地域でも鉱業は十分発展していた。ヨークシャー州、ランカシャー州、スコットランドの低地地方《ローランド》、スウォンジーの後背地では石炭の採掘が行われており、ドイツ地域やブリテン島の他地域から移入された相対的に進んだ技術と熟練職人を用いて行われる高度に資本化された石炭産業は、一七〇〇年までには重要な発展を遂げていたのである。

商業と製造業は少数の商人を裕福にした。そのような特異な成功談には以下のような人物が含まれるであろう。

サー・ウィリアム・ディックは、エディンバラの市長でスコットランド一の富豪であった。彼は一六四〇年代にスコットランド「契約派《カヴェナンターズ》」の軍隊に資金を貸与したことで富を失い、没落した。サー・ハンフリー・マクワースは、ウェールズ南部における石炭採掘と鉛や銅の精錬事業で富を築いた。マン島の商人デイヴィッド・マリーはタバコの再輸出で成功し、一七〇四年に死去したときには三六五七ポンドの遺産を残していた。しかしながら一七世紀を通じて、そして実際にはずっとその後までも、最も裕福で最も影響力のある社会集団は、上層の土地貴族であった。

変化するエリートの生活様式

土地所有階層は、その最も裕福な人たちは莫大な富を有していたが、さまざまな財産規模の個人や家族を含む多様な集団からなっていた。イングランドおよびウェールズにおける土地所有階層について分析しようとするとき、貴族（peer）（爵位を有し貴族院に議席を持つ土地所有者）を、より小規模な土地所有者であるジェントリとは異なり、ときには彼らと衝突する社会集団として扱う史学史上の伝統が障害となってきた。ここでは、貴族とジェントリを一体的な土地所有エリート内部の異なる階層として捉えるほうが生産的であろう。非常に裕福なジェントリの一部は、やがて自分たちが爵位を得られるだろうと期待し、貴族と同等の富を有する、文化的にも教育的にも貴族に引けを取らない存在であったことは確かだからである。ただしジェントリには、これらの非常に裕福で洗練された「爵位なき貴族」（*nobilitas minor*）の花だけでなく、紳士階級《ジェンティリティ》といえるわずかばかりの部分にしがみつく粗野で困窮した土地所有者も含まれており、彼らは多くの点で生活圏を共にするより裕福な独立自営農民《ヨーマン》と見分けがつかない存在であった。上層のジェントリだけでなく、爵位を持つ貴族も、これら「たんなる」ジェントリと対照的な存在であった。一五五九年においてイングランド貴族の平均年収は二〇〇〇ポンド程度であり、これは一六四〇年までには五〇〇〇ポンドに上昇していた。しかし平均というのはつねに偏差を覆い隠すもので、一七世紀を通じて桁違いに裕福で巨大な影響力を行使しえた貴族はほんの一部分にしかすぎなかった。とはいえ、彼らもまた、みずからの権勢を軍隊の動員によって示すことは少なくなり、これに代わって、支配を維持し、政治的な目的を達成するために用いたのは、地方的な恩顧関係《パトロネージ》のネットワークと、議会の統制であった。

　スコットランドの貴族もまた、一六〇〇年頃までにはこのような貴族的生活様式の変化に影響されるようになっていた。さらに彼らは、近世ヨーロッパ史における重要なテーマの一つである、貴族と王権との権力関係の変化からも影響を受けていた。これは、イングランドではすでにいくつかの際立った変化が見られていたものである。一五世紀後半から一六世紀にかけてのスコットランドは、相次いで国王が夭逝したことで未成年の国王が続くという不幸に見舞われていた。ジェームズ六世は、このことで弱体化した王権を回復するために、より実効的な国家機構を打ち立てる作業に取りかかった。これは他のヨーロッパ諸国と同様に、その内部に貴族を取り込むことで効果を発揮した。驚くべきことに、ひとたび王権が強化され、巧妙な企みによってとくに強情な貴族がみごとに取りつぶされると、少なくとも低地《ローランド》地方の貴族は進んで国家機構に取り込まれたと思われる。イングランドと同様に、スコットランドにも有爵貴族を構成する「上級貴族」(nobilitas major)たる貴族と「爵位なき貴族」たるレルドが存在した。イングランドのジェントリのように、レルドもまた非常にさまざまな集団からなっており、富と教育と政治的権力を有する者から「帽子頭のレルド《ボンネット・レルド》」まで、彼らのなかには実際に裕福な借地農と変わるところのない者もいたのである。しかし他のヨーロッパ諸国の貴族と同様、スコットランドの貴族もしだいに洗練され、国王による統治体制へと吸収されつつあった。ジェームズ六世は、近世において最も実効的であった諸君主と同様に、エリートに対抗するのではなくエリートを通じて支配したのである。イングランド流の治安判事を導入しようとする試みは失敗したものの、地方の土地所有者はより深く国家組織に関与するようになり、エディンバラで国王の廷臣になる者もいれば、自分の二・三男を法律家にするために大学に送り込む者もいたのである。一六〇三年にジェームズがイングランド王位を継承したことで、スコットランド人貴族のなかでより裕福で進取の気質に富んだ者には上昇の機会が拡大された。このときから、上昇志向のスコットランド人の姿が、イングランド社会でよく見かけられるようになったのである。

高地地方《ハイランド》の貴族の取り込みは、より困難で長期にわたる課題であった。一六三七年以来スコットランドを苦しめつづけ、一七四五年にいたるまで終わることのなかった政治的な紛争が、その困難の原因であった。しかし高地地方《ハイランド》の族長でさえ、しだいにスコットランドおよびブリテンの政治的・経済的ネットワークに組み込まれていった。一七世紀後半には、スコットランド・ゲール人の伝統的な生活様式は、エディンバラ政府によって、そしておそらくもっと顕著にアーガイル公爵のような貴族のとった商業的経営戦略によって侵食されていった。これらによって、氏族の社会は、伝統的な土地保有形態が短期的な借地に置き換えられて地代が引き上げられ、歓待と恩顧関係の伝統が弱体化し、そのなかで小氏族のジェントリであるタックスマンが監視して地方の土地を管理する制度へと、着実に移行していったのである。

しかし最も劇的で最も望ましくない財産上の変化を被ったのは、アイルランドの土地保有諸階級であった。一七世紀初頭において、それぞれの内部に階層分化をはらみつつも、アイルランドの土地保有者はゲール系（「旧アイルランド系」）とアングロ・アイルランド系（あるいは「旧イングランド系」）の二つの集団に分かれていた。テューダー期の征服においては、たとえイングランド流の土地所有者に姿を変えさせられることに不満を感じていたとしても、両集団はみずからの土地を所有しつづけることを許されていた。テューダー家は土地の接収よりも主権の確立に専念したのである。しかし一六〇七年の「ゲール系貴族の亡命」と、イニショウェンのサー・ケア・オドハティの反乱の失敗によって、アルスター地方の地主エリートからの土地の接収が可能となり、彼らはイングランドおよびスコットランドの「植民請負人《アンダーテイカー》」に取って代わられることとなった。アイルランドの他の地域では旧アイルランド系および旧イングランド系の土地保有者は存続したが、とくに後者は、その多数がローマ・カトリックであるにもかかわらず国王への忠誠を示していたため、とりわけ微妙な立場にあった。しかし他のヨーロッパ諸国におけるほとんどの政府と同様に、ダブリン政府は既存の地主エリートを通じてアイルランドを支配するしかなかったのであり、一六四一年のアイルランド反乱とその後の恐るべき弾圧がなければ、旧イングランド系も旧アイルランド系もプロテスタントに対して社会と経済の面で優越を維持していたことであろう。一六五〇年のイングランドによるアイルランドの再征服に続いて、ローマ・カトリックの地主は旧イングランド系であれ旧アイルランド系であれ土地を接収され、生き残った者はコナハト地方へと配置替えされ、そしてイングランドとスコットランドからは新地主や入植者が大量に流れ込んだのである。王政復古の後には多少の揺り戻しが見られたが、一七世紀後半以降のアイルランドでは、イングランドまたはスコットランド生まれでプロテスタントであるジェントリや貴族が支配的となり、彼らは自分たちの文化的な模範を何よりもまずイングランドに求めたのである。

貴族と上層のジェントリは、イングランド人であろうと、アイルランド人、スコットランド人、もしくはウェールズ人であろうと、富と威信と権力を享受していた。個々の家門が、不運や政治情勢の読み違い、あるいは経済的な不始末によって、いつ没落してもおかしくなかった。同時に、一七世紀の後半は土地所有階層にとって全般的に困難な時期であったのであり、一部の小ジェントリは経済的に失敗し自分の土地を手放すことを強いられたのである。そのような苦境を乗り越えた土地所有者は、彼らの富の恒久的な象徴を邸宅というかたちで残している。後期テューダー朝および前期ステュアート朝はイングランドにおける「大いなる再建《グレート・リビルディング》」の時期にあたり、

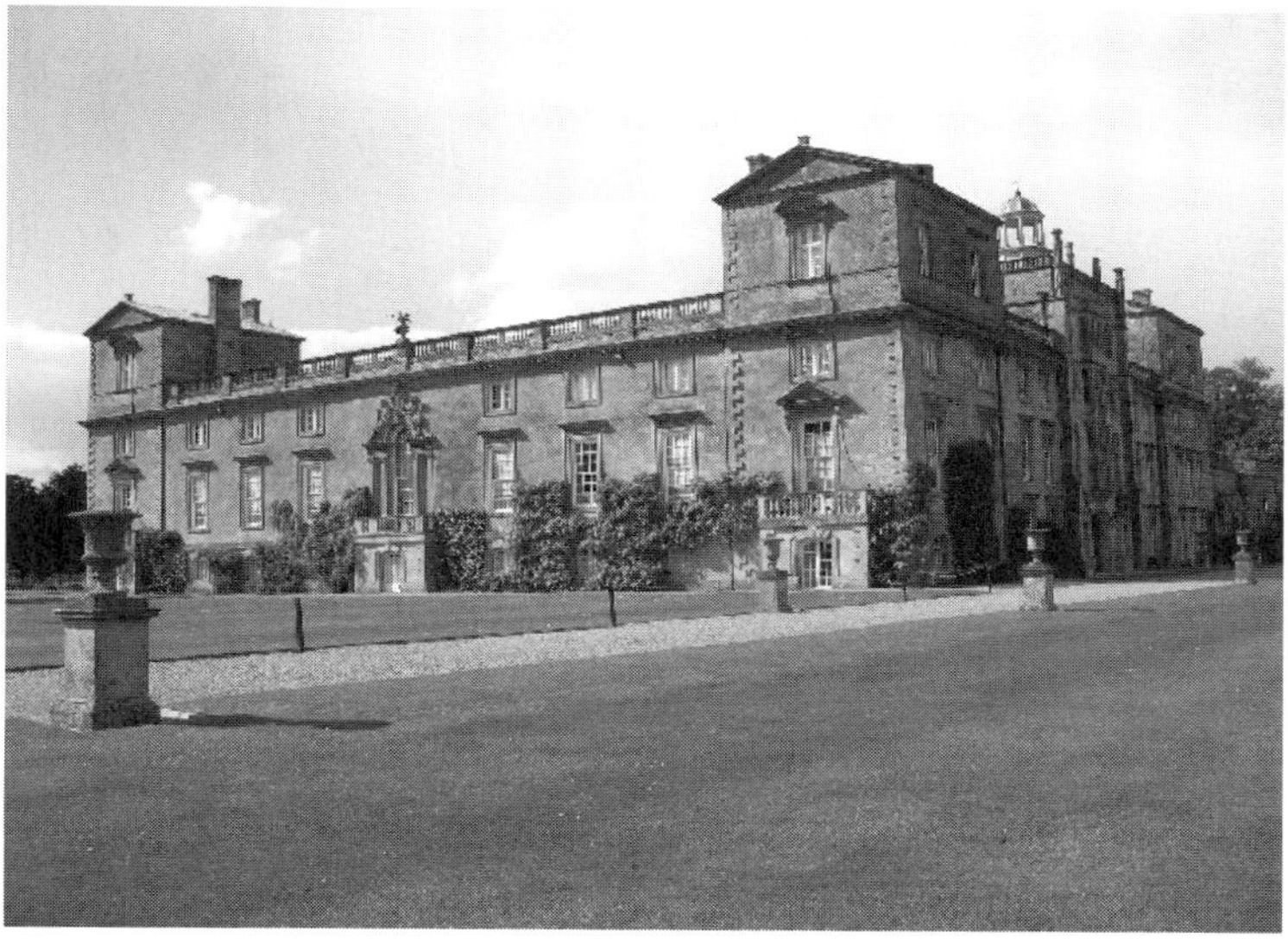

図９　ウィルトン・ハウス（撮影　John Goodall）

貴族やジェントリは新たにカントリー・ハウスを建てることで地代収入の上昇を寿《ことほ》いだ。イングランドにおけるジェームズ一世＝六世の国務卿ソールズベリー伯ロバート・セシルによって一六〇七年から一六一一年にかけてかつての王宮の隣に建設されたハットフィールド・ハウスは、この顕著な例である。貴顕が大邸宅を建設する傾向がその後も続いたことは、一八世紀前半まで話を進めるならば、ブレナム宮殿やカースル・ハワードに見て取ることができるのである。しかし一七世紀のイングランドでは、もっと小規模なカントリー・ハウスも多数建造された。司教座都市ソールズベリー近くのウィルトン・ハウスやノーサンプトンシャー州のストーク・ブルーンなどが有名な例であり、どちらも一六三〇年代に建てられ、それらの邸宅は二世代後に一世を風靡《ふうび》するパラディオ様式の初期のおもかげをしのばせているのである。

　巨大な邸宅を建てようとする貴族やジェントリの衝動は、ブリテン諸島の他の地域においてはイングランドほど大きくはなかったが、確実に言えるのは、一七世紀末にスコットランドとアイルランドが全般的に平和な時期であったことで、地主階層の邸宅の非武装化が進んだということである。たとえば一六三二年のスコットランドにおいて、サー・ロバート・カーは、防御を固めた城館の修繕について述べた息子への書簡の中で、スコットランドの現在の平和な状態は以前の抗争状態に何時戻ってもおかしくないのだから、防御のための窓は古くて不便だが撤去してはならないと指示している。しかし一世代後のストラスモア伯爵パトリック・ライアンは、平穏な状態がふたたび訪れたことにたしかにとても安心した様子で、「わたしは砦や城塞に誰よりも反対なのだ。誰が監獄のような邸宅に住みたいと思うかね」と発言している。彼は続けて、そのような城館は「かつての抗争と同様にまったくの時代錯誤であり、国が全体として以前よりも文明的になっていることを示している。これは大変喜ばしいことだ」とも述べている。[*4]ただし、ストラスモアは旧式の城塞であるグラームズ城の大改修の責任者でもあった。彼が一六六〇年に領地を手に入れたとき、彼の家計は火の車だったが、それと同じくらい、この城館も荒廃していたのである。伯爵は一六七〇年から一六九五年に死去するまでグラームズに住みつづけた。それゆえたしかに大改修は行ったものの、前に引用した発言に反して、ストラスモアは最も豪壮な旧式のスコットランド城塞に住んでいたことになる。しかしながら、彼の発言は示唆的である。ブリテン諸島全土の貴族は文明的であることの美徳を推奨しており、彼らはそれを邸宅の外装や内装、家具によって表現しようとしたのである。

大多数の人びとは、これよりずっと控えめな屋敷に住んでいた。イングランドの裕福な独立自営農民《ヨーマン》の多くは、一六〇〇年前後の数十年間の「大いなる再建」の当事者であった。ウェールズやスコットランドの低地地方《ローランド》の多くの地域にいまも残る一七世紀後半の裕福な農場主の屋敷は、これらの地方の農業の収益性が上昇していたことを示している。反対に、多くの貧民の住居は悲惨なものであった。一六七九年のスコットランドを観察した記録によれば、貧民は「これまで見たこともないような惨めな小屋に住んでいる。男、女、子どもは、泥やヒースなどでできたみすぼらしく狭苦しい住居で一緒に豚同然の暮らしをしている。泥炭が豊富ないくつかの地方では、泥炭から小さな小屋を造っている。丸屋根は泥炭でできており、中に一本の木材もない[*5]」。このような住まいは一時的なものであった。「これらの家が燃やせるほどに乾燥したならば、彼らはそれを燃料とし、別の家に移る」のであった。同じような記録は、ペンブルック州のウェリンの城下に住まう貧民の住居が「泥と土で間に合わせに造られたクロム（clom）と呼ばれる」泥壁の小屋であるという報告にも見られるし[*6]、ウェールズの家々についてのもう一つの記録には、壁は泥と泥炭で造られ、屋根は藺草《いぐさ》で、窓はなく、煙突なしの剝き出しのかまどがあり、基本的に一間しかないと記されている。偉大な「政治算術家」であるサー・ウィリアム・ペティは、一七世紀後半のアイルランドに関する統計を残している。彼が試算したところによると、アイルランドには一年の家賃が一〇シリング未満の住宅が一〇万戸あり、それよりも家賃の高い六万戸についても、煙突はなく、剝き出しのかまどと穴の空いた屋根があるだけであった。さらにペティは、明らかに彼が後進性の主たる特徴とみなすものを挙げながら、住宅の最初の一〇万戸について、そこに住まう住民は「ミルク、馬鈴薯、雑草を主食とし、英語を話さず、全員がカトリックである[*7]」と述べている。

＊4　T. C. Smout, *A History of the Scottish People 1560–1830* (London, 1969), 117 からの引用。
＊5　P. Hume Brown, *Early Travellers in Scotland* (Edinburgh, 1881), 260.
＊6　Jenkins, *Wales 1642–1780*, 105 からの引用。
＊7　*The Petty Papers: Some Unpublished Writings of Sir William Petty*, ed. Henry William Edmund Petty Fitz Maurice (2 vols. London, 1927), ii. 58.

社会問題と無秩序

大勢の貧民の存在は、一六世紀後半から一七世紀前半におけるあの大規模な人口増加の結果であったが、それは人生における受け入れなくてはならない事実であった。イングランドとウェールズで一五九八年と一六〇一年に成立した救貧法は、国家単位で貧民に対処する制度を打ち立てたものとしては、おそらくヨーロッパで最も包括的なものであった。この制度の核となっていたのはより裕福な世帯に賦課する税金であり、この救貧税はおそらく最も一般的な税負担のかたちであった。こうして集められた税金を管理したのが貧民監督官である。貧民監督官は教区単位で任命される役人であり、貧民救済金の分配と教区への年間収支報告に対する責任も負っていた。スコットランドにおいても、一六世紀後半に救貧法が相次いで制定されたが、ここでは強制的な課税制度は導入されなかった。しかし明らかに、救貧法によって徴収・分配される金額では、貧困に部分的に救済する以上のことは不可能であった。貧困は最も好況なときにも蔓延しており、農作物の不作や経済不況ともなれば恐るべき割合に達したのである。しかし仮にそうだとしても、多くの個人、とくに寡婦には定期的に数ペンスが支給されたし、一時的な救済については異例なほど多くの世帯に与えられた。また一家の稼ぎ手が病気か過失なく失業した場合にも同様に給付がなされ、不運な個人にもわずかながら一時金が支払われた。救貧法は、長い伝統を持つ私的な慈善《チャリティ》と並んで、貧民の過酷な運命を一時的、部分的に改善することしかできなかったが、少なくともなんらかの努力がなされていたということは、貧民のより裕福な隣人が誇ってよい事実であった。

貧困への懸念は無秩序という脅威と結びついていた。旧い時代の抗争はなくなりつつあったが、現代的な意味での犯罪が問題となりつつあった。記録に欠落があり、研究がどうしても継ぎはぎ的になることから、ブリテン諸島全体について論じることは難しいが、イングランドに限ってみれば少なくとも一定のパターンを見て取ることができる。巡回裁判所《アサイズ》は、中央からの指示を受けて、よく訓練された経験豊富な判事が裁判を担当した地方法廷である。ここでは、殺人、追剥、窃盗、押し込み強盗、強盗、強姦、放火などの重犯罪の裁判が行われた。これまでに研究されたところによれば、このような巡回裁判記録やそれに類する記録において、最も頻繁に裁判が行われた重罪は、窃盗、押し込み強盗、殺人であった。しかし意外なのは、重罪による訴追や死刑の件数が、一七世紀の後半よりも一七世紀前半においてはるかに多かったということであり、最も多くの訴追がなされ、最も死刑になりやすかったのが、財産権《プロパティ》への侵害であったということである。財産侵害と死刑の件数は一五九〇年代後半の不作の後に増え、不作、ペスト、交易の不振、そして軍隊の移動に伴う混乱を経験した一六二〇年代にふたたび最も多く増大したのである。重罪裁判所での裁判記録がほぼ完全に残っているチェシャー州についての暫定的な統計によれば、死刑判決の件数は一五八〇年から一六一九年までで三三七、一六二〇年から一六五九年までで二七四、一六六〇年から一七〇九年までで八五となっている。これら三つの期間について、それぞれの判決のうちの二九四件、二一〇件、四七件はおもに窃盗と押し込み強盗という財産権への侵害に対するものであった。一七世紀後半までに、裁判所ははるかに少ない重罪を審理するようになっていたのであり、起訴された者の多くも死刑よりも軽い刑で免れたのであった。これは、裁判所の業務や判事・陪審の姿勢にある程度の柔軟さが存在したことの証である。

　結論を出すには依然として証拠がまったく不十分ではあるが、公開処刑が、イングランド文化のなかで中心的な重要性――一八世紀にはそれは押しも押されぬものとなる――を獲得したのはおそらくほぼ間違いなく一七世紀においてであった。重罪人はいまや絞首台から悔悛の辞を述べることを求められた。通常そのなかでは、悪行を認め、罪と放蕩の過去について告白し、君主の法だけでなく神の法によっても彼の死が正当であることを認めなければならなかった。憂うべき罪人の死に立ち会う聖職者の役割に支えられたこの宗教的な精神性こそが、一七世紀の死刑の告辞の最も大きな特徴であると思われる。司牧する聖職者やわれわれの考察の根拠となっている悔悛の辞を集めた小冊子において、最も重要だったことの一つは、まさに死刑に処されようとする重罪人でさえも、いまや改心して道徳的な共同体へと回帰できることを証明することであった。たとえ屠殺される直前であっても、迷える羊は群れへと帰されなければならなかったのである。

　秩序への懸念は、巡回裁判所における重罪人の訴追だけでなく、地域共同体の管理の仕方にも反映されていた。ここでも際限のない地域的多様性に直面するが、少なくともイングランドの大部分については、ある一つのパターンが存在したと思われる。そこではまず、当時の人口変化の後、社会の階層化がより鮮明化したこと、とくに富者と貧者の間の格差がますます広がったということを反映して、法と秩序の問題に対する取り組みがますます精力的に行われるようになった。治安官、教区委員、貧民監督官、領主裁判所の陪審などの地方役人を務める小ジェントリ、裕福な借地農、職人などの村落エリートは、秩序を紊乱《びんらん》するとみなされたますます増加する貧民を律せんとして、よりいっそう裁判所に訴えることとなったのである。スコットランド長老教会の小会《カーク・セッション》の記録を見れば、おそらくスコットランドについても同様のことが指摘できるであろう。その一方、マン島で訴訟が非常に多かったという事実は、このテーマにおける地域差のもう一つの例である。ブリテン諸島全体で、都市行政は犯罪の取り締まりに努め、都市エリートはどこであれ秩序の問題に意を用いたのである。

　しかし社会秩序の崩壊を恐れたこの時代にあって、少なくとも無秩序の一つの重要な形がなくなっていたことは確かである。すなわち、貴族の抗争という古い習慣がなくなっていたのである。これはイングランドやウェールズでは、一六世紀の時点ですでに相当少なくなっており、アイルランドでは他の伝統的なゲール文化とともに完全に消え去っていた。スコットランドでは、この抗争は一七世紀まで存続したが、しかしここでも国家機構のいっそうの侵食と貴族の文化的変質とが結びついて、ストラスモア伯爵が抗争を時代遅れだと発言するような状況が生まれていたのである。しかし、貴族間の抗争の終結は、社会秩序への新たな脅威となった騒擾《そうじょう》の到来と重なっていた。ブリテン諸島における民衆騒乱には長い歴史があるが、一六世紀後半から一七世紀にかけて新しい現象が現われたのである。すなわち、一八世紀の観察者が暴徒（mob）という名で述べることになる下層民による騒擾である。一七世紀に関する証拠のほとんどは、より先進的経済によってすでになんらかの階級的な社会構造が存在したイングランドのものである。一五九〇年代の穀物払底の時期以来、イングランドの下層民は穀物価格や自分たちの地域から穀物を外部に出すことをめぐって騒擾を起こすのが習慣化し、その一方、より大きな都市の多くでは労働者による賃金の支払いや労働条件をめぐる騒擾が発生したのである。しかしこれらの騒擾は、現代の用語法で言えば、本質的には示威行動であり、多くの同時代人や後世の民衆史家が描いたほどには、秩序を脅かすものではなかった。騒擾は、しばしば無秩序の中に驚くほどの秩序を示したのである。暴徒が人を傷つけることはほとんどなかった。彼らはしばしば財産権を尊重し、地方当局が譲歩の構えを見せたときにはしばしば喜んで引き下がった。地方当局もまた、暴徒と同様ゲームのルールを心得ていて、実際によく進んで譲歩をしたのである。

　一七世紀においては、もう一つの特異な秩序崩壊の形態が現実のものとして感じられていた。それは魔女の脅威である。この時期における魔女の訴追事例は、ほとんどすべてがイングランドとスコットランドのものである。アイルランドのローマ・カトリックの人びとが魔術を恐れていたのは間違いないが、ローマ・カトリックのあいだでは魔術が訴えられたことはほとんどなく、報告されている事例もイングランド人かスコットランド人の入植者による起訴に限られている。同様に、ウェールズでも訴追の度合いは低かった。マン島においては、魔術はたいてい教会裁判所管轄の問題とされ、その裁判所は魔女信仰を悪魔の影響の証拠というよりも、農民の迷信のしるしや共同体分裂の原因とみなしたのである。しかしイングランドにおいては、一五六三年の魔女法（Witchcraft Act）の制定から一六八五年の記録に残る最後の死刑執行までのあいだに、おそらく五〇〇〇人の人びとが魔術を用いた廉《かど》で処刑された。スコットランドにおいても一〇〇〇人以上が魔女の容疑にかけられ、普通は絞殺後に火あぶりにする方法で処刑された。処刑された者のほとんどは女性（スコットランドでは八五パーセント、イングランドではおそらくそれよりもわずかに多い程度）であり、その大半は貧民であった。そして両国において、悪魔学者やその他の神学者は魔女と悪魔のあいだで交わされたであろう契約を強調したが、少なくとも大半の訴追の初期段階においてその下地となっていたのは、魔術による実害、すなわち「マレフィキウム」（maleficium）〔悪行〕に対する農民の恐怖だったのである。

　このような類似性はあったものの、イングランドとスコットランドにおける魔女告発の歴史は異なる軌跡を辿ることになった。少なくともイングランド南部においては、巡回裁判所において魔女が告訴される事例は一六〇〇年までに減少し、一六三〇年代までには統治階級の上層部のあいだで魔術が真剣に取り扱われることはなくなったのである。しかし、社会的・知的分裂を引き起こし、より苛烈なピューリタニズムの鎖を解くことになった内戦が、この状況を変化させたのである。一六四五年から四七年にかけてのイングランド東部における大量の裁判では、二五〇件以上の起訴と一〇〇人を超える処刑となり、小規模な恐慌状態があちこちで起こり、魔術がふたたび知的な論争問題となって現われた。しかし世紀全体を見れば、ほとんどの起訴は魔女とされた個人とか小集団の隣人間でなされたものであり、それは概して巡回裁判所判事によって慎重に審理されたのである。スコットランドでは、一五九〇～九一年、一五九七年、一六二七～二八年、一六四九年、一六六一～六二年にそれぞれ訴追の波を経験した。スコットランドにおいて魔女裁判の背景となったのは、社会の不安定さ、魔女裁判を地元のレルド、聖職者、法律家に委ねる傾向、そして教会《カーク》の攻撃的なプロテスタンティズムの存在であった。スコットランドにおける訴訟のほとんどが教会《カーク》の影響力の強い低地地方《ローランド》に限られていたこと、そして明らかに聖職者からサタンの流儀について教え込まれていたことで、一七世紀半ばまでには、スコットランドで魔女とされた者が、悪魔と契約を結び、さらに悪魔と（しばしば不満足な）性的交渉を持ったと告白するまでになっていたことは、特筆に値しよう。イングランドとスコットランドの魔女法はともに一七三六年に撤回されたが、その頃にはすでに魔女裁判はほとんど見られなくなっていたのである。イングランドにおいては、巡回裁判所の判事のあいだに魔女について疑念が広まったことで有罪判決の割合が大幅に減り、スコットランドにおいては、スチュアート絶対王政の弁明者であるサー・ジョージ・マッケンジーの影響から、一六六〇年代以降は法に訴える起訴が減少したのである。より一般的には、エリートのあいだに上品さという考え方がますます普及したことで、魔女信仰は農民や遅れた田舎牧師の専有物として周縁化されていった。すなわち、教育を受けた者のあいだで魔女信仰が終焉を迎えたことは、新たな哲学とか科学の考え方の普及にではなく、上流気取《スノベリ》りによっていたのである。他方で、魔女に対する常軌を逸した暴力や良い魔女への頼みごとが後を絶たなかったことに示されるように、下層民による魔術や妖術への信仰は一七三六年をはるかに超えて続いたのである。

生活の質

魔術という大部分の現代の読者にとってかなり縁遠い観念を考察したことで、祖先の全体的な生活の質が、どのようなものだったのかというより一般的な問題が浮上してこよう。近世という時代を理想化するのも、あるいは反対に後進的かつ野蛮で不快な時代として描くのも難しいことではない。しかし一七世紀のブリテン諸島における人びとの生活経験の現実は、これら両極端の間のどこかに位置するものであった。この時代の人びとの生活は（他のどの時代でも同様だが）、当然ながらその人物が社会階層のどのあたりに位置していたかによってある程度は決められた。さらに本章の冒頭で強調したように、ブリテン諸島に居住する人びとは、無限に多様な地域的状況の中で生きていたのである。苦難と困窮が存在したことは疑いえない。裕福な者や暮らしに困らない者には問題はなかったが、大半の人びとにとって――中間層の人びとにとってさえ――、生きることは永遠にその日暮らしを続けることを意味しており、これが彼らの経済的な現実なのであった。労働貧民にとって、労働の経験はいつも過酷なものであった。産業労働者も農業労働者も同じように長時間の苦役に耐えたが、とくに後者はどんな天候であっても働かなければならなかったのである。いくつかの業種の労働者は下降の運命を経験した。その最も過酷な例はスコットランドの低地地方《ローランド》の炭鉱労働者であり、彼らは子どもとともにほとんど農奴と変わらない境遇を強いられていた。すべての社会集団は疾病に対してまったくあるいはほとんど打つ手がなかったのである。麻酔も抗生物質も存在せず、初歩的な衛生観念があるだけで、嘔吐、瀉下《しゃか》、瀉血を多くの疾病に対する有効な治療とみなしていた時代の医療と外科術を、現実として受け入れなければならなかったのである。そして保険もなかった時代であってみれば、裕福な者をも破滅させるような突発事態の危険もあった。火事がもたらした破滅の事例としてはロンドンが最も有名だが、他の多くの都市にも、また孤立した農家の屋敷やジェントリの邸宅にも、その可能性はあった。当時の債権債務の構造に由来する危険も存在した。そして戦争の被害である。〔戦争で〕最も大きな被害を受けたのは一六四〇年代と一六五〇年代のアイルランドとスコットランドの高地地方《ハイランド》であるが、この時期にはブリテン諸島全土が戦争の影響を被っていたのである。

　かくして、一七世紀を生きた祖先の生活経験に関する悲観的な見方を支持する証拠は数多く存在する。そしてたしかに、当時の共同体生活と家族関係の陰鬱さを過度に強調する主張もなされつづけている。しかし反対に、これらに関するもっと詳しい研究によれば、貧民のあいだにおいてさえ、生活の厳しさとは裏腹に、人間関係や家族関係は温かく思いやりのあるものであったことが明らかにされている。たしかに、大部分の人びとが住んでいた地域共同体は、視野が狭く、しばしば抑圧的な場所でもあった。そこでは社会的逸脱者や非協調者は噂話や嘲り、さらには共同体の否認の儀礼化された行為の対象にもなりえた。しかしこれらの共同体は、困窮したときに救済を与えるほぼすべての非公式の社会的紐帯や公的機関を含むものでもあった。伝統的なよき隣人付き合い、相互の義務、歓待が完全に失われた場所などなかったのである。同様に、家族間の愛情を妨げるかもしれない要素も数多く存在した。幼児死亡率は高かった。成年の死亡率も高く、現代社会において離婚がもたらすのとほぼ同じ割合の婚姻の終焉が配偶者の死によってもたらされた。家父長的な価値観によって、少なくとも一部の男性は妻への虐待を正当化した。夫か妻を選ぶときには、経済的な現実によって、未来の配偶者の経済力をロマンティックな愛に優先せざるをえなかったのである。しかし、散発的な事例ではあるが、貧民の家族内にすら本当の愛情が存在していたことを示す証拠もある。ウェールズのスランビハネル・ゲナウルグリン（Llanfihangel Genau'r Glyn（あるいはLlandre））村のエヴァン・アプ・ヘンリーはごくわずかな財産しか持たない男であった。一七世紀の初頭に彼は遺言状の中に、鍋一つ、平鍋一つ、櫃が一つ、二シリングの価値のある工具、衣服数着を残しており、全財産は合計一八シリングであった。衣服は末っ子のウィリアムに譲られ、その他は娘のマーガレットに譲られた。それは「私が長女マーガレット・ヴェルチ・エヴァンに注ぐ自然の愛情のゆえに、また母親の死後に衰え著しく、年老いて寝たきりとなった父を、子として従順に、優しく世話してくれたゆえに」であった。[*8]

　死期の迫る父親を看病するマーガレット・ヴェルチ・エヴァンのこの姿は、本章の最初のパラグラフで指摘し

＊8　Gerald Morgan, 'Dowers for Daughters in West Wales, 1500–1700', *Welsh History Review*, 17 (1994–5), 547からの引用。

た次のことを再認識させてくれよう。すなわち、当時の女性の経験は男性の経験とは多くの点で異なっているということである。一七世紀の女性史は相対的に未発達な研究領域であり、既存の研究もイングランドが中心で、ブリテン諸島の他の地域についてはほとんど行われていない。ここでいま一度、地域と社会階層が生み出す難しさに立ち向かわなければならない。そしてふたたび認識すべきは、女性史を単純な野蛮の物語として描くことのあまりの安易さである。その物語は、女性は全体として法的に不利な立場に置かれており、家父長的で男性優位の社会システムという桎梏《しっこく》にあり、裕福な側の女性は、たいてい女性の知的・道徳的劣位を自明のものとみなす男たちと交わり、貧しいほうの女性は賃金労働に従事して男性と同じだけ仕事をしてもその半分の賃金しかもらえなかったというものである。しかしここでも歴史家は、徐々により詳細でより複雑な歴史像を組みはめつつあり、過去における女性の経験も改められようとしている。問題はこの女性の経験というものが本質的に多様なものであったということであり、当時の人びとの経験のどの側面にも劣らず、階級や地理的位置を考えることで変化するものだということである。これによって、一七世紀を通じて女性の地位が悪化したとか向上したと議論することが不可能になるのである。われわれの知っている事例は端的に言ってあまりにも多くの矛盾に満ちており、どちらか一方の議論を支持するようなものではない。しかしながらここで驚くべきは、当時の社会通念にもかかわらず、実際には多くの男性が女性を愛して尊敬し、多くの夫婦にとって現在よりももっと直接に経済的な営みであった結婚〔生活〕に対する妻の貢献を評価していたということである。それゆえに、われわれは、遺言状の中で妻を遺言執行人にすることを望み、他の家族が夫の死後に妻の世話をすべきことを保証したいと願う男性に出会うのである。また同じく遺言状を見ると、多くの男性が、彼らの文化の狭い範囲内で、娘に対してできるかぎりのことをしてやろうとしていたこともわかるのである。そして、他の時代と同じく、都市にはさまざまな商業活動に携わる女性〔とくに寡婦〕がいたのである。家父長的で女性嫌悪的な同時代の文章を表面的に読んだだけではわからないが、女性の置かれていた状況は、それらの文章が示唆するほど陰鬱だったわけではないのである。

人類の半数を構成するにもかかわらず、歴史記述からしばしば抜け落ちている女性の存在に触れることは、本章を締めくくるのにふさわしい地点である。歴史家がしばしば特権的扱いをしてきたのが男性の経験であるように、ブリテン諸島の歴史記述の大部分を同様に支配してきたのは、すべてを「中心《コア》」に収斂させるような視点である。一八世紀以降、ブリテンが創案されブリテン国家とブリテン帝国が繁栄するにつれて、ロンドンとイングランド南東部がブリテンにおいて政治的・文化的に最も優勢な地域圏となったのである。そして、大西洋経済圏とイングランド低地地方の進歩的な農業技術の重要性を鑑みれば、ブリテン諸島の社会と経済の歴史をこれらの地域の進歩性という観点から書こうとする誘惑に抗するのはあまりにも難しい。しかし歴史を見る視点は、ブリテン諸島の他の地域に住む人びとにとってはまったく異なるものであっただろうし、一七世紀においてはこれらの進行中の変化から不利益を被った人びとも多数存在したのである。誰かが進歩の代償を支払わねばならないのが世の常であり、アイルランドとスコットランドの高地地方《ハイランド》に住む大多数の人びと、あるいはイングランド南東部の農業労働者でさえ、後世の経済史家のようには、商業革命と農業の急速な資本主義化の美点を確信することはできなかったであろう。そして当然ながら、一六六〇年以降のイングランドの優位性は、アイルランドおよび一七〇七年の合同法（Act of Union）以前におけるスコットランドの商業が、ウェストミンスターの諸法令によって著しく不利な立場に置かれたことを意味しているのである。

しかしながら、商業的な進歩、ブリテン諸島を構成する諸地域間に生み出された経済的な一体性、そしてこれらの発展が非常に幅広い人びとに経済的な機会をもたらしたという事実を否定することは不可能である。これらの人びとのなかには、ダブリンの職人、スコットランドの低地地方《ローランド》の借地農、そして拡大するウェールズの出版市場に向けて小冊子を書く人までもが含まれていた。しかしこれらの人びとの多様性から見えてくるのは、人びとが暮らし生計を立てていた地域という文脈の圧倒的な影響力である。この長さの一章では、全国的な経験を記述するだけのスペースはなんとかあったものの、大部分の人びとにとっておそらく最も重要であった地域的な諸経験を描き出すことなどできないであろう。おそらく本章を結ぶにあたっては、いま一度この多様性を強調し、その多様性を生み出していたものを再確認しておくのがよいだろう。すなわち、一七世紀のブリテン諸島に生きた人びとの社会と経済の背景を探ろうとする歴史家は、連続性と断絶とのバランスをとり、社会と経済の両方における伝統的で変わらない要素と、これまで教科書の中で賞賛されつづけてきた革新的で変化する要素との相互作用を描くという、途方もなく大きな課題と向き合う必要があるのである。

220

THE
Parliament of VVomen.
With the merrie Lawes by them newly Enacted. To live in more Eaſe, Pompe, Pride, and wantonneſſe: but eſpecially that they might have ſuperiority and domineere over their husbands; with a new way found out by them to cure any old or new Cuckolds, and how both parties may recover their credit and honeſty againe

London, Printed for W. Wilſon and are to be ſold by him in Will-yard in Little Saint Bartholomewes. 1646.

Aug: 14 London 1646

図 10　女の議会[1]

第六章

「オラだの国はなんだべな」
——一七世紀ブリテン諸島の諸文化

クレア・マクマナス

> 高き教養と洗練を身につけたる男《おのこ》アレグザンダー・シートンは、自らとその高貴なる末裔、および教養と洗練を身につけたるあらゆる他なる者の愉しみのため、街の傍らに建つこの邸宅と庭園を設計し装飾したる者なり。此所は敵を追い払うために設けられたる戦の場にはあらず。その代わりに、歓待の心溢るる優しき清水の噴水、木立、池、その他諸々良き設備、心情と精神にいやしからぬ愉しみを生むあらゆるもの有り。*1

この碑文はスコットランドのエディンバラ近郊の都市マッセルバラにあるピンキー・ハウスの中のルネサンス

ケイト・チェゾイ、ピーター・デイヴィッドソン、ジェームズ・ノウルズ、ケリ・サリヴァンがこの章について下さったコメントと考察に感謝する。間違いはすべて筆者の責任である。

*1　マッセルバラのピンキー・ハウスにある碑文（一六一三年）。

風装飾庭園《ノットガーデン》の壁に書かれているものである。この館はジェームズ一世＝六世に仕えたスコットランドの大法官アレグザンダー・シートンが一六一三年に建てたもので、刻まれている碑文は一七世紀ブリテン諸島のさまざまな文化について議論するにあたって格好の入り口であろう。とはいえ、この館とこの標語《モットー》がこうしたさまざまな文化をなんらかの方法で手短にすべて説明してくれると言いたいわけではない。なぜなら、一つにはこれほど活力にも問題にも溢れていた時代を、たった一つの縮図によって明白に表象できるわけはないからだ。しかしながらこの標語が伝えている文化的前提とは何であるのかを読み解くことで、多様で刺激的な文化的表現が横溢するこの時代において人びとがおもに関心を抱いていたことがらに光を当てることができるであろう。

　この標語が表しているおもな題目の一つとして、シートン自身の持っていた自己像というものがある。ピンキー・ハウスとその標語は、館を建造し碑文製作を依頼した男の美徳と品位を反映するものである。館は所有者の良い趣味、つまりは「教養と洗練」を誇示するものである。その豊かさは入念にしつらえられ、歓迎の精神に溢れており、あらゆる人に対して開かれているとともに有益でもあるように見える。こうした点で、館と標語はともにシートンの地位、富、歓待の意を伝えようとしているといえる。もちろん、こうしたものの第一の機能は対象物を特定の解釈を通して表象することなので、シートン自身の正確な姿、持ち主の性質が直接垣間見えるのかどうかわからないという問題はある。同時に、この章が探求する内容からもわかるように、帰属意識《アイデンティティ》の概念はきわめて複雑なものであり、階層、ジェンダー、出身地、人種、年齢、宗教的な帰属、教育、政治的忠誠、職業などのいくつもの要因からなっている。

　一七世紀初頭に建築され、この時代の典型的な産物であるといえるピンキーとその碑文は、この後の時代と、とりわけその時代を基調として彩《いろど》る社会的変動を比較対照する出発点として利用することができる。高貴な子孫の繁栄を願っていることからもわかるように、標語は将来がきわめて安定しているであろうという確信を表明

図11　ピンキー・ハウス（撮影　北村紗衣）

している。子孫は自分の持っている地位を継ぐことができるだろうし、継ぎたいとも思ってくれるであろうというシートンの自信は、のちの世から安穏として当時を振り返ることのできる者にとってはただならぬものに見える。ピンキーの庭園の標語は安定的で変動のない未来があるという強い感覚を示している。そこにあるのは、政体がしっかり継続し、子孫が祖先の富、理想、特権、責任を受け継ぐような未来である。しかしながら、われわれも知っていることであるが、シートンの未来はそうならなかったし、こうした安定や統治形態が一七世紀を通して無傷のまま続くというようなことにはならなかった。そのかわりに、その後に起こった出来事のせいで、シートンが確信を持って主張しているヨーロッパ的人文主義に基づく美徳の概念は、皮肉なほど楽観的に見えるようになってしまうことになる。実際のところこの後には、チャールズ一世のロード主義的宗教改革〔第二章を参照〕を押しつけようとする試みにスコットランドの人びとが反発したり、チャールズ自身が結果的に臣民の手によって処刑されることになったり、オリヴァー・クロムウェルが共和政の統治を行ったりするなどの出来事が起こり、君主国というものの概念が非常に変わってしまうことになった。こうした変化のせいで、一六八八年の叛乱〔名誉革命〕がローマ・カトリックの王ジェームズ二世の統治にかわる選択肢として受け入れられるほどの事態になった。たしかに、プロテスタントからなる政府においてローマ・カトリックを信奉している大法官としてのシートンの経歴は近世の「ブリテン」の複雑さをいくぶんか指し示している。シートンは一六〇三年以降の合同交渉に関わっており、権力の高みにいた際にピンキーの館を建造したのである。未来の子孫の世代が安定的に暮らしているであろうというシートンの確信――いかにそれは彼の社会が、父系的かつ父権的な制度に傾注していたのかということだが――は、一七世紀初頭において男性が支配層の一員として政府中枢の近くにいるということはどういうことであったのかを垣間見せてくれる。

　シートンの標語を読み解くまた別の方法は、「男《おのこ》」という一見単純な語そのものについて検討することだろう。実際のところ、一七世紀において男であるということは何を意味したのか。子孫、つまり子をもうけることは男たることに重要な要素であったように見える。ピンキーの文《テクスト》は相続、つまりは子孫に財産を渡すことに重点を置いており、この社会においては通常、これは子孫が男子であるということを想定していた。つねに不可能であるというわけではなかったが、女性はたいてい相続ができなかった。このようなわけで、血縁と相続の決まりの体系を通して、最年長の息子が家長たる父から家名、社会的な地位と称号、領地、富を受け継ぐことになっていた。この標語はシートンを未来の社会の豊かさの源として描き出している。そして貴人であろうが支配層に属さない者であろうが、男性性を示すためには結婚と生殖により相続人を確保することを通して将来を確実なものにする必要が確かにあったのである。

　興味深いことに、将来子孫を確実に残すために必要である女性については標語の文章に何も書かれていない。

これは男性を特権化していた社会秩序の中で女性がしばしば黙殺される立場にあったことを示している。しかしながら、こうした社会構造のせいで女性は抑圧されるばかりであったと言うのは単純化しすぎであろう。実のところ、一七世紀は女性性という概念が方向転換と変化を経た世紀であった。その文化のありようは、女の役割と性質という概念が変わりつつあることと深い関係を有していたのである。例えば、一七世紀は男の国王に支配されることが多い時代であったが、メアリー・ステュアート、メアリー・テューダー、エリザベス一世という女性君主に支配されていた一六世紀の名残とも折り合いをつける必要もあった。一七世紀のあいだに女性の立場が劇的に変わったということは、ここで一般論として述べておいても差し支えないであろう。たとえば一七世紀初頭には、演劇における女性の役柄は女装した少年によって演じられていた。世紀半ばの軍事的な大変動のあいだに女性たちは政治や宗教にも深くかかわるようになり、多くの女性予言者や著述家が登場した。一七世紀の終わりには、王政復古期の産物である職業女優が公の舞台に立ち、機知に富んだ教養ある女性の役柄を演じるようになったが、こうした役柄においては性的要素が強調されるようになっていた。この時代における男らしさや女らしさの問題はしだいに読者や批評家の関心を掻き立てるようになり、その関心は二〇世紀の末以降も持続している。女性の政治的・社会的・文化的役割に関する調査のおかげで、近年、批評研究の分野できわめて重要な成果が挙がるようになっている。

　アレグザンダー・シートンの話題に戻り、支配層における男らしさのもう一つの重要な側面を見ることにしよう。結局のところ、シートンは決してたんなる一般人ではなかった。標語が誇っている身分の高貴さは、富や教養と相まって、シートンを社会の大多数の人びとから切り離す働きをしていた。屋敷と同様、標語は歓待の意に溢れている。戦いにかかわる言い回しは使わないとみずから否定し、その資格がある者は誰でも入館を許されると述べている。しかしながらこれはあらゆる人の入館を意味しているのであろうか、それとも裕福で影響力と特権を持っているこの館の持ち主のような人びとなら誰でも入れるということを示しているにすぎないのであろうか。そして高貴な身分から除外されている人びとについてはどうなのであろう。シートン自身の地所に勤めている者や、他の場所で労働している者はどうなのであろう。こうした人びとは、庭園や屋敷が与えてくれるという、「心情と精神」にとって非常にためになる愉しみを得るのに十分「いやしからぬ」人びとであるとみなされたのであろうか。もし、壁に囲まれた庭園は持ち主に近い者だけに開かれているということが述べられているのならば、一七世紀の社会はどれほど開かれていたのであろうか。

人を文明化させるような歓び、つまり高徳の士をさらに完全にし、かつ他の者を向上させるような「心情と精神にいやしからぬ愉しみ」は、ルネサンスの核をなす古代ギリシア・ローマ文明の概念に由来するものであった。ギリシア・ローマの古典的な文献および芸術の再発見が他の文化や文明に働きかけ、それを通してブリテンの複合した諸王国も影響を受けた。政治的、社会的な場所としての理想化された郊外の別邸《ヴィラ》という概念そのものが、このような再発見が集中し「ルネサンス」として知られる運動の動力源となったイタリア・ルネサンスから派生していた。スコットランドの貴族の館に対するこうしたものの影響は、ある文化に特有のものが何なのかを分類するのが困難であることがよく示している。こうした文化は、ヨーロッパ大陸からの文化的潮流と同時に、言葉のあやとして表現しやすいがゆえに筆者が「ブリテン」と呼んでいるものの内部からも創り出された潮流にも影響を受けている。「ブリテン」文化の仕組みを検討する章においては、ブリテンが行っていた自覚的な自己表現に留意することが重要である。こうした自己表現はルネサンスとしては遅い時期に、おそらくは「上位文化《ハイ・カルチャー》」に限定されるかたちで起こっていたとはいえ、国境を越えたところからやってきた価値体系や学識についての思想に基づいて行われていた。

このようなわけで、ピンキーの壁の標語からは、一七世紀の文化とこの文を作らせた男について多くの疑問が湧き起こってくる。しかしながら、引き続き中心的な関心事になるであろう重要な疑問が一つ残っている。こうしたすべてを通じて、国民性《ナショナリティ》という考えはどのように帰属意識形成に寄与したのであろうか。「ブリテン」的帰属意識という考えをもって一七世紀に目を向けるべきなのであろうか。イングランド、アイルランド、スコットランド、ウェールズの帰属意識という、異なってはいるが関連をも有している言説は、いかにつながり、いかに対立していたのか。ピンキーそのものが複数の文化の出会う場所であるということは言えるであろう。この章ではこの現象にまつわる他の例を見ていくこととする。その過程で筆者が先ほど出した複数の疑問に答えるべく、いくつかの道筋を示すことを試みよう。こうした出会いの場所は多々あった。イングランドに基盤を持ちつつウェールズとアイルランドまで勢力を広げているスコットランド人の国王に支配された社会においては、国境を越えた交流というものを考えると、越境により出会う文化について多くを理解することができるのである。こうした旅は筆者の中心的な関心の対象である。つまり、王族、詩人、役者、劇作家、建築家の旅と、こうした旅人たちがみずからの文化をどの程度携えて出かけていったのか、それが新しい状況の中でどう変わったのかという点である。この章においては、こうしたブリテンそれぞれの地域の人びと自身が生み出したものと、外側からやってきた表象の両方の文化的テクストを分析することとする。イングランドの文化が「アイルランドらしさ」「スコットランドらしさ」「ウェールズらしさ」を知覚し描き出す方法を知ることによって、イングランドの文化というものについて多くのことを学べるであろうし、逆もまた真である。上にあげたような問いに対する明白な答えは見つからないかもしれないが、こうしたことを問うだけでブリテン諸島の四つの国の民がどう文化的にかかわっていたかを深く理解することにつながるであろう。

先へ進む前に、この章の表題について簡単に触れておくべきであろう。表題となっている引用はシェイクスピアの『ヘンリー五世』[2]からのものであり、この台詞が投げかけている問いの背後にある動機についてはのちほどさらに詳細に見ていくつもりである。しかしながら、こうした方法でシェイクスピアを引き合いに出すことで、ある疑問が浮かび上がってくることになる。こうした疑問はおそらく、イングランドの劇作家（そして少なくとも一七世紀初頭においては、イングランドの俳優）がアイルランドの兵士の声を借りて言わせているシェイクスピアの有名な引用と、スコットランド系の貴族の館の庭にあるはるかに無名な標語を意図的かつ奇妙なやり方で並べたことに総括されるであろう。これは文学と、もっと多様な範囲にわたる文化的表現の関係を簡潔に示すものである。現代の批評家はいまではしばしば後者を考慮に入れており、そのおかげで文学は日常のモノや民衆的なるものと同等の関係に置かれるようになっている。こうした先例に倣い、本章では建築、天井画、肖像画、詩、戯曲、宮廷仮面劇《マスク》[3]、説教、公開処刑、世俗的・宗教的な印刷物、ビラ《ブロードサイド》[4]や新聞、政治論文、およびこうした表現を鋳造するもととなる教育的・文化的影響力を見ていくこととする。こうしていくなかで、たんに一つの文化的表現や社会集団に焦点を絞ってしまうことなくブリテン諸島の像を描き出すことができればよいと考えている。

「上位文化《ハイ・カルチャー》」や「下位文化《ロー・カルチャー》」ではない「文化」という概念に加えて、現代の批評家は、少なくとも二〇世紀においてはシェイクスピアは読者、観客、解釈者の観点によって「イングランドらしさ」か「ブリテンらしさ」の指標として読まれてきたと指摘することが多い。ブリテン諸島の外に住む者にとっては、シェイクスピアはしばしばブリテンらしさの証である。一方でブリテンの中に住むものにとっては、シェイクスピアの作品も、作者自身の偶像《アイコン》的イメージも、どちらもしばしば非常にイングランド的なものに見える。シェイクスピアには、さまざまなものがつきまとっているようだ。多様で活気のある一世紀間の文化を見ていくために筆者は意図的に他のところを注目の対象として選んでおり、この時期においてシェイクスピアの演劇はほんの一角を占めているにすぎない。結局のところ、シェイクスピアのみに注目することは、さまざまな信仰、出身地、性的指向、社会階級の男女がかかわっていたこの時代の活力溢れる文化的産物を無視し、その結果として疾風怒濤のごとく移り変わる刺激的な世紀に対する理解を妨げることになってしまうのである。

一七世紀初頭――ステュアート群島の諸文化

この章では、ピンキー・ハウスが掲げる啓発的な愉しみという概念に関連づけられる、教育という問題も部分的に扱うこととする。教育とは特定の文化モデルにおいて精神と肉体を鍛えることであり、この時期に男と女双方が経験したアイデンティティの変化に密接に結びついているものである。教育について考えることは、スコットランド国王ジェームズ六世がイングランド国王ジェームズ一世として即位してから名誉革命にいたるまでのブリテン諸島の諸文化を推し測るにあたって大きな助けとなり、かつ筆者が検討を目指しているような帰属意識の問題を考えるにあたって洞察の手がかりともなるであろう。ジャコビアン時代における社会を読み解くための手段として、王にまつわる例を挙げつつ、一七世紀初頭における教育、識字、印刷文化から書き起こすこととしよう。ジェームズ六世はスコットランドの人文主義者ジョージ・ブキャナンから教えを受けた教養ある男性であった。ジェームズはスコットランドの国王であったあいだに、『自由なる君主国の真の法』（一五九八年）と『国王からの訓戒』（一五九九年）という二つの政治論文を著したが、この著作の印刷にまつわる来歴から、一七世紀ブリテンの現地語が置かれていた状況について多くを知ることができる。ジェームズは、初めは『国王からの訓戒』を中世スコッツ語〔5〕で執筆したが、これはジェニー・ウァーモールドが指摘しているように、同時期のスコットランドの著作物に見られるイングランド化の傾向に合致するものではなかった[*2]。たとえば、劇作家サー・ウィリアム・アレグザンダーは『君主の悲劇』〔6〕（一六〇三〜〇七年）の序文で、スコットランドの読者は「その優美と完璧さゆえわれらスコットランドの言語よりも好まれるに足るとして私が英語の句をより多く用いたとしても、私を非難することが妥当であるとは思うまい」と断言した。七部という限定版で『国王からの訓戒』が最初に印刷され出回った際は、やはり英語化されていた。ジェームズの論文は、一六〇三年三月に英語の版でロンドンの市場に流通するようになった。この著作は、これから即位する国王により、新たに臣民となるべき者たちの言語で書かれた政治信条声明文として流通したのである。

　即位後にジェームズの著作がどう扱われたかということからも、さまざまなことが把握できる。一六〇四年にロバート・ホランドは『国王からの訓戒』の一部をウェールズ語に翻訳し、ロンドンで出版した。これに付された国王への献辞は、イングランド人およびスコットランド人と同様、ウェールズ人がみずからの土地の言葉で君主の著作に触れることができるような機会を求めるものである。しかしながらもちろんこの翻訳は国王の政策を広めるものでもあった。近世ウェールズ文化に始終見られる特徴であるが、表題の頁にはウェールズ語は「ブリテンの」言語であるという主張がある。ウェールズ人は、自分たちは古来からの「ブリテン人」であると考えていた。というのも、群島全域のかつての支配者たちは古代世界のトロイアのブルートゥスにつながる子孫であり、そこからブリテンの名がとられていると考えたからである。ホランドはウェールズ人を「古代ブリテン人の真正なる生き残り」であると書き記し、「変化にも混淆にも汚されず、みずからの言葉をこれほど長く保ちつづけている偉大なる古《いにしえ》の国の民である。というのも、ブルートゥスはここに二七一一年前に上陸したのであるから」[*3]と述べている。フィリップ・ジェンキンズのようなウェールズ文化史の専門家は、このようなブリテン性にまつわる神話はテューダー朝初期のイングランドとの合同の結果として目立って主張されるようになったが、じつのところそのおかげで連合した王位へのウェールズ人の忠誠心が促進されたのであり、これはジェームズ一世とその後継者たちの目的によく適うものであったと示唆している。実際ホランドは、ジェームズにはウェールズ人の祖先がいると述べ、王朝が変わってもウェールズがかつてテューダー朝の支配者たちと共有していた相互依存関係の中にあることをふたたび確認している。

ホランドの献辞は、言語の差異を維持したまま成立するブリテン性という意識を強め、自立的に維持されてきた現地語による出版という伝統形成にも与《くみ》していた。本書におけるジョン・マカーフィティの第二章は、どの程度宗教が一七世紀文化に影響を与えていたのかということを示している。現地語による印刷出版がウェールズにおいてプロテスタントの大義を広めるのに貢献していた。ある意味では、こうしたことによりイングランド中心主義的な宗教および文化モデルが強制されるようになったとも言えるが、同時に一六世紀半ばに始まった現地語による出版の伝統を通してウェールズの文化がイングランド化に抵抗できるようになったとも言える。フィリップ・ジェンキンズは『近代ウェールズ史、一五三六〜一九九〇年』において現地語による出版の伝統について議論し、ウェールズにおける最初の出版物は十戒、使徒信条、主の祈りを翻訳した『この書において……』（Yn y llyfr hwn . . .）（一五四七年）であったことを指摘している〔ブレコンのサー・ジョン・プリスの著書。R. Geraint Gruffydd, ed., *A Guide to Welsh Literatur, c.1530–1700* では年代が一五四六年、綴りは *Yn y llyfr hwn*〕。聖書の翻訳は引き続き行われ、イングランド議会に支援を受けたウェールズ語聖書の出版へとつながった。一五六七年までにウィリアム・セイルズベリーとセント・デイヴィッズ主教リチャード・デイヴィスが新約聖書を翻訳し、一五八八年には完訳ウェールズ語聖書が印刷された。こうした一六世紀のウェールズ語による出版物は影響力を保ちつづけていた。ウェールズの聖職者はこうした投機的事業にますますかかわるようになり、一六二〇年代には聖書と祈禱書の新訳を、一六三〇年には聖書の普及版

＊2　Jenny Wormald, 'James VI and I, *Basilikon Doron* and *The Trew Law of Free Monarchies*: The Scottish Context and English Translation', in Linda Levy Peck (ed.), *The Mental World of the Jacobean Court*（Cambridge, 1991）, 36–54.

＊3　Philip Holland, *Basilikon Doron: Fragments of a Welsh Translation by Robert Holland*（*1604*）（Cardiff, 1931）.

を出版した。聖職者たちは吟唱詩人の伝統と新しいプロテスタントの学識をめぐる論争にも手を染めていた。バンゴール主教管区のメリオネスの大執事エドマンド・プリスはこれに巻き込まれ、詩編をウェールズ語に翻訳した。スランドヴェリ教区の司祭リース・プリチャードは知識のない者たちのためにキリスト教の信仰をウェールズ語で説明した詩を執筆しており、これは手稿のまま数十年のあいだ広く読まれていたが、一六六〇年代には『ウェールズ人の燈燭』として出版された。こうした出版物が長きにわたって人気を博していたことから、宗教改革の普及においても、ナショナルな帰属意識の育成においても、現地語が強い力を誇っていたことがわかる。

同様にアイルランドにおいても、イングランド流のプロテスタンティズムを促進するために宗教的な文書を現地語で出版する試みがなされた。マーク・キャバルは、近世のアイルランドにおいては、ペイル〔Pale〕以外の場所ではゲール文化が根強く残っており、プロテスタント信仰をうまく根付かせるためにはこうした試みが必須であったと指摘している。エリザベス一世はすでに一五六〇年代の段階でアイルランド語聖書の出版を奨励していたが、一六〇三年にこの聖書が、一六〇四年〔原著の誤りか。一六〇八年〕に後にテュアム大主教となるウィリアム・ダニエルによるプロテスタント祈禱書の翻訳が出版される前に、ジョン・アッシャー〔原著の誤りか。ジョン・アッシャーは費用を出しただけで著者はジョン・カーニー。参照 *ODNB*〕による現地語の教理問答が一五七一年の時点で先んじて刊行されていた。ローマ・カトリックによる対抗宗教改革運動のなかで最初に出版されたアイルランド語の印刷物は、吟唱詩人ギラ・ヴリデ・オホハサによる教理問答であり、一六一一年にスペイン領ネーデルラントのルーヴァンにおける亡命フランシスコ会修道士のグループによって出版された。これと同時に、イングランドの宗教改革に反応してゲール系帰属意識が変化しローマ・カトリック色を強めたことを受け、ゲール人の吟唱詩人の詩も論争的な性質を帯びるようになった。ジャコビアン時代に発表された吟唱詩『アイルランドの数多の悲しみ』〔Iomdha éagnachag Éirinn〕は、アイルランドをイングランド人、スコットランド人、ウェールズ人による性的誘惑にさらされて堕落した女性として描いている。これを、現代の研究者マーク・キャバルは以下のようにみなしている。すなわち、アイルランドを擬人化することによって「統治権を具現化する」伝統が一七世紀前半に政治的なかたちで焼き直された。これにより宗教的および政治的な植民地化に直面して一つにまとまったアイルランドというものが表象されるようになった、というのである。こうした表象は一七世紀初頭に右にあげたような詩を通して政治化され書き直されることになった。ブリテン諸島の他地域における状況からも、宗教的な文書を用いた努力が続けられていたことがわかる。たとえば一六一〇年にはソーダー＝マン島の主教ジョン・フィリップスが共通祈禱書をマン島語に翻訳したが、現在は断片すら残っていない〔著者の誤り。現存している〕。しかしながら、イングランドに併合されなかった国であるスコットランドでは、別の姿が浮かび上がってくる。一五六七年に、アーガイルの監督[7]ジョン・カーズウェルは共通礼拝規定書をゲール語に翻訳した。しかしながらマードック・ニズベットが手がけたウィクリフ訳新約聖書を底本とするスコッツ語訳と、一六五九年に出た詩編の一部のゲール語訳を除いて、スコットランドでは現地語の聖書は出版されなかった。たしかにスコッツ語訳聖書はバーンタイランドの教会総会《ジェネラル・アセンブリ》で議題として取り上げられた。結局ジェームズ一世＝六世は、一六一一年の欽定訳を英語で出版させるという形で聖書にかかわった。もっとも、出版を認可するにとどまらず、国王自身が詩編の一部を翻訳したのであった。

国王と同様、ジャコビアン時代のスコットランドとイングランドの宮廷は学問というものを高く評価していた。イングランドの宮廷人フランシス・ベーコンは教育に関する論考『学問の進歩』[8]を一六〇五年に出版した。ベーコンの著作の影響は大きく、王政復古後に王立協会《ロイヤル・ソサエティ》が採用した知識に対する実験的な姿勢はその影響の最たるものである。教育に重きをおくスコットランドの伝統は学問への投資に影響をおよぼしていた。宗教改革のあいだ、スコットランドですべての教区に学校を設置しようという努力が行われた。この計画は完全には実現できないことがわかったが、スコットランド教会《カーク》の推進により、確実に体制教会に信従するよう促す教育が試みられた。こうした政策の結果として、ブリテンにおいて教育基盤が大きく広がり、教育の重要性が社会の中できわめて強調されるようになった。しかしながら教育はスコットランドの特定の共同体に対する社会的締めつけの手段としても用いられた。一六世紀末から一七世紀初頭にかけて、スコットランドとアイルランドのゲール系人口は、とりわけそれぞれの共同体がゲールの帰属意識という民族的意識《ナショナル・センス》を育みつづけるにあたって、徐々に他の共同体から分離されるようになっていった。さらにスコットランドにおいては、ゲール系スコットランド人は高地地方《ハイランド》と低地地方《ローランド》の分裂により「スコットランド人」から分けて考えられるようになった。一六一六年に枢密院は、ヘブリディーズ諸島のゲール系人口に対して低地地方《ローランド》における国王の支持基盤への親しみを持たせようとする法を課したが、実際には実行されなかった。この法はヘブリディーズ諸島の貴族に、スコットランドの低地地方《ローランド》か内陸部の学校で教育を受け、日常的に英語を学び低地地方《ローランド》の文化を学ぶよう勧告していた。スコットランドに比べると、一七世紀ウェールズにおいてはそれほど教育が普及していなかった。ウィリアム・バーローとトマス・ロイドが一六世紀半ばに設立したカーマーゼンとブレコンの教育事業は一七世紀においても影響力を保ったが、ウェールズの貧困のせいで教区学校の設立は難しかった。

　しかしながら、すべての王国において反発を受けた分野は女子教育であった。支配層の女性は程度にさまざまな差はあるものの、それなりの教育を受け、市民の女性も家政や家の外での職業に熟達していたにもかかわらず、女子は一定の年齢を過ぎたり、ある程度の成績を達成したりすると学校教育を終えねばならなかったし、特定の階層から外れている場合は学校には入れなかった。たとえば市場町バンベリーの共学のグラマー・スクール[9]における一五九四年の記録は、女子で「九歳を過ぎている者、およびすでに英語を読むことができるようになった者」は出席を認められないと規定していた。ジェームズ一世自身が、テューダー朝の貴族の女性が受けていたような人文主義的教育にはきわめて否定的であった。一六世紀における宮廷や貴族の女性は古典語を流暢に用いることができたにもかかわらず、国王は女性に対してこうした古典語ではなく英語だけが読めればよいという態度をとった。しかしながらジャコビアン時代の宮廷は女子教育を推進しなかったものの、宮廷は女性にとってさまざまな機会に富んだ場所であった。一七世紀初頭のイングランドにおいて女子教育に特化した学校で唯一記録に残っているのはデットフォードの婦人学寮《レイディーズ・ホール》である。この学寮については、ジェームズ一世の妻デンマーク王女アンナのために一六一七年五月にグリニッジ宮殿で上演された仮面劇である『キューピッドの追放』[10]の唯一の手稿に記録がある。仮面劇の踊り手たちは学寮の女学生であった。こうした女学生たちが、教育を受けていたものの宮廷とはあまり関係のない立場であったことを鑑みると、少なくともイングランドにおいては、一七世紀が過ぎていくにつれて社会全体でますます女子教育が普及していっていたと考えられる。

ブリテンの大学においては、教育は体制教会への信従と社会的従順さを培う訓練としてもみなされていた。一五七一年にオックスフォードに設立されたジーザス・カレッジは最初のウェールズ人向け大学学寮であった。ウェールズの支配層のうち、かなりの数の人びとはここで教育を受け、多くがロンドンの法学院に進んだが、これは土地所有貴族階級の息子たちにとっては経歴に磨きをかけるのに格好の場所であった。カレッジが提供する教育は、ウェールズ文化の保存や推進と並んでイングランド的な文化規範の獲得を念頭においており、ウェールズ文化の中にイングランドを吸収しようとしていた。オックスブリッジ[11]自体、一七世紀初頭にどんどん活気を増しており、一六三〇年代に入学者数が最高に達し、この時期の在学者の半数以上は支配層出身ではない学生からなっていた。スコットランドでは、セント・アンドルーズ、グラスゴー、アバディーンといった一六世紀の大学群がいくぶん地盤沈下したものの、エディンバラ大学が一五八三年に設立された。トリニティ・カレッジ（ダブリン）はケンブリッジのピューリタンによって一五九二年に設立されたものであり、最初に学長となった五人はみなケンブリッジで教育を受けていた。設立目的は、ダブリン住民にイングランドの「文明」と敬虔なプロテスタント信仰を教え込むことでアイルランドにおける宗教改革を進め、またテューダー朝の植民地行政を安定させることであった。そこでの教育をアイルランド語で行ってほしいという声もあり、トリニティ・カレッジが手助けして聖書が初めてゲール語に翻訳されることとなった。

統治をいかに理論化するかという問題もこの時代にきわめて盛んに議論されていた。ジェームズ一世自身の政治モデルが議論の中心を占めており、のちの哲学的発展におおいに貢献した。ここで、一七世紀の政治理論とは一見関係のない側面について、ジェームズの政治哲学を援用してみたい。その側面とは演劇である。『国王からの訓戒』は権威について、「公の舞台」における君主のパフォーマンスに基づく演劇的モデルを採用している。この考えは一七世紀の大部分を通してきわめてよく用いられるものとなった。[*4] 政治が演劇的だとみなされるのと同様に、演劇も政治的であった。見せ物《スペクタクル》、儀式、演劇の社会に対する関係は一七世紀のあいだじゅう変化していたが、ブリテンを構成する諸国民が演劇的なるものを介して相互に影響をおよぼしていたのは明らかである。一五九三年から九四年にかけて、ジェームズ六世はいくつかの巡業劇団に勅許を与え、一五九九年にはイングランドの一座をスコットランド教会《カーク》の抗議から守ってやった。イングランドの一座は一六世紀のダブリンにおいて聖体《コーパス・クリスティ》祝祭劇をも上演していた。〔12〕 スコットランド人が執筆した伝統的な芝居としてはサー・デイヴィッド・リンジーの『三大身分風刺』〔13〕（一五四〇年）、著者不明の『フィロタス』〔14〕（一六〇三年）、アレグザンダーの『君主の悲劇』などがあげられるが、限られた数しか残っていないため、スコットランド演劇はほとんどの批評家から軽視されてきた。しかしながらグラマー・スクールや大学で芝居は上演されていたし、「怪物《モンスター》」〔15〕、綱渡り芸人、薬の大道叩き売り《マウンティバンク》を含む民衆演芸も行われていた。〔16〕 行幸にともなう余興はきわめて盛んで、イングランドよりもスコットランドのほうで、より広く女性が余興で舞台に上がっていたことを示す有力な証拠がある。王室のための余興ではあらゆる階級の女性が舞台に上がっていた。注目すべき初期の例としては、ジェームズ四世の『黒いご婦人のトーナメント』[17]（一五〇七年から〇八年）があり、表題の人物を演じたのはステュワート朝の宮廷に仕えていた奴隷の黒人女性であった。しかしながらステュワート朝の宮廷がスコットランドを離れると王の保護もなくなり、宮廷に頼っていた演劇は弱い立場に置かれるようになった。この結果として、スコットランド人によって書かれた芝居は王政復古の後までスコットランドでは上演されなくなってしまった。

一六〇三年に、筆者が触れたいと考えているなかでも最も重要であり、かつ確実に最も世間の注目を浴びていた巡幸が実施された。ジェームズ六世はイングランド王位に就き、南へ旅したのである。スコットランドからイングランドへの旅は見せ物、余興、ときたま起こる奇想天外な出来事に特徴づけられていた。たとえば、ジェームズがスタンフォードを通過した際、竹馬に乗った一〇〇人の男が請願を提出した。観客であると同時に演者でもある君主は、見せることを通して権力を築いていた。一六〇四年のジェームズのロンドン入市式はベン・ジョンソンとトマス・ミドルトンが設計した凱旋門を通って行われ、このためロンドンそのものが劇場となり、ステュアート朝支配下の社会がどれほどパフォーマンスというものに支えられているのかが如実に示された。もちろん、新しい国王は、比較的新しくかつ非常に栄えている街の劇場と自分が不安定だが不可欠な関係で結ばれていることにすぐ気づいた。ジェームズの治世の初期において、街では新しい君主の抱えている文化的差異を攻撃する政治諷刺が舞台にかけられた。こうした作品は王とスコットランドの貴族の外見、習慣、訛りを批判しており、イングランド的なロンドンという大都市の文化がスコットランド人の到着に対して示した反応を実演するものであった。

＊4　James I, *Basilikon Doron, in James I: The Workes*（1616）, 137–89.

この時代の最も有名な演劇作品の一つであるシェイクスピアの『ヘンリー五世』は、ロンドンの劇場においてブリテンというものの表象がどのように行われていたのかという文脈を提供してくれるものである。ここで表題の引用に戻ってみることとしよう。ジェームズがイングランド王位に就く前の一五九九年に上演されたこの芝居は、ヘンリー五世が一五世紀に行ったフランスに対する征服戦争を題材にしているが、エセクス伯がアイルランドに対する戦争準備を行っていたという当時の時代背景を反映し、エリザベス一世の治世後期における植民地拡大と芝居で描かれた時代の状況が対比されている。第三幕第三場において、「ブリテン的」国民性の典型的な代表例として描かれているフルーエレン、マックモリス、ジャミーの議論は、互いの間にある緊張感を浮き彫りにする。あるところでは立腹したマックモリスが「オラだの国はなんだべな？　誰だや勝手にしゃべくって？」(What ish my nation? Who talks my nation?) と周囲の人間に激しく詰め寄る。*[5] この含みの多い問いはシェイクスピアによる不完全なアイルランド訛りで表現され、イングランドの舞台およびイングランド文化におけるアイルランドそのものの扱いにくい立場を示すものとなっている。マックモリスの挑戦、つまり自分はアイルランド人なのかブリテン人なのか、自分はアイルランドに帰属する者なのかそれとも自分がその下で戦っているイングランドの君主に属する者なのか、という疑問は、イングランドの植民地をめぐるさまざまな活動においてアイルランド人が占める立場を問いただすものである。というのも（少なくとも一五九九年の時点で）イングランド国王はアイルランドに戦いを仕掛けようとしていたのだ。しかしながら芝居ではこの議論は戦争によって阻まれる。登場人物たちは、フランスと戦うためにそれぞれの分裂を忘れねばならないのであり、そうして三つの地域の人びとの間に漂う緊張感はフランスの領土に戦いを挑むイングランド国王ヘンリー五世の大義に従属するものとなる。

反スコットランド的な諷刺演劇の最重要例が、ジョージ・チャップマン、ジョン・マーストン、ベン・ジョンソン作の『東行きだよーお！』[18]（一六〇五年）と、ジョン・デイの『鷗の島』[19]（一六〇六年）であり、これらはブラックフライアーズ座で王妃祝典少年劇団（しばしば議論の的になった少年劇団）によって上演された。グローブ座（二〇世紀末にテムズ川の南岸に現役稼働する劇場として再建され、観光名所になった）のような一般民衆向け野外劇場とは対照的に、ブラックフライアーズ座は市壁の中に建てられた支配層向けの室内劇場であり、一ペニーで観覧できるグローブ座の立ち見席とは違って六ペンスを料金として徴収していた。ブラックフライアーズ座は「常連向け私設劇場」として知られており、顧客は法律家、法学院の学生、正規市民、ジェントリの若い子弟からなっていた。貴族や宮廷人も観客の一部であり、宮廷と市民が同じ場所で膝を突き合わせて観劇していた。また違った種類の突き合わせもあったようである。『鷗の島』の序幕は、三人の「洒落者」が舞台上に座る椅子をよこせと言うところから始まる。ジャコビアン時代の演劇と王政復古期におけるその後継者たちは、のちの劇場がするようなやり方で観客とパフォーマンスの間の壁を作ることはしなかった。そのかわりに演者と観客は演劇空間の意味についてともに議論をしていた。

　都市喜劇と宮廷諷刺を舞台にかけることで、ブラックフライアーズ座は宮廷のことを街に伝える一方、街の姿そのものをも映し出して街に提示した。ロンドンの観客は諷刺劇を待望し、諷刺劇は利益をあげた。ブラックフライアーズ座の芝居は自意識的にロンドンでの生活を扱っており、芝居の中にスコットランドから新しくやってきた人びとに対する言及が見られるのはまったく驚くようなことではない。デイの芝居はシドニーの『アーケイディア』[20]を翻案しつつスコットランド人を諷刺しており、国家による介入の対象となった。しかしながら『東行きだよーお！』はさらに大きな議論を呼んだ。シーガルがアメリカのヴァージニア植民地を理想郷《アルカディア》のパロディのように描写する台詞には、合同に反対する諷刺が明らかに見て取れた。

＊5 Shakespeare *Henry V*. 3. 3. 61. ed. Katharine Eisaman Maus, in Stephen Greenblatt *et al.* (eds.), *The Norton Shakespeare* (New York and London, 1997).

あちらじゃお巡りさんも宮廷人も法律屋もスパイもいなくてご自由に暮らせますって。たぶんちょっとばかりはコツコツ働くスコットランド人もいますがね。まあたしかにスコットランド人ってのは世界じゅうどちらさんにでもバラバラといますからねぇ。でもスコットランド人についちゃあ、世界のどっか別んとこにいるかぎり、イングランド人とイングランドにとっちゃあ一番いいお友達ですよ。俺としちゃあよそでなら一〇万人でもスコットランド人がいてほしいねえ。なんてったっていまじゃみんなご同郷ってわけだし。こっちにスコットランド人がいるよりゃ一〇倍マシなお慰みってわけですよ。[*6]

よく知られているとおり、滑稽なサー・ペトローネル・フラッシュがヴァージニアへ渡航する途中にロンドンの東アイル・オヴ・ドッグズの岸に打ち上げられ、それを通りすがりの紳士がジェームズの訛りをまねた言葉遣いで描写するが、これはジェームズによるナイト爵位の売買を批判する内容になっている。「あの人やったらよう知っとるわ。三〇ポンドでナイト爵にしたったうちの一人やから」[*7]。こうした言葉は、ジェームズの政策がイングランドの現状に対しておよぼしていると考えられた脅威を保守的な芝居がどのように表現していたかを指し示すものである。

ジェームズ一世のスコットランド訛りのパロディは、ある種の文化的排除の指標であり、一〇年後にベン・ジョンソンの『宮廷のアイルランド仮面劇』[21]（一六一三〜一四年）で再浮上することとなる。この劇の上演に際してのジェームズは、イングランドの劇作家によって台本が書かれ、そしてスコットランドとイングランドの宮廷人および国王一座の俳優の舞踏によって表現されたアイルランドの表象を鑑賞する特権的観客であった。『アイルランド仮面劇』は、ジェームズのスコットランド人の寵臣サマーセット伯ロバート・カーとフランセス・ハワードの結婚のために演じられたものであり、イングランド人とスコットランド人の結婚を祝うという回りくどいかたちで国王に対するアイルランド貴族の忠誠心を表現する演し物であった。

ジャコビアン時代の宮廷仮面劇は衒示的消費の誇示であり、宮廷人と職業俳優によって演じられた。諸芸の総合体である仮面劇は、戯曲中心の芝居とは大きくかけ離れた社会的なパフォーマンスであり、宮廷人は黙したまま演技をしないものの、観覧する仲間の貴族たちの前でみずからのアイデンティティを踊りで表現した。宮廷にとって仮面劇はみずからの理想化された性質というものを確認させてくれる統治者の権力の儀式であり、劇中では助言や批判を行うこともできたであろう。仮面劇の舞台は街の劇場の舞台とは重要な点で異なっていた。たとえば、舞台装置もなく剝き出しになっている街の劇場の舞台とは異なり、仮面劇はイニゴー・ジョーンズがデザインした革新的で場面変化を伴う奥行きのある背景セットを使用していた。一六一九年までには宮廷はホワイトホールにある三つめのバンケティング・ハウスで仮面劇の踊りを上演するようになったが、この建物は今日でもなお訪れて見ることができる。この宴という目的に特化した空間はイニゴー・ジョーンズの設計によるものであった。イタリア風の古典主義的特徴はピンキーと同様であり、この建物は内戦と王政復古以降のクリストファー・レンの作品にまでいたる、古典主義的都市建築の最初の例であった。

王政復古期に女優が現れる前の一七世紀イングランドの女性にとって、宮廷仮面劇は、唯一堂々と実行できるパフォーマンスの場であり、その点でとりわけ重要なものである。イングランドでは女性のパフォーマンスが制限されていたため、ジェンダーの認知は、男性のみの劇団、あるいは『鷗の島』や『東行きだよーお！』を上演した少年劇団のパフォーマンスの最前線にある問題となっていた。一七世紀初頭の演劇における女役は異性装を

＊6　George Chapman, Ben Jonson, John Marston, *Eastward Ho!*, ed. R. W. Van Fossen (Manchester, 1979), 3. 3. 42–52.

＊7　Ibid. 4. 1. 197–8.

した少年によって演じられており、フィリップ・スタッブズのような反演劇的ピューリタンの聖職者たちから攻撃を受けていた。こうした批判者たちにとって、異性装をした少年に求愛しキスする成人した男の役者を見ることは、見ている者に対する罪への誘惑や男色と同義であった。数人の劇作家がこうした断罪を茶化した作品を書き、ベン・ジョンソンもそのうちの一人であった。『エピシーン』[22]（一六〇九年）においては、女装した少年は、「中性」を意味するエピシーンという名前であり、一方、反演劇主義者モロースの名は「気難し屋」という意味で、名が体を表している。この二人の結婚を通して、異性装の伝統がうまく処理され諷刺されている。この種の遊び心に満ちた刺激について、スタッブズはこれより前に不平を叫んでいる。

芝居や幕間狂言を見るため劇場とその緞帳に走り群がる者どもを見よ。そこでは見るも驚くようなふしだらな仕草、淫らな台詞、笑いと嘲り、軽いものから激しいものまで揃った接吻、抱擁やいちゃつき、ふしだらな目配せや流し目などが用いられている……。そうして神々しい見せ物が終わると、……みなとてもなれなれしく別の者を家路に連れて帰り、秘密の私室で（隠れて）男色やさらに悪い行いをするのである。*8[23]

イングランドの舞台からなぜ女性が排除されたかには複雑な理由があるが、簡単に言うと、制限は当時の女性性というものに関する認識に根付いており、劇場が性的好奇心を煽る空間であるというスタッブズの意図にも関連している。ルネサンスのイングランドは貞淑、寡黙、家庭的性格という女性の理想にとりつかれていた。こうした概念は互いに切り離すことのできないものであった。多弁、あるいは家の外で活躍する女は淫らな女であり、淫らであるということはルネサンスのイングランドにおける家父長制にとって主たる恐怖であり性的幻想でもあった。そして庶子という脅威をもたらすものであった。庶子を作ることは、一例を挙げれば、アレグザンダー・

シートンがあれほど期待していた安定的な継承というものを転覆しうるものであったのだ。こうしたことからは、なぜ一七世紀初頭の女性が俳優という地位に公的には就けなかったのかがうかがわれる一方、宮廷仮面劇という共同参加によるパフォーマンスでは、ジェンダーを問わず沈黙が採用されたがゆえに女性にとって機会が増えていたこともわかる。

　しかしながら『宮廷のアイルランド仮面劇』においては、アイルランド性なるものがステュアート朝の宮廷に対して表現されている様式が興味深い。現代のルネサンス文学研究者デイヴィッド・リンドリーが指摘しているように、『宮廷のアイルランド仮面劇』は、貴族たちがアイルランド風のマントに象徴される「野蛮」を捨てて、イングランドの高価な仮面劇衣装という「文明」を身にまとう変身の様子を描くことで、宮廷の理想を表現している。貴族たちは、ジェームズに敬意を表するためにアイルランドからやってきたのだが、その登場は彼らのお抱え人たちによって告げられる。こうしたお抱え人こそが、アイルランド性と考えられていたもののおなじみの表象なのであり、彼らが貴族たちの踊るあいだずっと舞台にいることが、仮面劇の調和を乱すのである。ある台詞がとりわけ不穏に響く。お抱え人たちが踊りを見ているとき、ダーモックが前にかがんで、リンドリーが述べているように「共謀的な」様子で、国王に「なんとだべ、ジェームズ?」(How like tow tish YAMISH?)と囁くのである。[*9] イングランド人の俳優たちはイングランド化されたアイルランド文化を演じつつ、スコットランド生まれの国王をイングランド宮廷から見たよそ者とみなしているのだが、この瞬間に、スコットランドとアイルランドはイングランドの言語との差異を共有することによって結ばれるのである。宮廷の舞踏ではスコットランドとイングランドの文化的合同が試みられるのだが、この試みは、宮廷人らしからぬ振る舞いをする他者としての「アイルラ

＊8　Philip Stubbes, *The Anatomy of Abuses* (London, 1583).

＊9　Ben Jonson. *The Irish Masque at Court, in Ben Jonson: The Complete Masques*, ed. Stephen Orgel (London, 1975), 211, l. 129.

ンド」を演じるイングランド人俳優の、あまりにもなれなれしい問いのせいで損なわれてしまうのである。

ジェームズ一世は治世のあいだずっとイングランドに留まっていたわけではない。しかしながら、一六一七年に国王がエディンバラに帰ったことで宗教に関する議論が巻き起こり、スコットランドの王室と自治都市両方で緊縮財政が行われるようになった。国王の訪問のために行われた準備のために、二つの点が明らかになった。不在であった君主にスコットランドが自国の文化的繁栄を証明する必要があることと、イングランド化された文化が優位に立っていることである。たとえば、エディンバラはフランドル地方のタペストリーの製作を依頼したが、これは長く使われていた古くからの持ち物に見えるよう造られていた。同時に、イングランド化は伝統的なスコットランドの天井画にもおよんだ。スコットランドの天井はピンキーに代表されるような標語や図像で飾りつけられたものであったが、こうした天井はイングランドの職人が造る、イングランドで流行していた漆喰の天井に取って代わられてしまった。こうした新しい天井の最も有名な例はエディンバラ城である。イニゴー・ジョーンズはおもな仕事場であるロンドンから、ロンドンの職人とイングランド風な様式を採用してホリルードハウスの王室礼拝堂改築を監督した。しかしながらこうした例はエディンバラにとって明らかな自己疑念の種となったものの、一六三〇年代にエディンバラのハイ・ストリート脇の議事堂を建設した際などに見られる自信に満ちた建築物造りにより、釣り合いが保たれていたと言えるであろう。さらに、イングランド人がスコットランドの知識人に対して抱いていた考えもよい兆候であった。ベン・ジョンソンは一六一八年から一九年にスコットランドを旅して、ジェームズ一世のためにスコットランドを主題として書いた詩「発見」（Discovery）の題材を集めた。ジョンソンは、ソネット形式の詩で見るべき作品を残した最後の近世詩人のうちに数えられる、ホーソーンデンのウィリアム・ドラモンドとともにスコットランドで過ごしていた。ジョンソンの訪問からは、イングランドとスコットランドの交流は南側の「中央」からの文化襲来というよりは、ある程度双方向的なやりとりの過程であったとも言えるであろう。

　ジャコビアン時代は一六二五年にジェームズ一世＝六世の死をもって終わった。チャールズ一世が後を継いだが、父とは非常に異なった宮廷を主宰することとなった。ジャコビアン時代の明白な不節制ぶりと、スコットランド風の風習がおよぼしたとされていた良からぬ影響の後であったので、少なくとも作家ルーシー・ハッチンソンのようなよりピューリタン的な構成員にとっては、チャールズ治世の宮廷は以前よりも良い趣味を持っているように感じられた。フランス人の王妃アンリエット＝マリー（ヘンリエッタ・マライア）とともにチャールズ一世は宮廷における振る舞いの改善を指導し、それと同時にヨーロッパ大陸の影響を強く受けつつイングランド風の形式を取り戻すことも行った。しかしながらこうした違いにもかかわらず、チャールズが権威の表明に用いた文化は、ジェームズの時代の文化から一貫した連続性が強く見られるものであった。

　スコットランド生まれのチャールズが一六三三年に戴冠のためエディンバラに帰還したとき、国王の訪問をきっかけに、ホリルードハウスの改築にあたってさらなるイングランド風建築様式の流入が起こった。しかしながら重要なことは、スコットランドの科学的発展もここに組み込まれていたということである。一六一四年にジョン・ネイピアが発見した対数のおかげで、スコットランドの薊《あざみ》とイングランドの薔薇で飾られた多面体の日時計[24]を作ることができるようになり、ホリルードの庭園に花を添えた。しかしながら宗教的な雲行きがどんどん変わっていくなか、チャールズのスコットランドにおける戴冠はそれほど問題なく運営されたというわけではなかった。スコットランド人はチャールズのロード主義的な改革に良い顔をしなかったうえ、イングランド化された戴冠儀礼、とりわけ祭壇のタペストリーにかかった編み合わせ十字架は非常に不快とみなされた。

　チャールズの宮廷はそれ以前のジェームズの宮廷と同様、演劇と演劇的なるものの場であった。現在のチャールズ治世における仮面劇への関心は、当然のことながら、最後の上演であり、かつチャールズ一世と王妃アンリエット＝マリーによって踊られたウィリアム・ダヴェナントの『サルマキスの戦利品』[25]（一六四〇年）に集中している。この作品に関する批評は真っ二つに割れており、この仮面劇を宮廷の現実逃避が極まったものであるとする意見と、合意の形成を通して政治的現実に作用をおよぼそうとする試みとみなす意見がある。しかしながら、チャールズの治世においては一貫して視覚的・文学的・演劇的テクストを通して至高の王権の支配を表象するために文化事業が計画されていたことを考慮して『サルマキスの戦利品』を読解すべきである。こうした文化事業のなかで傑出しているのがホワイトホールのバンケティング・ハウスの天井にフランドル出身の画家ペーテル＝パウル・ルーベンスが描いた、ジェームズ一世＝六世の神格化を示す天井画である。一六三五年にチャールズのために描かれたこの天井は、ジェームズの昇天を描いており、ステュアート朝の権力が神聖な起源に基づいて創られていたことをよく表現する政治的なテクストである。この政治的神格化にまつわるテクストはきわめて重要であり、バンケティング・ハウスに灯る蠟燭の炎が天井を劣化させはじめたときも、絵を除去するなどということはまったく考えられなかった。それどころか、かわりに新しい仮面劇用の館が建てられた。ルーベンスの天井画はジェームズが抱いていたブリテンという計画をも表象している。死せる国王はイングランドとスコットランドの王冠をつなぎ合わせるような姿で示されている。イニゴー・ジョーンズが生んだ王室にふさわしい古典主義的壮観の中で誇示されることにより、絵画に描かれたテクストと建築はともに絶対的な支配という展望を掲げることとなる。建築による権力の表明は、イニゴー・ジョーンズの弟子であったジョン・ウェッブがチャールズ一世のために設計した巨大なホワイトホール宮殿という実現されなかった計画においてもふたたび現れる試みである。ウェッブの設計はホワイトホールの混沌に満ちた建築物群を整理しようという試みである一方、チャールズの個人的支配を表現するものでもあり、スペインのエル・エスコリアル修道院宮殿[26]に基づくものであった。この設計は、ヨーロッパ大陸のローマ・カトリシズムを思わせるがゆえに国王の批判者たちからは好意的に迎えられなかった。

一六四九年に、バンケティング・ハウスとその天井画は、演劇的でもあり政治的でもある決定的瞬間の舞台背景となった。ルーベンスの天井画の下を引き回された後、宮廷と国家の理想像を形づくるものとして自身で造ったホールの前で、チャールズ一世は処刑されたのである。王は議会派の詩人であり政治家でもあったアンドルー・マーヴェルにより、「クロムウェルのアイルランドからの帰還を詠うホラティウス風頌歌《しょうか》」の中で「悲劇の死刑台」にいる「王たる俳優」として記憶されることとなった。[*10] 二〇世紀の影響力のあるフランスの理論家ミシェル・フーコーは近世の刑罰を、罪を犯した肉体に対する至高権力の演劇的誇示を通して観客の精神を管理するものとして、見せ物と同一視した。ゆえにチャールズの処刑は、至高権力による刑罰の道具が君主自身に対して用いられたという点で際立ったものであった。この逆転現象の大きな影響はフィリップ・ヘンリーによるチャールズの死の瞬間の描写に明確に見て取れる。その死は「いままで聞いたこともないような、その際に居合わせた一〇〇〇人もの人びとのうめき」を伴っていたという。[*11] 死と破壊に瀕していたにもかかわらず、チャールズはこの舞台で殉教者の役どころを演じ、王位への要求に結びつく永続的遺産を息子に伝えた。これはステュアート王朝的な感性に髄まで染み通っていた演劇性というものを示す最後のパフォーマンスであった。

チャールズの処刑は政治的イデオロギーのさらなる表明にはずみをつけるものであった。『国王の肖像』[27] はこうした出来事を記憶する王党派のテクストであり、チャールズの処刑の日に間に合うよう仕上げられていた。この文書は王党派の支持を集めるものとなった。一七世紀の読者はこうした視覚的テクストにおける記号《コード》の読解に熟達しており、そうした人びとにとって、『国王の肖像』の扉絵は椰子の木の象徴的意味合い〔殉教による信仰の勝利〕

*10 Andrew Marvell, *An Horatian Ode Upon Cromwell's Return from Ireland* (1650).
*11 Philip Henry, *Diaries and Letters of Philip Henry*, ed. Matthew Henry Lee (London, 1882), 12.

図12　『国王の肖像』の扉絵

を想起させるものであり、光の矢という受胎告知を思わせる描写はチャールズが神聖な殉教者であることを示していた。ルーベンスの天井画と『国王の肖像』は、ともにチャールズの宮廷の文化計画の頂点にあるものであり、チャールズの死刑台におけるパフォーマンスのわかりやすい遺産であった。

　チャールズの処刑を目撃した都市自体が演劇の場であった。ベン・ジョンソンは一六三三年までロンドンの舞台のために書きつづけたが、その作品はジェームズとチャールズの治世の連続性を示している。チャールズ治世におけるジョンソンの同輩であるジェームズ・シャーリーも、ロンドンで活躍する卓越したローマ・カトリックの劇作家かつ仮面劇作者であった。王政復古期前のロンドンとダブリンにおけるシャーリーの業績は、ブリテン諸島内におけるイングランド化された文化モデルの広がりと、その過程で演劇が果たした強力な役割を示している。

　疫病発生中にロンドンの劇場が閉鎖されたため、シャーリーはジョン・オギルビーに請われてダブリンへ渡った。ロンドンで舞踏の教師として働いていたスコットランド人であるオギルビーは、一六三六年頃、物議をかもすイングランド人のアイルランド総督であり、ダブリン城でイングランド人社交界の主として振る舞っていた初代ストラフォード伯爵トマス・ウェントワースの庇護を受けることとなった。よく知られているように、ストラフォードは裁判を受けて処刑された。とはいえストラフォードのお抱えとなったオギルビーはダブリンに商業劇場を設立するための尽力を続けた。さらにその後の一六六一年のチャールズ二世のロンドンでの戴冠式の式次第も彼のペンによるものであった。アイルランドでは、ゲール語を話す人びとのあいだでも、英語を話す人びとのあいだでも、舞台上演の伝統があった。アイルランドでは歌手であろうと語り部であろうと奇術師であろうとハープ弾きであろうと詩人であろうと、性別にかかわりなく演者には事欠かなかったことを、演劇史家アラン・フレッチャーの著作（文献表参照）は明らかにしている。このように広く受け入れられていた活気ある演芸文化に加えて、伝統的な形に沿った演劇も広く見られた。奇跡劇や聖体祝祭劇が上演され、イングランドの一座がヨールやキルケニーを訪れた。イングランド人の総督をパトロンとして、一六三五年から三七年のあいだのいずれかの時点でワーバラ街で商業劇場がこけら落としをしたときには、ダブリンにも旅役者が来るようになった。

イングランド風の演劇の形式はシャーリーの『アイルランドの聖パトリック』[28]に明らかに見て取れるものだが、アイルランドに対するイングランドの支配を常態化するものである。『聖パトリック』はワーバラ街劇場のために書かれ、一六三九年から四〇年に上演された。しかしながら、こうした形式は、輸入されたとはいえ、観客たるべき人びとにとって受け入れやすいものというわけではなかった。ダブリン城での内覧上演は好評であったが、ワーバラ街劇場は料金を払って見に来る市内の観客に頼っていた。このためイングランド風の演劇形式の押しつけにより、劇場運営は商業的な困難に陥りはじめた。シャーリーのますます辛辣になっていくプロローグがこの葛藤を伝えている。『聖パトリック』のプロローグは泣き言で始まる。「どうなるかはわれわれにもわかりません。あなたがたのお好みは／さまざまですし、多くの方が飽きてしまうのではと危ぶんでおります」*12。問題は審美眼にかかわる面にあったようである。シャーリーは、彼がイングランド的な趣味の普遍的基準たるべきと考えるも

*12 James shirley, *St Patrick for Ireland*, in *A Critical Edition of James Shirley's St Patrick for Ireland*, ed. john P. Turner (New York and London, 1979).

のを共有していない人びとを罵っている。「本日ここにいらっしゃる方々がみな、どうかご自身のため／芝居の芸と業だけでもご理解くださるならよいのですが」。植民者は自らの文化で街に影響を与えることを望んでいたが、街の持つ商業的な力の前に敗れさった。「洗練された」イングランドの演劇は、ダブリンの商業資本という現実の前では無力であった。

シャーリーは一六四〇年までダブリンの舞台のために執筆をしたが、『アイルランドの聖パトリック』（一六四〇年刊行）は、最も明確にイングランドとアイルランドの関心事が切り結ぶ局面を描き出した作品である。シャーリーの芝居は、アイルランド人かさもなければイングランド系アイルランド人の観客をワーバラ街に誘い込もうとする試みであり、そうするためにアイルランドのローマ・カトリック・ナショナリズムの創世説話を持ち出して、これをエピローグで観客に向かって「この地に知られた、あなたがたのお話です」と告げるのである。これは、アイルランドの植民地化の現実や、イングランド人およびイングランド系アイルランド人の観客の存在を考慮すると、議論を呼びそうな主張である。とはいえこれは、新イングランド系の植民者たちの流入によって、それ以前は分断されていたアイルランド社会にまとまりができあがっていたことを示すものではあるのかもしれない。『聖パトリック』は政治的説得の儀式であり、イングランド文化の力を演劇の形式で述べるものである。「見せ物的」と悪しざまに呼ばれはするものの、『聖パトリック』はロンドンの舞台の視覚的可能性をダブリンに移植したということが言える。魔術師《アーキメガス》が地面に消えるなどの入念な特殊効果や、守護天使ヴィクターの降臨など仮面劇の要素も取り入れられている。シャーリーは観客に、イングランド風の演劇では当たり前であったロンドンの舞台慣行を教えたのである――すなわち、アイルランドから借用してきたナショナリズムの説話とイングランドの演劇技法を総合することによって、政治的な内容が芸術的な形式をまとうこととなったのである。

しばしばアイルランドのローマ・カトリシズムの始まりを告げる単純な説話として読解されるものの、この芝居にはイングランドによるアイルランドの植民地化を想起させるところもある。シャーリーはパトリックの信仰を用心深くローマ教会から切り離し、一般的なキリスト教信仰へと還元しているが、それがもたらすのは、この最初の植民地化と、イングランドの「文明」やプロテスタント信仰の普及とのあいだの類似を強化することにほかならない。シャーリーはパトリックがやってくる以前のアイルランドにおける、キリスト教とはかけ離れた異教を描写しているが、これはローマ・カトリシズムに対するプロテスタントの異議をあてこんだ表象である。ドルイドの高位聖職者であるアーキメガスはこう宣言する。「この王国は／この先もわれらのものとして、栄えるであろう。あらゆる祭壇は／われらの神々に向かい香をたきしめ、炎により燦然《さんぜん》と輝くであろう」[*13]。このように偶像崇拝を強調することは反ローマ・カトリックの論者が広くなす非難なのだが、パトリックが舞台での最初の登場時に「絵に描いた神々への……盲目的信心[*14]」に対して警告する際にもふたたび見られるのである。イングランドの植民地文学におけるアイルランド表象を考慮する際、おそらく最も重要なのはスペンサーの『妖精女王』〔29〕の残響である。英語の植民地文学におけるアイルランド表象のあり方を考えあわせてみると、もしかするとこの作品で最も重要なことは、スペンサーの『妖精女王』をなぞっていることなのかもしれない。『聖パトリック』のアーキメガスの名は『妖精女王』のアーキメイゴーからとられているのだが、アーキメイゴーとは変装したローマ・カトリックの魔術師であり、好戦的プロテスタンティズムの典型であるスペンサーの赤い十字の騎士を罠にかけようと企むのである。このことの重要性は、以下のことに気づくまではっきりしないかもしれない。すなわち、シャーリーはこの名を使うことによって、アイルランドに関して最も大きな影響力をもった作家の一人だったスペンサーが「ブリテン的」な叙事詩において記した反ローマ・カトリック的表象をなぞっているのである。

＊13 James Shirley, 1. 1. 6–8.

＊14 Ibid. 1. 1. 175.

スペンサーの『アイルランドの現状についての所見』〔30〕は、植民地統治の弁明だったのだが、一五九六年に書かれたものの、実際は一六三三年にやっと出版された。その一方で、芝居でパトリックが言うところの、堕落した信条を改革しつつアイルランド全体におよぶであろうと予言されている新しく活気に満ちた信仰とは、プロテスタンティズムの公式な自己表象に一致するものである。こうしてシャーリーはキリスト教の最初の流入を、のちのプロテスタンティズムの出現と、イングランドの支配や「文明」のアイルランドへの導入を論じるために利用している。パトリックの「われわれはブリテンの者」という主張と、自分のもとにある聖職者たちを「異国から来たコロス」とみなす描写は、古代におけるキリスト教の流入と、現在における「文明化を目指す」イングランド人の流入の同一視を進める。『聖パトリック』の政治的連関は、改宗した息子にレオガリアス王が権力を移譲することを予期したパトリックがこう宣言するとき、いっそう明確になる。

殿下、あなたは
この王国をご自身の敬虔なる統治で祝福することになっております。
あなたの王冠は栄え、あなたの血筋は
栄光ある王座を占めつづけるでしょう。[*15]

このような追従は、明らかに芝居を見ているストラフォード伯に向けられたものである。イングランド、スコットランド、ウェールズのユートピア的統一を表象するブリテンの宣教師であるパトリックは、イングランド人の植民者と手を携えて、信仰と統治の新体系を持ってやってくる。『聖パトリック』はアイルランドのローマ・カトリック・ナショナリズムの創世神話を呼び覚ますだけではなく、イングランド人によるアイルランドの植民地化をも描いた作品なのである。

シャーリーは一六四〇年にイングランドに帰った。一六四一年のアイルランドの反乱のせいでワーバラ街劇場は閉鎖され、ジョン・オーブリーが一六九二年の『名士小伝』〔31〕で述べているように、「牛小屋」*16にされてしまった。シャーリーはロンドンの劇場のために一六四二年の劇場閉鎖まで芝居を書きつづけた。しかしながら一六四二年の時点でこうした劇場がすべて閉鎖されてしまったと考えるのは正確ではない。戦いから生まれたクロムウェルの支配体制は、後で述べるように演劇や文芸に明白な敵意を示したというわけではなかったからである。

戦争とその後——一六四二年から六〇年までの文化とアイデンティティ

チャールズ一世が処刑される七年前に、その息子がブリテンの諸王国行幸に着手した。一六四二年に、若き王太子《プリンス・オヴ・ウェールズ》チャールズは父への支持を取り付けようとウェールズに行幸した。サー・ヒュー・ヴォーンの一六四二年のパンフレット『チャールズ王子に申し上げる愛と忠誠の辞』は、ウスター伯爵の居城であるモンマスシャー州のラグラン城をチャールズが訪問した際の記録である。フィリップ・ジェンキンズはこの際の歓迎の辞について、ナショナリズム的な修辞をイングランド王位に対する忠誠へと振り替えるものであると評している。チャールズ王子はイングランドとの関係をウェールズがどう捉えているか聞くことができた。「われわれがこの国に生き残った二つの民であり、かつそれと同時に一つにまとまった民であることはブリテン人の栄光です。……

*15 Ibid. 5. 3. 11–14.

*16 John Aubrey, *Brief Lives* (1692), ed. Oliver Lawson Dick (London, 1960), 221.

古来からの真のブリテン人が御前にお仕えするように、われらにできるかぎりの力を込めて仕えよと殿下は命を下すことがおできになるのです」[*17]。この辞はウェールズ公〔王太子〕自身の地位を引き合いに出しつつ、ウェールズのほうが古くから存在しているという国民的神話をもとに、ウェールズのイングランド王位に対する関係の基盤となるものを示している。

ウェールズの合同支持派が抱いていた忠誠心は、チャールズ王子が楽しんだ余興にもまた見受けられる。ヴォーンの記録によると、それぞれの部屋には「鮮やかな姿絵と古《いにしえ》のブリテンの物語が溢れんばかりに織り込まれたアラス織の布がたっぷりと掲げられ」ており、豪勢な宴が行われた。これらの壁掛けはもてなしの儀式の舞台背景であり、ブリテン創世と王位に対する忠誠心の物語を通してそのときに起こったことを伝えている。つまり、避けて通れない相互依存が支配者と被支配者のあいだに築かれたということである。しかしながらこの記録がロンドンにおいて英語で出版されたということも重要である。ウェールズ人の忠誠心は、イングランドの読者層に対して影響をおよぼすがゆえに価値があるとみなす傾向がいくぶんかはあったようである。

ジェンキンズは「どちらもサマーセット家でとりわけ奨励されていたので、吟唱詩とウェールズの予言は間違いなく余興の一部を占めていたであろう」と示唆している。記録が「ブリテンの」タペストリーにのみ言及している一方、ジェンキンズが指摘する可能性はこの時代にウェールズの文化がどのような位置を占めていたのか思索するきっかけになる。ウェールズの吟唱詩人は長い徒弟奉公を行い、名家の屋敷を渡り歩いて活動することができる歌長《うたおさ》（pencerdd）の位に就く前に二四種の韻律を習得する。ジェンキンズは標準的な賛歌（cywydd mawl）の初期のものとして、エリザベス一世の時代の地主、ペンブルックシャー州のウィリアム・グリフィスを称える歌を引用している。

Y pur Cymro, pêr gynnydd,
Pen stôr, post o aur rhudd,
Pingal wyt, pan glyw'r iaith,
Pêr frau iôn, pur Fryttaniaeth.

あなたはよく栄え、大きな富を持つ
純金の柱のごとき生粋のウェールズ男、
されど優しく細やかな旦那様、国が生粋のブリテンの言葉を
耳にするときは、あなたは尖塔となるのです。

現地語の詩をパトロンとして支援していた政治的支配層は、詩を合同支持派の主張に合うよう用いることができる立場にあった。吟唱詩は一般民衆向けの演説に用いられるものであり、現地語による出版が導入されて打撃を受けていたのかもしれないと考えられている。一六四〇年代には徒弟奉公の仕組みは廃れはじめ、吟唱詩人は一六八〇年代まで支配層の一門に支援されていたが、その後は徐々に衰退していった。人気があった幕間狂言《インタールード》（anterliwt）の伝統はもっと長く生き延び、一八世紀にいたるまでしっかり存続した[32]。

内戦が「逆さまにされた世界」になぞらえられたのはよく知られているが、一六四二年から六〇年までのあいだに起こっていたのは混乱ばかりではなかった。オックスブリッジが国王とクロムウェルの政府両方から粛清を受けたにもかかわらず、イングランドの大学は入学者数の落ち込みを経験しつつも比較的無傷で生き延びた。ス

＊17 Sir Hugh Vaughan, *A Loving and Loyall Speech Spoken unto...Prince Charles* (London, 1642), 3–4.

コットランドではアバディーンのキングズ・カレッジが一六一〇年代から衰退しはじめた。内戦の数年前から、スコットランドの大学は政治的圧力に影響を受けるようになっていた。トリニティ・カレッジ（ダブリン）もアイルランドの反乱の武力鎮圧の際に損害を受けた。一六四一年には学長リチャード・ワシントンとそのフェローの大多数がオックスフォードにずっと引きこもってしまい、新しい学長は一〇年たってやっと任命された。一七世紀半ばに栄えた教育部門は一つだけであった。それは女子教育であるが、しかしながら奇妙なことに一六二〇年代から三〇年代にかけて起こった女子学校の発達は、しばしば教育分野の前進というよりは衰退の兆候とみなされていた。それでもやはり、この部門で見られる教育における境界の変化は、教育と識字が社会に浸透していくにあたって大きな推進力として進行していた。

男女の識字率の向上は、内戦における政治的急進主義の中で目に見えるようになったものである。すばやく執筆され多くの部数が印刷されるパンフレットや時事評論誌の爆発的増加にともない、出版は競い合うイデオロギーの闘技場となった。こうしたニュース誌は検閲の対象になった。紛争の初期には国王を支持する『宮廷瓦版《メルクリウス・アウリクス》』のような時事評論誌と議会派の時事評論誌が対立しており、検閲はクロムウェルのもとでも続いた。大主教座都市ヨークで作られた唯一のニュース誌を除くと、ほとんどはロンドンかオックスフォードで印刷された。『スコットランドの鳩便り』は一六四三年から四六年まで出回っていたが、ロンドンで書かれたようである。スコットランド英語で書かれ、スコットランドで印刷された最初の文書は王政復古以降に出版された。

時事評論誌は国王の支持者や、クエーカー、レヴェラーズ（水平派）、ディガーズ（真正水平派。土地財産の共有を主張し、入会地の開墾を試みたプロテスタント一派）などの急進的な議会支持の宗派によって書かれていた大量の政治的パンフレットといっしょに流通していた。興味深いことに、全成年男性（女性ではない）に選挙権を求めるレヴェラーズの主張のおかげで、前例がないほど女性にとっての機会が増大した。女性は説教をし、執筆し、上記の宗派の意志決定に参加する自由を得た。女性の預言者や説教師が増え、あらゆる階層の女性が宗教的・政治的熱狂のほとばしりによって印刷物を生み出し、その数は空前の規模に達した。保守派はこうした自由を、安定した社会秩序がチャールズ一世に対する反乱の中で破壊されたことの直接的結果であるとみなした。こうした女性による著作や説教は、議会と女性の両方を攻撃する諷刺的な一六四六年の『女の議会』〔33〕など、他のパンフレットから反論を受けた。急進的宗派は少数派であったが、多産でもあった。ロンドンの書籍業者ジョージ・トマソンはパンフレットや一枚刷り《ブロードシート》を集めていたが、網羅的というには程遠い収集であったにもかかわらず、一六六〇年までに二万冊もの文書が集まっていた。印刷はあらゆる政治的説得の戦場となっていたようである。

おそらくは逆説的なことに、レヴェラーズが好んで差し挟んだ権力に対する急進的な疑義は、ジェームズ一世＝六世の著作と同様の哲学的疑問の伝統に則《のっと》っていた。同じように、チャールズ一世の処刑と、この事件を引き金として発生した政治思想の危機は、一七世紀も最も重要な政治哲学書の一つにあげられるトマス・ホッブズの『リヴァイアサン』〔34〕の下敷きとなった。*18 誰もが知っているように、ホッブズは人間の本性の状態は「険悪で獣じみていて短気」であると記した。また、自然状態における人間の平等は互いの生存を脅かすものなので、リヴァイアサンと呼ばれる保護装置に絶対的権力を譲り、絶対的自由を制限する実際的な必要性があると唱えた。リヴァイアサンは残部《ランプ》議会ともクロムウェル自身とも解釈できるかもしれない。この社会状況と政治思想のあいだにあるつながりは、ジョン・ロックの『統治二論』〔35〕にもふたたび現れる。一六八〇年代の王位継承排除危機（ローマ・カトリックであるヨーク公ジェームズを王位継承から排除することが中心的課題であった）のなかで、第一代シャフツベリー伯爵アンソニー・アシュリー＝クーパーをパトロンとして執筆されたロックの論考は、一六九〇年代というもっと穏やか

*18 Thomas Hobbes, *Leviathan* (London, 1651), part I, ch. 13.

な時代になるまで出版されなかった。政治思想におけるリベラルな伝統の基盤となったロックは、人間は生まれつき、「いかなる他者の意志にも頼らず、許しを得る必要もなく……、ふさわしいと思うように人格および所有物を意のままに扱い、行動を定める完全な自由を持った状態にある」[*19]と強調した。ゆえに、当時進行していた哲学的議論は一七世紀半ばの政治および軍事的変動のありようをうかがわせるものであったように見える。

　急進的宗派の女性が行っていた卓越した文化的活動は、内戦が文化的生産を押し留めることはなく、むしろ創作の状況を変化させていたのだということを示している。しかしながらブリテン諸島における演劇文化が一六四二年に完全に止まってしまったという示唆は、ごく最近になるまでしっかりと論駁されることがなかった。スーザン・ワイズマンのような批評家は、演劇が活動停止していたわけではないと示している。むしろ、内戦によりカントリー・ハウスにおける上演形態に文化的な実験を持ち込む余地ができ、女性も俳優を務めることができるようになった。当時の上演は劇場の建物ではなく（一六四八年から四九年の冬のあいだにロンドンでは四つの劇場が稼働していたが）、演劇的見せ物ができる他の場所を中心に行われていた。

　ロンドンの劇場が閉鎖されていたあいだにもブリテン諸島では演劇が生き残っていたという事実は、ロンドンという大都市以外でも活気ある演劇の伝統が存在していたことを示している。イングランドだけでも、その兆候は明確である。通常の業務の一環として劇団はいつも地方巡業を行っていたし、イングランドの一座はスコットランドやアイルランドまで行くこともあった。通常はヨークやブリストルまで巡回するルートをとり、イングランドじゅうの市庁舎《タウン・ホール》や個人の私邸、宿屋で始終公演していたのである。さらに、貴族の一門のカントリー・ハウスはジェームズとチャールズの治世を通して仮面劇の上演場所であった。一六一七年には、第三代エクセクス伯爵ロバート・デヴルーが、最も傑出した作品の一つである作者不明の『コロートン仮面劇』〔36〕で踊りを披露し、地元の貴族の権力を称えた。内戦のあいだの上演はますます政治的な意志の表明となっていった。しかしながら、議会派の貴族エセックス伯爵の矛盾に満ちた人物像が示しているように、こうした表明は単純な様相を呈していたわけではない。クロムウェルの宮廷で上演された仮面劇や、一六五〇年代のダヴェナントの作品上演に対する許可を見ても、舞台上演は王党派寄り、議会派は反演劇というふうに単純に対置して語るわけにはいかない。貴族の余興や地方巡業公演に加えて私的上演の伝統があったことは、演劇という表現を行う余地があったことを意味している。

　こうしたすでに存在していた伝統をうまく活用した詩人の一人が、ロンドンのコックピット座の座長であったウィリアム・ダヴェナントであった。一六五六年にダヴェナントの『ロドス島攻囲』[37]はロンドンにある自邸ラットランド・ハウスで上演され、一六五九年にドルリー・レーンのコックピット座で再演された。イニゴー・ジョーンズが一六一六年に常設の室内劇場に改装したコックピット座は、空位期から王政復古期にいたるまで使用されていた[38]。公式には禁止されていたにもかかわらず、『攻囲』の上演は隠密行動とは程遠いものであった。ダヴェナントは上演の前に、クロムウェルの大蔵卿バルストロード・ホワイトロックに公刊台本を送付していた。貴族の余興に用いられる場面背景や音楽に基づいて作られたダヴェナントの「オペラ的演劇」は、イングランドの一般向け舞台にイングランド人の女性演者を初めて公に上げた作品となった。しかしながらやはり、形の上では宮廷仮面劇の影響が大きかった。女性の仮面劇演者に声の表現をさせようという動きはゆるやかながらも存在した。オーレリアン・タウンゼンド作の一六三二年の仮面劇『テンペ回復』[39]でこの傾向は頂点に達し、コニアック夫人という女性がキルケーの役を歌った。一六二〇年後半と一六三〇年代にはアンリエット・マリーが牧歌劇を作らせ、こうした作品では王妃自身とその侍女たちがどちらも台詞を話したり、異性装をして男性の役を演じた

＊19　John Locke, *Two Treatises of Government*, ed. Peter Laslett（Cambridge, 1967）, 'The Second Treatise', ch. 2, p.287.

りした。こうした上演は議論を呼ぶものであったが、ソフィー・トムリンソンが分析しているように、王政復古期の女優の出現を予告するものである。しかしながらこうした宮廷でのパフォーマンスの発展は一般向けの舞台には転移しなかった。ダヴェナントや一緒に組んだ作曲家は、女性に歌わせたものの台詞は振らなかった。しかしながらダヴェナントの公演は舞台背景と女性の演者があってこそ仕上がるものである。こうしたことからすると、もはや一六六〇年のチャールズ二世の帰還だけを王政復古期のロンドンの演劇に対する影響の軸として考えることはできないであろう。

この時期に行われていた演劇上演の変化を例証する作品を書いたもう一人の劇作家が、初代ニューカースル公爵夫人マーガレット・キャヴェンディシュである。キャヴェンディシュは一六五三年に亡命先から帰還した際、最初の著作『詩と空想』の出版を取り決めたが、これは夫である王党派のニューカースル公爵を支える資金集めのためであった。通常、一七世紀の女性作家が出版を望んでも一般的な反対を受けてできなかったことを考えると、キャヴェンディシュが自分の野心を隠さず認めたのは目立った行いである。キャヴェンディシュの戯曲は二巻で出版されたが、一作目は空位期間に、二作目の『未刊行戯曲集』（一六六八年）は王政復古後に執筆された。最初の作品集は表向き上演を念頭に置かずに書かれ、二作目は上演が可能だった時期に書かれた。キャヴェンディシュの作品はしばしば定義が難しい術語「クローゼット・ドラマ」と形容されるが、この言葉は伝統的な形式の舞台上演を意図せず書かれた戯曲を指すものである。

キャヴェンディシュは独学の人であり、著作で女性の教育を強く支持している。とくに『女の学院』[40]（一六六二年）と『歓びの修道院』[41]（一六六八年）は女性の教育と性別による分離主義という考えについて語っている。貴族社会における結婚市場から抜け出そうという主人公レディ・ハッピーの決意を扱っている『歓びの修道院』は、女性のみで構成される排他的な社会を築く試みを描いている。しかしながら、ローマ・カトリックの女子修道院をもとにしているものの、レディ・ハッピーの共同体は歓びが最高のものとされる場所である。結婚は両性の間の「通交」が罪深いからではなく、女性の歓びと機会を阻むがゆえに拒否される。女性が分離して暮らすことが、結婚の搾取として考えられているものに対する実現可能な回答として議論される。しかしながらこの理想は芝居の最後まで続くことはない。侵入者である公子《プリンス》が女に変装してこの隠棲所に入り込み、レディ・ハッピーはみずからが女だと信じている相手を欲望している存在として提示される。芝居の結末は、レディ・ハッピーと公子（最後に自分が男性であることを明らかにする）の結婚というお決まりのものであり、女性間の欲望も女性の自立も否定される。『女の学院』も女性が分離して暮らす可能性を拒む作品であり、芝居のあいだじゅう、やきもきしながら耳を傾けていた男たちと女たちの結婚の交渉で終わる。しかしながら女性による分離主義という概念により、キャヴェンディシュは女の共同体という考えと演劇における異性装の伝統を掘り下げる機会を持つことができた。

一七世紀を通して、女性に与えられた機会が時代と社会状況に応じて変わるにつれて、こうした考えの表明の仕方も変わっていった。たとえば、一七世紀初頭のベン・ジョンソンの『エピシーン』はレディ・ホーティとその仲間である教養ある女性たちの皮肉な描写を前面に出していた。登場人物の一人であるトゥルーウィットはこの女性の学院をこう描写する。

> この町にできた新しい組織で……、これに入っているご婦人がたは自分たちをカレッジ研究員と呼んでいますよ。宮廷人と田舎の奥様がたの団体なんですが、このご婦人がたはご亭主に養ってもらっていて、当世の才子や伊達者みんなを楽しませてますよ……。好きなものやら嫌いなものについて頭で考えて、ひどく男らしい、またどちらかというとおとこおんなじみた権威を振りかざしたやり方や考え方で褒めたりけなしたり。毎日カレッジへの新しい入学志願者がいるそうで。[*20]

ユートピア的幻想として蘇ったキャヴェンディシュの急進的な女性分離主義は、男性の先駆者たちの表象とは対照をなしている。ジョンソンはジェームズ一世とデンマーク出身のアンナ王妃のために執筆していた宮廷作家であり、私的な場所で演劇を見ている観客を惹きつけそうな、消極的な見方で教養ある自立した女性を表現している。しかしながらキャヴェンディシュの考えは一七世紀末にはもっと肯定的に受け取られるようになる。それはメアリー・アステルの『ご婦人がたへの真摯なる提案』[42]（一六九四年）であり、この作品では女性の依存的立場を解決するために隔離が再び提案されていた。したがって、一七世紀はますます多くの教養ある女性が社会、その中での自分の地位、自分たちがどう表象されうるのか、そして自分自身をどう表象するのかについて応答するようになった時代であるように見える。

王政復古――民、文化、アイデンティティ

チャールズ二世が一六六〇年にネーデルラント連邦共和国から帰還するとともに、ブリテンの文化は新しい段階に入った。ロンドンの劇場は公式に再開され、一六七九年にヨーク公ジェームズがスコットランド国王代理に任じられてエディンバラの宮廷は復活した。しかしながら、既に王政復古期のエディンバラには劇場があった。一六六〇年代末から七〇年代初頭のエディンバラには、ホリルードのテニスコート座でトマス・シドサーフが運営していたスコットランド人による一座があった。ウィリアム・クラークの『マルシアノ』[43]（一六六三年）はエディンバラで出版され、表紙には「長官閣下の御前、……ホリルードハウス修道院宮殿にて……上演された」と書か

れている。[*21] エディンバラで次に上演されたスコットランドの芝居はシドサーフ自身の『タルゴのたくらみ』[44]であり、のちにリンカンズ・イン・フィールズで一六六七年に上演され、一六六八年に出版されたが、これは王政復古期のロンドンで上演されたスコットランド人の手による唯一の芝居である。シドサーフは一六六一年に最初のスコッツ語新聞『カレドニア瓦版《マーキュリー》』を出版しているが、一六六七年から劇団を運営しはじめたようである。テニスコート座は貴族をパトロンとし、イングランドの芝居と役者のほうが多く、スコットランド教会《カーク》からは攻撃されていた。

ロンドンとエディンバラの舞台の関係はおそらくイングランドによる文化的植民地化の一例である。こうした劇場間の商業的交流は主として一方通行であったという証がある。その証とは、一六七八年から七九年までのあいだ、および一六八二年にスコットランドの首都にイングランド王立一座の役者がいたということである。詩人であり劇作家であるジョン・ドライデンはこのような諷刺的描写を残している。

われらの兄弟はテムズ川からトウィード川へ発ち
われらの姉妹はみな心優しかったが、
馬車やら荷車やらでエディンバラに行ってしまった。
あそこではスコットランドの楽しい青帽どもと、一晩じゅう公演している。
スコットランドじゃ半クラウン、イングランドじゃ三ペンスでね。[*22]

＊20 Ben Jonson, *Epicœne*, in *Ben Jonson: The Alchemist and Other Plays*, ed. Gordon Campbell (Oxford, 1995), 1. 1. 67–74.

＊21 William Clerk, *Marciano* (1663).

エディンバラで上演された芝居の大多数はロンドンで成功した芝居であった。イングランド文化がロンドンとエディンバラで芝居を通して観客に売り込みを行っていた一方、スコットランドの演劇はイングランド中心的な雛形を採用した。王政復古期と王位継承排除危機のあいだには、スコットランドはイングランド宮廷の支配を逃れて安全に演劇公演が行える場所になった。これはスコットランド人によるスコットランド人のための芝居上演を排除するものではないが、つまるところ上演時にはイングランド中心的な雛形に従っていたのである。『タルゴのたくらみ』自体がイングランド化されていた。シドサーフは英語でイングランド人の主人公について書いたのである。しかしながら、エディンバラで上演されたロンドンに軸を置く芝居を見る経験は、ロンドンで同じ芝居を見る経験とは十分異なるものであったにちがいない。

イングランド人であるサー・ジョージ・エサリッジの『当世伊達男』[45]は、一六七九年から八〇年のあいだのどこかの時点で確実にエディンバラで上演されており、シドサーフの俳優とイングランドの役者たちが共演した。この芝居はロンドンの上流階級の生活を自意識的に表象しており、場所や住人に対する言及に溢れていた。それならば、この自意識に満ちたロンドン生活のパフォーマンスは、中央の権力と非常に難しい関係を保っている別の国の舞台でどのように解釈されたのであろうか。結局、この芝居はロンドンから離れることを悪事の代償のように描いている（登場人物の一人であるハリエットは、求婚者ドリマントにハンプシャーでの生活をちらつかせて脅す）。観客がロンドンから離れたイングランドの宮廷人か、スコットランドの首都に返り咲いたイングランド宮廷にいるスコットランド貴族かに左右されはするものの、エディンバラの観客にとってこの芝居は、ロンドンでの上演時に比べると非常に違うものに見えたかもしれない。

『当世伊達男』は一六七六年にロンドンで初演された。ロンドンの演劇界は、国王一座と公爵一座という二つの認可劇団からなっていた。後者はダヴェナントが座長であり、リンカンズ・イン・フィールズの新しい劇場で公演していた。前者はサー・トマス・キリグルーが座長で、改装されたギボンズ・テニス・コートで公演していた。チャールズ二世はどちらの公演にも出席した。王政復古期の劇場は政治化されたパフォーマンスの場であった。照明のある座席で上演が行われており、前の時期と同様、観客と演者の間の境界には効力がなかった。このような劇場は王政復古期の不羈《ふき》奔放《ほんぽう》な宮廷を舞台化していた。社会的変化の感覚が、個人の変わりようや風習の変化を通して表象されるのである。『当世伊達男』ではレディ・ウッドヴィルが、ジェンダー間の関係を中心に、自分が若かった頃の「愛」と当時の「好色」の違いについて王政復古以降の振る舞いの変化を語る。「これは女の時代ではありません……。いまでは好色がお役目です。私の時代には愛がお役目でしたもの」*23。しかしながら、才女ラヴィットと洒落者フォップリング・フラッターの流行に沿った振る舞いを諷刺する一方、この芝居はレディ・ウッドヴィルの懐古の念をばからしいものに見せる効果をも狙っている。ロンドンの王政復古期演劇における政治化はアフラ・ベーンやトマス・オトウェーの作品に顕著であり、エディンバラに移植されたときは重要な文化交流が起こる。

王政復古期には職業女優も定着した。国内やヨーロッパ大陸での芝居の伝統から浮き上がってきたこの動きのおかげで、女性を起用する芝居は強い影響を受けた。最も明白な変化は女性の役柄自体についてのものであった。いまやネル・グウィン、エリザベス・バリー、アン・ブレイスガードルのような俳優たちは、同等の魅力と機知を備えた男に求愛される、行動的で機知に富んだ女の役柄を演じるようになった。のちにこうした男女の役どころは「陽気な恋人たち《ゲイ・カップル》」として知られるようになる。[46] 同時に、芝居における女性の身体のフェティッシュ化が始

*22 John Dryden, 'Prologue to the University of Oxford (1680)', in *The Works of John Dryden*, ed. Edward Niles Hooker and H. T. Swedenberg (Cambridge, 1956), i. 164.

*23 Sir George Etherege, *The Man of Mode* (1676), in *Restoration Plays*, ed. Robert G. Lawrence (London, 1997), 4. 1.

まった。女優は強姦、性暴力、身体の露出がごく普通に見られる役柄を演じることになった。女の身体を見せる一つの手法として異性装があった。「ズボン役[47]」においては、少年に変装するという古い定番の型が、俳優にぴったりしたズボンを着せて女性の足を見せることで観客の下心をそそるために用いられた。しかしながらチャールズ二世が女性のみを女役に認可する前は、女優は異性装をした少年とともに演技をしており、戦前戦後の形式が入り交じった上演が行われていた。サミュエル・ピープスは王政復古期の最初期に、最後の女形男優の一人であるエドワード・キナストンを見ていた。「キナストンというらしい少年が大公の姉妹を演じたが、いままでの人生で見たなかでも一番愛らしいご婦人であった。ただ、声だけはあまりよくなかったが[*24][48]」。スティーヴン・オーゲルの著作で明らかになっているように、男か女が女性性をパフォーマンスする際の問題は、ジェンダーではなくパフォーマンスの質である。表象がすべてである、といえるだろう。

　女優とともに女性の職業劇作家も登場したが、最も有名なのはアフラ・ベーンである。王党派であるベーンは女性の社会的地位に挑戦し、『流れ者[49]』（一六七七年）や『円頂派[50]』（一六八一年）のような芝居で、「古き良き大義」にいまなおしがみつく人びとを攻撃した。ベーンの作品は本章でまだ言及していないもう一つの言説にも光をあてている。南アメリカのスリナムにおける奴隷貿易と植民地化の経験を描いた散文の物語『オルノーコ[51]』（一六八八年）を執筆した後、ベーンは一六九〇年に上演された『寡婦ランター[52]』でアメリカの植民地に目を向けた。植民計画の表象は、ブリテン諸島で進行していた投機的事業の衝撃的な影響力を示している。ブリテンの舞台における外来のものの表象は、ブリテン諸島内で進んでいる植民地化の過程と、その外にある世界で大規模に進んでいる植民地化の過程の間の関係を示すものである。この衝撃は近世における最も重要な要素の一つであり、ブリテン文化の評価にも不可欠である。

　しかしながらここでブリテンの劇場に戻ることとしよう。一六六三年二月、王政復古期のアイルランドの劇場で、女性の手になる芝居が上演された。キャサリン・フィリップスは疑似プラトニック・ラヴを奉ずる「友愛会」の仲間うちで「比類なきオリンダ」と呼ばれていたのだが、フランスの劇作家ピエール・コルネイユの悲劇『ポンペの死』[53]と『オラース』[54]（一六六九年）を翻訳した。『オラース』はフィリップスがロンドンで天然痘により死去（一六六四年）した際にはまだ完成していなかったが、『ポンペの死』が英訳された戯曲『ポンピー』はダブリンのスモック・アレイにある王立劇場[55]で、アイルランド総督である初代オーモンド公爵ジェームズ・バトラーとおそらくはフィリップス自身の観覧のもと上演された。ロンドンで生まれ、ハックニー女子学園[56]で教育を受けたフィリップスは、ウェールズのカーディガンシャー州の州長官《シェリフ》であるジェームズ・フィリップス大佐と結婚し、結婚していたあいだはカーディガンシャー州に住んでいた。フィリップスの著作はロンドンや西ウェールズの仲間うちで回覧されていた。ウェールズ人の議会派と結婚した王党派の作家であり、ダブリンで上演された芝居の作者であるフィリップスという人物は、イングランド文化の雛形が外へ移植される過程を代表するよい例である。『ポンピー』は仲間うちに向けられた著作であり、「洗練された」――「イングランド化されている」と言い替えてもよい――とみなされる人びとに向けたものである。ロスコモン（ウェントワース・ディロン）伯爵がダブリンでの上演のために書いたプロローグは、フィリップスを以下のように賞賛しつつ、文化の優劣における力関係を明確に示している。「あまりに雄弁であるゆえ、あらゆる言葉のなかで英語だけが、／そしてあらゆるペンのうちでこの作者のみがこのような主題を扱える」と。ロスコモンのオーモンドに対する献辞も、ここで繰り広げられている文化の序列化を例証するものである。ロスコモンは、「ローマ、フランス、イングランドが力を合わせて／あなたのお耳にかなう詩を作りますよう」願っているが、ここにはアイルランドの影響や、アイルランド的アイ

＊24 Samuel Pepys, *Diary*, ed. Robert Latham and William Matthews (London, 1971), i. 224.

デンティティの痕跡はない。とはいえプロローグは上演の場については言及している。プロローグはアイルランドがローマの侵略を受けなかったことと関連づけて、ダブリンの観客を芝居を正当に評価する資格のある者とみなしている。「そしてあなたがただけが誇ることができるでしょう／いままでローマ皇帝《シーザー》を見たことがなかったと、そして今やローマ皇帝《シーザー》を従わせることができると」。しかしながら、こうしたアイルランドの歴史とイングランド化された美学の融合がアイルランドの恵まれた立場を言明している一方で、ロスコモンによるローマ、フランス、イングランドの同一視からアイルランドが注意深く除かれていることは、以下のことを示している。すなわち、イングランド系アイルランド人であることには評価する能力が伴うにせよ、評価の対象となるに値するのは、ロンドンの劇場文化なのだ、ということである。アイルランド的なるものは、イングランド的なるものの存在によって改善されはするが究極的には無意味なものとして提示されている。同じような過程を辿って、フィリップスを取り巻くウェールズのアイデンティティも枠外に置かれている。

『ポンピー』の政治性は芝居自体に明らかに表れている。フィリップスはポンペイウス〔グナエウス・ポンペイウスのこと。しばしば大ポンペイウスと呼ばれる。英語読みはポンピー〕、カエサル〔ガイウス・ユリウス・カエサルのこと。シーザーはカエサルの英語表記〕、プトレマイオス一三世〔英語読みはトレミー〕、そしてクレオパトラの違い、つまりは統治の様式の違いを判断させようとしている。共和政ローマとエジプトの君主国の闘争と、さらに帝国的勢力による植民地化——カエサルはエジプトを「勝ち取った属国」と考えているわけだが——を扱う芝居が、先のイングランドの内戦と他ならぬアイルランドへの言及ともなるのは明らかである。さらに、アコレウス〔カエサルに助言した賢人〕が舞台の外で起こるポンピーの処刑を語る様子はチャールズ一世の処刑を思わせる。

この偉大なる魂は去った、その肉体は

非情の敵どもの貪欲な目にさらされた。
その頭は紅に染まった床に転がり落ち、
(下劣なるセプティマスが首から切り落としたのだ)
アキラスの槍に刺し留められたのが見える。[*25]

翻訳にかこつけて、フィリップスはイングランドの最も厄介な植民地であるアイルランドでの舞台上演というかたちで内戦期の闘争を書き換えようとしているのだが、このことは、この時期の劇場が政治活動の空間としての性格を相当強く持っていたことを示しているのかもしれない。

　ほとんどの演劇がイングランドから近隣へという動きをとったものの、チャールズ二世の諸王国の間で双方向的な舞台交流もいくぶんかはあった。一六七七年にオーモンドはスモック・アレイ一座をオックスフォード大学での公演に送り出し、それがジョン・ドライデンの劇団との論争の引き金になった。ドライデンがこれに応じた際に見せた残酷さは、アイルランドの「野蛮」とイングランドの「文明」という古い想定がいまだに存在していたことを明らかにしている。

アイルランド人めがここにいて、この教養ある客席に向かい、
アイルランド流の振る舞いでイングランド流の機知を傷つけたのです。
二度目の虐殺に値するほどにも

*25　Katherine Philips, *Pompey: A Tragedy* (London, 1669), prologue by the Earl of Roscommon and 3. 1, 2. 2.

野蛮なアイルランド人が出てきたのをご覧になりましたね[*26]。

イングランドでの上演にはイングランド流の上演法が必要とされたわけである。ダブリンの役者たちは「アイルランドの」演劇ではなく、「イングランドらしさ」を演じる能力を見せることとなったのだが、そうであるがゆえに、何かヘマをしてしまうと、クロムウェル時代の虐殺の野蛮さを思い出させることになってしまうのである。しかしながらこの試みは一六八一年も繰り返され、ロスコモン伯爵はダブリン一座にエディンバラのヨーク公爵のため芝居をするよう依頼した。オギルビーもヨーク公妃の侍女たちによる上演にかかわっていたのであり、『ミトリダテス』〔57〕はホリルードハウスにおいて将来女王となるヨーク公爵令嬢アンも出演して上演された。イングランドから輸入された演劇の形式は、ダブリンに住むイングランド人の社交界の人びとやイングランド化したアイルランド人のジェントリに向けて舞台で上演され、今度はイングランドの大学とスコットランドの宮廷へうまく移植されたのである。イングランドの演劇はブリテンにネットワークを作っており、イングランドの戯曲、役者、美意識を各地に広めていった一方で、それが上演の対象とした人びとの文化からは見たところさして強い影響を受けていないと言ってよいのかもしれない。

　イングランド宮廷が演劇に関心を抱いていたことや、非常にさまざまな者が入り交じった観客の傍らでチャールズ二世が上演に臨席していたということは、王政復古期の文化における演劇の一般的人気を示していると論じる批評家もいる。一方で同じ証拠から演劇のエリート主義を主張する者もいる。しかしながら、ここで言えることは、クロムウェルの統治以降の時代に識字率が向上し、呼び売り本《チャップブック》や騎士道物語《ロマンス》の一般読者層が広がりつづけたということである。〔58〕この時代の文学的産物のうち、二つの例がその多様な活力を示している。どちらも見た目はピューリタン的で、王政復古期の主流から外れた場所にあるものの、ジョン・ミルトンとジョン・バニヤンは互いにきわめて異なる著作を生み出した。イングランドそのものの性質が問われていた時期にあって、古典的教養にどっぷりとつかっていたミルトンは『失楽園』[59]（一六六七年）において「イングランドの」叙事詩を完成させた。バニヤンの自伝『罪びとのかしらに溢るる恩寵』[60]（一六六六年）は宗教的相違によって投獄された結果生まれた。バニヤンは個人の体験に基づく魂のロマンスを書き上げたのであるが、この作品は成長しつつある一般向けの印刷文化の中で流通し、国内における宗教的論議や、互いに意見を異にする著作物が出てくるきっかけとなった。バニヤンの著作から明らかなのは、彼がつねに印刷物で自分の思想を伝えつづけたこと、さらに、霊的なことがらを伝達するのには、印刷という手段によるのが適していたということである。『天路歴程』[61]（一六七八年）も個人に焦点を当てており、家族を捨てて自身の信仰を追うピューリタンの主人公を描くべく、ロマンスの伝統を翻案したものであった。このように人気が高く、かつ信仰にかかわる書籍もウェールズ語に翻訳され、宗教教育の道具として流通した。『天路歴程』は一六八八年に出版されたが、リース・プリチャードの詩は新約聖書や詩編と併せて一六七二年に、最も大型で安価なウェールズ語聖書の版は一六七七年に出版された。

　民衆のあいだで印刷物の普及が続く一方、ブリテンの多様な教育体系はまったく違う運命を辿った。イングランドの大学の受け入れ者数は王政復古以降は落ち込み、学生の社会的背景も変化した。非支配層出身の学生の数は急落し（かつてはこうした生徒を教育していたグラマー・スクールでも同じ動きがあった）、社会に出るための仕上げをしようと大学へ通う貴族の子弟も少なくなった。おもに中間層の専門職にある者の息子、とくに聖職者の息子が増加するようになった。イングランドにおける大学教育は急速に手の届きにくい狭き門になっていき、学問の水準は低下した。一六六二年に王立協会《ロイヤル・ソサエティ》[62]が法人として認可された後、業績があり、なおかつイングランドの大学にいた学者とし

＊26 Dryden, 'Prologue to the University of Oxford', 165.

て思い起こすことができるのは、ケンブリッジの研究者アイザック・ニュートンだけである。王立協会《ロイヤル・ソサエティ》の科学的、医学的、認識論的な調査の概念に対する独特な姿勢は、一六六六年のロンドン大火の後に事実上シティを再建したクリストファー・レン[63]や、一六六二年にボイルの法則を公表したロバート・ボイルのような男たちに関連づけられるものである。ニュートン自身もレンと並んでのちに協会会長に就任した。イングランドの王立協会《ロイヤル・ソサエティ》の最初の会長はじつのところ、アイルランドの貴族であり、数学者であった子爵ウィリアム・ブラウンカーであった。王政復古期のダブリンでは一六六二年に医科学院が設立された。オックスフォードとケンブリッジが入学者数および学問的水準の低下と戦っているあいだに、他の大学群、とくにエディンバラ大学は発展と変化を経験していた。ブリテンの医学教育は一六世紀初頭にアバディーンで始まったが、きわめて盛んに行われるようになり、エディンバラ王立医科学院[64]が一六八一年に設立された。これと同時に法曹関係の専門職が勃興し（一六八九年には法律家協会図書館が設立された）、スコットランドの知識階層は増加した。じつのところ、ヨーク公爵が持ち込んだパトロンによる庇護とこうした専門職の発展により、エディンバラはステュアート朝の宮廷が早々とロンドンに去ってしまったにもかかわらず生き残り、スコットランドの文化的・法的首都として繁栄した。

結論——評価と受容

二一世紀から見るとほとんど逆説的とも見えかねないほどの多様性から足を踏み出して、筆者は「ブリテンの」文化という概念をそれぞれの構成要素に分解してみようと試みた。これは「ブリテンの」文化などという文化的合成物は本当に存在したと言えるのかを問うためであった。政治的権威、宗教的信条、ジェンダー間の関係がこれほど変容を続けた時代において、個別の例から一般化することが危険であるのは明らかである。それでもやはり、役者、劇作家、詩人、建築家、職人、王族が辿った旅の中では、それぞれの国が別の国に文化を紹介するということが起こっていた。ブリテン諸島において文化が運ばれていった多くの旅路と、それぞれの文化が切り結んだ多数の局面を見ていくことで、ブリテン内の国々の文化とその相互交流について多くを知ることができる。ロンドンの中央から強力なイングランド化が広く推し進められていくという見方は十分ではなく、本来はこうした文化に一つの中心を同定することはできないということがわかってくるのではないだろうか。文化は境界で出会う。一見周縁化されていたように見えるこうした文化は、重要かつ興味深い手法でイングランド化に抗う。たとえば、ウェールズにおける現地語の擁護や、シャーリーのイングランド流の演劇にダブリンの観客が示した不満などがその例である。しかしながら断定的なナショナルな帰属意識というものは王政復古の後にいくぶん弱まったように見える。一七世紀のあいだでも、細かい時期ごとに歴史的差異があったということは軽んじるべきではない。やはり、優位にある文化が従属している他の文化に対して行っていたパフォーマンスの誇示を見るだけでは足りないのである。複数ある文化の中心がつねに衝突していたということこそ、一七世紀ブリテン文化に見いだすべき特質なのである。

　そしてシェイクスピアについてはどうなのであろうか。シェイクスピアは、いくぶん不評であった二〇〇二年のＢＢＣ［英国放送協会］による「偉大なブリテン人」[65]投票で非常に多い票を得た劇作家である。この投票のうち、上位一〇人に入った女性はエリザベス一世とウェールズ公妃ダイアナだけであり、どちらもブリテンの君主政に対して中心的かつ困難でもある関係をそれなりの手法で築いていた女性である。シェイクスピアはこの投票で五位につけ、（おそらくは予想どおりに）ブリテン文化の典型と表現された。シェイクスピアが書いていた時代には「ブリテン」自体がじつは存在していなかったということはあまり言及されないが、それはシェイクスピアを選ぶことに対する障害とはみなされなかった。しかしながらとても興味深いことに、有機的な国民統合があるかのような振る舞いと、今日のブリテンという政治政体との間にあるほころびを取り繕うべく計画されたにもかかわらず、この投票自体、明確な文化的、国民的、地域的議題に水を向けるものであった。たとえば、二〇世紀の政治家ウィンストン・チャーチルが「最も偉大なブリテン人」に選ばれたにもかかわらず、北アイルランドではシェイクスピアはチャーチルの二倍の得票数を得た。北アイルランドの人びとのこの異例ともいえるシェイクスピア愛好ぶりは、彼らの独特な、そして多分に問題を孕んだ「ブリテンらしさ」の観念を明らかに反映しているのだが、二通りに解釈することが可能だろう。得票の高さは、極めて優れた劇作家を国民的英雄にふさわしい人物として積極的に評価した証《あかし》なのかもしれない。あるいは、シェイクスピアを愛国的な人物とみなして——戯曲『ヘンリー五世』はまさに愛国的な作品とみられがちである——、それゆえにブリテンが生み出した偉人の代表例として支持されて、より保守的で国家主義的な人びとの票が集まったのかもしれない。この二番目の解釈のほうが、おそらく妥当であろう。北アイルランドの「ブリテンらしさ」をとりまく不確かさを考慮すると、あの領域に住む人びとの多くが、ナショナルな共同体の一員として拠りどころとなる、強力な国の象徴を求めたのだとしてもおかしくはない。しかしながら、もしこの二番目の解釈が正しいとなると、皮肉なことである。なぜなら現在の研究者が理解し、そして大学生や学校の生徒に教えられているシェイクスピアは極めて両義的なもので、彼の作品は故国「イングランド」を賛美するのと同じほど、ブリテン像を限定し、批判するのに働いたというものである。いずれにせよ、「ブリテン」という構築物に利するべく、地域差を打ち消そうとした投票においてすら、結果的には差異が明らかになった。シェイクスピアが活躍していた時代と同様に、「ブリテン」はいまでも不明瞭な存在なのである。

シェイクスピアの正典化は（シェイクスピアがこうした投票で勝てないときでも）比較的変化なく続いているように見える。

対照的に、筆者がシェイクスピアをこの章の大部分から省いたのは、もちろん作家の中心的地位に対する意図的反応である。この作家は結局、多くの作家のうちの一人にすぎず、文化生産の一局面にしかかかわっていなかったが、そのイングランドらしさはしばしばブリテンらしさとブリテンそのものを表現するものとして捉えられてきた。筆者の望みは、科学における革新と宗教的熱狂、女性の抑圧と家父長制に対する女性の対抗、宮廷の衒示的消費と広範な貧困、絶対的支配と君主の処刑といったものがすべて並んで存在するこの時代を扱うにあたって、シェイクスピア以外のものに注目することで、動乱と困難の世紀に問題を抱えながらも一つにまとまって行動していたいくつかの国々の集合体における、多産で矛盾をはらんだ文化を明らかにする一助となることである。

作家および本章で言及されたその他の人物一覧

アステル、メアリー（Astell, Mary）　一六六六年～一七三一年

アレグザンダー、サー・ウィリアム（Alexander, Sir William）　一五六七年頃～一六四〇年

アンナ、デンマーク王女ジェームズ一世＝六世妃（Anna af Danmark）　一五七四年～一六一九年

アンリエット＝マリー（ヘンリエッタ＝マライア）、チャールズ一世妃（Henriette Marie de France）　一六〇九年～一六六九年

ウェッブ、ジョン（Webb, John）　一六一一年～一六七二年

エサリッジ、サー・ジョージ（Etherege, Sir George）　一六三六年～一六九二年頃

オギルビー、ジョン（Ogilby, John）　一六〇〇年～一六七六年

オトウェー、トマス（Otway, Thomas）　一六五二年～一六八五年

オーブリー、ジョン（Aubrey, John）　一六二六年～一六九七年

キナストン、エドワード（Kynaston, Edward）　一六四三年頃～一七一二年頃

キャヴェンディシュ、マーガレット、ニューカースル公爵夫人（Cavendish, Margaret duchess of Newcastle）　一六二三年頃～一六七三年

キリグルー、サー・トマス（Killigrew, Sir Thomas）　一六一二年～一六八三年

グウィン、ネル（Gwyn, Nell）　一六五一年頃～一六八七年

シェイクスピア、ウィリアム（Shakespeare, William）　一五六四年～一六一六年

シドニー、サー・フィリップ（Sydney, Sir Philip）　一五五四年～一五八六年

シートン、アレグザンダー（Seton, Alexander）　一五五六年頃～一六二二年

シャーリー、ジェームズ（Shirley, James）　一五九六年〜一六六六年

ジョーンズ、イニゴー（Jones, Inigo）　一五七三年〜一六五二年

ジョンソン、ベン（Jonson, Ben）　一五七二年〜一六三七年

スタッブズ、フィリップ（Stubbes, Philip）　一五五五年頃〜一六一〇年頃

スペンサー、エドマンド（Spenser, Edmund）　一五五二年頃〜一五九九年

セイルズベリー、ウィリアム（Salesbury, William）　一五二〇年頃〜一五八〇年頃

ダヴェナント、サー・ウィリアム（Davenant, Sir William）　一六〇六年〜一六六八年

チャップマン、ジョージ（Chapman, George）　一五五九年頃〜一六三四年

ディロン、ウェントワース、ロスコモン伯爵、（Dillon, Wentworth　Earl of Roscommon）　一六三七年頃〜一六八五年

トマソン、ジョージ（Thomason, George）　一六〇二年頃〜一六六六年

ドライデン、ジョン（Dryden, John）　一六三一年〜一七〇〇年

ドラモンド、ウィリアム、ホーソーンデンの（Drummond of Hawthornden, William）　一五八五年〜一六四九年

ニュートン、サー・アイザック（Newton, Sir Isaac）　一六四二年〜一七二七年

ネイピア、ジョン（Napier, John）　一五五〇年〜一六一七年

ハッチンソン、ルーシー（Hutchinson, Lucy）　一六二〇年〜一六八一年

バニヤン、ジョン（Bunyan, John）　一六二八年〜一六八八年

バリー、エリザベス（Barry, Elizabeth）　一六五八年頃〜一七一三年

バーロー、ウィリアム（Barlow, William）　一五八六年頃に没

ピープス、サミュエル（Pepys, Samuel）　一六三三年〜一七〇三年

フィリップス、キャサリン（Philips, Katherine）	一六三二年～一六六四年
フィリップス、ジョン、ソーダー＝マン島の主教（Philips, John　bishop of Sodor and Man）	一五五五年頃～一六三三年
ブラウンカー子爵、ウィリアム（Viscount Brouncker, William）	一六二〇年頃～一六八四年
プリス、エドマンド（Prys, Edmund）	一五四二年頃～一六二三年
プリチャード、リース（Prichard, Rhys）	一五七九年頃～一六四四年頃
ブレイスガードル、アン（Bracegirdle, Anne）	一六七一年頃～一七四八年
ベーコン、フランシス（Bacon, Francis）	一五六一年～一六二六年
ベーン、アフラ（Behn, Aphra）	一六四〇年～一六八九年
ヘンリー、フィリップ（Henry, Philip）	一六三一年～一六九六年
ボイル、ロバート（Boyle, Robert）	一六二七年～一六九一年
ホッブズ、トマス（Hobbes, Thomas）	一五八八年～一六七九年
ホランド、ロバート（Holland, Robert）	一五五七年～一六二二年頃
マーヴェル、アンドルー（Marvell, Andrew）	一六二一年～一六七八年
マーストン、ジョン（Marston, John）	一五七六年頃～一六三四年
ミドルトン、トマス（Middleton, Thomas）	一五八〇年頃～一六二七年
ミルトン、ジョン（Milton, John）	一六〇八年～一六七四年
リンジー、サー・デイヴィッド、マウントの（Lyndsay of the Mount, Sir David）	一四八六年頃～一五五五年
レン、サー・クリストファー（Wren, Sir Christopher）	一六三二年～一七二三年
ロック、ジョン（Locke, John）	一六三二年～一七〇四年

結論

ジェニー・ウァーモールド

史学史上の戦争――イングランド

昔の歴史家は楽だったろう。彼らの一七世紀イングランド像は次のように単純であった。一六〇三年にスコットランド人の国王が偉大なエリザベスの王国を支配すべく、北方の霧の中から出現した。虚栄心が強く衒学的で王権神授論に傾倒していた国王は、洗練された強国であるイングランドを理解しておらず、実際は王国を統治するには甚だしく不適当であった。それゆえ、必然的に衝突へと至る過程が始まった。これをさらに加速させた彼の息子は、大差ないとはいえ、父王よりも挑発的な暴君であった。その明白な証拠に、彼は一六三〇年代に議会抜きで統治を試みた。すなわち一一年間の専制支配である。その結末が一六四〇年代の内戦に至る統治崩壊であり、一六四九年の国王の公開裁判と処刑であった。その後、イングランドを共和国にする実験の失敗を経て、一六六〇年、父王や祖父王と比べると聡明なチャールズ二世の支配と共に君主政が復活した。しかし未解決の問題を残した君主政はわずか二八年間しか続かなかった。チャールズ二世の後を継いだ弟ジェームズ二世がわずか三年間の治世のうちに父王や祖父王のすべての過ちを繰り返したうえ、頑迷なローマ・カトリック信仰で事態をこじらせたことで、もう一つの「革命」が不可避となった。一六八八年の「名誉革命」は起こるべくして起こった。その時に至って初めて、ステュアート式の君主政につきまとう嘆かわしい諸問題が完全に解決された。イングランドは立憲君主政の下で、世界の超大国、経済の成功物語、強大な帝国の創設者といった、あらゆる威信を体現する存在となった。昔の歴史家が抱いていたこのような歴史像は、それなりに印象的であるし、確かに多くの人びとを魅了してきた。

実際は、一六八八年の出来事はとりたてて「名誉ある」ものでもなければ、「革命的」ですらなかったようである。しかし一六〇三年から八八～八九年にかけて統治した四人のステュアート朝君主のよく知られた特徴は[1]、彼らの後継者となったメアリー二世とアン女王には認められない。彼女らも「ステュアート」家出身であるが、それにはたんにステュアート家の血が流れているという意味でしかなかった。そしてウィリアム三世は、彼自身ステュアートの血統に連なっていたが[2]、国王として為すべきことについて、それまでのステュアート朝君主とは根本的に異なる考え方を持っていた。なかんずく、彼は絶対君主の中の絶対君主たるフランス国王ルイ一四世とは、友人であるどころか不倶戴天の敵であった。それゆえトマス・バビントン・マコーリー[3]、S・R・ガーディナー[4]、ウォレス・ノートステイン[5]ら昔年の「ホイッグ」史家にとって、一六〇三年から八八年までの歴史は、単一の主題に貫かれたひとまとまりの時代として理解することができた。すなわち、それは絶対主義に抗する戦いの時代であった。そして、その戦いの急先鋒をつとめ、最終的に勝利をもたらしたのは、勇猛果敢な自由の闘士たるイングランド議員であった。公正を期すならば、先に挙げた歴史家のひとり、S・R・ガーディナーは、ブリテン諸島全体の出来事について、それこそ「ブリテン諸島史」の視角を要請されて苦労している現代の歴史家が羨むほどに通暁していた。それにもかかわらず、「ホイッグ」史は明らかにイングランド中心主義的であり、またそうであるのが当然とされていた。なぜならば、結局のところ、「議会における国王」[king-in-parliament]という国制を中心とした物の見方、国制を中心とした諸イデオロギーは、イングランド人にとっては長らくもっとも根本的な関心事であり続けたが、過去数世紀にわたってイングランド人より後進的な、すなわちこのような国制を持たなかったスコットランド人、アイルランド人、ウェールズ人らには共有されなかったからである。ましてや一七世紀においては、「下劣な」アイルランドのローマ・カトリック教徒や「身の毛がよだつほど」信心に凝り固まったスコットランド長老主義者には、他に考えることがあったのだから、国制に関心を持つことなどありえないだろう。

このホイッグ史的アプローチは非常に有効なものとして受け入れられていた。それゆえ、このアプローチが明らかにもちあわせた諸問題への取り組みが始まるまでには、きわめて長い時を要した。たとえば比較的最近まで、イングランド人の歴史家は、初代ステュアート朝国王ジェームズ一世＝六世がスコットランドにおいて必要としたのは権勢を誇る貴族たちの支配を生き延びる能力のみであったと記述していた。しかしこれでは、一六〇三年以降のジェームズが声高に力説するようになった王権神授論に基づく専制政治——あるいは暴政 tyranny——との明白な繋がりを見出だすのは難しいと誰も思わなかったのだろうか。実はジェームズは、一五九八年から九九年にかけて著述した王権に関する二論文『国王からの訓戒』と『自由なる君主国の真の法』において、確固として王権神授論を支持し、自らを批判したことがあった。そしてジェームズは、イングランド議会での演説におい

図13　ウェストミンスターの庶民院正面に立つクロムウェル像。1899年建立。（撮影　西川杉子）

ても臆面もなく王権神授説を交えていたために、国王がいったいどこまで、国王単独ではなく「議会における国王」が法の制定者であると、信じているのか、聴衆は大いに疑っていたのである。さらに理解しがたいのはおそらく、一九世紀までに、オリヴァー・クロムウェルが議会の自由と議会制民主主義の擁護者としてあがめられるようになったことである。まさにそのために、庶民院の外に彼の銅像が建てられたのである。クロムウェルにこのような役割を与えた者にとっては、一六五三年四月二〇日、クロムウェルが議会を強制的に解散するために兵士を従えて庶民院議場に押し入ったことなどたいしたことではないのであろう。クロムウェルの暴挙に比べれば、今日でも毎年の議会開会に際して儀式的に再現されている、チャールズ一世が一六四二年一月に五議員の逮捕を試みた事件などまったく穏健に見えるのであるが。[6] そもそも、一六四〇年代の激動にも関わらず、イングランドとスコットランドの住民は、君主政に対する不変の情熱を、もしくは少なくとも君主政がもっとも現実的な統治形態であるとの信念を抱いていたように思われる。そうでなければ、すでに護国卿という地位にあって君主のように振る舞っていたオリヴァー・クロムウェルになぜ王冠まで与えようとしたのか理解できない（ただしクロムウェルはチャールズ一世の偉大な芸術のコレクションには興味がなく、実利優先でこれを売却していたので、いささか荘厳さに欠けるきらいはあったのだが）。もし彼が王位に就くことを承諾していたならば、かつての田舎の小ジェントルマンが、いささか不釣り合いな名ではあるがオリヴァー王としてクロムウェル王朝を創設することになったのかもしれない。さらに付記すれば、クロムウェルが王位の受諾を拒否したにもかかわらず、共和政期において、なぜ君主政にこそふさわしい世襲制という伝統的な方法に逆戻りしたのかは人々の君主政への情熱をなくしては理解できないだろう。[7]

さらに加えて、イングランド庶民院において不屈の精神をもって自由を擁護したはずの闘士たちも、情勢が緊迫した一六四〇年~四二年には、なんとも貧弱な姿をさらしている。歴史家コンラッド・ラッセルが提唱する有名な「玉突き効果」モデル[8]は、イングランドにおける内戦が一六四〇年代ブリテン諸島の動乱としては三番目に起こったこと、すなわち、一六三九年から四〇年のスコットランド内戦（主教戦争）および一六四一年のアイルランド反乱が先に起り、おそらくそれに誘発されてイングランドでも内戦が勃発したことを非常に重視している。さらに一六四〇年六月スコットランドにおいて、一五六〇年のスコットランド宗教改革議会という先例に倣い、議会が国王の権威を欠いたまま開催され、君主政の性格について国王が抱いていた信念を決定的に否定するという手本がつくられたが、それにもかかわらず、ジョン・モリルが指摘するように、イングランド長期議会の開催にあたっては、懐疑や混乱や不確実さがつきまとっていた。このことが示すのは、少なくともイングランドにおいては、チャールズ一世が、人々を自らに対する叛乱に駆り立てるまでにとてつもない労力を費やしたことである。彼がイングランドに内戦を引き起こさなければ、国王への叛乱には至らなかったに違いないのだから。

同様に、ジェームズ二世＝七世に対する不安と恐怖は大きかったが、「名誉革命」によってイングランド人が専制支配に決定的な打撃を与えたなどとは、とても言えそうにない。革命は、一握りのイングランド人に助力を請われたネーデルラント連邦共和国の貴族オラニエ公ウィレム三世（ウィリアム三世）の軍事介入がなければ起こらなかった。そしてウィレムもまた、イングランドへと向かう良好な風向きと、ジェームズの鼻血[9]と、彼が躊躇せずに逃げ出したことに助けられていた。国外逃亡を決意したジェームズは、最初の試みでは、彼に気づいた港町ロチェスターのおせっかいな漁師によって首都《ロンドン》に連れ戻され、歓声をあげる群衆に迎えられた。これではホイッグ的な意味においても名誉あるとも革命的とも見なし難い。国王の二度目の逃亡は、今度は成功したのだが、国王が逃げやすいように用意周到にドアの鍵が外されていたことによって可能になったもので、これは国王の目指した絶対主義に対する断固たる猛襲というより、破れかぶれの苦肉の策と言うべきだろう。実際、一六八八年の出来事の原因となったのは、政治的常識が欠如したステュアート家の特質であったとするほうが理解しやすい。しばしば起こる政治的な思考の麻痺は、まずスコットランド女王メアリーに顕著であったが、ついで孫のチャールズ一世とひ孫のジェームズ二世＝七世においても表面化したのである。ジェームズはフランスに落ち延びて、宮殿での優雅な生活を得たが、これと、一世紀後のフランス国王ルイ一六世のヴァレンヌ逃亡事件とその結末を比べてみるのは示唆的だろう。[10] 逃亡に失敗した不幸なルイは明らかにチャールズ一世の運命を意識して不安に駆られていたが、彼の生と死は、世界を変革しようとする革命によって定められた。このフランス革命においてこそ、革命という語は、神話的な過去への復古という意味から、旧体制の破壊の要求という意味へと変化したのである。これはしかし、一六八八年の「革命家」たちにとっては明らかに目標ではなかった。そのうえ、ホイッグ史観がイングランド人の国制的事柄への関心を強調したことは大いに理解できるが、しかしながらこの国制への関心にしても、実は統一性を欠き焦点の定まらないものであった。一六八八〜八九年における最初の関心事は、ウィレムを摂政とすべきか国王とすべきかということであった。この問題で数ヶ月が無駄に費やされた。無駄というのは、ウィレムには国王以外になるつもりは毛頭なかったからである。他方でイングランド議会は、国王の恣意に左右されない議会の開催を保障する法律を成立させるために、驚くほど長い期間を要した。この三年議会法は一六九三年に最初の審議が行われ、一六九四年に成立した。[11] しかしすでに一七世紀半ばには、このような保障はイングランドにおいてもスコットランドにおいても基本的な安全策として認識されていたのである。実際その起源は、一六一〇年代、おそらく一六一四年から一六二一年の間に執筆され、広く知れ渡った冊子に求められる。そこではもっと極端な、毎年の総選挙に基づく議会が要求されていた。そして名誉革命の際には、イングランドにおける革命が先行したが、またしても、スコットランド人のほうがより過激な政治路線を採用していた。イングランド人はと言えば、一六八八〜八九年の出来事を自由と議会主権を希求する闘争と主張するよりも、ジェームズが自ら王位を放棄したという拵《こしら》え事《ごと》のほうを好んでいた。スコットランド人は、国王を蹴り出したのだとはっきり言った。そのうえ、国境の北側《スコットランド》でもジャコバイトによる散発的な威嚇がみられたものの、実際に国王を救おうと試みた——そして失敗した——のは、ただアイルランド人のみであった。

今日、一七世紀について断言できることが一つある。かつての一七世紀史研究にあった確実さは永遠に失われた、そして、それはそれで良かったということである。まさに、一七世紀スコットランド研究における「ホイッグ」的宗教イデオロギーという、さらに古い観念が喪失したのと同様である。[12]ホイッグ路線による一七世紀の粗筋は、絶対王政志向、いや専制支配志向のステュアート朝国王が自由を愛するイングランド人という巨大な岩塊を二度打ち砕こうと試み、二度とも失敗した末に致命傷を負った、といったものであったが、もはやこのような見方は通用しない。しかしながら「ホイッグ史観」への本格的な挑戦は、一九六〇年代にようやく緒を発したのであった。G・R・エルトンは一九六四年の論文「内乱に通じる街道は存在したのか」において、庶民院の起草した一六〇四年の弁明を再解釈することによって、一六〇三年にジェームズ六世がジェームズ一世としてイングランド王位についたことが、イングランドをこの街道に沿って走らせることになったとするホイッグ的な前提を批判した。もっともそれより早い時期においても、ホイッグ路線とは異なる一七世紀解釈を見いだそうとする試みは行われていた。そのうちの二つの潮流が、二〇世紀半ばの学界を活気づけることとなった。一つはマルクス主義による解釈であり、もっとも代表的な研究者はクリストファー・ヒルである。[13]もう一つは、いわゆる「ジェントリ論争《ストーム・オーヴァ・ザ・ジェントリ》」であった。[14]R・H・トーニー、ローレンス・ストーン、J・H・ヘクスターらの面々は、荘園の数を数え、貴族とジェントリの収入を査定し、爵位貴族とジェントリの盛衰を解明する作業をもとに、イングランド内戦の陣営構成を説明しようとした。歴史家たちが血染めの剣でなく毒をまき散らす筆をもって戦ったことを除けばまさに内戦の再演といってよい、情念のこもった論争であった。マルクス主義史観では、「封建勢力」を「ブルジョワ階級」に対置することであまりに多くのものが失われてしまった。ホイッグ史観と同様に、それは一七世紀を一九世紀の鋳型にはめることになったのである。ジェントリ論争においては、とくに数字に強い研究者には疑いもなく楽しい作業であったが、当時から異論と不和が百出する状態であった。クリストファー・トムソンのとどめの一撃[15]を待つまでもなく、これは彼らのアプローチとイングランド内戦を結びつけることの困難を物語っていた。

はるかに実り多かったのは、地方史研究に新たな関心が集まったことであった。当初は「宮廷《コート》」対「地方《カントリ》」として非常に大雑把に定式化されていたものの、個別の州に関心が向けられたことで、研究に実質的な進展がみられたのである。その担い手は、T・G・バーンズ、アラン・エヴェレット、ジョン・モリル、アンソニー・フレッチャー、クライヴ・ホームズ、リチャード・カスト、アン・ヒューズらであった。これらの研究は、一七世紀の出来事と危機に対して包括的な説明を与えようとするいかなる試みにも、致命的な欠陥があることを証明してみせた。これはとくに、研究自体がニュアンスに富んだ洗練されたものになったことの反映であった。これらの研究はさまざまな州の多層的な構造を解明し、「州《カウンティ》」を「中央《センター》」に単純に対置できないこと、むしろ地域的な関心と全国的な関心は相互に絡み合っていたことを示したのである。多様性と分裂が強調されるにつれて、そして時には非常に強力だった国王権力の強制力とその崩壊に対する諸個人や諸集団の反応に詳細な注意が向けられるにつれて、一七世紀の際立った複雑さが次第に顕著になった。例えば船舶税に対する地方の反応を分析してみると、なぜチャールズ一世が当初はこの法律を成功と考え、専制的な国王による不名誉で疑わしい恣意的な法律などとは思いもかけなかったのかを理解することが容易になる。つまり、当初は順調であったのである。もしかするとイングランドが一六三〇年代に戦争状態になかったことが不運であったのかもしれない。戦争の不在は、船舶税がそもそも必要なのかどうか問題を惹起することとなった。とりわけ、初めて船舶税を課された内陸諸州の住民が、海防の負担をこれまで伝統的になされてきたように沿岸諸州にすべて押しつけるのではなく全国的な課題にしようとした国王の欲求を良く思わなかったことは疑いようがない。しかしながらもっとも根本的な間違いは、これまでもそうであったように、当初の成功が砂上の楼閣であることをチャールズがまったく理解していなかったことである。そのために彼は、数多くの臣民がますます貪欲に情報を欲している事実に目を瞑《つぶ》っていたので、パンフレット、議会演説の写し、ニューズレター、あるいはそれらの読み聞かせの形で、文字を読める人も読めない人も情報を得られるようにしてしまった。そのために彼は、地方における政治意識の著しい高まりに対峙することになった。ただしこれはまったく新しい現象ではなかった。一七世紀までに、口承に加えて文字による情報の伝播への依存がますます大きくなったとはいえ、一四世紀についても州裁判所を中心として、同様の現象が指摘されているし、さらにはるか以前にも似た例を見いだすことができるだろう。イングランドには要求の多い介入的な政府が長らく存在しており、それに抗した政治意識の高まりと政治的な反応を生み出してきた。スペイン、フランス、神聖ローマ帝国の茫洋とした領土に比べて地理的に小規模であったため、イングランドの諸州はより統一された形で容易に行動することができた。これを劇的に示しているのは、一三八一年の農民反乱〔ワット・タイラーの乱〕において、複数の州にまたがる組織化が驚くべき規模でみられたことである。しかし必ずしも一貫した行動が取られたというわけではなく、むしろ多種多様な矛盾する反応と心変わりがみられたと言った方がよいだろう。同様に、一六三〇年代にチャールズ一世に不満を表明した者が、必ず一六四二年に議会派についたわけではなかった。そしてもちろん、「情報」は誤報であることもあった。人を惑わすゴシップの場合もあったのである。サー・ジョン・クックは一六四二年三月に次のように書いた。「間違った報告があまりに大量に流布しているために、人びとは何を信じていいのか途方に暮れている」と。そしてそれは緊張の高まった一六四〇年代に限った話ではなかった。

しかしながら、一つ例を取りだしてみよう。イングランド南部ドーセット州の州都ドーチェスターの市民ウィリアム・ホワイトウェーが一六一八年から一六三五年にかけて書いた日記からは、世の中が混迷を深めるなかで、人びとがロンドンから発せられる不快な指令への対応を強いられていく様子が伝わってくる。ホワイトウェーは家族の問題を大変気にかける一方で、ドーチェスターで誰が議会に選出され、誰がベイリフ、シェリフ、シェリフ補佐に選ばれるかにも関心が高かった。地方の事件はもちろん、時には全国的な事件にも関心を示している。たとえば、三十年戦争の恐ろしい前触れとなった一六一八年の彗星について、一六二一年の日食について、一六二二年にジェームズ一世が狩りで遭遇した大惨事について、大嵐やそこでの溺死者の数を含む天候の話、穀物の値段、出産、結婚、死亡についてなどが記録された。扇情的な出来事では、例えば、一六二三年のドーチェスターの旅籠屋ジョージ亭の給仕の殺人やその他の犯罪、処刑、一六三四年に七本指の赤子が生まれたこと、そして同年にドーチェスターを訪れたフランス人女性のことが挙げられた。そのフランス女性は「腕がないのに足で書いたり縫ったり何でもできた」。さらに、自分の妻に与えた金の額や、そしてもちろんヨーロッパからのニュースについても書かれた。たとえば一六二三年一月には王太子チャールズとスペイン王女の結婚が決まったとの誤報が書き留められた。しかし一六二五年以降は日記の調子が変わった。ホワイトウェーはジェームズ一世治世の政治情勢については淡々と事実を記しているだけで、ジェームズ一世自身に対する記述も中立的であった。ただしこのイングランド南部人がジェームズの死を記録する際に、彼を「グレート・ブリテンの国王」と記述したのを知ったのならば、ジェームズはきっと喜んだことだろう。そのうえジェームズの狩りの事故からの回復に際しては「主を讃えよ」とさえ書いている。しかし一六三四年に、チャールズ一世が同様に狩りの事故から回復した時には、神への言及はなく、ただ素っ気なく事実が記されたのみであった。そして一六二五年からは、政治的論評とチャールズ治世初期の物議を醸した係争についての人びとの反応の記述が現れ始める。一六二五年八月、ホワイトウェーはオックスフォード議会がチャールズのさらなる資金要求を断固として拒否し、「双方に大きな嫌悪感を残して」解散したことを記録している〔チャールズ一世治世の初の会期となる一六二五年の議会は、ロンドンで疫病が流行したために、オックスフォードで開催された〕。一六二六年五月の日記では、議会は国王の命に反してバッキンガム公爵ジョージ・ヴィリアーズを審問する「果敢な努力を再開」し、六月にはバッキンガムのケンブリッジ大学総長任命に対して「憤怒と嫌悪」を表明した。同じ六月、ロンドンの市参事会が「商業活動が死んだような状態なために」資金が欠乏しているとして、最終的には参事会員は二四〇〇ポンドを拠出したものの、チャールズの要求する一〇万ポンドの借入を二度拒否したことが記載された。一六二七年一月、ホワイトウェーは強制借入金に対する敵対的な反応について述べ、一六三五年一月には船舶税について通常以上に長く記述し、ドーチェスターの負担額の不公平さに言及して、支払いの際にみられた「大きな恨み」を記録している。

　歴史家が中央から地方の検討へと移ったことで、ホイッグ史のわかりやすさは確実に減じてしまった。そしてこれは一七世紀研究を非常に難解なものにしたのかもしれない。しかし同時に、これによってステュアート朝君主の不安を抱えた臣民の実態が立体的に理解され始めて、一七世紀研究が大変に面白くなったことも確かである。一九七〇年代にはついに、「修正主義」が爆発的な展開を見せた。「修正主義」は一つの学派ではないので、ここでは「修正主義者たち」と言う方が良いだろう。実際に、どの歴史家が修正主義者であるのか、あるいは自分自身をそうみなしているのかについては、必ずしも明らかではない。修正主義者でありながら修正主義者ではない歴史家も存在する。たとえば、ポーリン・クロフトのような研究者たちは、現在の一七世紀研究に等しく大きな貢献をしているが、修正主義者の型にはまったくあてはまらない。おそらく修正主義は一つの方法論とみなす方が良いだろう。一九七八年にはケヴィン・シャープが、「古い（ホイッグの）画布《キャンバス》を直そうとするよりも、素描からやり直せ」という衝撃的な主張をしている。ここで彼が意図していたのは、歴史家は史料をして直接語らしめよ、後世の思い込みを押しつけて史料を歪曲すべきではない、ということであった。そして一七世紀前半の研究に君臨するコンラッド・ラッセルをはじめとして、ジョン・モリル、マーク・キシュランスキー、シャープといった歴史家が実際にそのようにしてみると、古い画布はもはや修復不能であることが判明したのである。ここで強調すべきことには、古い画布に新しい画布が取って替わったのではない。それでは、つぎはぎ細工のキルトのようになるのが関の山だろう。

新しい学派が不在であること自体が、素描からやり直したことの重要性とその成功を物語っている。史学史上初めて、近代政党政治を示唆する議会の「反対派《オポジション》」という観念が決定的に否定された。一七世紀前半の議会の陣容は党派的イデオロギーに基づいてはいなかった。実際、現在強調されているのは、議員は確固とした立場に固執するどころか、非常にしばしば変節したという点である。これは悪名高い「王党派」でストラフォード伯爵となるトマス・ウェントワースや、同じく悪名高い「議会派」のサー・ジョン・エリオットにも当てはまる。研究者の関心は国制をめぐる争いから離れて、国家機構の軋み、供給をはるかに超える官職の要求の急増、山積する財政問題など統治の構造的な問題へと移り変わった。これらの問題については国王も議員たちも、しばしば漠然とではあるが、不安を抱いていたのだが、実質的な解決策は持ち合わせておらず、チャールズ二世およびジェームズ二世＝七世の治世になっても未解決のままであった。ジェームズ一世＝六世自身、行動よりも際限のない話し合いを好むイングランドの議員たちの習性――それは問題を解決するには良い方法とは言えなかった――に繰り返し不満を示していた。一六〇七年には、国王はあからさまにイングランド議会をスコットランド議会と比べて、後者の方が協力的で従順であるという根本的に誤解のある説明をしている。これはスコットランドの方がイングランドよりも統治しやすいと見なされた珍しい例である。しかしジェームズのみが問題に気づいたわけではなかった。議員たちは討論を行っていたが、懸案の事項については回避や先送りをしていた。物議を醸した独占権問題のように、議会における反対の気運がじゅうぶん高まっていた場合でも、結論が出るまでには長い年月がかかった。[16] さらにこの頃までに、議員は伝統的な徴税手法に頼っていては国王の財政を支えられないという――とりわけ戦時には――非常に現実的な認識も持っていた。しかし、湯水のように金を使う国王ジェームズ一世を非難する方が、もっと根本的な問題に取り組むよりも簡単であった。しかしながら、ホイッグ史家は、議員は国王に対する苦情が適切に処理されるまでは国王への援助金を拒否するという武器を使用したのだと頑に信じていたが、そのような「武器」の存在については、史料は何も語っていない。一六一〇年の議会においてジョン・サヴィルは、苦情の解消が金で買われる結果になるとして、援助金と苦情の解消（supply and redress）を結びつけて論じることに反対している。これはもちろん、援助金と苦情の解消が人びとの頭の中で対になっていたことを示している。とはいえ、国王へのいわゆる脅迫行為を人びとが正当化していたとまでは意味していない。一六二五年の緊張に満ちたふたつの会期においては、次のようなチャールズ一世の要求が問題を引き起こしたと言えるだろう。すなわち、戦時の必要から援助金は提供されねばならない、その一方で、苦情の解消はいつか別の機会に議論されるであろう、と彼は主張した。これは一六二四年の議会が熱心にヨーロッパ大陸での戦争介入を支持したことを思えばまったく不合理な主張ではない。そして実際、最初の会期で援助金が確保されたので、次の会期ではさらに多くを要求したのである。

　地方史研究と同様に、「修正主義」の台頭は一七世紀史研究に波紋を起こした。さらに、修正主義者の取り組みは、王権と議会という当初の関心の外にも広がっていった。それは、イングランドにおいてもブリテン諸島の複合王国においても一七世紀の諸問題を理解するうえで、ブリテン的な視座が決定に重要であることを認知させるのに極めて有益であった。イングランドはもはや、『一〇六六年となんやかや』[17]の言葉を借りれば、必ずしも「トップの国」ではないし間違いなく唯一の存在ではなかった。ブリテン的視座によって、またもや事態は複雑さを増した。そしてまたしても、これは理解を深めることに大いに資するものであった。スコットランド、アイルランド、イングランドの歴史家同士が、お互いに対話を始めた。たとえばイングランド史家でブリテン史を主唱するジョン・モリルが論文集『ブリテンの文脈におけるスコットランド国民契約、一六三八～五一年』〔John Morrill (ed), *Scottish National Covenant in Its British Context, 1638–51*, (Edinburgh: Edinburgh University Press, 1991)〕の編者となるよう招かれたことなどは、特筆すべき出来事である。もちろん多くの歴史家は特定の王国に専念した研究を続けている。変わったのは、現在はかつてよりもお互いを信頼するようになったことである。「イングランド中心主義」という非難は依然として存在しているが、かつてほど辛辣なものではなくなったし、たんなる負け犬の遠吠えでもなくなった。ここでは、イングランドの視点だけで一七世紀を理解することは単純に不可能だという積極的な認識が生まれつつある。

今日では、誰も「修正主義」の意義を否定しない。しかしすべての「修正主義者」が同じ歌を歌っていたわけではない事実は、「ポスト修正主義」にも揺り戻しがあるかもしれないとはいえ、これも多様であるからこそ修正主義と同じ強みを持つことを意味した。〔修正主義を経た一七世紀史研究では〕イデオロギーが復権し、説得力をもって主張された。変化がただちに脅威とみなされる一七世紀世界では、間違いなく、合意と連続性が希求されていた。しかしながら実際は、不幸なことかもしれないが、世界は変化してしまい、新しい状況で政治的、宗教的、国制的な観念が続々と生まれ喧伝された。疑念と拒絶が現れたのも必然であった。さらに加えて、〔二〇世紀後半の〕「修正主義」が裏返しのホイッグ史なのではないかという不安も存在した。クリストファー・トムソンは、一九八九年に鋭く指摘した。

> 一七世紀議会史の新しいモデルには（中略）新奇性という魅力がある。しかしその多くの特徴は、とくにジェームズおよびチャールズの描き方と庶民院の捉え方は、内戦期の王党派とそれを継承したトーリのものに類似している。実際、それはS・R・ガーディナーが追い払った古いホイッグ的な世界観の鏡像となっている。不幸なことに、この新しい分析は、一七世紀の議会政治について〔ホイッグ史〕と同様に誤解を招くものである。[18]

ジェームズとチャールズの特徴に関する総意があるわけでもなく、国王を善人にして議員を悪者にする試みがあるわけでもないので、この主張は確かに行き過ぎている。にもかかわらず、この主張には確かに首肯できる部分もあるし、モデルを作って歴史家の集団にレッテル貼りをすることが大変に危険であることをはっきりと示している。このような研究史上の慣行は、「学派」を隠れ蓑にする特別な必要を感じているかのように見える一七世紀イングランド史家について特によく指摘される。それでもなお、レッテル貼りへの関心は高すぎる。近年出版されたコンラッド・ラッセル記念論集とニコラス・タイアク記念論集[19]の素晴らしい序文が指摘するように、「修正主義者」と呼ばれる研究者がどの時期には修正主義者でどの時期にはそうでなかったのかというアプローチは結局有効ではないし、新たな型に人を押し込めてしまう危険をはらんでいる。一九七〇年代の「盛装した修正主義」と呼び慣わされているものが爆発的に出現してから三〇年が経った現在において、「修正主義」とそれに関連する用語は冗長なものとして退けられねばならない。真に重要なのは、近年の歴史家が研究視角の違いを越えて大いに有益な議論を行っており、我々を古いホイッグ史観という制約から解放したということである。我々が「理解する」一七世紀はかつてのホイッグ史家が理解したよりも明確ではない。そうであればこそ、今では、内戦は必然だったのか、そうであれば、それはいつ必然になったのかを問うことができるのである。実際に、いつチャールズ一世の処刑が不可避になったのかという問題については、現在の研究では、答えを一六四九年一月三〇日の処刑日にどんどん近づける解釈が提示されている。つまり混乱、不明瞭、恐怖心といったものが、その日の次第を決定したのである。そしてこちらの方が、はるかに有益だろう。

宗教、そしてスコットランド人とアイルランド人

宗教的な緊張、疑念、恐怖といった要素を、前節で論じた政治と国制の問題から切り離してしまうのは、もちろん間違っている。本書第一章の筆者キース・ブラウンは、一六〇三年から三七年にかけてのブリテン史における世俗的な領域を論じたが、扱わなかった課題を指摘しながら次のように章を峻厳に締めくくった。それは「他のなによりも政治的議論の火種となり、分裂を深め、忠実な臣民を反逆者へと変える危険な道を歩むよう人びとを煽り立てた。すなわち宗教である」。これがジョン・マカーフィティの第二章の主題である。私はブラウンの苛立ちに共感する。それは、内戦は「最後の宗教戦争」であるとするジョン・モリルの断定に私が批判的だからではない。むしろ私は、「修正主義者」が「秘術を用いるかのごとく」宗教と政治を分離しているという主張に長らく困惑してきた。これは次のように述べた方が適切だろう。一七世紀を再考するためには、十把一からげに包括的な解釈を提示するよりも、特定の領域に焦点を絞った解釈が切実に必要とされていた、そして確かに宗教の領域ではそのような解釈が得られたのである。宗教に関してそれ以前に普及していた正統的理解によれば、主流的な国教会の信徒《アングリカン》たちが一方におり、他方でこれに敵対する破壊的で分離的であり、しかもことさら人生を困

難にする生き方に長けたピューリタンがいた。実際これはエリザベス治世期およびチャールズ一世治世期（ただしジェームズ一世治世期はそうではないが）の認識と同じである。一九七〇年代、ニコラス・タイアクはこの理解に批判の砲弾を浴びせかけた。それ以降、一七世紀の宗教史はもはやかつてのものと同じではなくなった。はるかに刺激的になったのである。パトリック・コリンソンは、含蓄に富む著書『エリザベス治世のピューリタン運動』（一九六七年）において、過度に単純化されて整然とした一六世紀後半の時代像を批判した。タイアクの研究は、出版は少し遅れたが、コリンソンと同時期に行われたものであり、同じく一七世紀前半の時代像を破壊しつつ、ジェームズ一世治世には「ピューリタン」をも内包する穏健なカルヴァン派のコンセンサスがあったと論じた。[20]このコンセンサスを崩壊させ、ピューリタンを再び過激化させたのは、チャールズがイングランド国教会をカルヴァン主義から引き離し、アルミニウス主義に接近させようと試みたからであった。これに引き続いて、非常に魅力的な研究が次々に現れ始めた。ピーター・レイク、クリストファー・ヘイグ、ディアミッド・マカラック、ケネス・フィンチャム、フェリシティ・ヒール、アンソニー・ミルトン、マイケル・クエスティア、アレクサンドラ・ウォルシャム、ピーター・マカラックなど、非常に多くの研究者が——リストは無限に続いていくだろう——コリンソンとタイアクが自らの洞察の拡大と精緻化に取り組むのに並行してこの課題に取り組み、時には鋭い批判を投げかけている。イングランド人は、法王教となると感情的になって反射的に憎悪を示したのだ、とか、さらにはロード大主教に関しては何事につけても嫌悪した、などという安易な想定は永遠に過去のものとなった。「国家」について言えることは、教会についても言える。二分法的な対立の構図ではもはや十分ではないのである。そして政治的論点と同様に、宗教的論点も、中央と地方の双方の研究において取りあげられるようになった。

本書においては、一六〇三年から三七年までに関わるすべてを一つの章に押し込むことはできなかった。研究蓄積のあまりの膨大さゆえに、この時期については複数の章を設けるのが実際的であった。しかし章を分けた理由はそれだけではない。各章が「ブリテン的」なアプローチを採っていることにも起因している。なぜなら、イングランドにおける政治的／国制的な関心のあり方、あるいは宗教的な関心のあり方を、そのままスコットランドとアイルランドに適用することはできないからである。そして当然のことであるが、スコットランドとアイルランドを一緒に議論することもできない。たしかに、一六三八年のスコットランド国民契約は、イングランド的な観点からみると非常に「国制的」にみえるし、実際に手間をかけて議会制定法のリストを繰り返し掲げている。スコットランド社会に普及していた一五世紀および一六世紀の諸盟約およびこれらに連なる宗教的盟約と契約神学——一六三八年の国民契約は少なくとも理念的にはそれらの結晶である——を考慮すると、国民契約の形態においてスコットランド人が新しいことを始めていたのは明らかである。それまで、彼らは国制上の問題には無頓着で、関心無きに等しかった。イングランドに出回っていた議会の性質や国王の財政について論じる小冊子の類は、スコットランドには存在しなかった。例えば、サー・ジョージ・パーヴィスが『スコットランド国王の歳入』〔サー・ウィリアム・パーヴィスの誤り〕を作成したのはようやく一六八一年になってからであり、それも国王領地の評価額を長々とリストにしたものに過ぎなかった。そしてスコットランドにおいては、人文主義者ジョージ・ブキャナンとジェームズ一世＝六世のみが主権の性質と根拠についての本格的な執筆を行うほど関心を持っていたが、それはまったく異なる目的のためであった。[21] 国民契約のとった形式は、起草者たちがおそらく以下のことを意識していたことを示唆している。イングランド化してイングランド風レトリックを好む国王は、スコットランドの宗教を嫌悪して一六三〇年代にはその弱体化を試みていた。国際舞台で活動する起草者たちはこのような国王に働きかけるために、イングランド風レトリックを用いたのである。これはスコットランド女王メアリーの廃位を正当化してエリザベスに利するためにブキャナンが担ぎ出された場合とよく似ている。それは、スコットランドにおいて個々の君主の廃位を正当化する際に用いられた、国内《スコットランド》向けの伝統的方法とはまったく異なるものであった。起草者たちがスコットランドの外を意識したために、国民契約はその傾向を押し進めたと言えよう。なぜなら、当座はサミュエル・ラザフォードのような教会の知識人に限られていたとはいえ、スコットランド人が「国家」の問題に関心を向け始めるのがこの頃だったのである。ここにおいてようやく、ブリテン的と呼べるような、少なくともイングランド・スコットランド双方を視野に入れた歴史の片鱗を覗かせる。これはあまり評価されてこなかったが、一六二〇、三〇年代の差し迫った「ブリテン問題」によって、スコットランドでチャールズ一世を批判する人びとが「ブリテン的」なアプローチの有効性を理解するようになった一例であろう。イングランドにおけるチャールズ批判者がこれを用いていたなら、さらに大きな反響があったであろう。

しかし史学史的観点からすると、イングランドとスコットランドには大きな隔たりがあった。一九世紀から二〇世紀にかけてのイングランドとアメリカの歴史家が抱いていた「ホイッグ主義」は、すでに一六～一七世紀のスコットランドで強力な宗教イデオロギーの形を取って、大きな役割をはたしていた。宗教改革者ジョン・ノックスにもある程度当てはまるが、アンドルー・メルヴィルおよび甥のジェームズ・メルヴィルをはじめとする勇猛な長老主義の聖職者やデイヴィッド・コールダウッド、ジョン・ロウなどの改革派スコットランド教会《カーク》の歴史家は、熱心に目的論的なアプローチを用いてスコットランド教会の叙述を行い、大きな成功を収めた。そのために、ジェームズ六世がセント・アンドルーズ大主教ジョン・スポッティズウッドに命じて王権寄りの歴史を書かせる必要が生じたほどであった。不運なことにスポッティズウッドの書いた歴史は、長老主義者の燃えるような情熱を欠いていたうえ、出来が悪かった。一方、長老主義者たちは、自らの体験を歴史の主な題材としており（まさに見聞に基づいた真の題材ではあった）、一六世紀後半と一七世紀についての非常に壮大な神話を構築した。この神話の威力は絶大で、現在になってようやく批判的な検討が始まったところである。イングランド人が国王の専制に対する議会の自由の勝利という物語を作りあげたのに対して、宗教改革後のスコットランド人は当時すでに、神は一五六〇年〔一五六〇年にジョン・ノックスら六名の宗教改革者がカルヴァン主義に基づく信仰告白を作成し、これをスコットランド議会が承認した〕に罪深い人びとを救済し、不敬な君主に対しては神聖な教会が勝利するという物語を作り出していた。一九六一年に至ってもなお、アバディーン大学神学教授であったJ・S・マキューアンが『ジョン・ノックスの信仰』という書物を出版できたことは、真剣に受け止める必要がある。（これはスコットランド宗教改革四〇〇周年の一年後の出版であった。）マキューアンはそこで、まさにノックスばりの力強さで、中世と近世のスコットランド人がローマ・カトリックという「魂に対する暗黒の圧制」に苦しんできたこと、その圧制は一五六〇年にカルヴァン派の神によって打ち砕かれ、カルヴァン派信仰の清き光が降り注いだことを熱心に語っている。そしてさらに冷静に受け止めるべきは、依然として一五六〇年をスコットランド宗教改革の記念の年として称揚することが可能であったということである。しかし幸いにも、希望はあった。その年を「正しく」位置づけるために、ゴードン・ドナルドスンが一九六〇年に重厚な『スコットランド宗教改革』を出版していた。これに続いて、二年後にはデイヴィッド・マクロバーツが編者となった『スコットランド宗教改革論集』という素晴らしい論文集が刊行された。スコットランド宗教史という主題は、ようやく離陸の時を迎えていた。ただし、今度はドナルドスンの影響力がきわめて大きかったために、彼が設定した枠組みを抜け出るのにはあまりにも長い時間がかかった。また、ジェームズ治世の教会研究の大半は依然として高度な教会政治の領域に留まった。もっともドナルドスンとジェームズ・カークが、ジェームズ六世とアンドルー・メルヴィルの代理戦争さながらに、スコットランド教会《カーク》の組織と「敬虔な」君主が政教関係に果たす役割とめぐって論戦を繰り広げたので、教会政治研究は活気づいてはいたのだが。両者は、マキューアンの感情的なアプローチから遠ざかっていたのは確かであるが、依然としてホイッグ的な言葉遣いで言い争った。しかしながら公平を期すために付記すれば、スコットランド宗教史を前進させるために、彼らはそうせざるを得なかったのだろう。

その後のスコットランド教会史は、原型をとどめないほどに変化してきている。イングランドの教会とはまったく対照的に、教会《カーク》内部に分派《セクト》が存在しなかったことこそが、教会《カーク》に厳然とした一枚岩的組織の様相を与え、また教会裁判所の押しつける厳格な教会訓練と、とりわけ各教区の教会裁判所である小会《カーク・セッション》――道徳性維持に取り憑かれ、辱めの懲罰をふりかざしていた――によって、教会員の多くに惨めな思いをさせていた。同時代の人びともみな教会の厳格さを十二分に意識していた。詩人で政府の官吏でもあったレシントンのサー・リチャード・メイトランドは、悲しみを込めて「いずこへ去ったのか、かつての幸福よ」と嘆いた。「武人のような教会人」が暴れ回っていたのだろうか。匿名の「奇形のスコットランド教会《カーク》の反キリスト的な聖職者への忠告」の中では、新生スコットランドの陰惨な雰囲気の原因が、スコットランド史におけるかの偉大な英雄ジョン・ノックスに直接に帰されている。

かの背教者たる祭司、キリストと人類の救いの敵
汝の主人たるノックスは、邪悪で、蛇のような畜生で
イングランドの国から追われ
汝に憎悪を説教するために来た
爾来、かつての誉れ高きスコットランドは
荒廃の極みにあり
貴兄らは、都市で、塔で、町で、これに手を貸している

しかしこのような声は、カルヴァン派スコットランドへの賞賛の嵐にかき消されていた。賞賛は、敬虔な人び

との苦難と迫害を情熱的に歌い上げる同時代の長老主義者の歴史家や——迫害はもちろん、敬虔さの証明であった——、最終的な勝利を言祝ぐ後世の歴史家——しばしば彼ら自身も聖職者であった——の手によるものであった。「スコットランド人」は長老主義を欲し、「スコットランド人」は主教制を嫌う——これが自明のこととなった。これが疑問に付されたのは、ようやく二〇世紀後半になってからであった。現在では、ジェームズ・カーク、マイケル・リンチ、イアン・カウアン、マーゴ・トッド、マイケル・グレイアム、ルイーズ・ヨーマン、アラン・マクドナルドをはじめとする多くの歴史家の仕事によって、過去の歴史学の確実性は雲散霧消した。中央の教会政治についても各地の教区民についても、新しい議論が提起されている。そして教会史はそれ自体、以前よりもはるかに魅力的な分野となったが、さらに一六三〇年代の危機を生み出した緊張関係についても新たな洞察の手がかりとなっている。精力的な修正主義者マーク・キシュランスキーは、あらゆる学説を問い直してきた。その彼に近年われわれが問われているのは、スコットランドにおけるチャールズ一世を再検討すべきではないか、そして危機を生んだ宗教政策にもっと関心を寄せるべきではないか、という点である。同じくアラン・マクドナルドとローラ・ステュアートはその著作において、通常チャールズと関連づけられてきた諸問題を招き寄せたのは、じつは晩年のジェームズ六世なのだという異色の見解を本格的に検討するよう促し、とくに当時から悪評高かったジェームズのパース五箇条について、いまいちど論議すべきであるとした。敬虔な契約派《カヴェナンターズ》がスコットランドのみならずイングランドにおいてもある程度の影響力を行使できた期間についても——これはスコットランド人にとっては本当に稀な機会であったのだが——現在はとても短く考えられており、また契約派《カヴェナンターズ》の統制力に関してもこれまで想定されたほど堅固なものではないと見られている。

当時、王妃アンリエット＝マリー（ヘンリエッタ＝マライア）の存在で増幅され、チャールズ一世の無理解によって助長された「法王教の恐怖」という「偏見の構造」については、ピーター・レイクが見事に分析している〔Peter Lake,

'Anti-Popery: the Structure of a Prejudice', in R. Cust and A. Hughes, eds, *Conflict in Early Stuart England* (1989) を参照〕。この反法王教感情の影響力が大きいとはいえ、スコットランドとイングランドの問題は、ピューリタン、長老主義者、アルミニウス主義者、ロード主義者などのプロテスタント信仰の枠組みの内部に起因するものとして位置づけることが出来る。もっともそれで作業が容易《たやす》いというわけではないのだが、ブリテン諸島の三番目の王国であるアイルランドを複合君主国の諸問題のなかで位置づけることに比べれば、はるかに難解さは減るだろう。極端に単純化して言えば、スコットランドとイングランドの場合は、イングランドでさえも王権の合同に利点を感じていたのである——ただし一六四九年のイングランドの共和主義者は例外であり、彼らはスコットランド人がチャールズ二世の下で君主政を維持することを喜んで認め、合同を破棄したであろう。しかしアイルランドはそうはいかなかった。アイルランドは、ここを未開人ばかりの植民地とみなすイングランドの通念を打ち消そうともがいていたのだが、ローマ・カトリシズムが存続し、隆盛していた国でもあったのである。詩人エドマンド・スペンサーは、先王エリザベスのアイルランド総督であったウィルトン・ド・グレイ男爵アーサー・グレイに秘書官として仕えたのだが、彼の『アイルランドの現状についての見解』（一五九六年）、そして一六一三〜一五年のアイルランド庶民院議長サー・ジョン・デイヴィスの『今上陛下の幸福な御代の始まりまで（中略）なぜアイルランドは完全に服従しなかったのか、その真の理由の解明』（一六一二年）には、背筋を凍らせるような見解が表明されていた。両者は、アイルランド的なるものの否定とイングランドの言語、法、慣習の強制に、アイルランド問題の唯一の解決策を求めていた。しかしこれらは、少なくとも当面の間は、机上の計画に留まっていた。理論を暴力的な現実に移したのはクロムウェルであった。彼はアイルランドの土地所有の地図をプロテスタントに有利なように強引に書き換えた。ジョン・モリルはこれを、「悲惨で逆行不可能な革命（中略）近世ヨーロッパにおける民族浄化の最大の事例」〔本書第三章一四九頁〕であると表現している。デイヴィスが論考を書いた時、こういう事態に容易くなると予期させるものはなかった。皮肉なことに、彼の論考のタイトルは、過度に楽観的なものではあったが、それなりの理由があった。というのは、ジェームズが悲惨なゲール戦争（一五九四年〜一六〇三年）の末にイングランドとアイルランドの王位を継承したとき、彼はスコットランド人らしく、先王に比べてアイルランドに好意的でさして恐れを抱いてはおらず、自らをアイルランドの国王であり、植民地の支配者ではないとみなしていた。確かに、もし一六〇七年のゲール系貴族の逃亡がなければ、スコットランドの貴族にスコットランド地方統治を委ねたのと同じように、ジェームズはタイローン、ティアコンネル両伯爵との間に協力関係を築いていただろうとする議論もある。実際には、彼はスコットランドにおいてはあまり成功していなかったもう一つの政策を採用した。植民事業である。彼は、スコットランド低地地方《ローランド》からヘブリディーズ諸島に入植者を送ろうとしたのと同様に、イングランド人とスコットランド人をアルスター地方に入植させた（今日のアルスター問題をジェームズ一世に帰する議論があるが、これはまったく説得力がない。なぜなら、第一に彼が送った入植者にはローマ・カトリック教徒が含まれていたのだし、いずれにせよ入植事業はエリザベスの治世には開始されていたからである）。また、ジェームズは確信をもって超宗派的《エキュメニカル》なアプローチを採用しており、これも彼を後押しすることとなった。彼は議会には反法王教的な激しい言葉を用いていたが、それにもかかわらず、ローマ・カトリック教徒は実際には期待した以上の譲歩を与えられていたのである。

　歯車が狂い始めたのは、チャールズ一世の治世においてであった。父王と同じように、チャールズ一世もアイルランドのローマ・カトリック教徒に対して強圧策を採らなかった。実際に一六二六年には、兵力と資金を確保するために、国王は「アイルランドに与えられる恵み深い恩寵」を布告し、ローマ・カトリック教徒にかなりの譲歩を申し出た。しかしジェームズとは異なり、チャールズはこれを三王国の問題に発展させてしまう。ジェームズがどの程度までイングランド教会とスコットランド教会を「一致」させようと考えていたのかについては議論が続いている。他方でチャールズの意図は明白であり、それは「一致」をはるかに越えたものであった。チャールズにしてみれば、臣民の魂に責任を持つべき国王が宗教的な分裂症であるなど論外であった。そしてこれだけであれば、必ずしも受け入れられないわけではなかった。しかしながら、忍び寄るイングランド国教会の圧力を絶え間なく感じていたスコットランド・カルヴァン主義者にとって、自分たちの宗教を揺るがしているチャールズがアイルランドのローマ・カトリック教徒に対して同様の厳しさで臨んでいないことはまったく許し難いことであった。実際にはアイルランド総督ストラフォードもまた、アイルランドをスコットランドおよびイングランドの路線に一致させ、チャールズとロード大主教の意に添った国教会体制を築こうとしていた。しかし彼のやり方よりもチャールズのスコットランドに対する態度の方が明らかに厳格であったため、この点についてスコットランドのカルヴァン主義者が気づかなかったのも無理はない。その一方で、ストラフォードが「恩寵」を実現しなかったことが、アイルランドのローマ・カトリック教徒の態度を硬化させることになったのである。

しかしながら、一七世紀ブリテン諸島における「複合した諸王国」の一つとしてのアイルランドには、より根本的な問題が存在している。アイルランドの場合、歴史家はイングランドやスコットランドとはまったく異なる困難に直面する。アイルランドは、スコットランドやイングランド本国とは異なり、独立した歴史があったと主張することができない。なぜならば、スコットランドとは異なり、一六〇三年以前においてもアイルランドは分離し独立した存在ではなかったからである。もしアイルランド問題について誰かを「非難」しようとすれば、それはジェームズ一世＝六世と彼のアルスター植民ではなく、ヘンリー二世の最初の入植事業を継続・強化できなかった中世イングランドの君主たちということになろう。彼らは獲物を求めて、アイルランドよりもスコットランド、ウェールズ、そしてもっとも愚かな場合にはフランスに目を向けたのである。テューダー朝による問題解決の試みは、ヘンリー八世のアイルランド「王国」がイングランドの属領でしかなかったという事実によって頓挫し、真に効果的なアイルランド統治の方法は見いだされないままであった。さらに災いをもたらしたのは、イングランドがプロテスタント宗教改革の押しつけに失敗したことであった。この理由については、ブレンダン・ブラッドショー、ニコラス・キャニー、アラン・フォードらによって、ニュアンスに富む議論が展開されている。またキーラン・ブレイディやエイダン・クラークなどのアイルランド史家は、アイルランドの有効な統治形態の問題を探求しつづけている。もちろんこれらふたつの歴史家集団の間に明確な棲み分けがあるわけでないことも追記すべきだろう。このようにアイルランドには、イングランドおよびスコットランドとは対照的に、頼りない「公定の」プロテスタント教会と、活力に満ちた対抗宗教改革を推進するローマ・カトリック教会が存在したのである。

　こうしたことが意味するのは、コンラッド・ラッセルの「玉突き効果」のモデルを用いる際には注意が必要だということである。一六三七年のスコットランド反祈禱書暴動と一六四一年のアイルランド反乱との間に展開した一連のスコットランド・アイルランド問題が、一六四二年のイングランドにおける内戦勃発の予兆となっており、ある程度はその誘い水になったことは事実である。しかしスコットランドおよびイングランドにおける危機とアイルランドの危機は大きく異なっていた。ある種のプロテスタント理念が、そしてイングランドの場合はこれに国制中心主義が加わって、スコットランド・イングランドの危機を突き動かし、美化したようにみえる。それゆえ、ごく短期間ではあれ、危機の中心人物たちはある種の共通の大義を奉じることすらできた。アイルランドではまったく事情が異なっていた。イングランドおよびスコットランドにしてみれば、これは血塗られた恐怖のローマ・カトリック反乱であり、なんら大義名分もなかった。このことは、たとえ他の「複合した諸王国」がどのような困難をも乗切ったとしても、ブリテンの場合には、根本的で未解決の宗教的分断という、きわめて克服しがたい永続的な問題が存在したことを雄弁に物語っているのである。

次なる嵐の前の静けさなのか

映画『クロムウェル』のサー・アレック・ギネスからテレビ・シリーズ『剣によって分断されて』のジェレミー・クライドまで、チャールズ一世を演じる俳優は国王裁判の場となると魅力的である。それだけチャールズ一世当人の用意した台本は素晴らしい。実際の処刑もしかり、チャールズの落ち着きと勇気は畏敬の念すら起こさせた。聖者の統治を開始せんとする国王の敵にとって、それは幸先のよいことではなかった。スコットランドにおいては、そしてアイルランドでさえも、押しつけられた軍隊の支配はある程度までは機能した。実際に古い世代のスコットランド史家は、統治不全に陥っていた祖国《スコットランド》に秩序をもたらしたクロムウェルを讃える傾向にあった。しかしそこで、一六五〇年代のスコットランド人が事態をどのように認識していたのかは顧みられなかった。クロムウェルの秩序がいつまでうまく維持され得たのかも問題である。共和政の実験は、イングランドでは明らかに失敗していた。実際に一六五〇年代に関する研究は、共和政国家が生き残るためには、どの君主にもまして、クロムウェル個人の存在が決定的に重要であったという途方もない矛盾を明らかにしている。その国家は共和主義を掲げながら君主政の虚飾に満ちていた、とも言えるだろう。もちろん何らかの歴史的な出来事の命運をひとりの人間に帰することには大きな問題がある。それは王政復古を不可避の歴史的必然とみなすのと同じように危険である。しかしヴェネツィアとネーデルラント連邦共和国という一七世紀の二つの偉大な共和政国家が模範例になるかと言えば、そうとも言い切れない。ヴェネツィアでは総督《ドージェ》にさまざまな制約が課されていたが、依然として個人の支配に近似していた。ネーデルラントでも、オラニエ家の巻き返しの結果〔一七世紀ネーデルラント連邦共和国ではオラニエ家支持派（総督派）と共和派の対立が続いていたが、一六五〇年に総督ウィレム二世が早逝した後一六七二年まで、共和派が実権を掌握したため、嫡男のウィレム三世は総督職に就任できなかった）オラニエ公ウィレム三世が手にしたのはイングランドの王位であって、イングランド共和国ではなかった。理論上は「強い共和主義」であったとしても実際は「弱い共和主義」であったというモリルの議論は至当である。[22] 十分に「強い」ものにできなかったことに問題があったのである。[23]

それゆえに、クロムウェル家の世襲によって無能な護国卿リチャード・クロムウェルが登場した時、彼は国王もどきとして立派な名前を持っていたが、地位を守ることはできなかった。結局、一六四九年以来国王として容認されていたチャールズ二世が舞い戻り、多くの者が歓喜した。祝賀に沸くなかで、エディンバラでは興奮しすぎた砲手が城の胸壁から自分自身を打ち上げ、そして各地でクロムウェル時代には禁じられていた五月柱《メイポール》が再び建立された。世相が明るくなったのは確かで、二〇年にわたって求められた熱烈な敬虔さの後では、不道徳さえも時代の好みとなったし、そこには望まれた「現状」への復帰があった。王政が復帰したのである。チャールズ二世は二度と旅に出ることはないと公然と誓い（これは実際にはスコットランドにも旅をしたくないという意味を含んでいた）、そしてこれまでとは異なる、より寛《くつろ》いだ王権のあり方を示したのである。女優が舞台に上がる王政復古期の喜劇が始まった。国王は愛人を持った。王立協会《ロイヤル・ソサエティ》が創立された。そしてジェームズ二世＝七世の種々の愚行に至って、どうにか「革命」が引き起こされた。その革命は、一六四〇年代の諸戦争に比べると結果においてはより永続的であったが、桁違いに穏やかであった。

したがって、すべてにおいて劇的な一七世紀前半が終わってしまうと、一七世紀後半はアンチ・クライマックスか、もしくは比較的無視されやすいあとがきのようなもので、たいして得るところはないと考えられたのも無理はない。しかし実際には、近年の豊富な研究が明らかにしているように、一七世紀後半の時代においても、その前の時代と同じように、すべてが劇的であった。古くからの不安、古くからの懸念、古くからの強迫観念が蔓延しており、それは新時代の、あたかもすべての問題が解決したかのような陶酔感をはるかに凌駕していた。チャールズ二世が一六六〇年四月四日（OS）のブレダ宣言で述べた希望は、あまりに楽観的であった。彼は「かつて起こった出来事の記憶が完全に葬り去られ」、「党派間の不和、分断、相違のすべてのしるしが臣民の間で完全に消滅すること」を望んだのである。実際には、すでにこの宣言自体の中に不和の種がまかれていた。チャールズは宗教的な問題については明らかに父王よりも妥協的であった。しかし彼が宣言の中で認めた宗教的寛容は、イングランド国教会の非情なまでの非妥協的な態度に直面して挫折することになった。国教会は表面上は、敬虔な先任者のようにあからさまに厳格だったわけではないが、同じように仮借なく非妥協的であった。迫害する者と迫害される者の立場が入れ替わったというのが事のすべてであって、迫害を志向する心性は、少なく見積もっても、一六三〇年年代のチャールズ一世とロード大主教の日々、そして一六四〇年代および一六五〇年代の敬虔な者たちの日々と同じように強力であった。そしてスコットランドにおいては、次第に過酷になる秘密礼拝集会への法的規制に対する暴力的な反応として、一六七九年に契約派《カヴェナンターズ》によってセント・アンドルーズ大主教ジェームズ・シャープが彼の娘の面前で殺された。これに続く国王側による悪名高い「殺戮時代」は一六八〇年代半ばに最高潮に達した。残忍な行為は契約派《カヴェナンターズ》の神話に取り入れられ、確かに誇張されてはいるが、これが捏造でないことも同じく確かである。一七世紀後半における血なまぐさい抑圧の度合いは、一七世紀のどの時期よりも高かったのである。

　実際にどこを見ても、宗教と政治における緊張と対立は一七世紀後半の特徴となっており、これは一七世紀前半に決して引けを取らない。新国王に対して過剰な熱狂と寛大さが示される中で一六六一年に召集された騎士議会でさえも、従順な協調関係の模範とはなりえなかった。チャールズ二世と大法官クラレンドンがあれほど嫌っていた排他的なイングランド国教会が採用されたのである。たとえば、議員は聖奠《せいてん》と聖餐式における跪拝を義務づけられた。これは四五年ほど後、イングランドとスコットランドの議会の合同案が提起される際に、潜在的な問題を引き起こすであろう。寛容を取り入れようとするチャールズ二世の二度目の試みであった一六七二年の信仰自由宣言もまた、一年後に議会の決然とした反対に遭って失敗に終わった。国教会の至上の統治者として国王が自由に行動することへの恐怖とともに、信仰自由宣言に実効性を与えようとする国王が法の停止権能を国王大権として利用することに対して疑念が抱かれ、かつての恐怖の再来を懸念する声がこだました。ステュアート家出身の二人の国王の治世に、議会において組織的に反対する党派があったという考え方は否定されているが、一六七九年から八一年の王位継承排除危機はこれを生み出し、まったく新しいレベルの政治活動と係争点をめぐって争われる選挙を創造した。たとえ政党内閣に近いものが何もなかったとしても、これはホイッグとトーリという「党派」が生じていたからであった。同じ時期に制定された審査法およびタイタス・オーツが造り出した恐ろしい法王教徒陰謀事件〔詐欺師タイタス・オーツが捏造したローマ・カトリック教徒の国王暗殺計画によって、一六七八～八一年、反法王教感情が高まり、多くの人が投獄・裁判にかけられ、イエズス会士を含めて三五人が処刑された〕は、反ローマ・カトリック感情がいまだかつてなく高まりヒステリーの域にまで達したことの反映であった。たとえ国王の臣民が一六七〇年のドーヴァー条約の秘密条項〔将来的にチャールズ二世がローマ・カトリック教徒に改宗することを約束した〕について何も知らなかったとしても、チャールズ二世がフランス国王ルイ十四世を崇拝していることで、人びとは絶対主義とローマ・カトリシズムの危険な連合を想起した。ルイはすべての善良なプロテスタントにとって悪夢のような存在であったのである。チャールズ一世を取り巻く神話を差し引いたとしても、絶対主義とローマ・カトリシズムは連鎖するという恐怖心は内戦の直前期よりもはるかに大きかった。いつ内戦あるいは名誉革命が「不可避」となったのか、という非常に論争的な問いは歴史家の議論の対象であり続けるだろう。ただし内戦が不可避となった時期が内戦勃発の時点にどんどん近づけられているのに対して、現在ではステュアート王家の最終的な崩壊が決定づけられた時期はますます早められて考えられている。ジョナサン・スコットが印象深く指摘しているように、法王教への恐怖、恣意的な統治への恐怖、王政の存続を危ぶむ恐怖は、「一〇万人のロンドン市民がペストで死に、シティの大部分が焼け野原となり、ステュアート家が第二次英蘭戦争によって軍事的に失敗した状態に逆戻りした一六六七年の時点で、王政復古から続いた宴が終わった[24]」ことの帰結であった。

しかしそうでありながらも、人びとが宴を見限るのに消極的であったことは特筆に値する。人びとが将来の方向性ではなく不確実性におびえを抱いていたことが、君主政への強固な支持と相まって、宴を続けさせたのである。実際に、チャールズ二世とジェームズ二世＝七世は父王の治世において引火点のひとつとなったものを巧みに利用した。民兵である。三王国にはそれぞれ常備軍が存在していたが、それらが国境に縛られないことが明確に許容された。かつて一王国の軍隊が他の王国に対して用いられることは恐れられており、そのためにストラフォードが失脚したのとは対照的であった。スコットランドには、君主の権能に関する新しい考え方が密かに浸透していた。国王を支持する諸観念が提示されるようになり、かつての宗教的分断が縮められた。そしてこの動向においては、新たに法律家が顕著な役割を果たした。サー・ジョージ・マッケンジー――イングランドのジェフリーズ判事のスコットランド版たる「血のマッケンジー」――は、王権神授説に基づく君主政の熱心な擁護者であった。彼にしてみれば、スコットランド君主政の神話的な過去を疑うことは大逆罪に等しかった。かの傑出したローマ・カトリック司祭であり学者であるトマス・イニス師[25]によってその神話が最終的に破壊される前の時代である。そのうえ、反ローマ・カトリック感情が最高潮を迎えたほんのわずか数年後に、ジェームズ二世＝七世はローマ・カトリック教徒に便宜を計ることにある程度成功している。大部分が主教制に反対する献身的な長老主義のスコットランドにおいてさえ、時流に乗ってローマ・カトリックに改宗する例が散見された。先のチャールズ一世と同じく、ジェームズ二世＝七世もまた、現実とイデオロギーの両面における王権への支持を食いつぶすためには——彼はその支援に後押しされて一六八五年に王位を手にした——相当な振る舞いをする必要があったのである。これが実に短期間で実現したのは、意気軒昂としたオラニエ公ウィレム三世のおかげであった。

一七世紀に愉しみはあったのか

おそらく他のどの世紀に比べても、一七世紀には長く陰鬱な暗雲が垂れ込めている。少なくとも歴史家にとってはそうである。あの宗教改革の世紀でさえ、これほど苦悩に満ち、これほど混乱した世紀ではないだろう。ある程度はこの時代が負った深い傷を理解しようとする歴史家の関心のあり方によるのだろうが、宗教と政治の歴史についての議論はとかく陰鬱になりやすい。悪い方向に行くように見えていた物事は、実際に悪い方向に行ってしまった。なぜなのだろうか。しかしもっともなことながら、一七世紀にも愉しみはあった。ジェームズ一世＝六世もチャールズ二世も、極めて享楽好きであった。チャールズ一世自身もまた、一六三七年には「キリスト教世界で一番幸せな国王」を自ら公言し、同年の仮面劇に向けて舞踏のステップを磨くのに余念がなかった。そしてステュアート王家で一番堅苦しくて諧謔心《かいぎゃくしん》を欠いたジェームズ二世＝七世でさえも、兄王と同じく性的な快楽に人生の愉しみを見いだしていたのだ。

しかしもっと一般的に言えば、本書の経済と社会の第五章と三王国の諸文化の第六章にこそ、陰鬱な雰囲気を和らげる材料を求めるべきであろう。この点で経済の方に良い面と悪い面があったのは仕方がないだろう。魔女と見なされるのが愉しいわけがなかったが、ウェールズやアイルランドではともあれ、イングランドと特にスコットランドにおいては一七世紀の大半において魔女迫害が行われていた。ただし、世紀末に近づくにつれて迫害は目に見えて減少した。ペストも同じく消滅した。スコットランドは一六九〇年代に危機的な経済不振に陥ったが、それでも飢饉の事例は減少しており、一六二三年が真に悲惨な飢饉がおそった最後の年と一般に見なされている。他方でアイルランドにおけるもっとも悲劇的な飢饉が起こるのは、はるか未来のことであった。しかしながら、とても明るい側面もあった。貴族・ジェントリの豪華な建築は、内戦以前も以後も存在した。目を見張るようなロンドンの成長は、経済問題も生み出したが、社会的・文化的な優越を生み出した。ダブリンやエディンバラなどを含む他の都市でも、小規模ではあったが、同様の発展がみられた。比較的低い社会階層に目を転じると、消費社会の始動によって、生活水準が改善された。これらすべては、政治と宗教から見た陰鬱な時代像への歓迎すべき修正となっており、一八世紀の「洗練された商業社会」の発展に結びついている。実際、政治的な前提や志向性の展開を辿る際に必然的に際立ってくる断絶の要素よりも、ここでは連続性の方がはるかに強いのである。

そして、文化的生活は疑いもなく活力に満ちていた。その多くは必然的に、時代の主潮である不安と苦悩に満ちていた。しかしながら、これまた内戦期の前後を通じて存在し、さまざまな形で新たな愉しみの源泉となった公衆《パブリック》に開かれた劇場《シアター》に目を転じてみれば、「愉しみ」の性質に新たな側面が加わったことが分かるだろう。大量に出回った一枚刷りの新聞や小冊子が広範な政治参加をうながすのと同じ効果を、舞台上の政治諷刺は持っていた。ただしジェームズ一世＝六世が鋭く観察したように、機知に富んだおもしろおかしい政治諷刺は、今日と同じように、不平不満を和らげるものともなりえた。政治にそれほど関心がない場合には、ジェームズ一世治世期の陰惨な場面が次々と続く芝居が猟奇趣味を満たしてくれたし、もっと気楽な雰囲気が好きな人には一七世紀を通じて喜劇が愉しみを与えていた。行商人によって国中でチャップブックが売られるようになると、中世のロマンスや冒険譚、宗教冊子なども次第に提供された。チャップブックの最高傑作はバニヤンの『天路歴程』である。

そしてとくに一七世紀後半になると、劇場は「ブリテン的な」広がりをもつ現象となった。ただし中心となったのはイングランドであって、さらに生活の他の側面において「ブリテン的であること」がどのような問題をはらんでいたのかはまた別の問題ではあるのだが。またこの同時期に、演劇界において女優のみならず女性劇作家も目立ってきた。とどのつまり、一六〇三年から八八年にかけて、ブリテン諸島の住民が絶え間のない不安と困惑の中で過ごしていた、あるいは当初誇らしく思っていたピューリタン的な敬神に結局は失望した、と推測するのは行き過ぎているのではないか。実際に彼らにも愉しみがあったと知るのは大きな慰めである。

一七世紀は説明され得たのか

この最後の節の表題への答えは否定的にならざるをえない。しかし本書の執筆者たちは一七世紀像構築のために一定の道筋を示した、と言うことは許されるだろう。明確さと一貫性を持ったいくつかの主題が提起された。グレン・バージェスが提示した「ブリテン史」の叙述が成功するための三つの基準、すなわち、全体を見る視点、具体例を追う視点、比較の視点については序章で言及したが、その中でも、単独の君主の下で相互に関わらざるを得なくなった三王国それぞれの特異性を際立たせている比較の視点がもっとも刺激的な研究成果を生み出したと言えるだろう。ブリテン諸島の「複合した諸王国」の統轄を試みた四人の国王についても、彼らの性格と能力、あるいは能力の欠如が決定的に重要であったことが十分に明らかにされた。トビー・バーナードが説得力をもって示しているように、一見したところより平穏で緊張も少なくみえる王政復古後の世界についても同様のことが当てはまった。王政復古期には国王の処刑といった劇的事件や完全に異なる国家体制を造り出そうとする混乱した試みなどは起こらなかったが、それでもなお最終的な崩壊を招いたのはチャールズ二世の愚行とさらに惨憺たるジェームズ二世＝七世の愚行であった。後者の、味方を敵に回す天賦の才能を持っているところは、致命的なまでに父王に酷似していた。一七世紀は全体として、それ以後の世界とは異なる世界であった。新しい時代の先駆けとなった一六八八年の「名誉革命」によって国王となったネーデルラント出身のオラニエ公ウィレム三世は、ブリテン領内の統治に専念するのではなく、フランス国王ルイ一四世との戦争を主たる関心事としていた。それから二六年後にはドイツ・ハノーファー選帝侯ゲオルク＝ルートヴィヒがジョージ一世として即位し、新たな臣民の言葉を覚えることもせずに、イングランドにやってきた。そしてまさにこの時期に、複数の王位をひとりの君主が保持する年代物の同君連合という構造が崩壊し、複合君主国のうち少なくともイングランドとスコットランドの連合を維持するという課題への新しい解決策が示された。一七〇七年の両国の議会の合同によってこれが実現すると、スコットランドの議会は停止となった。スコットランド貴族シーフィールド伯爵はこれを、「旧き歌の終わり」と表現した。もっと大局的な視野に立つと、王権の様式、政治的な混乱と熱意、宗教的な緊張と熱情とともに、一七世紀そのものが「旧き歌の終わり」を迎えたのである。

訳註

序　論

〔1〕一六〇四年三月一五日、ジェームズ一世＝六世のロンドン入市式が催された。ページェントを伴う盛大な祝典では、劇作家ベン・ジョンソンらの考案による七つの木造仮設凱旋門が建造された。そのうちの一つであり、ジェームズが最初に遭遇したフェンチャーチ通りの凱旋門は、ブリテンを統べる皇帝としてのジェームズとその首都ロンドン（ラテン名ロンディニウム）を表現していた。この凱旋門の建造には四〇日以上かかったと伝えられている。

〔2〕近世初期においてempireという言葉は必ずしも近現代の帝国主義的な意味における「帝国」を意味しないことが多い。むしろ、empireはいかなる外的権力にも従属していない国・領域を指して用いられた。もっとも有名な用例は、ローマ教皇および神聖ローマ帝国皇帝の影響力を排するために一五三三年、ヘンリー八世が上訴禁止法において「このイングランドの領域はイムパイアである」（This realme of England is an Impire）と、empireを用いたことであろう。この場合は、empireは「主権国家」の意味合いが強い。しかし、時代が下るにつれて、単一の支配者ないし国家によって支配される、複数の政治体からなる広い範囲の領域に対して、empireが用いられるようになる。本書においては、ジェームズ一世＝六世の治世に強まった拡張主義的傾向が強調されているので、empireは「帝国」と訳することにする。

〔3〕ジェニー・ウァーモールドに問い合わせたところ、ここで筆者が念頭においているのは、スペイン王室に服属することとなった中南米のヌエバ・エスパーニャである。

〔4〕ここで用いられているラテン語monarchia（英訳はmonarchy）は、近世では主に「一人の君主に支配される政体」を意味した。「王室」「王権」「帝国」「君主制」「君主国」といった邦訳があるが、本巻では「君主国」という訳を用い

た。本章でブリテンと比較される「スペイン君主国」は、カスティーリャ王位継承者イサベルとアラゴン王位継承者のフェルナンドの結婚（一四六九年）の結果として一四七九年に成立した「スペイン王室」が統治する政体をさす。その構成地域は、時期によって異なるが、イベリア半島の諸王国のみならず中・南欧や中南米にまで広がり、それぞれが異なる歴史と文化——法・制度・政治的伝統を含めて——を持っていた。近年、英語圏の歴史学で注目されている「複合王国（composite monarchies）」論を唱導したのが、近世ヨーロッパ史家ヘルムート・ケーニヒスバーガー（彼の博士論文はスペイン国王フェリペ二世統治下のシチリアについてである）と近世スペイン史家ジョン・エリオットであったのは偶然ではないだろう。複合王国論についてはHelmut G. Koenigsberger, 'Dominium regale or dominium politicum et regale: Monarchies and Parliaments in Early Modern Europe', in Helmut G. Koenigsberger, *Politicians and Virtuosi: Essays in Early Modern History* (London, 1986); John Elliott, 'A Europe of Composite Monarchies', *Past and Present*, 137 (1992).

〔5〕ローマ・カトリックの表記については凡例を参照のこと。

〔6〕ブリテン三王国の体制教会は、まず、イングランドがプロテスタントの一派であるイングランド国教会（Church of England）であるのに対して、スコットランドは同じプロテスタントであるが、大陸の改革派教会の流れを汲む一派の長老教会（Presbyterian Church）であり、イングランド国教会とは教義や礼拝において多くの相違点があった。スコットランド教会（Church of Scotland）は、カーク（Kirk）とも呼ばれるので、本書ではスコットランド教会《カーク》と表記している。アイルランドの場合は、本巻の対象とする時期の体制教会（Church of Ireland）は事実上イングランド国教会と同一のプロテスタント教会であったが、住民の大半はローマ・カトリックの信仰を堅持していた。プロテスタントの観点からは、プロテスタントこそがカトリック（正統な教会を意味する）であり、ローマ・カトリックは邪教とみなされて、「法王教」（popery）と呼ばれていた。プロテスタントの持っていたカトリック意識については、次の文献を参照のこと。西川杉子「イングランド国教会はカトリックである——一七・一八世紀のプロテスタント・インタナショナルと寛容問題」（深沢克己・高山博編『信仰と他者——寛容と不寛容のヨーロッパ宗教社会史』東京大学出版

会、二〇〇六年）。

〔7〕ジェニー・ウァーモールドによると、スコットランドの契約派《カヴェナンターズ》が、イングランド人は神によって選ばれた民であるというベーダの見解に言及したことをさす。

〔8〕Jonathan Scott, *England's Troubles: Seventeenth-Century English Political Instability in European Context* (Cambridge: Cambridge University Press, 2000), p. 399.

第一章

〔1〕一五六六年七月ベリックで結ばれたエリザベス一世とジェームズ六世間の相互防衛条約。一方が第三国から軍事侵入された場合、他方は侵入された国を援助するという内容である。またジェームズは年間四〇〇〇ポンドをイングランド国家から受け取ることになった。

〔2〕三〇年戦争（一六一八〜四八年）。

〔3〕empireとは、対外勢力に妨げられることのない君主の至上の統治権がおよぶ領域というのが原義である。その意味で一四六九年からスコットランド国王はエンパイアであると主張し、イングランド国王は一五三三年からそのように主張した。この二つの王冠が一六〇三年に一つとなり、ブリテン国王が支配するプロテスタント帝国となった。序論の訳注〔2〕も参照のこと。

〔4〕一六〇八年のイングランドの裁判所の判例。一六〇三年以降にスコットランドに生まれた子どもは、コモン・ローのもとにあるイングランドの臣下でもあって、イングランド法の恩恵を受けるとした。

〔5〕大まかに見ればスコットランドの北西部が高地地方《ハイランド》。南東部が低地地方《ローランド》である。一六世紀には高地地方ではゲール語が、低地地方では英語と同系のスコッツ語が話されていた。

〔6〕一般にはローマ・カトリックに対する蔑称。しかし近世のプロテスタント諸国では、ローマ教皇を反キリストとみな

し、ローマ教皇に従うローマ・カトリシズムを邪教として、「法王教」popery と呼んだ。実際は、「法王教」の対象は曖昧で、プロテスタントである「自分たち」を脅かす仮想敵を、法王教呼ばわりしていた。たとえば、一七世紀後半はフランスがおもな法王教勢力とみなされた。

〔7〕イングランドでは国王の封臣が未成年者を残して死亡した場合、名目上は国王が後見した。しかし実際には、この後見権はせりおとされて、売却値が国王の収入となっていた。さらに国王は、その未成年者が成人して相続すると、後見料を上納させた。ロバート・セシルはこの後見権による国王の収入が市場価値を反映しさらに増大するよう図った。

〔8〕イングランド国王は臣下から金銭や軍役を徴発する権利があると主張してきた。一七世紀には徴発権による収入は四万ポンドにおよんでいた。この廃止を求める議会と廃止には賠償を求めた王権が厳しく対立した。

〔9〕この委員会は国王の土地を保有する者、すなわち封臣の資格調査を行い、もしその資格が十分でないと判断した場合は、土地の売却を強いたり、封臣と再交渉した。このようにして、王権は収入を増やした。

〔10〕ダブリンの総督府を効率化し、議会を操作して集権化した。ダブリン城星室裁判所を機能させ、リネン産業を興した。

〔11〕「恩寵」とは、ここでは議会と国教会を頭越しにした国王大権の行使による寛容のことである。もともと、君主の例外的な温情により、法の執行停止といった特権が与えられることを恩寵と呼ぶ。

〔12〕主に、一六世紀から一九世紀にかけて、イングランド・ウェールズにおいてイングランド国教会の礼拝を忌避することは国教忌避（recusancy）と呼ばれ、忌避している人はレキュザント（国教忌避者の意）と呼ばれた。レキュザントにはピューリタンなどプロテスタント非国教徒も含まれたが、実際はほぼローマ・カトリックをさした。罰金を払うことでイングランド国王の臣下として許されたローマ・カトリックの歴史的呼称として知られている。国教忌避の罰金は、イングランド国教会の礼拝に一年に一度も参加しない者に対して課されたもので、罰金の額は時期によって変化した。

〔13〕エディンバラを拠点とした貿易商人・金融業者。エディンバラの市政にも大きな影響力を持っていた。一六五五年死

去。

〔14〕国王の強制借入に応じないかどで拘束されていた五騎士は、釈放を求めたが、この訴えは認められなかった。この裁判は、権利の請願で反駁された。

〔15〕laird はスコットランド語で、英語の lord にあたる。baron、laird ともに爵位のない直接受封者であり、laird がより広い、小領主の意。baron は領主裁判権を保持する領主の意。

〔16〕貴族がそこにおいては国王に匹敵する権限が付与されている領地

〔17〕北部諸侯の反乱時、その反乱者のもとにあった身分の低い人びとも多数処刑された。

第二章

〔1〕イングランドで内戦のさなかに作成されたプロパガンダ。左端の「良い頭」すなわち「健全な信仰者《サウンド・ヘッド》」は、ゴシックの教会堂を背景に立つイングランド国教会の聖職者であり、聖書の言葉の象徴としての本を差し伸べている。右端の人物は、まさに「円い頭」、すなわち剃髪をしたローマ・カトリックの修道士である。中央にいるヤヌスのような人物は、左半分がイングランド国教会の高位聖職者で右半分がイエズス会士という姿で、アイデンティティも混乱した様子だが、これは、カンタベリー大主教ウィリアム・ロードに代表されるアルミニウス主義者を揶揄しているのだろう。彼が手にしているのはイエス・キリストの受難の像がついた十字架であるが、一七世紀のプロテスタントの多くは、このような十字架の使用には批判的であった。

　ちなみに、当時の王党派は議会派をその独特の姿から「ラウンドヘッド」、すなわち「円い頭」と呼んだが、この版画の作成者は、ラウンドヘッドとは本来はローマ・カトリックに対して使われるべきだと示している。

〔2〕黙示録一三章一八節に「ここに知恵がある。思慮のある者はその獣の数字を数えなさい。その数字は人間をさしているからである。その数字は六六六である」とあることから、ローマ帝国時代よりこの人物を比定するためさまざまな

計算がなされてきた。

〔3〕一五〇六～八二年。宗教改革の側に立つ人文主義者で国王ジェームズの家庭教師であった。『スコットランド人の王権法に関する対話』を著した。

〔4〕国王はその王位に基づき彼の支配領域内の教会の統治者であること。

〔5〕エドワード時代の第二祈禱書、カンタベリー大主教トマス・クランマーが作成し大陸の改革派教会的な色彩が濃い。

〔6〕一五四五～一六二二年。グラスゴー大学、セント・アンドルーズ大学で教鞭をとった長老主義の立場に立つ神学者、一六一一年フランスに亡命して客死する。

〔7〕宗教改革直後に担当地域のプロテスタント宣教を統轄する役割を担う、教会が設定した役職。スコットランドには一〇の監督管区が宗教改革者により設定された。

〔8〕布教聖省は一六二二年、ローマ・カトリックとプロテスタントの対立が深まる中で、教皇グレゴリウス一五世によって開設されたヴァティカンの機関。ローマ・カトリックの位階制度が確立していない地域――すなわちプロテスタント勢力圏とアジア、アメリカ、アフリカの非キリスト教圏――を対象として、教会事項を管轄し、布教を推進することが目的であった。

〔9〕アイルランドでは、上からの宗教改革によって、ローマ・カトリックの司教座がそのままプロテスタントの主教座に変わった。しかしローマ教皇庁は巻き返しを図り、プロテスタントの主教を認めず、ローマ・カトリックの司教の継続を図ったのである。そのため、一つの主教＝司教区 diocese に、国王が認めたプロテスタント（アイルランド国教会）の主教と、ヴァティカンが認めたローマ・カトリックの司教という二人の bishop が存在することとなった。なお、日本の西洋史ではローマ・カトリックの bishop を司教、プロテスタントの bishop を主教と訳すのが慣例である。

〔10〕ネーデルラントの神学者ヤーコブス・アルミニウス（一五六〇～一六〇九年）の立場。「神は万人に救いを提供し、神の恩寵を受け容れるかどうかは各人の自由意志に任されている」とした。

〔11〕一六三八年九月チャールズ一世は人々を分裂させるため、「国王の契約」に対する支持を集めようとした。これは、ローマ・カトリック的残滓を否定する一五八一年の否定信仰告白をなぞりながらも、「契約」に反論し、教会総会《ジェネラル・アセンブリ》への平信徒の参加を否定する内容であった。

第三章

〔1〕一六五一年一月にスコットランドで戴冠したチャールズ二世は、軍を率いてイングランドに侵攻したが、九月にはイングランド西部の主教座都市ウスターでイングランド議会軍に大敗。変装して国内を放浪したのち、フランスに亡命する。この一枚刷り《ブロードシート》は、ローマ・カトリック、長老派、王党派残党からなるチャールズの軍隊を道化の行列のように描き、彼の逃走の顚末を報道するもの。チャールズの名を使わず、単に「スコットランド国王」と記している。

〔2〕宗教改革後のスコットランド教会《カーク》はカルヴァン派に属する長老教会であり、主教職は廃止されていた。しかしジェイムズ一世＝六世およびチャールズ一世のもと、段階的に主教制の再導入が試みられ、ジョン・スポッティズウッドの前任者、ジョージ・グレドステインズの任命でセント・アンドルーズ主教職が復活した（一六〇四年）。「国民契約」（本文一一五頁）を受けてグラスゴーで開催されたスコットランド教会総会《ジェネラル・アセンブリ》が、ふたたび主教制を廃止した。

〔3〕沿岸防衛のため港湾都市に課されていた臨時税。議会を開催せずに国庫の増収をはかった親政期の政策の一環として、一六三四年にロンドンに、翌年に全内陸地域に対象が拡大された。課税は違法であるとして支払いを拒否したバッキンガムシャー州の地主ジョン・ハムデンは一六三八年、裁判で政府に敗れた。長期議会によって一六四一年に廃止された。

〔4〕カルヴァン神学を批判したネーデルラントのプロテスタント神学者の名前からアルミニウス派（第二章訳注10）と呼ばれたグループが、親政期にはイングランド国教会の高位聖職位を独占するようになった。ロードはこの新しい動きの中で昇進を続け、一六二八年にロンドン主教、一六三三年にカンタベリー主教に着任。国教会における儀式の統一

を強調したことが、自らの権威と社会秩序の回復に拘泥した国王の思想に適合したが、反対派からは国教会のローマ・カトリック化と見なされた。ただし近年の研究では、スコットランド祈禱書の強制はロードではなく国王主導であったことが指摘されている。一六四〇年に長期議会で弾劾され、一六四五年、大逆罪により処刑された。

〔5〕カルヴァンが提唱した長老主義に基づき、世俗権力から独立したスコットランド教会《カーク》の保守を至上目標とする、スコットランドの政治的・宗教的立場。その理念と目標はスコットランド国民に対しては一六三八年の「国民契約」、イングランドに対しては「厳粛な同盟と契約」に明文化され、支持者はこれに誓約・署名することを求められた。

〔6〕一一年ぶりに開催された議会の主目的はスコットランド反乱への対応であったが、チャールズの親政とロードによる宗教政策への批判も起こった。国王は三週間で議会を解散。同年一一月に開かれた「長期議会」との比較でこの通称となった。

〔7〕アイルランド反乱後、軍の統率権をめぐる議会と国王の対立（一二六頁参照）が深まる中、各州において軍隊を組織する州司令官を任命する権限を議会に置いた条例。一六四二年三月に、国王の裁可なく可決。

〔8〕会衆主義（congregationalism）とは、制度的に定められた教区ではなく、真の信徒の自発的な集合を教会の基礎とする考え方。個別教会の自治を重視し、聖職者は主教の任命ではなく、会衆の合意において雇用される。この理念による教会形成をイングランド国教会の理想的な改革のあり方と見なし、総合体としての国教会の存在は否定せずに連携を保つ考え方が、非分離会衆主義である。初期ニュー・イングランドのマサチューセッツ湾植民地の教会が取った立場。

〔9〕宗教政策について長期議会の諮問機関として一六四三年に招集された神学会議。三〇人の両院議員と一二一人のイングランド人聖職者がメンバーとなり、数名の聖俗スコットランド使節が同席した。「厳粛な同盟と契約」により、イングランドに長老主義に基づく国教会を樹立することが主目的であったが、会衆主義（前註参照）を擁護する少数の独立派メンバーも存在した。「共通祈禱書」に替わる「礼拝指針」（Directory for Public Worship）を一六四五年に完成

させたが、王政復古で祈祷書は復活。今日も改革派プロテスタント諸教会で用いられている成果は「ウェストミンスター教理問答（大・小）」と「ウェストミンスター信仰告白」である。

〔10〕教会統治は神権であり、為政者は干渉することができないとするスコットランド契約派《カヴェナンターズ》は、ウェストミンスター宗教会議（前註参照）の多数派とともに、世俗権力から独立した長老制のイングランド国教会の実現を望んだ。対してイングランド議会は、改革された教会を政府の統制下に置くことを決意していた。スコットランド使節は、この方針を一六世紀スイス地域出身の神学者エラストゥスの異端として批判した。一方、改革された国教会以外の選択肢を残そうとする独立派（前註参照）の主張は、一国家内に複数の正統教会の存在を認めること（複数主義）を意味し、スコットランド側はこれも認めなかった。「傷つきやすい信仰」とは、他の者は問題に思わない制度や慣習に対しても良心に責めを感ずる一部の信者を指す表現で、独立派や複数主義の擁護者が好んで用いた。次の文献を参照のこと。那須敬「宗教統一を夢みた革命？――内戦期イングランドの宗教政策とスコットランド」（岩井淳編『複合国家イギリスの宗教と社会』ミネルヴァ書房、二〇一二年）。

〔11〕短期議会の解散の半年後の一六四〇年一一月、スコットランドとの戦争で敗れたチャールズ一世（一一八頁）が召集したイングランド議会の通称。これまでの議会が国王の任意で解散されてきたのに対し、長期議会では一六四一年に議会の同意なき解散を禁ずる「解散反対法」（Act against Dissolution）を可決。内戦を実行し、一六四八年に残部議会（後記訳註16参照）となった後、国王処刑と共和国樹立を敢行。クロムウェルが一六五三年四月に解散させたが、クロムウェルの死後、護国卿体制が崩壊すると一六六〇年二月に再集結し、みずから解散。直後の選挙によって開かれた暫定議会が王政復古の準備をした。

〔12〕イングランド内戦開始直前の一六四二年八月から秋にかけて、コルチェスターと周辺地域の住民ら多数が、ローマ・カトリックであるか、チャールズ一世を支援すると見込まれたジェントルマンの屋敷と財産を次々に略奪・破壊した大規模な暴力事件。John Walter, *Understanding Popular Violence in the English Revolution: The Colchester Plunders* (Cambridge:

Cambridge University Press, 1999).

〔13〕一六四一年のアイルランド反乱後、ローマ・カトリックによる統一秩序をめざすために、ゲール系および旧イングランド系アイルランド貴族、ローマ・カトリック聖職者らが組織した同盟体。暫定憲法のもと、二院からなる議会と一連の行政組織をもち、国王から派遣されたアイルランド総督オーモンドやアルスター地方に駐屯するスコットランド軍と交渉を行った。一六四九年に解体。

〔14〕第一次内戦に勝利したイングランド議会が「厳粛な同盟と契約」の遵守に消極的であるのを見たスコットランドが、一部の契約派《カヴェナンターズ》の反対を押し切ってチャールズ一世と一六四七年末に結んだ協定。これにより長期議会とスコットランドは決裂し、第二次内戦がはじまった。スコットランド軍はイングランドに侵攻したが、一六四八年八月プレストンの戦いで敗退した。

〔15〕イングランド内戦で、軍隊による略奪や強制接収などに対抗するために結束したジェントリ、聖職者、住民らによる自警団体。戦争への関与・協力を拒否し、議会派・国王派どちらも支持しなかった。こん棒（クラブ）や農具で武装したためこの名で呼ばれたが、最大で数千から一万を超える規模になり、しばしば両軍の手を焼いた。

〔16〕第二次内戦後の一六四八年一二月、国王との和平交渉を継続しようとした長期議会の議員を議会軍部隊が強制的に排除した「プライドのパージ」事件が起きた。これによって急進的な議員のみを残した議会が、国王裁判を実行した。しかし国王処刑後にはパージで排除された議員も復帰し、保守的な寡頭支配の色を強めていったことが、一六五三年のクロムウェルによる解散（本文一四四頁）につながった。食用動物の臀部《ランプ》に例えてつけられたあだ名は、一六六〇年の王政復古以降に広まったもの。

〔17〕一七〇一年、イングランド議会はアン女王が後継者なしで死亡した場合に、ハノーファー選帝侯家から国王を招聘することを「王位継承法」（Act of Settlement）で決定した。同君連合関係にありながら協議から外されたことに憤ったスコットランド議会は、一七〇四年「安全保障法」（Act of Security）で、イングランドとは異なる人物を国王とする

意志を表明した。イングランドは翌年、イングランドに居住するスコットランド人の待遇やスコットランドとの通商に制限を加える「異人法」（Alien Act）で応酬。両国の決裂の危機は、一七〇七年の合同法によって乗り越えられた。

〔18〕一六四二年六月に議会が国王に提出した国制案。内政・軍事・外交における統率権を議会に置く意図を示した。国王はただちに拒否し、古来の国制を擁護する回答文を出版。交渉決裂の後、両サイドによる軍備が進んだ。

〔19〕一六四七年八月。第一次内戦終結後、軍隊の解散を試みた議会に対して軍隊内部の不満が高まった。下層兵士層の中からレヴェラーズのような急進的な政治運動が現れた一方、議会軍幹部は独自の国制案として「提案要綱」を作成し、議会と国王に提出した。内戦終結にむけた議会と国王の和平案は、これまでスコットランドとの共同作業によって進められてきたため、スコットランド契約派《カヴェナンターズ》は警戒し、国王は拒否した。

〔20〕多様な宗教的見解に比較的寛容であった一六五〇年代には、神秘主義や千年王国主義の影響を受けたさまざまな著作物が現れた。この箇所はおそらく、一六四九年に賃金労働の否定、土地の共有、平等主義をパンフレットで提唱し、サリー州で共有地を開墾し農業共同体「ディガーズ」を組織したジェラルド・ウィンスタンリーのような人物を念頭に置いている。運動が失敗した後ウィンスタンリーは、自身のユートピア論を『自由の法』（一六五二年）にまとめて出版した。

第四章

〔1〕一六七六年から八三年にかけて改築されたダブリン市の行政庁舎の正面ファサードに設置された。建物は一九世紀はじめに取り壊され、彫像は真向かいに立つクライスト・チャーチ大聖堂地下に現在保存されている。なお二つのうち一体をチャールズ一世ではなくジェームズ二世とする説もある。

〔2〕デリーは古称。ジェームズ一世＝六世の治世以降、公式の名称はロンドンデリーであった。現在、都市自治体としての公式名はロンドンデリーだが、主にアイルランド共和国の人びとやナショナリストが用いる通称はデリー。近年は

デリー＝ロンドンデリーと二重名で呼ばれることが多くなった。ＢＢＣ放送は、デリーに関するニュースを扱う場合、冒頭ではロンドンデリーと呼び、後はデリーを用いている。

〔3〕スコットランドの聖職者。一六五〇年代に内部分裂した契約派のうち、チャールズとの提携を模索した「決議派」の代表人物となる。王政復古を歓迎し主教制支持派に転向、一六六二年に大主教に着任した。長老主義者の恨みを買い、セント・アンドルーズ郊外を馬車で移動中に過激派グループに襲撃された。

〔4〕名誉革命を覆すためにジェームズ二世はアイルランドに上陸したが、デリーのプロテスタント系住民の抵抗に手を焼き、ウィリアム三世に決戦のためアイルランドに来航する時間を与えることになった。ジェームズによるデリー包囲は一〇五日におよんだ。

〔5〕「ブレダ宣言」。チャールズ二世が復位にあたっての基本姿勢をあらわしたもの。これまでの国王に対する犯罪への大赦、宗教上の意見の相違に対する寛容主義、土地問題の議会による解決、そして軍隊の解散と未払い給与の保証が四つの主な方針で、基本的に旧議会派に対して寛大な態度を示した。

〔6〕クラレンドン失脚ののちチャールズ二世に仕えた、クリフォード、アーリントン、バッキンガム、アシュリー＝クーパー、ローダーデイルからなる側近グループ。五人の頭文字をあわせてカバルと呼ばれた。行政府をまとめる団結力はなかった。

〔7〕一六七〇年、ドーヴァーの密約でチャールズ二世は、フランスの対ネーデルラント戦争に協力すること、さらにチャールズ自身がローマ・カトリックに改宗することを条件に、ルイ一四世から財政援助を受ける約束をとりつけた。これによりイングランドは第三次英蘭戦争（一六七二年）に参戦したが、チャールズが公に改宗したのは死の直前であった。

〔8〕ヴェナーは急進的プロテスタント・セクト「第五王国派」のリーダー。千年王国思想に傾倒し、「キリストの王国」の実現を目指して武装蜂起を計画。共和国政府転覆をねらった一六五七年の計画は未遂に終わったが、王政復古後の

一六六一年一月、五〇人ほどを率いて再び蜂起した。ロンドン市内での数日にわたる戦闘は複数の死者を出した。反乱鎮圧後、大逆罪で処刑された。

〔9〕王政復古体制による宗教政策と土地再配分に不満を感じた、主にイングランド人とスコットランド人からなるプロテスタント住民らによる反乱計画。未然に多数の逮捕者が出て、実行されなかった。

〔10〕一六六三年一〇月、ヨークシャー州のリーズ郊外に、クロムウェル派に共鳴する地域住民が終結した武装蜂起未遂事件。行動を起こさずに解散したが、二〇人以上が大逆罪で処刑された。

〔11〕原文の表記は「アイルランドとスコットランド」だが、兵数と一致するように入れ替えた。

〔12〕モンマス公の反乱（次の訳註を参照）鎮圧のために組織された二万の軍隊は、反乱平定後にも解散されなかった。

〔13〕モンマス公爵ジェームズ・スコットはチャールズ二世の庶子。ローマ・カトリックのヨーク公爵ジェームズが即位したのに反対して、プロテスタントの大義を掲げて反乱を起こし、処刑された。

〔14〕「共通祈禱書」は長期議会（第三章）が廃止していたため、王政復古後に改訂・再発行された（一六六二年）。内容をめぐって主教派とカルヴァン主義者の間で対立が見られたが、大筋においてエリザベス一世の祈禱書とよく似たものとなった。その後いくつかの改訂版が発行されたが、一六六二年版は現在も多くの国教会礼拝で使用されている。

〔15〕救済、秘蹟、叙任などの諸問題について、イングランド国教会がよって立つ教義を定めた文書。ウェストミンスター宗教会議（第三章）による改訂作業は成功しなかった。一六六二版の「共通祈禱書」（右記訳註を参照）に印刷され、国教会の聖職につく者はこれに同意することが求められた。

〔16〕国教会非信従者に対する刑罰の執行を国王大権により停止し、ローマ・カトリック信徒を保護したいというチャールズ二世の考えは、王政復古直後の一六六二年に、またドーヴァーの密約（右記訳註7を参照）後の一六七二年に「信仰自由宣言」で表明されたが、いずれも議会の反対により撤回された。議会はさらに審査法で、公職につく者にローマ・カトリック教義の否定と国教信従を宣誓すること、国教会の聖餐式に出席することを義務づけた。法王教徒陰謀

事件（後記訳註18を参照）が起きた一六七八年にはさらに、宣誓拒否者（ヨーク公を除く）の議会出席を禁止した。

〔17〕王政復古後のイングランドでは、イングランド国教会を容認できないプロテスタント（特に長老教会）をめぐって、二つの解決策が検討された。「寛容（indulgence もしくは toleration）」は彼らの合法的存在を認めることであり、「包括（comprehension）」はイングランド国教会の規律や慣行に変更を加え、国教会により幅広いプロテスタント諸派を受け入れることであった。当時は、安定した社会の礎として体制教会の必要性が広く認識されており、長老教会側にも国教会側にも「包括」を求める声があった。

〔18〕バプティスト説教師の息子として生まれ、王政復古を契機にイングランド国教会に改宗し、さらにローマ・カトリシズムに改宗・棄教した経歴をもつ詐欺師タイタス・オーツが作成した、イエズス会がチャールズ二世の暗殺を計画しているとする密告書が契機となって引き起こされた事件。チャールズは信用しなかったが、議会がこれに反応し、ローマ・カトリック貴族の弾劾をはじめとする一連の容疑者逮捕と処刑が起こった。事件は王位継承排除危機（一五七頁）にも影響を与えた。ジェームズが即位するとオーツは偽証罪で逮捕され終身刑となったが、名誉革命で釈放された。

〔19〕ルイ一四世は、「一つの信仰、一つの法、一人の王」という理念のもと、プロテスタント抑圧政策をとった。特に一六八〇年代に入ると、武力を用いてユグノー（フランス改革《カルヴァン》派）の弾圧を行い、一六八五年一〇月、フォンテーヌブロー王令において、フランス国内にはユグノーは存在しないと宣言するに至った（いわゆる「ナント王令の廃止」）。ユグノー史家ロビン・グウィンによると、この弾圧期に約二〇万人のユグノーがスイス盟約者団領、ネーデルラント連邦共和国、イングランド、ブランデンブルクなどプロテスタント諸邦に亡命した。

第五章

〔1〕ネーデルラント出身の画家ファン・ティルボルフ（一六二五頃～七八年頃）によるこの絵は、ハンプシャー州のジェ

ントリ、ティッチボーン一族が、聖母マリアの日（三月二五日、ユリウス暦の元旦にあたる）に一三世紀から一族の伝統として行ってきたとされる、近隣の貧者へのパンの施しの様子を描いている。当主のサー・ヘンリー・ティッチボーンはローマ・カトリックなおかつ王党派で、内戦期は辛酸をなめた。堂々たる屋敷の前にサー・ヘンリー（中央の人物）と家族が並ぶ様子は、王政復古によって回復されたジェントリの地位、徳、富、そして連綿と続く伝統を讃えている。

〔2〕一九七三年まで、イースト・ロージアン、ミッド・ロージアン、ウエスト・ロージアンの三つの州に分かれていた。中心都市はエディンバラ。

〔3〕同一の不動産に関する同一の譲渡行為によって、二名以上の者が同一の時に始期を有する同一の権利を共同所有するという、四つの同一性の要件をそなえた不動産権。

〔4〕元パンミュア伯爵の所領で、一七世紀にはカントリー・ハウスがあった。

第六章

〔1〕議会を諷刺する著者不明の政治パンフレットである。一夫多妻制が議会で認められたという誤報を信じた女たちが自分で議会を開き、一妻多夫制を決議するという内容である。本文では一六四六年発行となっているが、それより早い一六四〇年に発行されたとみられるものも残存している。

〔2〕一五九九年から一六〇〇年頃に執筆・初演されたとみられるウィリアム・シェイクスピア作の歴史劇。王子であった頃のヘンリー五世を主要な登場人物とする『ヘンリー四世』第一部および第二部と一部登場人物が重複しており、この二作品の続編的な位置づけの作品となっている。フランスの王位継承権を主張するヘンリー五世のフランス侵攻を題材とし、アジャンクール（アジンコート）の戦いにおけるイングランドの勝利や、英語が使えず言葉の通じないフランス王女キャサリン〔カトリーヌ・ド・ヴァロワ〕への求婚の顛末を描いている。

〔3〕仮面劇（masque）とは一六世紀から一七世紀にヨーロッパの宮廷で流行した祝宴の演し物で、音楽、舞踊、台詞によって寓話的な物語を語る一種の歌劇である。ほとんどは神話や伝説を題材とした寓話的な内容のものであり、君主の権威を称えたり、婚礼などの儀式に興を添えたりするのにふさわしい祝祭的な性格を持った作品が多い。

〔4〕ブロードサイド（broadside）、あるいは一枚刷り（brodsheet）とは、片面のみに印刷が施された大判の紙である。当初は公的な布告などを掲示用に印刷したびらのことをこう呼んでいたが、のちには政治的な主張や歌などを印刷したものも出回るようになった。

〔5〕スコッツ語（またはスコットランド語）とは、ゲルマン諸語のひとつで英語と同系語。ユトランド半島から近世にかけての公文書や俗語文学もこの言葉で記された。しかし一六一一年の欽定訳聖書の刊行以降、この英訳聖書がスコットランドの教会でも使われるようになったことと、一七〇七年の議会合同により、書き言葉としてのスコッツ語は次第に衰退した。

〔6〕アレグザンダーが執筆し、まとめて出版した四つの政治劇を総称してこう呼ぶ。ペルシア王ダレイオスがマケドニアのアレクサンドロス大王に敗れるまでを描いた『ダライアスの悲劇』がまず一六〇三年に出版され、翌年にこの作品とリュディア王クロイソスが息子に先立たれ権力を失うまでを描く『クロイソスの悲劇』が『君主の悲劇』として出版された。さらに一六〇七年に、アレクサンドロス大王亡き後の権力闘争を描く『アレグザンダーの悲劇』とガイウス・ユリウス・カエサル暗殺を扱った『ジュリアス・シーザーの悲劇』がこの二作とともに出版された。

〔7〕一五六〇年のスコットランド宗教改革当初にジョン・ノックスら六人の宗教改革者が作成した『規律の書』に則り、スコットランド王国は一〇の監督区に分けられ、その区域内にプロテスタンティズムの宣教についてリーダーシップを担う監督（superintendent）が置かれた。

〔8〕全二巻からなり、ジェームズ一世に対して学問の振興を訴える著作である。第一巻は学問に対する偏見をなくすよう訴えており、第二巻への序論のような位置づけになっている。第二巻はさまざまな学問の分析であり、とくに実験や

調査に基づく実証的な学問の重要性を説いている。

〔9〕グラマー・スクールとは、イングランドの中等教育機関の一つである。将来聖職に就くべき子どもたちにラテン語を教える機関として中世初期から大聖堂や修道院に付設されるようになり、のちに英語や古典ギリシア語などもカリキュラムに取り入れ、聖職者を志望しない子どもたちにも門戸を開くようになった。

〔10〕ロバート・ホワイトの手による仮面劇で、女神ダイアナとその宮廷に使える乙女たちがキューピッドを追い払い純潔を称える様子を描いた作品である。

〔11〕オックスフォード大学とケンブリッジ大学を併せた呼称。一九世紀までイングランドには両校以外の大学は存在しなかった。一九世紀以降に設立された他大学と区別して、このような呼び方がなされる。

〔12〕聖体祝祭劇とは、中世ヨーロッパにおいて聖体祭（三位一体の主日の次の木曜日。年によって移動する）の祝いとして上演された劇を指す。イングランドでは旧約から新約にいたる聖書の物語をいくつかの連作戯曲（サイクル）に仕立て、可動式の山車《だし》を舞台として街中を移動しながら聖体祭の日に上演する習慣があった。

〔13〕スコッツ語で書かれた唯一現存する道徳劇であり、表題の三大身分とは聖職者、貴族、商人を指している。一五四〇年にリンリスゴーの宮廷でジェームズ五世夫妻のために上演された。

〔14〕スコッツ語で書かれた喜劇で、アレグザンダー・モンゴメリーやロバート・センプルなどが著者の候補としてあげられているが、依然として正確な著者は不明である。表題である金持ちの老人、フィロタスの求婚騒動を描く。

〔15〕主に珍獣や特殊な身体的特徴を持つ芸人（髭の生えた女性など）を指す。縁日などの見せ物として、こうした動物や芸人が登場した。

〔16〕マウンティバンクとは大道香具師の一種で、旅をしながら街中でおもしろおかしい口上を述べたり、歌や踊り、寸劇などさまざまな芸を披露したりして人を集め、薬を販売していた男女を指す。中世からルネサンスにかけて、薬の流通においても芸能においても大きな役割を果たした。

〔17〕トーナメントとは甲冑をつけた騎士が行う馬上槍試合の競技会である。『黒いご婦人のトーナメント』では、奴隷であるアフリカ系の女性が豪奢な衣装を身につけてトーナメントの女王となり、その接吻をめぐって「黒い騎士」を演じるジェームズ四世ほか騎士たちが武芸を披露するという趣向で四〇日間にわたる競技会が行われた。

〔18〕金細工師タッチストーンの一家を中心にロンドンの町人たちの暮らしぶりを描く喜劇。一六〇四年に初演されたトマス・デッカーとジョン・ウェブスターの芝居『西行きだよーお！』の商業的成功をうけて書かれた。この戯曲はジェームズ一世＝六世の出身地であるスコットランドに対する辛辣な諷刺を含んでいたため、作者のジョンソンとチャップマンは王の怒りを買って一時的に投獄され、マーストンは逃亡した。

〔19〕フィリップ・シドニーの『アーケイディア（アルカディア）』を種本とする喜劇。アーケイディア（アルカディア）の君主バシリアスの二人の娘をめぐる求婚騒動を主筋に、ジェームズ一世夫妻の宮廷を諷刺した作品である。

〔20〕サー・フィリップ・シドニーによる散文のロマンスで、後世に大きな影響を与えた作品である。不吉な予言に怯えて引きこもってしまったアーケイディア（アルカディア）の支配者バシリアスの隠棲の宮廷に変装して潜り込んだ二人の王子ミュージドーラスとパイロクレースがバシリアスの娘パメラとフィロクリアとの間に繰り広げる恋路を中心に、さまざまな冒険物語や田園詩などを盛り込んだ長大な物語である。一五八一年頃に完成したと考えられる『オールド・アーケイディア』と、大幅な改稿を経て一五九〇年に前半のみが出版された『ニュー・アーケイディア』という二つのヴァージョンがあり、『ニュー・アーケイディア』全巻の完成を見ないまま作者のフィリップ・シドニーが死去したため、作者の妹で同様に作家であった第二代ペンブルック伯爵夫人メアリーが後半部分として『オールド・アーケイディア』の相当個所を継ぎ足し編集した版を一五九三年に出版した。

〔21〕一六一三年のクリスマスの時期に上演された仮面劇であり、台詞のほとんどがにせのアイルランド訛りで書かれている。

〔22〕ジョンソンがブラックフライアーズの少年劇団のために書いた気質喜劇。騒ぎが嫌いで気難しいモロースは、気に入

っていない甥ドーフィンの手に財産が渡るのを防ごうと、きわめて無口だという噂のエピシーンという娘と結婚する。実はエピシーンはドーフィンの計略で差し向けられた女装した少年であり、結婚した途端に大変ながみがみ女に変身してモロースを悩ませる。妻との離別を望むモロースの前でドーフィンはエピシーンが少年であることを暴露し、モロースは一杯食わされたと悟る。

〔23〕『悪弊の解剖』は一五八三年に出版された諷刺パンフレットで、演劇をはじめとする一六世紀後半のイングランドの風習を堕落したものとして激しく批判し、その廃絶を訴える作品である。舞台芸術や服飾などについての詳しい描写を含んでいるため、出版当時の社会慣習や経済を知るうえで非常に有効な資料となっている。

〔24〕一六三三年の国王夫妻の戴冠を祝ってホリルード宮殿に通称「メアリー女王の日時計」と呼ばれる日時計が作られた。ジョン・ミルンが設計したもので、ヴィクトリア女王の時代に修復された。スコットランドでは一七世紀から一八世紀初頭にかけて日時計が大流行し、現在でもこの時期に作られた独特の様式の日時計が多く残っている。

メアリー女王の日時計

〔25〕サルマキスとは古代に小アジアのハリカルナッソス近辺にあったという泉で、この水を飲んだ兵士たちが略奪をやめて平和に暮らすようになったという伝説がある。『サルマキスの戦利品』はこの伝説に取材しており、知恵の力により不和がなくなり平和が訪れるさまを歌と踊りで表現した仮面劇である。王妃の母マリア・デ・メディチ〔マリー・ド・メディシス〕の前で上演されたと考えられている。

〔26〕マドリード近郊にあるスペイン王家の宮殿。熱心なローマ・カトリックであったフェリペ二世が一六世紀半ばに建造に着手した宮殿・修道院・墓所を兼ねた複合的な建造物であり、反宗教改革の精神を喧伝する象徴的な建築物であると

言われている。

〔27〕チャールズ一世による政治的・宗教的な省察の記録という触れ込みで発行された著作である。王の処刑直後に発行され、非常に広く出回った。エクセターおよびウスターの主教ジョン・ゴードンの作ともいわれているが、著者は未詳である。

〔28〕アイルランドの守護聖人、聖パトリックを主人公とする一種の奇跡劇である。かつての奴隷で現在はキリスト教の神父となったパトリックがアイルランドに渡り、数々の奇跡を起こしながら魔術師アーキメガスとの対決に勝利し、アイルランド王家の人びとをキリスト教に入信させる様子を描く。

〔29〕エドマンド・スペンサーの手による叙事詩。全一二巻の長詩となる予定であったが、最初の三巻が一五九〇年に、次の三巻が一五九六年に出版され、この他には第七巻の一部の思われる断片が残存しているのみで完成しなかったと考えられている。さまざまな徳を象徴する騎士たちや乙女たちの冒険を通して美徳の勝利を称える寓意的な作品である。騎士たちが仕える「妖精女王」グロリアーナはエリザベス一世を指す。

〔30〕二人のイングランド人が対話形式でアイルランドの統治について議論するという内容の政治パンフレットである。アイルランドはイングランドの権威に服し、宗教その他の分野において改革を受け入れる必要があると説いている。

〔31〕一六世紀から一七世紀にかけて活躍した著名人についてジョン・オーブリーが書きためた小伝を集めた伝記集。ウィリアム・シェイクスピアやトマス・ホッブズ、ジョン・ミルトンなど文人・学者についての逸話や噂を多数含んでいる。一七世紀の後半に書かれたと考えられているが、生前には出版されなかった。

〔32〕インタールードとはおもに宴席などで少人数の役者によって上演される短い劇のことであり、一五世紀から一六世紀にかけて、ロンドンで商業劇場が発達する以前にとくに流行した。

〔33〕第6章訳注1参照。

〔34〕一六五一年に発表された哲学書。自然状態においては「万人の万人に対する闘争」が発生するとし、この闘争の状態

を避けるため人間はみずからの自然権を政府に譲渡すべきで、この譲渡に基づく社会契約により政府は絶対的な権力を得て自然状態の混乱を解決する機能を果たすべきであると論じた。

〔35〕おそらくは一六八〇年代初めに執筆され、一六八九年の末に一六九〇年という日付で出版された哲学書。第一論はロバート・フィルマー『パトリアーカ（家父長制）』に対する批判であり、王権神授説を論駁している。第二論は自然状態や自然法の考察をもとに社会契約について論じたものである。

〔36〕一六一八年二月二日にサー・トマス・ボーモントの邸宅であるレスターのコロートン・ホールで、出演者でもある第三代エセクス伯爵が結婚したばかりの妹フランセス・デヴルーとサー・ウィリアム・シーモア夫妻をもてなすために上演した仮面劇で、歌と踊りで女性の美徳を賛美する内容となっている。作者は不明であるが、ジョン・フレッチャー、アーサー・ウィルトン、トマス・ペステルなどが候補にあげられている。

〔37〕『ロドス島攻囲』には一六五六年に初演された第一部と一六六一年に初演された第二部があり、ここで言及されているのはブリテン最初のオペラといわれることもある第一部である。第一部は、シチリア公爵アルフォンソと美しい新妻アイアンシ、トルコ王ソリマン（スレイマン）の関わりを描く。

〔38〕ラットランド・ハウスは劇場ではないが、上演禁止令をかいくぐるため、ダヴェナントは私邸における余興であるというたてまえでこの屋敷で自作を上演していた。コックピット座は一六一六年からドルリー・レーンにあった劇場であり、壊れて修復された後に改名したのでフェニックス座とも呼ばれることがある。コックピット座は内戦が小康状態となった一六四七年末から一六四八年初めにかけて芝居の上演を再開したが、その結果一六四九年に議会軍によって破壊された。

〔39〕テンペはギリシアのオリュンポス山とオッサ山の間にある渓谷で、アポローンやムーサ（ミューズ）が住まう場所と考えられていた景勝地である。『テンペ回復』はテンペ谷を舞台に、男たちを魔法で動物に変えてしまう女神キルケーがさまざまな説得を受け、魔法を解いて動物ばかりが住むようになっていたテンペ谷をムーサの手に返すまでを、

音楽や踊りをふんだんに用いて描いている。

（40）王政復古後の一六六二年に公刊された『戯曲集』に収録されている作品であるが、本文でも述べられているように空位期間に執筆された可能性が高い。一六五〇年代頃に亡命先のアントウェルペンで執筆されたのではないかと推測されており、比較的筋が単純である一方で長い演説の台詞などを含んでいるため、上演を想定せずに書かれたと考えられる。男子禁制のアカデミーを創設して講演活動を行う女たちに対して男たちが反発するが、最後は双方和解し結婚にかかわる交渉が始まるという内容である。

（41）一六六八年の『未刊行戯曲集』に収録された作品で、キャヴェンディシュがイングランドに帰国してから書かれたと考えられており、作者に上演の意図があったかどうかはともかくとして王政復古期の商業演劇の影響を受けた芝居である。主人公であるレディ・ハッピーは歓びについて探求するため、ローマ・カトリックの女子修道院にならいつつ、宗教的な修行ではなく知性・精神の修養に特化した女性のみの隠棲所を設立する。その評判を聞きつけた高貴な公女が隠棲所に視察にやってくるが、レディ・ハッピーは公女を愛するようになってしまう。レディ・ハッピーは結ばれることのない相手を愛することでみずからの名に反してすっかり不幸になってしまったと悩むが、公女は実際は女装した公子であったことがわかり、最後に二人は結婚することとなる。

（42）二部からなる哲学書で、第一部は一六九四年に出版され、第二部は一六九七年にデンマーク公妃アン（後のアン女王）に献呈されるかたちで公表された。さまざまな神学的・哲学的議論を援用しつつ女子教育の推進を説く論考である。

（43）フィレンツェ公爵に仕えるシエナの将軍マルシアノとその恋人アラベッラが、政変に巻き込まれ監禁や処刑の危機などの苦難を経て結ばれるまでを主筋とし、これに上流階級の男女の喜劇的な求婚騒動を脇筋として組み込んだ作品である。

（44）『タルゴのたくらみ、またの名をコーヒー・ハウス』は、一六六七年にロンドンで、一六六八年にエディンバラのテニス・コート座で上演された喜劇である。パトリキオは妹リヴィアナを厳しく監視し、自分の気に入ったロドリーゴと無理やり結婚させようとするが、パトリキオの恋人ソフォロニアと機知に富んだタルゴの助けでリヴィニアは恋人ドン・ホレイシオと無事結婚し、パトリキオも改心してソフォロニアと結ばれるという筋である。

〔45〕一六七六年にトマス・ベタートンとエリザベス・バリーを主役としてロンドンで初演された芝居で、王政復古期に最も人気が高かった演目の一つである。ロンドン社交界で悪名高い放蕩者ドリマントは恋人である才女ラヴィットと別れて美しく機知に富んだ女相続人ハリエットに求婚しようと考えているが、一方でラヴィットの友人ベリンダにも色目を使っている。一方、ドリマントの友人である若ベレアはエミリアと愛し合っていたが、父である老ベレアはそのことをまったく知らずに息子をハリエットと結婚させようとする一方、自分がエミリアに求愛したいと思っていた。互いに結婚したくないということで意気投合したハリエットと若ベレアは双方の両親を欺くことにし、若ベレアは叔母のレディ・タウンリーの助けでエミリアと秘密結婚する。ドリマントは自分にまつわる悪い噂をごまかすため別人のふりをしてハリエットに言い寄り好意を得るが、ラヴィットに正体を暴露されてしまう。しかしながらハリエットは気にせず、ドリマントと結婚して田舎に連れて帰ることにする。老ベレアとハリエットの母レディ・ウッドヴィルは子どもたちの突然の結婚に驚くが、最後は和解する。

〔46〕「陽気な恋人たち」（ゲイ・カップル）とは、王政復古期の風習喜劇に特有の、機知に富み丁々発止のやりとりを繰り広げる男女の恋人同士の役どころを指す言葉である。男性のほうは結婚の束縛に不安を持っている粋人であることが多く、女性のほうも恋人の愛に不安を抱いている才女であることが多い。“gay”はこの当時「陽気な」という意味でしばしば用いられ、現代のような「同性愛の」という意味はなかった。

〔47〕ブリーチ（breeches）と呼ばれる膝下丈の半ズボンを着用したためこのように呼ばれる。現代の演劇用語としては、おもにオペラで女性歌手が男装して歌う役どころを指す。

〔48〕ここで言及されている作品はジョン・フレッチャーの『忠臣』であり、一六一〇年代に初演されてその後数回再演さ

れた芝居である。タイトル・ロールである人望の厚い忠臣アルカス将軍は奸臣ボロスキの讒言によって主君モスクワ大公から虐待を受けるが、これに黙々と耐え、自分を慕って反乱を起こした部下たちを諫め、みずからの息子セオドアを大公に対する謀反で処刑しようとまでする。しかしながら結局はボロスキのたくらみが暴かれ、最後は全員が和解するという筋立ての芝居である。キナストンが演じたのは大公の妹オリンピアであり、将軍の息子で身を守るため女のふりをしている若アルカスを正体について知らないまま侍女として雇い入れ、最後には結婚するという役どころである。作中でオリンピアが大公の姉か妹かは明示されていないが、若く未婚の女性として描かれているためおそらくは妹であると考えられる。

〔49〕『流れ者』には一六七七年に初演された第一部と、第一部の商業的成功をうけて一六八一年に初演された第二部があり、ここで言及されているのは第一部である。タイトル・ロールの「流れ者」とはイングランドを脱出した王党派の青年ウィルモアを指している。第一部の舞台はナポリであり、亡命してきたウィルモアはスペイン人の貴族ドン・ペドロの妹ヘレナに求婚しようとするが、高級娼婦のアンジェリカに惚れられて恋仲になってしまう。ヘレナの姉フロリンダはイギリスの軍人ベルヴィルを愛していたが、兄ドン・ペドロが別の求婚者であるドン・アントニオを気に入っているため公にベルヴィルと交際ができず、逃げ隠れしながらベルヴィルに求愛しようとしているあいだに娼婦に間違えられ田舎者ブラントとその友人フレデリックに監禁されるという憂き目にあう。フロリンダは親戚ヴァレリアのおかげでなんとか監禁から逃れてベルヴィルと結婚し、フロリンダを娼婦と間違えたフレデリックも悔い改めてヴァレリアと結婚する。アンジェリカは自分を捨ててヘレナと結婚しようとしているウィルモアを殺そうとするが愛ゆえに殺すことができず、あきらめて立ち去り、ヘレナとウィルモアも結婚することになる。

〔50〕『流れ者』第二部と同年に初演された芝居である。議会派の領袖ランバート卿の妻レディ・ランバートは政治に長けており、夫を陰で操縦するが、王党派のラヴレスと恋に落ちてしまう。内心は王党派であるが大義のためそれを隠して議会派のデスブロ卿と結婚したレディ・デスブロは、肉体的には夫に対する貞操を守りつつ、心の中では議会派の

フリーマンを愛し助けようとする。やがて王党派が議会派を圧迫し、議会派は敗北する。夫を亡くしたレディ・デスブロはフリーマンと結ばれ、夫が逮捕され一切の政治的特権を失ったレディ・ランバートは愛するラヴレスに慰められる。

〔51〕スリナムの植民地を舞台に名前の明示されていない語り手によって語られる短い小説で、著者のベーンがイングランドの植民地であった南アメリカのスリナムに滞在した際の経験をもとに書かれたといわれている。語り手はスリナムで非常に紳士的で態度が立派な黒人奴隷オルノーコに出会うが、このオルノーコはじつはアフリカのとある地域の王子であり、美しい妻イモインダを祖父である王に無理やり奪われたのち、戦闘中に捕虜となって奴隷として売られてきたことがわかる。ところが死んだと思っていたイモインダもやはり奴隷としてスリナムに売られてきており、二人はふたたび結ばれ、キリスト教に改宗してオルノーコはシーザーと呼ばれるようになる。オルノーコはやがて奴隷反乱の首領となるが、植民地行政官バイアムに騙されて降伏し、鞭打ちの刑に処される。オルノーコは復讐を誓うが、復讐を遂げてみずからも死んだ後にイモインダが強姦される可能性があるため、二人で相談して先にオルノーコがイモインダを殺すことにする。嬉々として死んでいったイモインダの傍らで嘆き悲しんでいたオルノーコは逮捕され、すさまじい虐待を受けて殺される。本作はトマス・サザーンによって戯曲化され、一六九五年に初演されて商業的成功を収めた。

〔52〕ベーンの死後である一六八九年末に初演され、一六九〇年に出版された悲喜劇で、一六七六年にイングランド領ヴァージニア植民地でナサニエル・ベーコンが起こした反乱を題材とするものである。

〔53〕一六四四年に初演されたコルネイユの悲劇であり、古代ローマ史を題材としている。セザール〔カエサルのフランス語読み〕に取り入ろうとしたエジプト王プトレメ（プトレマイオスのフランス語読み）〔一三世〕は家臣たちと相談して内乱で敗北したポンペ（ポンペイウスのフランス語読み）を殺害するが、セザールはポンペ殺害をよしとせずプトレメの姉である女王クレオパトル（クレオパトラのフランス語読み）に心を寄せる。窮地に陥ったプトレメたちは

セザールを暗殺しようとするが、亡きポンペの妻で復讐心に燃えるコルネリ（コルネリアのフランス語読み）はセザールへの恨みを押し殺して暗殺計画を暴くことにする。陰謀をたくらんだ者たちは処刑される。キャサリン・フィリップスの訳ではタイトルは *Pompey: A Tragedy* とされている。

〔54〕一六四〇年に初演されたコルネイユの悲劇であり、ホラティウス三兄弟の伝説に材をとっている。ローマの若者オラース（ホラティウスのフランス語読み）はアルバ・ロンガの名家の娘サビーヌ（サビナのフランス語読み）と結婚しており、サビナの兄キュリアス（クリアトゥスのフランス語読み）はオラースの妹カミーユ（カミラのフランス語読み）と婚約していた。ローマとアルバ・ロンガとの間に戦争が始まり、大規模な交戦ではなく勇将による決闘によって勝負をつけることになるが、オラース一族の息子たちがキュリアス一族の息子たちと果たし合いをすることに決まってしまう。オラースはキュリアスを倒して凱旋するが、恋人の死を知って嘆く妹を見て激昂し殺してしまう。

〔55〕スモック・アレイ劇場は一六六二年にジョン・オギルビーによって設立された劇場で、ロンドン以外でブリテン諸島に設置された王立劇場としては最初のものである。数回の破損と再建を経ているが、現在も修復と史跡の調査を伴いつつ同名の劇場がダブリンで稼働している。

〔56〕ハックニーにはいくつか女子のための学寮があったが、キャサリン・フィリップスが教育を受けたのはサーモン夫人の学校であり、フィリップスは一六三九年にここに入学した。

〔57〕ナサニエル・リーの悲劇『ミトリダテス』は一六七八年頃にロンドンで初演され、好評を博したと考えられている。ポントスの王ミトリダテスが息子ザイファレスの恋人セマンドラを強姦した結果、ザイファレスとセマンドラは心中のようなかたちで死に、ミトリダテスも後悔の末、ローマ軍と戦って死んでしまうという筋である。

〔58〕チャップブックとは一七世紀から一九世紀頃にかけて街頭などでよく売られていた八～二四頁くらいの小さな安い大衆向け冊子である。多くの場合木版画の挿絵がついており、書店よりは行商人などの手によって販売されることが多かった。扱う内容は多岐にわたり、詩や歌、物語のようなものから聖職者の説教や世間を騒がせた犯罪者に関する記

事など、読者の関心を惹きそうな話題であれば何でも取り上げられていた。

〔59〕旧約聖書の『創世記』を題材に、神と堕天使ルシファーの争いと、ルシファーにより騙され楽園を追放されるアダムとイヴの物語を描いた長詩である。

〔60〕バニヤンが投獄中に著した自伝で、自身が誘惑と戦い揺るぎない信仰にいたるまでを綴った作品である。

〔61〕『天路歴程』はキリスト教を題材とした寓意物語で、第一部は一六七八年に、第二部は一六八四年に出版された。第一部は破滅の町に住む男クリスティアンがさまざまな苦労ののちに天の都に辿り着くまでの旅路を描いている。第二部はクリスティアンの妻クリスティアナと子どもたちの旅を扱う。

〔62〕国王から特許を与えられて活動する科学研究振興団体であり、現在も存続している科学アカデミーとしては世界で最も古いものである。学術情報の共有と知識の普及、研究の振興などを目的として一六六〇年に設立が決定され、六二年に勅許を得た。

〔63〕クリストファー・レンは大学の業務と完全に無関係というわけではなく、一六六一年にオックスフォード大学でサヴィル教授職に就いている。

〔64〕一六八一年に医師で地理学者でもあったサー・ロバート・シバルドの尽力により医学の研究・教育の発展を目的に設立された医学協会で、一七世紀にエディンバラの医師たちが行っていた医学知識を共有するための非公式な会合を母体とするものである。略称はRCPEである。

〔65〕ＢＢＣが二〇〇二年に放送したテレビ番組である。視聴者投票に基づいて一〇〇人の偉大なブリテン人を選出し、上位一〇人についてはそれぞれ一時間の紹介番組を放送するという企画であった。偉大な自国人一〇〇人を選出するという同フォーマットの番組は世界各国で放送されている。

〔1〕四人のステュアート君主はいずれも親フランス派であり、また、ジェームズ二世の最初の妻アン・ハイドを例外として、配偶者が皆、もともとローマ・カトリック教徒であったか、もしくはローマ・カトリシズムに改宗していることから親ローマ・カトリックとみなされていた。チャールズ二世とジェームズ二世はそれぞれ自らローマ・カトリシズムに――チャールズ二世の場合は死の床においてだが――改宗している。

〔2〕ウィリアム三世の母であるオラニエ公ウィレム二世妃メアリー＝ヘンリエッタはチャールズ一世の長女。

〔3〕トマス・バビントン・マコーリー（一八〇〇～五九）ホイッグ史観の最初の体系的叙述者。一八三九年頃より執筆を開始した *History of England* はウィリアム三世の時代で終わっているが、国王と議会のあいだの専制と自由の戦いと把握するイギリス史解釈は、以後長くイギリスの正統史観であった。

〔4〕サミュエル・ローソン・ガーディナー（一八二九～一九〇二）ピューリタン革命研究。*History of England, 1603–42*, 10 vols（1883–84）; *History of the Great Civil War*, 3 vols（1883–84）; *History of the Commonwealth and Protectorate*, 3 vols（1895–1901）の三部作は、ホイッグ史観の立場からするピューリタン革命研究の金字塔とみなされている。

〔5〕ウォレス・ノートステイン（一八七八～一九六九）。前期ステュアート朝の議会史研究。*Commons Debates for 1629*（1921）; *The Journal of Sir Simmonds* D'Ewes（1923）; *Commons Debates, 1621*（1935）などを編纂した。

〔6〕チャールズ一世はピム、ハムデン、ホールズ、ヘーズルリグ、ストロードら五人の改革派議員逮捕のために議場に赴いたが、彼らはすでに逃亡していたために、すぐに退出した。しかし、君主のこのような行為を繰り返させないために、内戦後は君主は庶民院議場に足を踏み入れてはならないことになった。この事件は、毎年の議会開催の際に、黒杖官が庶民院に赴き、君主の待つ貴族院議場に庶民院議員を召喚する儀式を行うことで、繰り返し想起されている。

〔7〕一六五八年九月にクロムウェルが死去すると、彼の三男のリチャードが後を継いで護国卿となった。

〔8〕Conrad Russell, *The Causes of the English Civil War. The Ford Lectures delivered in the University of Oxford, 1987–1988*（Oxford:

Clarendon Press, 1990), p. 27.

〔9〕ジェームズ二世は鼻血を凶事の前兆としてウィレム三世と交戦せず撤退した。

〔10〕ジェームズがルイ一四世から贈られたパリ郊外サン・ジェルマン・アン・レーの宮殿は、多くのジェームズ支持派、すなわちジャコバイトが集う亡命宮廷となった。

〔11〕議会の毎年開催と三年ごとの総選挙を定めた。

〔12〕これは、一七世紀スコットランド史を、教会と国家の熾烈な闘争の末に長老主義的教会統治が確立され正義が勝利した、とみなすスコットランド版「ホイッグ」的宗教イデオロギーのことを指している。たとえばP. Hume Brown, *History of Scotland*, 3 vols., (Cambridge: Cambridge University Press 1899–1909) が挙げられる。なお、ホイッグの名は、スコットランドの急進契約派が、チャールズ一世と約定を結んだ当時の政府を、一六四八年に「ホイッガーモアの急襲」と呼ばれるクーデタで崩壊させた事件に由来する。

〔13〕クリストファー・ヒル（一九一二〜二〇〇三）は、オックスフォード大学ベイリオル・カレッジのフェロー、続いて学寮長を歴任した。彼が一九四〇年に公刊した『イギリス革命　一六四〇年』（*The English Revolution 1640*）はマルクス主義史観に基づき、一七世紀半ばの動乱を一七八九年のフランス革命と対比されるべき市民《ブルジョワ》革命とみなして、大きな反響を呼んだ。

〔14〕二〇世紀テューダー朝研究を代表する歴史家R・H・トーニーは、一九四一年に発表した雑誌論文「ジェントリの勃興」（'The Rise of the Gentry, 1558–1640'）において、宗教改革から一七世紀半ばの動乱までに、旧来の封建的な貴族層が没落し、代わって企業家的土地経営を行うジェントリが勃興したと論じた。この説によると、一七世紀の内戦は、近代的ジェントリやブルジョワジーによる封建的な王権および貴族層への挑戦となった。これはヒルに代表されるマルクス主義史観の内戦の解釈にも通じており、当時は広く受け入れられた。一九五〇年代にはいり、オックスフォード大学近代史教授であるヒュー・トレヴァー゠ローパーが、トーニーらの「ジェントリの勃興」説でジェントリを一

体にまとまった社会階層とみなしているのを誤りとして批判したことから、一九七〇年代まで続く「ジェントリ論争」が起こった。

〔15〕Christopher Thompson, 'The Counting of Manors Reconsidered', *The Economic History Review*, 25, 124–131（1972）を参照。一九九〇年になってトムソンは、*The Counting of Manors: Professor Stone's Reply Refuted*（Wivenhoe: Orchard Press, 1990）を出版し、主張を補筆している。

〔16〕独占権（monopolies）とは、特定事業の運営権や商品の専売権を国王が選んだ個人に与えること。国王によるパトロネージの一形態であり、エリザベス一世期後半から特許の件数は増加した。政府歳入を増やす効果は少なく、逆に国家事業の私物化や転売による腐敗をまねいたとして、ジェームズ一世即位後の議会では繰り返し批判にさらされた。一六二四年に専売条例（The Statute of Monopolies）が成立し、独占の原則的禁止を確認するとともに、専売の認められる条件が明文化された。議会が独占権問題に集中したため、結果的に国政や財政一般にかかわる他の改革が進まなかったという評価もある。

〔17〕『一〇六六年となんやかや』W. C. Sellar and R. J. Yeatman, *1066 and All That*,（London: Methuen Publishing, 1930）は、大戦間期イングランドの学校の歴史授業のパロディとして、現在でも広く知られている。その最終章では、「アメリカ」が「トップの国」になり、歴史は終止符に至る。

〔18〕Christopher Thompson, 'Court Politics and Parliamentary Conflict in 1625', in Richard Cust and Anne Hughes（eds）, *Conflict in Early Stuart England: Studies in Religion and Politics, 1603–1642*（Harlow: Longman, 1989）, p. 189.

〔19〕Thomas Cogswell, Richard Cust, and Peter Lake（eds）, *Politics, Religion, and Popularity in Early Stuart Britain: Essays in Honour of Conrad Russell*（Cambridge: Cambridge University Press, 2002）および Kenneth Fincham and Peter Lake, *Religious Politics in Post-Reformation England: Essays in Honour of Nicholas Tyacke*（Woodbridge : Boydell Press, 2006）.

〔20〕ニコラス・タイアクの学位論文 'Arminianism in England, in Religion and Politics, 1604 to 1640' によるオックスフォード大

学博士号取得は一九六九年であるが、学界に大きな反響を呼んだ論文'Puritanism, Arminianism and Counter-Revolution'（コンラッド・ラッセル編『イングランド内戦の諸起源』に収録）は一九七三年、初の単著である *Anti-Calvinists: the Rise of English Arminianism c.1590–1640* は一九八七年に出版された。

〔21〕プロテスタントとなった人文主義者であり、ジェームズ六世の家庭教師も務めたブキャナンは、本来スコットランドは選挙王制であり制限王制であったと主張して、メアリー女王退位の正当化を行った。しかしジェームズは長ずるに及んで師の考えが君主政にとって有害であると理解して、王権神授説を用いてこれに反駁した。

〔22〕ジョージ一世の英語能力のなさに関しては、これまで誇張されてきたという指摘がある。ジョージ一世の伝記を書いたラグンヒルド・ハットンによると、彼は英語を話すのを苦手としたが、シェイクスピアの芝居を楽しむ程度には英語を身につけていた。Ragnhild Hatton, *George I: Elector and King*（London: Thames and Hudson, 1978）, pp.129–132.

〔23〕第三章でモリルは、君主による統治をいっさい拒否することを「強い共和政」とし、これと対照的に、国王が統治を行う条件や範囲を定めたうえで君主政を許す考え方として「弱い共和主義」を定義している（一四一～一四三頁）。モリルによれば、チャールズ一世処刑後のブリテン諸島で追求されたのは「強い共和主義」ではなく「弱い共和主義」であった。

〔24〕Jonathan Scott, *England's Troubles: Seventeenth-Century English Political Instability in European Context*（Cambridge: Cambridge University Press, 2000）, p.166.

〔25〕一六六二年生～一七四四年没。著書『ブリテン島北部あるいはスコットランドにおける古来の住民に関する評論』（*A Critical Essay on the Ancient Inhabitants of the Northern Parts of Britain or Scotland*, 1729）において、スコットランド王家の神話的過去を論駁した。

慶應義塾大学出版会

オックスフォード ブリテン諸島の歴史　全11巻
［原著監修］ポール・ラングフォード　［日本語版監修］鶴島博和

第1巻　**ローマ帝国時代のブリテン島**
　　　ピーター・サルウェイ［編］　南川高志［監訳］　◎4,800円

第2巻　**ポスト・ローマ**
　　　トマス・チャールズ＝エドワーズ［編］　常見信代［監訳］　◎4,800円

☆第3巻　**ヴァイキングからノルマン人へ**
　　　ウェンディ・デイヴィズ［編］　鶴島博和［監訳］

第4巻　**12・13世紀**　1066年〜1280年頃
　　　バーバラ・ハーヴェイ［編］　吉武憲司［監訳］　◎5,800円

第5巻　**14・15世紀**
　　　ラルフ・グリフィス［編］　北野かほる［監訳］　◎4,800円

第6巻　**16世紀**　1485年〜1603年
　　　パトリック・コリンスン［編］　井内太郎［監訳］　◎4,800円

第7巻　**17世紀**　1603年〜1688年
　　　ジェニー・ウァーモールド［編］　西川杉子［監訳］　◎6,800円

第8巻　**18世紀**　1688年〜1815年
　　　ポール・ラングフォード［編］　坂下史［監訳］　◎5,800円

第9巻　**19世紀**　1815年〜1901年
　　　コリン・マシュー［編］　君塚直隆［監訳］　◎4,800円

第10巻　**20世紀**　1901年〜1951年
　　　キース・ロビンス［編］　秋田茂［監訳］　◎5,800円

第11巻　**20世紀**　1945年以後
　　　キャスリーン・バーク［編］　西沢保［監訳］　◎6,400円

☆の巻は続刊です。
表示価格は刊行時の本体価格（税別）です。

オックスフォード　ブリテン諸島の歴史
第 7 巻　17 世紀　1603 年〜 1688 年

2015 年 5 月 8 日　初版第 1 刷発行

編　　者――――――ジェニー・ウァーモールド
日本語版監修者――鶴島博和
監訳者――――――西川杉子
発行者――――――坂上　弘
発行所――――――慶應義塾大学出版会株式会社
　　　　　　　　〒 108-8346　東京都港区三田 2-19-30
　　　　　　　　TEL 〔編集部〕03-3451-0931
　　　　　　　　　　〔営業部〕03-3451-3584〈ご注文〉
　　　　　　　　　　〔　〃　〕03-3451-6926
　　　　　　　　FAX 〔営業部〕03-3451-3122
　　　　　　　　振替 00190-8-155497
　　　　　　　　http://www.keio-up.co.jp/
装　　丁――――――中島かほる
印刷所――――――萩原印刷株式会社
製本所――――――加藤製本株式会社
カバー印刷―――――株式会社太平印刷社

©2015　Hirokazu Tsurushima, Sugiko Nishikawa, Rie Tomita,
Sae Kitamura, Haruki Inagaki, Kei Nasu, Hiroki Yajima, Kiyotaka Sato
Printed in Japan　ISBN978-4-7664-1647-3

[原著監修]

ポール・ラングフォード(Paul Langford)

オックスフォード大学リンカーン・カレッジ校長。

[監修者]

ジェニー・ウァーモールド(Jenny Wormald) [序論、結論]

エディンバラ大学名誉研究員。元オックスフォード大学セント・ヒルダズ・カレッジ歴史学フェロー。ウァーモールドの初期の研究は、中世末から近世のスコットランド史であったが、より広い「ブリテン史」の領域を対象とするようになってからもスコットランド史への関心を持続している。もっとも、ブリテン史が何を意味するのか、彼女は把握しがたいと考えている。主要業績は 'James VI and I: Two Kings or One?', *History*, 68 (1983); *Mary Queen of Scots: a Study in Failure* (George Philip, 1988); *Lords and Men in Scotland: Bonds of Manrent, 1442–1603* (John Donald, 1985). 近年では *Scotland: A History* (Oxford University Press, 2005)の編著者(「17世紀」の章を担当)および *The Oxford Handbook of Modern Scottish History* (Oxford University Press, 2012)の共編者である。

[著者一覧]

キース・ブラウン(Keith Brown) [第一章]

マンチェスター大学教授・人文科学学部長。ブラウンの研究関心は近世スコットランドの貴族とスコットランド議会史であり、この関連の書物を幅広く公刊している。主要著書は、*Noble Society in Scotland: Wealth, Family and Culture from Reformation to Revolution* (Edinburgh University Press, 2000); *Noble Power in Scotland from the Reformation to the Revolution* (Edinburgh University Press, 2011)など。セント・アンドルーズ大学在職時に同大学のスコットランド議会プロジェクトを完成させた。このプロジェクトに関しては次のサイトを参照のこと。The Records of the Parliaments of Scotland to 1707 (RPS) at http://www.rps.ac.uk/ (University of St Andrews, 2007–2011). これは、最古の法が現存する1235年からイングランドとの合同の年1707年までのスコットランド議会について、議事録も含めて、完全に検索可能なデータベースである。

ジョン・マカーフィティ(John Mccafferty) [第二章]

ダブリン大学ユニヴァーシティ・カレッジ准教授。また、ダブリン大学ユニヴァーシティ・カレッジとアイルランド・フランシスコ会の共同機関、ミヒェル・オ・クレアリ・アイルランド歴史・文明研究所所長である。マカーフィティは本来、教会史家であり、その関心は中世後期と近世のアイルランドに向けられている。主要著作に *The Reconstruction of the Church of Ireland: Bishop Bramhall and the Laudian Reforms 1633–1641* (Cambridge University Press, 2007)があり、またアラン・フォードとともに *The Origins of Sectarianism in Early Modern Ireland* (Cambridge University Press, 2005)を刊行した。

ジョン・モリル(John Morrill) [第三章]

英国学士院会員。ケンブリッジ大学元教授。17世紀「ブリテン革命」についての著書、編著、論文は夥しい数にのぼる。とくに、イングランド、アイルランド、スコットランド三王国の関係性に早くから着目し、多くの研究者に影響を与え続けている。現在オリヴァー・クロムウェルの史料編纂事業に取り組んでいる。代表的著書は *Revolt in the Provinces: The People of England and the Tragedies of War 1630–1648* (2nd edition, Longman, 1999); *The Nature of the English Revolution* (Longman, 1993); *Oliver Cromwell* (Oxford University Press, 2007)など。

トビー・バーナード(Toby Barnard) [第四章]
英国学士院会員、ロイヤル・アイルランド・アカデミー名誉会員、オックスフォード大学ハートフォード・カレッジ名誉フェロー。主要業績は、ジェーン・フェンロンと共に編集した *The Dukes of Ormonde, 1610–1745* (Woodbridge, 2000)の他、*Cromwellian Ireland: English Government and Reform in Ireland, 1649–1660* (Clarendon Press, 2000); *A New Anatomy of Ireland: The Irish Protestants, 1649–1770* (Yale University Press, 2003); *Making the Grand Figure: Lives and Possessions in Ireland 1641–1770* (Yale University Press, 2004); *Irish Protestant Ascents and Descents, 1641–1770* (Four Courts Press, 2004); *Improving Ireland?: Projectors, Prophets and Profiteers, 1641–1786* (Four Courts Press, 2008); A Guide to the Sources for Irish Material Culture: *1500–1900* (Four Courts Press, 2009)など。

J. A. シャープ(J. A. Sharpe) [第五章]
ヨーク大学歴史学部教授。シャープは犯罪と処罰の歴史について、幅広く著作があるが、近年は、近世イングランドにおける魔術についても著述している。主要業績は、*Crime in Seventeenth-Century England* (Cambridge University Press/Past and Present Publications, 1983); *Instruments of Darkness: Witchcraft in England 1550–1750* (Hamish Hamilton, 1996: Penguin, 1997); *Early Modern England: A Social History, 1550–1760* (Edward Arnold, 1987: 2nd edn., 1997)など。彼は現在、近世マン島の法システムと近世イングランドの対人暴力の歴史について研究調査をおこなっている。

クレア・マクマナス(Clare McManus) [第六章]
ローハンプトン大学英文学・文芸創作学科教授(近世の文学と演劇)。主要業績は、*Women on the Renaissance Stage: Anna of Denmark and Female Masquing in the Stuart Court, 1590–1619* (Manchester University Press, 2002); (ed.), *Women and Culture at the Courts of the Stuart Queens* (Palgrave Macmillan, 2003); (ed.), John Fletcher, *The Island Princess* (Arden Early Modern Drama, 2013); Burnett, *Reconceiving the Renaissance: A Critical Reader* (Oxford University Press, 2005)などがある。

[日本語版監修]
鶴島博和(つるしま　ひろかず)
FSA, FRHistS　熊本大学教授
主要業績　(ed.), *Nations in Medieval Britain* (Donington, 2010) "The Moneyers of Kent in the Long Eleventh Century", in David Roffe (ed.), *The English and Their Legacy 900–1200, Essays in Honour of Ann Williams* (Boydell, Woodridge, 2012).

[監訳者]
西川杉子(にしかわ　すぎこ) [序論、結論]
東京大学大学院総合文化研究科准教授
主要業績　単著『ヴァルド派の谷へ――近代ヨーロッパを生きぬいた異端者たち』(山川出版社、2003年)、『近代イギリスの歴史』(共著、ミネルヴァ書房、2011年)、*The Huguenots: France, Exile and Diaspora* (共著、Sussex Academic Press, 2013).

［訳者一覧］

富田理恵（とみた　りえ）　［第一章、第二章］
東海学院大学人間関係学部准教授
主要業績　単著『世界歴史の旅　スコットランド』（山川出版社、2002年）、『イギリス史研究入門』（共著、山川出版社、2010年）、『近代イギリスの歴史』（共著、ミネルヴァ書房、2011年）。

北村紗衣（きたむら　さえ）　［第一章、第六章］
武蔵大学人文学部英語英米文化学科専任講師
主要業績　「J・M・クッツェー作『夷狄を待ちながら』における月経の表現」『英文学研究支部統合号（関東英文学研究）』3: 149–167 (2011)、*Queer Crossings: Theories, Bodies, Texts* (共著、Mimesis, 2012).

稲垣春樹（いながき　はるき）　［第二章、第五章、結論］
PhD student, King's College London
主要業績　「帝国と宣教——19世紀イギリス帝国史における宗教の復権」『史学雑誌』121–6（2012年）、*Moving Around: People, Things and Practices in Consumer Culture* (共著、Forum for History of Consumer Culture, 2015).

那須　敬（なす　けい）　［第三章、第四章］
国際基督教大学教養学部（歴史学デパートメント）上級准教授
主要業績　『複合国家イギリスの宗教と社会』（共著、ミネルヴァ書房、2012年）、『ユーラシア諸宗教の関係史論』（共著、勉誠出版、2010年）、『イギリス文化史』（共著、昭和堂、2010年）。

矢島宏紀（やじま　ひろき）　［第三章］
東京大学大学院総合文化研究科地域文化研究専攻博士課程
主要業績　"The Most Reactionary Loyalist? Jonathan Boucher in Revolutionary Chesapeake"『アメリカ太平洋研究』、第12号（2012年）。

佐藤清隆（さとう　きよたか）　［第五章］
明治大学文学部（史学地理学科）教授
主要業績　『結びあうかたち——ソシアビリテ論の射程』（共著、山川出版社、1995年）、『巨大都市ロンドンの勃興』（共著、刀水書房、1999年）、スーザン・W・ハル著『女は男に従うもの?——近世イギリス女性の日常生活』（共訳、刀水書房、2003年）。

［協力］

勝田俊輔（かつた　しゅんすけ）
東京大学大学院人文社会系研究科准教授

索引

ア行

アイオナ法令 Iona, statutes of　29
ジェームズ1世＝6世によるスコットランド高地地方および西部諸島に対する同化政策の一環として，1609年に出された法令。氏族の子弟を低地地方の学校に送ることなどを定めた。
アイルランド Ireland　23, 148–9, 182
――**農業** agriculture　202, 227
――**軍隊** army　171, 186–7
――**強盗** banditry in　130
――**共通祈禱書，ゲール語訳** Book of Common Player, Gaelic translation　88
――**土地所有の変化** changes in land ownership　155, 158, 160
チャールズ1世と――Charles I and　123, 124, 324
チャールズ2世と――Charles II and　143
――**アイルランド国教会** Church of Ireland　68, 73, 83, 92–3, 98–9
――**内戦** civil wars　125–6, 131–4, 136–8, 305
――**の征服** conquest of　69–70
O・クロムウェルと――O. Crowmell and　99, 100, 108, 112, 114, 200
――**における文化** culture in　252
――**人口統計** demographics　202–5
――**における教育** education in　255, 276
――**とイングランド** and England　10–12, 24–6, 150–1, 170–1, 325
――**財政** finance　49
――**ゲール系貴族の逃亡，伯爵たちの逃亡** flight of the earls　29, 57–8, 83, 224, 323–4
1607年9月4日，第2代タイローン伯爵ヒュー・オニールと初代ティアコネル伯爵ルアリー・オドンネルが縁者や家臣団とともに大陸へ逃亡した。これによりアルスター地方でのイングランドに対する抵抗は一時逼塞し，入植活動が容易になった。
――**における土地保有者** landholders in　55, 224–5
――**地方統治** local government　55–6
――**虐殺** massacres　133
――**新イングランド系** New English　28, 37, 43, 50, 55, 73, 99, 150
テューダー朝による征服以降にアイルランドに入植したイングランド系プロテスタント住民。
――**旧イングランド系** Old English　25, 28, 58, 65, 70, 73, 82–3, 128, 150, 224
ノルマン征服以後，貴族として定住したイングランド系ローマ・カトリック移民。
――**議会** parliament　40, 41–2, 46
――**和平** peace in　29
――**におけるプロテスタンティズム** Protestantism in　129–30, 164–5
――**における反乱** rebellions in　57–8, 70, 123
――**への国王巡幸** royal visits to　54
――**とイングランドスコットランド** and Scotland　25
――**おける劇場** theatre in
――**トーリ** Tories　130
――**通商網** trade links　169, 217–8
――**アルスター植民** Ulster plantations　25, 26, 29, 56, 73, 125, 204, 212, 325
テューダー朝時代，イングランド王権による圧力に対してアイルランド氏族による抵抗も高まったが，1609年にタイローン，ティアコネル両伯が逃亡すると，入植事業が本格化した。ジェームズ一世は植民請負人を通じてイングランド人，スコットランド人の入植をすすめた。1630年代の総督ストラフォード伯爵トマス・ウェントワースによる「武断」政策はこれをさらに促進した。アルスター地方のローマ・カトリックは1641年に決起して内乱の引き金となったが，49–50年クロムウェルによって苛烈に征服され，旧来のローマ・カトリック系ジェントリはコノハト地方およびバルバドス島に移住させられ，土地は投機者およびクロムウェル軍兵士に分与された。名誉革命後，ウィリアム3世はアルスター地方にユグノーの亡命者を迎えてリネン工業を起こさせた。これらの過程で，アルスター地方ではプロテスタントが多数派を占めて社会的な支配権を握り，ローマ・カトリックが多数を占める他の地方とは異なる独自の発展を遂げることになった。
――**都市構造** urban structure　214–5
――**における魔術** witchcraft in　231–2
アイルランド仮議会 Irish Convention　162
1660年3月から5月にかけてアイルランドで開催された仮議会。議員はすべてプロテスタントで，君主制と主教制の復古を擁護したが，同時にアイルランド議会の立法権・課税権も主張し，イングランド議会への従属を否定した。
アイルランド語聖書 Irish Bible　252
1558年，エリザベス1世により新約の翻訳が企図され，1603年に出版された。旧約はウィリア

ム・ビデルによって1640年に翻訳されたが，出版は1685年まで遅れ，ロバート・ボイルの支援により実現した。

アイルランド国教会 Church of Ireland　68, 73, 83, 98-9
　イングランド国教会と同様に主教制に基づくプロテスタント教会。アイルランドにおける体制教会。序論訳註〔6〕を参照。

　教会財産の回復 restoration of patrimony　90-3

アイルランド処分法 (1652年) Act of Settlement (1652)　150
　アイルランドのローマ・カトリックの土地所有者の大半から所領を没収することを意図した法

アイルランド信仰箇条 Irish Articles　76, 95, 102
　1615年のアイルランド聖職者会議で採択された104の信仰箇条。ジェームズ・アッシャーにより起草され，三九箇条よりカルヴァン主義的要素が強い。

アイルランド聖職者会議 Irish Convocation　78-86, 102
　イングランド聖職者会議と同様の構造をもち，1613年に最初に召集された。1615年にはカルヴァン主義の強いアイルランド信仰箇条を採択したが，1634年には政府の圧力のもとでイングランド国教会の三九箇条を採択した。

アイルランド同盟 Confederate Ireland →キルケニーのアイルランド同盟

アイルランド内戦 Irish War　126
　三王国戦争のアイルランドにおける展開。

『アイルランドの聖パトリック』（シャーリー） St Patrick for Ireland (Shirley)　269-70

『アイルランドの虐殺』（テンプル） The Irish Rebellion (Temple)　122

『アイルランドの現状についての見解』（スペンサー） View of the Present State of Ireland (Spencer)　272, 323

『アイルランドの数多の悲しみ』 Iomdha éagnach ag Éirinn (Ireland has Many Sorrows)　252

アイルランド反乱 Irish Rebellion (1641)　122, 125, 126, 305, 326
　1641年10月，アルスター地方のローマ・カトリック農民が蜂起し，プロテスタント入植者を襲撃して数千人を殺害した。ローマ・カトリックに対する報復も相次いだ。12月にはローマ・カトリックの旧イングランド系有力者が蜂起に加わり，全国規模の内乱に発展した。

アーガイル侯爵，初代（アーチボルド・キャンベル） Argyll, 1st marquess of (Archibald Campbell)　165
　(c. 1607-61) スコットランドの貴族，政治家。一時はチャールズ1世を支持して侯爵となるが，内戦では契約派の主導者としてモントローズに大敗。51年のチャールズ2世の戴冠式には臨席したが，クロムウェル体制を支持しつづけ，王政復古に際して処刑された。

アーガイル伯爵，第9代（アーチボルド・キャンベル） Argyll, 9th earl of (Archibald Campbell)　134, 140, 182
　(1629-85) スコットランドの貴族，政治家。初代アーガイル侯爵の息子。王党派として63年に伯爵となる。ヨーク公爵ジェームズがスコットランド国王代理の時，アーガイルはジェームズと対立し，イングランドのライ・ハウス陰謀事件に荷担，一時ネーデルラントに亡命した。モンマス公の反乱に呼応して挙兵するも捕らえられ，処刑された。

アシュリー＝クーパー，アンソニー，初代シャフツベリー伯爵 Ashley Cooper, Anthony, 1st earl of Shaftesbury　166
　(1621-83) イングランドの政治家。チャールズ2世のもとで大蔵卿，大法官を歴任するが，理神論と議会を重視したことからチャールズと対立し，解任された。その後はチャールズ批判の急先鋒となり，ヨーク公爵ジェームズをめぐる「王位継承排除」を主導し，法王教徒陰謀事件に現れた反ローマ・カトリック感情を自身の支持へとつなげることに成功，「ホイッグ」の中核的存在となった。

アステル，メアリー Astell, Mary　282
　(1668-1731) 著述家。女性の権利の擁護とキリスト教の信仰に関する論考を多数著し，「イングランド最初のフェミニスト」と形容されることもある。

アソル伯爵，第2代（ジョン・マリ），のちに初代アソル侯爵 John Murray, 2nd earl and 1st marquess of Atholl　173
　(1631-1703) スコットランドの貴族。チャールズ2世に引き立てられ，1660年に枢密顧問官となり玉璽尚書などを務めた。1679年にはモンマスとともに契約派を鎮圧し，85年にはアーガイルと戦った。名誉革命においてウィリアム支持を躊躇したためにジャコバイトとみなされた。

アッシャー，ジェームズ Ussher, James　101
　(1581-1656) アイルランド生まれの聖職者。1621年ミーズ主教，25年アーマー大主教。ローマ・カトリックを厳しく批判し，刑罰法を擁護した。内戦勃発前夜，国教徒と長老主義者との調停につとめ，内戦期は国王派に与したものの，議会派からも広く尊敬を集めた。

アッシャー，ジョン Ussher, William　252

(1524–1590) ダブリン市長。最初のアイルランド語出版物である（ジョン・オカーニーの手になる）『アイルランド語アルファベットとカテキズム』(1571) を出版した。
アーベラ・ステュアート Arabella Stuart　21–22
(1575–1615) ジェームズ1世＝6世の従姉妹で，エリザベス1世後の王位継承権を有した。バイおよびメイン陰謀事件の嫌疑は逃れたが，王家の血を引くウィリアム・シーモアと結婚したことから，ロンドン塔に幽閉された。
アボット，ジョージ，カンタベリー大主教 Abbot, George, archbishop of Canterbury　77
(1562–1633)（在1611–33）スコットランドにおける主教制度の推進を擁護してジェームズ1世の庇護を受けたが，チャールズ1世治世にはロードの台頭により影響力を減じた。
アルスター植民 Ulster plantations　25, 26, 29, 56, 73, 125, 204, 212, 325
アルミニウス主義 Arminianism　31, 37, 46, 86, 95
エリザベス治世のイングランド国教会では予定説をとるカルヴァン主義が支配的だったが，1590年代，ネーデルラントのヤーコブス・アルミニウスの影響を受けて，自由意志と万人救済を提唱するアルミニウス主義が出現した。チャールズ1世の治世にロード大主教が力を得ると勢いを増した。
アルミニウス，ヤーコブス Arminius, Jacobus　85
(1560–1609) ネーデルラントのプロテスタント神学者。レイデン大学教授。カルヴァン派の厳格派との論争中に没した。弟子たち（レモンストラント派）は1618～19年のドルトレヒト教会会議で反聖書的とされ，追放された。
アレグザンダー，サー・ウィリアム（のちの初代スターリング伯爵）Alexander, Sir William, later 1st Earl of Stirling　249
(1577年頃～1640年) 詩人，政治家。スコットランド出身の貴族で，チャールズ1世のもとでスコットランドの国務卿をつとめた。一方で現在のノヴァ・スコシア州及びニュー・ブランスウィックを中心とする北米の広大な地域の権利を取得したが，植民地運営において大きな経済的成功をおさめることはできなかった。
アン女王 Anne, Queen of Great Britain and Ireland　290, 302
(1665–1714) グレート・ブリテンおよびアイルランド女王（在1702–1714）。
アンズリー，アーサー（のちの初代アングルシー伯爵）Annesley, Arthur (later earl of Anglesey)　166
(1614–1686) アイルランドの貴族，政治家。
アンドルーズ，ランスロット，主教 Andrewes, Lancelot, bishop　94, 97
(1555–1626) ウィンチェスター主教（1619–1626)。ジェームズ1世の『欽定訳聖書』翻訳を主導した。
アンリエット＝マリー Henriette Marie de France　20, 37, 98, 265, 266, 279
(1609–69) フランス国王アンリ4世の娘で，チャールズ1世の妃。結婚に際してルイ13世はイングランド国内のローマ・カトリックに対する寛容政策を要求した。
アンリ3世（アンリ・ド・ヴァロワ）Henri III (Henri de Valois)　8
(1551–1589) ポーランド・リトアニア共和国国王（1573–1575)，フランス国王（1574–89)。フランス・ユグノー戦争でははじめローマ・カトリック陣営に組したが，のちギーズ家への対抗からプロテスタント陣営の首領でユグノーのアンリ・ド・ナヴァールと提携したため，情勢は混迷を深めた。1589年，暗殺された。
『委員会の男，袋だたきにあう』 *The Committee Man Curried*　121
医科学院，ダブリン College of Physicians, Dublin　292
1654年，アイルランドの医術の向上のために創設された学術団体。1667年，勅許を得る。
イングランド仮議会 English Convention　162, 163
国王不在のまま招集された議会。17世紀では，王政復古の際の1660年4月と名誉革命中の1689年1月に開催された。
一枚刷り印刷物（ブロードシート）broadsheets　120, 277
第6章訳註〔4〕参照。
『五つの敬虔で学識ある論説』（シェルフォード）*Five Pious and Learned Discourses* (Shelford)　101
イニス，トマス Innes, Fr Thomas　331
(1662–1744) スコットランドのローマ・カトリックの聖職者，学者。パリのスコッツ・カレッジで学究に励んでスコットランド史の歴史書を著したが，ジャンセニスムを疑われて大学を追われた。
医療 medicine　292
イングランド・スコットランド同盟 Anglo-Scottish league (1586)　18
イングランド England　56, 221, 228–9
――**における農業** agriculture in　202, 207, 209
――**人口統計** demographics　202–3
―**における飢饉** famine in　207
――**議会** parliament　40–7, 127–8, 150
――**における魔女狩り** witchcraft in　233
イングランド聖職者会議 English Convocation　104,

107
カンタベリーとヨークの両大主教管区にもうけられる聖職者の会議。その起源は中世にさかのぼる。15世紀には大司教（議長）と司教からなる上院と，下位聖職者からなる下院の二院制となり，議会の召集と同時に召集されるようになった。1640年には，ロード主義的改革を体現する教会法を発布した。1717年にバンガー論争を契機としてジョージ1世によって停会とされた。再開は1852年。

イングランド戦争 English War　124–5
三王国戦争のイングランドにおける展開。

ヴァルド派 Waldensian, Valdesi, Vaudois　100
12世紀リヨンで始まった信仰刷新運動を起源とする宗派。ローマ・カトリック教会からは異端とみなされて幾度となく迫害されたが，16世紀スイス地域のプロテスタント宗教改革に合流し，今日まで存続している。近世のプロテスタント諸派からはプロテスタントの先駆者とみなされた。

ヴィリアーズ，ジョージ Villiers, George →バッキンガム公

ヴィリアーズ，バーバラ，カースルメイン夫人
Villiers, Barbara, Lady Castlemaine　159
（1640–1709）チャールズ2世の愛妾。

ウィリアム3世（オラニエ公ウィレム3世）William III
2, 13, 147, 187, 302, 305, 306, 328, 332, 335
（1650–1702）ネーデルラント連邦共和国総督（1672–1702）。イングランド，スコットランド，アイルランド国王（在1689–1702）。スコットランド国王としてはウィリアム2世。

ウィルソン，ジョン Wilson, John　154–5, 158
（1626–c. 1695）イングランドの劇作家，法律家。

ウィルトン・ハウス Wilton House　225

ウィンザー Windsor　193
イングランド南東部の都市。ウィンザー城の所在地。

ウィンチェスター Winchester　193, 195
イングランド南部の主教座都市

ウェストミンスター宗教会議 Westminster Assembly of Divines　127
1643年7月1日から49年2月22日にかけて，長期議会によってウェストミンスター寺院で開かれた会議。聖職者121人，俗人30人，およびスコットランドから聖職者5人，俗人3人が委員として参集した。イングランドの委員は長老派が多数を占め，厳粛な同盟と契約に基づいて，イングランドへの長老主義の導入を目指した。しかし，特に46年以降，独立派の軍隊が政治的立場を強めるにつれて，長老派への反対も強まった。けっきょく長老主義の導入は実現しなかったが，祈禱書にかわる『礼拝規則書』と新しい『教理問答集』の編纂，およびウェストミンスター信仰告白が制定された。

ウェッブ，ジョン Webb. John　266
（1611–1672）イングランドの建築家。

ウェールズ Wales　184, 196, 227
——**における文化** culture in　249–50, 255, 275
——**人口統計** demographics　203
——**における非国教徒** dissenters in　184
——**における教育** education in　254
——**とジェームズ1世＝6世** and James IV and I　25
——**における貴族** nobility in　221
——**への国王行幸** royal visits to　54, 273–5
——**通商網** trade links　217–8
——**都市構造** urban structure　216

ウェールズ語聖書 Welsh Bible　251, 292

『ウェールズ人の燈燭』（プリチャード）*The Welshman's Candle*（Prichard, *Canwyll y Cymry*）　252

『ウェールズ人の燈燭』（プリチャード）*Canwyll y Cymry*（Prichard, *The Welshman's Candle*）　252

ウェールズ辺境評議会長官 Lord President of Wales, President of the Council of Wales and the Marches　179, 188
ウェールズ公領統治のためにラドロー城に設置された行政裁判所の長。1689年7月に廃止。

ウェントワース，トマス，初代ストラフォード伯爵
Wentworth, Thomas, 1st earl of Strafford　35, 39, 268, 312, 326
（1593–1641）イングランドの政治家。バッキンガム死後は国王に近づき，29年より枢密院議員，32年にアイルランド総督に任ぜられた。アイルランドにおいては財政，宗教，土地政策などで「武断政治」を推し進め，旧イングランド系ローマ・カトリックおよび新イングランド系プロテスタントを犠牲にして教会と国王権力の増進につとめた。39年主教戦争への対応に苦慮したチャールズ1世により助言者としてロンドンに召還され，ロードとともに筆頭政治顧問となった。40年，議会の臨時税に頼ることを進言して短期議会を召集させ，みずからは再度アイルランド総督に任じてアイルランド議会に臨時税を認めさせた。ついで強制的な軍資金徴収を建言し，スコットランドにおいてアイルランド軍を活用することを進言したとうわさされ，「専制者ブラック・トム」と恐れられた。長期議会においてピムらに弾劾され，けっきょく私権剝奪法により処刑された。

——**逮捕と弾劾** arrest and impeachment　107
——**と財政** and finances　42, 49
——**に対する反対** opposition to　37, 59, 60
——**と国教忌避** and religious dissent　98, 102, 105
ウォトン，ヘンリー Wotton, Henry　85
（1568–1639）イングランドの詩人，外交使節。
ウォルシャム，アレクサンドラ Walsham, Alexandra　317
現代の歴史学者。
ヴォーン，ヒュー Vaughan, Sir Hugh　273
『エイコン・バジリケ』 *Eikon Basilike* →『国王の肖像』
エヴェレット，アラン Everitt, Alan　308
（1926–2008）現代の歴史学者。
エサリッジ，サー・ジョージ Etherege, Sir George　284
（1635–91）イングランドの劇作家。ロチェスター伯爵ジョン・ウィルモットやサー・チャールズ・セドリーなどの宮廷才人たちからなる文芸サークルで劇作家として人気を博す一方，外交官としても活躍した。
エディンバラ Edinburgh　29, 197, 211, 223, 333
——**法律家協会図書館** Advocates Library　214, 292
1689年にサー・ジョージ・マッケンジーによって創立された。
——**と共和国** and Commonwealth　149, 163–4
——**ホリルードハウス** Holyroodhouse　264, 265, 282, 290
→ホリルードハウス，エディンバラ
ジェームズ1世＝6世と——James VI and I and　53, 264
——**と宗教** and religion　90, 104
——**と王政復古** and Restoration
——**の劇場** theatre in　282–6, 290?
——**と貿易** and trade　216
エディンバラ大学 Edinburgh University　214, 255, 292
『エディンバラの前のチャールズ一世』（ファン・ダーレン）*Charles I in front of Edinburgh*（van Dalen）　16
『エピシーン』（ジョンソン）*Epicene*（Jonson）　262, 281,
エリオット，サー・ジョン Elliott, Sir John　60, 312
（1592–1632）イングランドの政治家。はじめバッキンガム公の支持者であったが決別し，バッキンガムとチャールズのトン税・ポンド税およびアルミニウス主義を非難した。
エリザベス1世 Elizabeth I　5, 18–19, 22, 38, 47, 68, 83, 107, 245, 252, 301, 318, 324
（1533–1603）イングランド，アイルランド女王（在1558–1603）。テューダー朝最後の君主。
エリートのライフスタイル elite lifestyles　221–7
エル・エスコリアル修道院宮殿 El Escorial　266
第6章訳註〔26〕参照
エルトン，G. R. Elton, G. R.　307
（1921–1994）ドイツ出身の歴史学者。テューダー朝国制史が専門。
『円頂派』（ベーン）*The Roundheads*（Behn）　286
オーヴァベリー，トマス　Overbury, Sir Thomas　34
（1581–1613）イングランドの劇作家。庇護者であるサマーセット伯爵の結婚に反対して毒殺された。
王位継承排除危機 Exclusion Crisis　277, 284, 330–1
1679–81年。シャフツベリー伯爵を中心とする反国王勢力は，ローマ・カトリックで法王教徒陰謀事件（1678年）への加担を疑われていた王弟ヨーク公ジェームズを，王位継承権者から排除する法案を議会に繰り返し提出したが，チャールズ2世は議会を解散して弟をかばった。法案の成立を求めて全国的な請願活動を行った「請願派」（のちのホイッグ）と，国王を支持して請願派の要求を嫌悪する「嫌悪派」（のちのトーリー）が対立した。
王位継承問題 dynastic issues　17–23
王妃祝典少年劇団 Children of the Queen's Revels　259
イギリス・ルネサンス期の少年劇団。ボーモント，フレッチャー，ジョンソンらの作品を上演した。
王立アフリカ会社 Royal Africa Company　218
1672年設立。黒人奴隷，および金，象牙の貿易に従事した。
王立医科学院，エディンバラ Royal College of Physicians, Edinburgh　292
王立一座 Theatre Royal Company　283
1662年にチャールズ2世から特許状を得た国王一座と公爵一座の二つの劇団。
王立協会 Royal Society　191, 253, 292, 328
1660年ロンドンにおいて創設され，62年特許状を得た科学協会。1645年グレシャム・カレッジに集まった科学者たちの会合に端を発する。65年からは機関誌『哲学紀要』を発行した。
王立劇場，スモック・アレイ Theatre Royal, Smock Lane　287
オギルビー，ジョン Ogilby, John　268, 290
（1600–1676）出版業者，地理学者，著述家，興行主。スコットランド出身。アイルランド総督の下で祝典局長（1633–1644）を勤めた後，イ

ングランドに渡り，1660年代半ばから地図帳のシリーズを刊行し，ブリテン最初の道路地図帳である『ブリタニア』（1675）を刊行した。
オーク騎士団 Royal Order of the Oak　191
1660年，チャールズ2世によって創設された騎士団。亡命中の国王を助けたものを顕彰した。
オーゲル，スティーヴン Orgel, Stephen　286
現代の文学研究者。シェイクスピアおよびルネサンス文学研究。
オズボーン，トマス，ダンビー伯爵 Osborne, Sir Thomas, earl of Danby　167
→ダンビー伯爵（トマス・オズボーン）
オソリー伯爵トマス・バトラー Ossory, Thomas Butler, 6th earl of　191
（1634–1680）アイルランドの政治家，海軍将校。初代オーモンド公爵ジェームズ・バトラーの子。
オックスフォード大学 Oxford University　94, 255, 276, 289, 292
オーツ，タイタス Oates, Titus　330
（1649–1705）詐欺師。法王教徒陰謀事件（1678）の首謀者。ケンブリッジ大学退学。1677年大陸に渡りイエズス会の神学校に入学したが。翌年同校を追放されてイングランドに帰国。チャールズ1世の暗殺と王弟ヨーク公の即位を骨子とする陰謀をねつ造し，陰謀を未然に防いだ英雄とされたが，85年ジェームズ即位後に偽証罪で罰せられた。
オトウェー，トマス　Otway, Thomas　285
（1652–1685）イングランドの劇作家。代表作である『孤児』（1680）をヨーク公妃マリアに献呈し，『救われしヴェニス』（1682）ではホイッグ派のシャフツベリ-伯爵を諷刺するなど，熱烈なトーリ派であった。
オドハティ，サー・ケア O'Doherty, Sir Cahir　58, 224
（1587–1608）アイルランドのゲール系氏族長。1608年にデリーで反乱を起こしたが戦闘中に死亡した。
オニール，オーウェン・ロウ O'Neill, Owen Roe　144
（c. 1583–1649）アイルランドの軍人。ヒュー・オニールの甥で，イングランドに対するアイルランド同盟の軍事的な抵抗を主導した。
オニール家，アルスター O'Neill family of Ulster　143
アルスター地方の有力氏族。16世紀，テューダー朝によるアイルランドへの支配が強まると，イングランドに対する反抗の急先鋒になり，オニールの反乱，1641年アイルランド反乱などに主導的な役割を果たしたが，17世紀後半以降は指導力を弱めた。
オニール，ダニエル O'Neill, Daniel　164
（1612–1664）アルスター地方のプロテスタント，国王派の軍人。
オニール，ヒュー O'Neill, Hugh　70, 137
（c. 1540–1616）アイルランドの貴族。第2代タイローン伯。オニールの反乱の指導者。1594年，オニールはアルスターで決起し，98年イエローフォードでイングランド軍を破った。これをうけてアイルランド全土で反乱が激化。1601年スペイン軍がアイルランド南部に上陸，エリザベス1世の派遣したマウントジョイ男爵と対峙した。オニールはスペイン側の救援に駆け付けたが，スペイン軍とともに敗れて投降した。ジェームズ1世は反乱の罪を赦したが，1607年「ゲール系貴族の逃亡」の際に大陸に亡命し，ローマで没した。
オーブリー，ジョン Aubrey, John　273
（1626–97）イングランドの古物収集家，著述家。伝記及び考古学に関する著作を多く著し，ストーンヘンジに関する調査で名を残した。天文学や数学，航海術にも関心が深く，王立協会の一員でもあった
オホハサ，ギラ・ヴリデ Ó hEódhusa, Giolla Brighde　252
（c. 1570–1614）詩人，文法学者。アイルランドで詩を生業とする一族に生まれる。17世紀初頭，大陸でフランシスコ会修道士となる。のちにルーヴァンに移り，教理問答のアイルランド語への翻訳及びアイルランド語文法の研究で名をなす一方，宗教的な詩を多く残した。
オーモンド，アイルランド総督 Ormond, viceroy of Ireland　179, 191, 196
→オーモンド公爵，ジェームズ・バトラー，初代
オーモンド公爵，ジェームズ・バトラー，初代 Ormonde, James Butler, 1st duke of　128, 135, 164, 173, 177, 179, 185
（1610–1688）アイルランド出身の政治家，軍人。ジェームズ1世の被後見人となり，イングランドでプロテスタントとして育てられた。1641年，軍司令官としてアイルランド反乱の鎮圧にあたった。内戦中はアイランドのローマ・カトリックを国王軍に編成する工作を行ったが失敗し，クロムウェルの侵攻を受けて50年フランスに亡命した。王政復古により帰国すると，61年公爵となり，アイルランド総督をつとめた（1662–68, 77–85）。
——**とアイルランドの劇場** and Irish theatre　287–8, 290
——**とキルメイナム病院** Kilmainham Hospital　196

——とガーター騎士団 and Order of the Garter 191
——と枢密院 and privy council 166
『オラース』（コルネイユ，K・フィリップス訳）*Horace* (Corneille, trans. K. Philips) 287
オラニエ公ウィレム2世 Willem II van Oranje 328
(1626–1650) ネーデルラント連邦共和国総督（1647–1650）。チャールズ1世の長女メアリー＝ヘンリエッタと結婚。
オラニエ公ウィレム3世 Willem III van Oranje →ウィリアム3世
織物産業 texile industry 220
『オルノーコ』（ベーン）*Oronooko* (Behn) 286
オーレリー伯爵 Orrery, Roger Boyle, 1st earl of →ロジャー・ボイル
恩顧 patronage 34–7, 42–3, 55, 275
『女の学院』（キャヴェンディシュ）*The Female Academy* (Cavendish) 280, 281
『女の議会』*Parliament of Women* 277

カ行

海軍 navy 147, 148
カウアン，イアン Cowan, Ian 322
現代の歴史学者
カーク，ジェームズ Kirk, James 320
現代の歴史学者。
『学問の進歩』*The Advancement of Learning* (Bacon) 253
カー，サー・ロバート Kerr, Sir Robert 226
(1578–1654) スコットランドの貴族。
カーズウェル，ジョン Carswell, John 253
(c. 1522–1572) 別名「カルナッセリーの大カーズウェル」。スコットランド出身の聖職者。共同礼拝規定書をゲール語に翻訳し，宗教改革に尽力した。1565年，島嶼部主教となる。
カスト，リチャード Cust, Richard 308
現代の歴史学者。
ガスリー，ジェームズ Guthrie, Revd James 165
(c. 1612–1661) スコットランド教会の聖職者。契約派の指導者の一人。王政復古後に反逆罪で処刑された。
課税 taxation 49, 50–2, 64
——船舶税 ship money 52, 116, 308, 311
ガーター騎士団 Order of the Garter 191, 193
1348年エドワード三世によりアーサー王と円卓の騎士をモデルに創始されたイングランド独自の騎士団
ガーディナー，S. R. Gardiner, S. R. 302, 315
(1829–1902) ホイッグ史家。17世紀イングランド国制史。
カトリック／カトリシズム Catholic/Catholicism →ローマ・カトリック／ローマ・カトリシズム
カバル Cabal 167
1671–3年にチャールズ2世の政権をになった五人組（クリフォード，アーリントン，第2代バッキンガム，アシュリー・クーパー，ローダーデイル）。
『寡婦ランター』（ベーン）*The Widow Ranter* (Behn) 286
仮面劇 masques 255, 260, 261, 263, 266, 279
『鷗の島』（デイ）*The Isle of Gulls* (Day) 258, 259, 261
火薬陰謀事件 Gunpowder Plot 19, 59, 82
議事堂地下に爆薬を仕掛け，1605年11月5日の議会開会の日に，ジェームズ1世を両院の議員たちとともに爆殺しようとしたローマ・カトリックの青年たちによる陰謀事件。開会式の前日に議事堂が探索されて発覚し，首謀者は逮捕され処刑された。ガイ・フォークスは実行犯の一人。
カルヴィン裁判（1608年）Calvin's Case (1608) 27
1603年以降に誕生したスコットランド人は，イングランドの法の恩恵も受けることを確認した判例。
『カレドニア瓦版』*Mercurius Caledonius* 283
カー，ロバート，初代サマーセット伯爵 Carr, Robert, 1st earl of Somerset 34, 38, 260
(1585/6?–1645) スコットランド出身の貴族。ジェームズ1世＝6世の寵愛を受け，1611年ロチェスター子爵，13年サマーセット伯爵となる。枢密顧問官でもあった。13年，ジェームズの計らいでエセクス伯の妻であったフランセス・ハワードと結婚するが，バッキンガム公ジョージ・ヴィリアーズに君寵を奪われると，サー・トマス・オーヴァーベリを毒殺した廉で捕えられ失脚した。
議会 parliament 40–7
チャールズ1世と——Charles I and 44, 45, 46, 311
チャールズ2世と——Charles II and 178–82, 302
ダブリン——Dublin 180
イングランドの——English 41–2, 44, 45, 128–30, 148
——と財政 and finance 50, 51
アイルランドの——Irish 40, 41–2, 45
ジェームズ1世＝6世と——James VI and I and 45
ジェームズ2世＝7世と——James VII and II and 178–82
宗教政策 religious policies 117, 128

スコットランドの――Scottish　40–2, 43–4, 128, 148–9
――**庶民院** House of Commons　43–4, 304, 305
――**貴族院** House of Lords　43, 145
「議会における国王」 king-in-parliament　42, 303
イングランドの国制
飢饉 famine　205, 207, 333
『奇形のスコットランド教会の反キリスト的な聖職者への忠告』 *Admonition to the Antichristian Ministers in the Deformit Kirk of Scotland’* (anon)　321
騎士議会 Cavalier Parliament　169, 329
王政復古期の議会（1661–79）。王党派が多数を占めた。
キシュランスキー，マーク Kishlansky, Mark　312, 322
現代の歴史学者。
貴族 peers　146, 221, 222
祈禱書 Prayer Book →共通祈禱書
キナストン，エドワード Kynaston, Edward　286
（c. 1643–c. 1712）王政復古演劇最後の女形の一人として，ジョンソン作『エピシーン』のタイトルロールなどを演じた。1662年の女形の禁止令の頃までには男役に転向し，劇団の経営にも携わった。
ギボンズ，グリンリング Gibbons, Grinling　195
（1648–1721）イングランドの彫刻家。特に木彫で有名。
ギボンズ・テニス・コート Gibbons’ Tennis Court　285
1660年に球戯場を改装してできたロンドンの劇場。
キャヴェンディシュ，マーガレット，ニューカースル＝アポン＝タイン公爵夫人 Cavendish, Margaret, duchess of Newcastle-upon-Tyne　280, 282
（1623–73）イングランドの著述家，科学者。詩，戯曲，書簡，夫の伝記，自伝など多岐にわたる著作を出版した。夫は，王党派の政治家・軍人で文人でもある初代ニューカースル・アポン・タイン侯爵ウィリアム・キャヴェンディシュであり，王政復古後，公爵となった。
キャニー，ニコラス Canny, Nicholas　326
現代の歴史学者。
キャバル，マーク Caball, Marc　252, 253
現代の文学研究者。
ギャロウェー，パトリック Galloway, Patrick　88
（c. 1551–1626）スコットランド教会の聖職者。
『宮廷瓦版』 *Mercurius Aulicus*　276
『宮廷のアイルランド仮面劇』（ジョンソン） *The Irish Masque at Court* (Jonson)　260, 263
救貧税 poor rate　228
→救貧法
救貧法 poor laws　228
貧民に対する救済措置を定めた一連の法。テューダー朝時代から行政主導の貧者救済への取り組みが見られるようになった。ヘンリー8世の1531年および36年の法，エリザベス1世の1572年，76年，98年の法を集大成した1601年のいわゆるエリザベス救貧法では，教区を単位とし，治安判事が責任を負い，貧民監督官が救貧税を徴収して実務にあたるという原則が確立された。これが17世紀半ばの内乱期に乱れたため，1662年に定住法が制定され，浮浪者取締が強化された。
『キューピッドの追放』（仮面劇） *Cupid’s Banishment* (masque)　255
教育 education　252–3
――**と文化** and culture　248
女子――for girls　253–4, 276, 280, 281
アイルランドにおける――in Ireland　255, 276
医学――medicine　292–3
スコットランドにおける――in Scotland　254, 255, 276, 292
ウェールズにおける――in Wales　254
→大学
共通祈禱書 Book of Common Prayer　72, 120, 174
礼拝統一法に基づいて使用が定められた共通の礼拝式文。
イングランドの――English　77, 96, 104, 114, 253
アイルランドにおける――in Ireland　77, 88, 102, 114, 253
スコットランドにおける――in Scotland　77, 96, 103, 104, 105, 114
ウェールズにおける――in Wales　251
共通祈禱書 *Leabhar Na nUrnaightheadh nComhchoidchiond*　88
共通礼拝規定書　Book of Common Order　77, 253
ジョン・ノックスによって1556年に作成され，1662年にスコットランドの教会総会によって採択された祈禱書。1645年のウェストミンスター宗教会議において公同礼拝指針が採択されるまで用いられた。
共和主義 republicanism　141–6, 327–8
漁業政策 fishery policies　50
キリグルー，トマス Killigrew, Sir Thomas　285
（1612–1683）イングランドの劇作家，劇場経営者。1660年に特許を得て国王一座を設立。ウィリアム・ダヴェナントとシェイクスピアの独占上

演権を分け合った。
『キリスト教君主への警告』（ジェームズ1世＝6世）*Premonition to Christian Princes* (James VI and I) 82
キルケニーのアイルランド同盟 Confederation of Kilkenny, Confederate Ireland 127, 129–30, 136–8, 143,
1641年のアイルランド反乱の後，ローマ・カトリック教徒が中心となり1642年10月に結成された政体。議会を開き，軍隊を招集し，ローマ・カトリック教会を擁護した。チャールズ1世から譲歩を引き出しつつ内戦に参加したが，1649–50年のクロムウェルによる遠征で力を失った。
国教信従（国教信奉）conformity 71–2, 80, 95, 184, 255
——**礼拝統一法** Acts of Uniformity 174–5
厳密化した——enhanced
——**と寛容** and indulgence 178, 330
アイルランドにおける——in Ireland 102–3, 41, 182?
跪拝 kneeling 96, 97, 99
祈禱書と——Prayer Book and 77
スコットランドにおける——in Scotland 77, 96, 173, 182, 254
キルメイナム病院 Kilmainham Hospital 196
ギレスピー，ジョージ Gillespie, George 122
（1613–1648）スコットランド教会の聖職者，神学者。主教制とエラストゥス主義を批判する小冊子を数多く発表し，急進的な契約派の中心人物のひとりとなった。
キングズ・カレッジ，アバディーン King's College, Aberdeen 276
1495年創立
吟唱詩 bardic poetry 252, 274
主に中近世アイルランドやスコットランドで訓練を受けた詩人によって創作されたゲール語の詩のジャンル。氏族や地域の歴史や業績を唱った。
グウィン，ネル Gwyn, Nell 285
（c. 1650–1687）ドライデンなどの作品に主演して女優として成功した後，チャールズ2世の愛人となる。王との間の庶子チャールズ・ボークレアはセント・オールバンズ公爵家の祖となった。
グウィン，フランシス Gwynn, Francis 196
（1648/9–1734）ウェールズの政治家。ながく議員をつとめ，また古事物収でも有名だった。
クエスティア，マイケル Questier, Michael 317
現代の歴史家。
クック，サー・ジョン Coke, Sir John 310
（1563–1644）イングランドの政治家。チャールズ1世のもとでロード，ウェントワースらとともに要職を占めた。
グッデア，ジュリアン Goodare, Julian 12
現代の歴史学者。
クラーク，ウィリアム Clerke, William 282
法律家，劇作家。エディンバラで法律家として活動する傍ら戯曲を執筆していたと考えられるが，生没年などは未詳である。
クラーク，エイダン Clarke, Aidan 326
現代の歴史学者。
グラスゴー Glasgow 168, 214, 216
スコットランド南西部の港湾都市
「クラブメン」運動 Clubmen movements 130
内戦期，略奪からの財産保護を掲げて武装し，中立を主張したイングランド西部・南部の地方住民の集団。
グラームズ城 Glamis castle 226
15世紀前半に築城された。
クランフィールド，ライオネル，初代ミドルセクス伯 Cranfield, Lionel, 1st earl of Middlesex 46, 48, 49
（1575–1645）イングランドの政治家。大蔵卿（1621–1624）として財政改革を進めるが失脚した。
グレイアム，マイケル Graham, Michael 322
現代の歴史学者。
グレッドスタンズ，ジョージ，セント・アンドルーズ大主教 Gledstanes, George, archbishop of St Andrews 76
（c. 1562–1615）セント・アンドルーズ大主教（1604–15）。
クレメンス8世，教皇 Clement VIII, pope 85
（c. 1536–1605）ローマ教皇（在1592–1605）ローマ・カトリックとなったアンリ4世をフランス国王として承認し，破門を解いた。
『黒いご婦人のトーナメント』（ジェームズ4世）*Tournament of the Black Lady* (James IV) 257
クロスビー，サー・ピアズ Crosby, Sir Piers 45
（1590–1646）旧ゲール系および旧イングランド系のアイルランドの政治家，軍人。ラ・ロシェル遠征で軍功をあげ，出世した。
グローブ座 Globe theatre 259
1599年，テムズ川南岸に開場。シェイクスピアの代表作が上演されたことで有名。
クロフト，ポーリン Croft, Pauline 311
現代の歴史学者。
クロムウェル，オリヴァー Cromwell, Oliver 6, 7, 13, 120, 165, 276, 304, 323
（1599–1658）護国卿（1653–58年）。
——**と共和国** and Commonwealth 144–5, 328

――**とアイルランド** and Ireland　132, 133, 134, 143, 144, 149, 151, 323
――**とスコットランド** and Scotland　132, 133, 144, 327
クロムウェル，トマス（のち初代エセクス伯爵）Cromwell, Thomas, 1st earl of Essex　147
（c. 1485–1540）法律家，政治家。ヘンリー8世に仕え，宗教改革を推進した
『クロムウェルのアイルランドからの帰還を詠うホラティウス風頌歌』（マーヴェル）*Horation Ode Upon Cromwell's Return from Ireland*（Marvell）267
クロムウェル，リチャード Cromwell, Richard　147, 328
（1626–1712）護国卿（1658–59年）。
君主国（モナルキア）*monarchia* →スペイン君主国
君主政，君主国 monarchy
――**の廃止** abolition of　137?
――**ローマ・カトリックによる継承** Catholic sucession　156–7, 161
――**の復古** restoration of
『君主政体論』（ウィルソン）*Discourse of Monarchy*（Wilson）155
『君主の悲劇』（アレグザンダー）*Monarchicke Tragedies*（Alexander）249
契約／契約派 Covenants/Covenanters　104–7, 115, 116, 129, 130, 132, 137, 139, 149, 173, 322, 329
チャールズ1世による祈祷書導入に反対し，長老主義を奉じる国民契約（1638年）の支持者。1639–40年の主教戦争に勝利し，チャールズにスコットランドにおける長老主義を認めさせた。内戦の開始後は議会派と同盟し（＝1643年の厳粛な同盟と契約），イングランドおよびアイルランドの教会を長老主義に改革することを条件としてイングランドに派兵した。チャールズ2世と1650年に契約を結ぶが，王政復古後に反故にされ一時的に主教制となる。しかし1690年には長老主義のスコットランド教会（カーク）が復活した。
国民契約 National Covenant　114, 319
契約／契約派を参照
チャールズ2世と――Charles II and　191
契約／契約派を参照
厳粛な同盟と契約 Solemn League and Covenant　124, 142
契約／契約派を参照
ゲオルク＝ルートヴィヒ，ハノーファー選帝侯 Georg Ludwig, Kurfürst von Braunschweig-Lüneburg →ジョージ1世
劇場 theatre　266, 279, 283–5, 333
――**ブラックフライアーズ座** Blackfriars　258–9
エディンバラにおける――in Edinburgh　283–4
イングランドにおける――in England　285–6
――**における女性の役割** female roles in　258–9, 260–1, 286
アイルランドにおける――in Ireland　214, 269–73, 287–8, 290
ジェームズ1世＝6世――James VI and I and　257–8, 259–60
――**とナショナル・アイデンティティ** and national identity　292–30
――**と伝染病** and plague　268
――**と政治** and politics　255–6, 289
スコットランドにおける――in Scotland　257, 283–4, 290
女性と――women and　257, 260–1, 280, 286, 287
決議派 Resolutioners　143
内戦期のスコットランドで，1650年12月の教会総会の決議を支持した契約派内の穏健派。総会では，初代アーガイル侯爵らが国王派との提携，等級法の緩和などを求めた。
検閲 censorship　276
健康 health →病気
厳粛な同盟と契約 Solemn League and Covenant　124, 128, 135, 142
1643年9月25日，長期議会とスコットランドとのあいだで結ばれた協定。両者が協力してチャールズ1世に対抗するために結ばれた。軍事的には，イングランドが月3万ポンド支払いスコットランドが約2万人を議会軍に提供することを約束した。宗教面では，スコットランドにおける主教制の廃止と，イングランドおよびアイルランドに長老教会を導入することを約束した。
ケンブリッジ大学 Cambridge University　255, 276, 292, 311
抗議派 Remonstrants　142
内戦期のスコットランドで，西部抗議書（Western Remonstrance）を支持した契約派の強硬派。1650年9月ダンバーの戦いののち，契約派内にチャールズ2世と和解しようとする動きが現れた。これに対して，ガスリー，ギレスピー，ジョンソンらは，チャールズが契約遵守しない限り国王とは認めないことや等級法の厳格な履行などを求める西部抗議書を起草し，議会に提出した。議会では穏健路線の決議派が多数派となったが，その後も抵抗派として主教制導入反対，契約遵守などを求めて長老主義体制の護持に努めた。

公爵一座 Duke's Company　284
サー・ウィリアム・ダヴェナントにより1660年に創立された劇団。多くのシェイクスピア劇の独占上演権を有した。

高等宗務官裁判所 High Commission, courts of　75
宗教改革によって設置された大権裁判所。1580年代に常設の裁判所となった。裁判には主教も加えた教会法の法律家があたった。ホイットギフト，バンクロフト，ロードらによって頻繁に用いられ，王権による専制的支配の代表機関とみなされた。当初からピューリタンやコモン・ロー関係の法律家の激しい批判を招き，1641年の長期議会により廃止された。

五騎士裁判 Five Knights Case　52, 304
1627年，強制借入の支払いを拒否して投獄されていたサー・ジョン・コーベットら五人は，王座裁判所に対して人身保護法に基づく保釈を訴えた。この際，強制借り上げ金の合法性を承認したかのように判決が改竄されたことが明らかとなり，議会は国王を非難した。

国王一座（旧）King's Men　260
1594年に特許を受けた侍従長一座 Chainber lain's Men）が，1604年ジェームズ1世の庇護を受けて国王一座と改名し，1642年の劇場閉鎖まで存続した。

国王一座（新）King's Company →キリグルー，トマス

『国王からの訓戒』（ジェームズ六世）*Basilikon Doron*（James VI）　249, 250, 256, 303

国王弑逆 regicide　138–41
　——**への共和主義的反応** republican responses to　141–5
　——**革命の結果** revolutionary consequences　145–51

コーク伯爵 Richard Boyle, 1st earl of Cork →リチャード・ボイル

国民契約（1638年）National Covenant（1638）　105–6, 114, 115, 318
1638年，チャールズ1世による共通祈禱書の強制に反対して，スコットランド長老主義者が結んだ誓約。

護国卿による合同法 Protectoral Act of Union　149
1657年に成立した，スコットランドをイングランドと一つの共和国に統合することを定めた法律。護国卿クロムウェルによる54年の布告に基づく。

コックピット座，ドルリー・レーン Cockpit Theatre, Drury Lane　279
1616年に開場した劇場。第6章訳註〔38〕を参照。

ゴドルフィン，シドニー Godolphin, Sydney, 1st Earl of Godolphin　167
（1645–1712）イングランドの政治家。ウィリアム3世およびアン女王治世において大蔵卿に任じられ，イングランド銀行や国債の設立などによる財政革命を推進して対外戦争の戦費を工面した。党派抗争により1710年に失脚。

『ご婦人がたへの真摯なる提案』（アステル）*A Serious Proposal to the Ladies*（Astell）　282

コモンウェルス，共和国 Commonwealth　139, 145, 149, 150, 162

コリンソン，パトリック Collinson, Patrick　317
（1929–2011）歴史学者。宗教改革史の専門家。

コールダウッド，デイヴィッド Calderwood, David　319
（1575–1650）スコットランド教会（カーク）の歴史家。

『コロートン仮面劇』（作者不詳）*Coleorton Masque*（anon）　278

コン，ジョージ Con, George　98
（d. 1640）外交官。教皇特使。

混乱議会 Addled Parliament　46
1614年4月から6月にかけて開催された議会。徴税賦課問題が国王専制への不安をあおり，議会は国王と対立，国王は法案を通過させることなく議会を解散した。

サ行——————————

サヴィル，ジョン Savile, John　313
（1556–1630）イングランドの政治家。ヨークシャー州選出の庶民院議員で，ストラフォード伯爵と厳しく対立し，政権を批判した。

サフォーク伯爵，トマス・ハワード，初代 Suffolk, Thomas Howard, 1st earl of　36
（1561–1626）イングランドの貴族。ジェームズ1世の君寵を得て宮内卿および財務府長官をつとめるが，横領により投獄された。

サマーセット伯，ロバート・カー，初代 Somerset, Robert Ker, 1st earl of　34, 37, 260

サマーセット，ヘンリー Somerset, Henry →ボーフォート公爵，初代

『サルマキスの戦利品』（ダヴェナント）*Salmacida Spolia*（Davenant）　266

三王国戦争 Wars of the Three Kingdoms　119–138
　国制をめぐる——constitutional　123–30
　軍事的な——military　130–34
　——**出版物の戦争** paper wars　119–122

三九箇条 Thirty-Nine Articles　72, 80, 95, 102, 174

イングランド国教会の教義や儀式の基本を定めた綱領。エリザベス1世治世の1563年，前メアリー1世治世のローマ・カトリック反動により先鋭化した国内宗教対立の解消・統一をめざして制定された。大主教マシュー・パーカーがクランマーの四二箇条（1553）をもとに作成した草案に，聖職者会議でさらに修正が加えられ，全体として四二箇条よりもプロテスタント色は弱まった。1571年の聖職者会議で正式に承認された。

山賊 Whiggamores　130
　79年王位継承排除危機において，法案を支持して王権を批判した請願派の蔑称。スコットランド語で牛追いを意味する。

三年議会法 Triennial Act　123, 171, 306
　遅くとも三年目には議会を招集しなければならないことを定めた法。1641年，長期議会により制定された。1664年，王政復古後にも成立したが，これは41年法とは異なり国王に法の順守を求める条項がなく，実際ジェームズ2世はこれを反故にした。1694年，名誉革命後にも制定された。

残部議会 Rump Parliament　140
　1648-53年および59-60年に開かれた内乱期の議会で，長期議会の一部。48年12月のプライドのパージにより長老派議員が追放され60人以下に減少した議会が蔑称的にこう呼ばれた。

シェイクスピア，ウィリアム Shakespeare, William　10, 248, 258, 295
　（1564-1616）イングランドを代表する詩人，劇作家。

ジェームズ1世 = 6世 james VI and I　18, 22, 225, 242, 255, 256, 258, 260, 264, 303, 318, 320, 322, 332
　（1566-1625）6世としてスコットランド国王（1567-1625），1世としてイングランド，アイルランド国王（1603-25）。
　——の評価 assessment of　61-3, 64
　——の宮廷 court of　33-4, 36, 37-9
　——と文化 and culture　249
　エディンバラにおける—— in Edinburgh　265
　——と財政 and finance　47-50
　——外交政策 foreign policy　29-32
　——と火薬陰謀事件 and Gunpowder Plot　82
　——ハンプトン・コート会議 Hampton Court conference　71, 73, 75
　——狩りの事故 hunting accident　310
　——とアイルランド and Ireland　323
　——千人請願 millenary petition　70
　——と複合君主国 and multiple monarchies　83

　——忠誠の誓約 oath of allegiance　82
　——と議会 and parliament　40-7, 313
　——恩顧 patronage　36
　——植民地政策 plantation policy　324
　——政治哲学 political philosophy　255-6
　——と反キリストとしての教皇 and pope as Antichrist　82
　——と枢密院 and privy councils　39
　——と宗教 and religion　67-78
　——宗教政策 religious policies　87, 89-90
　——と国王権力 and royal power　222
　——1604年の布告 1604 proclamation　10
　——と劇場 and theatre　256, 259-60
　——スコットランドへの行幸 visits to Scotland　53, 77
　——とウェールズ and Wales　26

ジェームズ2世 = 7世 James VII and II　2, 20, 139, 157-8, 160, 161, 166, 177, 187, 188, 196-8, 244, 282, 302, 305, 306, 312, 328, 330, 331, 332, 335
　（1633-1701）イングランド，スコットランド，アイルランド国王（1685-88）。
　——と軍隊 and armed forces　171-2, 174
　——の王権 kingship of　191, 194, 197
　——と議会 and parliament　157, 161, 182, 330
　——宗教政策 religious policies　178, 188-9

ジェームズ4世 James IV　18, 257
　（1473-1513）スコットランド国王（在1488-1513）。スコットランド全土を王権の支配下に置き，陸海軍を強化した。人文主義者としても有名で，文化や科学を保護してルネサンスの新学芸や印刷業の導入をはかった。

シェルフォード，ロバート Shelford, Robert　102
　（c. 1563-1638/9）イングランドの聖職者。ロード主義的なパンフレットで論争を招いた。

ジェンキンズ，フィリップ Jenkins, Philip　273
　現代の歴史学者。

ジェンキンズ，リオライン Jenkins, Sir Leoline　196
　（1625-1685）ウェールズ出身の法律家，外交官。チャールズ2世治世に諸国際会議の全権特使や国務卿（1680-84）などをつとめた。

識字率 literacy　168, 276, 290

ジーザス・カレッジ，オックスフォード大学 Jesus College, Oxford University　255
　1571年設立。最初のウェールズ人向け大学学寮。

時事評論誌 newsbooks　154, 276

『失楽園』（ミルトン）Paradise Lost (Milton)　291

『詩と空想』（キャヴェンディシュ）Poems and Fancies (Cavendish)　280

シドサーフ，トマス Sydserf, Thomas　283
　　（1624–c. 1669）劇作家，新聞業者。オークニー主教である同名のトマス・シドサーフの息子。創刊した新聞『カレドニア瓦版』は反長老主義的な内容を含んでおり，おそらくはそのために12号で廃刊となったが，シドサーフはこれ以降も定期刊行物の発行に携わったと考えられている。代表作である喜劇『タルゴのたくらみ』はロンドンとエディンバラで上演された。
シートン，アレグザンダー，初代ダムファームリン伯爵 Seton, Alexander, 1st earl of Dunfermline　241–3, 262
　　（1556–1622）スコットランドの法律家。スコットランド大法官（1604–22）。ローマ・カトリックの一家に生まれ，イタリアやフランスで教育を受ける。私生活ではローマ・カトリックの信仰を保っていたと考えられるが表面的にはプロテスタントとしてふるまい，ジェームズがイングランドの国王となってスコットランドを離れてからはスコットランド政府を取り仕切る役目を任された。
シーフィールド伯爵，初代（ジェームズ・オギルビー） Seafield, 1st earl of (James Ogilvy)　335
　　（1663–1730）スコットランドの貴族。アン女王治世にスコットランド大法官をつとめた。
社会構造 social structre　209–16
　　──農村部の rural　209–12
　　──都市部の urban　212–7
社会問題 social problems　228–33
　　──犯罪 crime　228
　　──魔術 witchcraft　232
ジャクソン，ウィリアム，カンタベリー大主教 Juxon, William, archbishop of Canterbury　97
　　（1582–1663）イングランドの聖職者。ロンドン主教（1633–60），カンタベリー大主教（1660–63）。内戦前はロードとチャールズ1世の庇護を受け，大蔵卿もつとめた。
シャープ，ケヴィン Sharpe, Kevin　312
　　（1949–2011）現代の歴史学者。
シャープ，ジェームズ，セント・アンドルーズ大主教 Sharpe, James, archbishop of St Andrews　317
　　（1618–1679）スコットランドの聖職者。1661年セント・アンドルーズ大主教となり，長老主義者を攻撃。契約派の一派に襲撃され殺害された。
シャフツベリー伯爵アンソニー・アシュリー＝クーパー，初代 Shaftesbury, Anthony Ashley Cooper, 1st earl of　166, 277
　　→アシュリー・クーパー，アンソニー，初代シャフツベリー伯爵
シャフツベリー伯爵→アシュリー＝クーパー，アンソニー Ashley Cooper, Anthony, 1st earl of Shaftesbury
シャーリー，ジェームズ Shirley, James　268
　　（1596–1666）イングランドの劇作家。ローマ・カトリックで内乱期にはダブリンで活躍した。
一九箇条 Nineteen Propositions　144
　　1642年，長期議会がチャールズ1世に対して提出した要求項目。国王の任免権に対する議会の承認，反ローマ・カトリック立法の厳格な施行，民兵条例の承認，プロテスタント諸国との友好関係，世襲貴族創出への議会の承認など。チャールズ1世はこれを拒絶した。
宗教 religion　316–26
　　──礼拝統一法（1666年）Act of Uniformity (1666)　174–5
　　　1662年のイングランド法に続いて，1666年にアイルランドに導入された礼拝統一法。
　　チャールズ1世と──Charles I and　67, 68, 93, 129, 322–3
　　チャールズ2世と──Charles II and　174–8, 328–32
　　──陪餐 communion　77, 78, 88–9, 96–7, 329
　　　キリスト者が聖餐式の中で聖別されたパンとぶどう酒を共に食すること。
　　──非国教徒 dissent, dissenter　174–8, 181–2, 183–4
　　　イングランド国教会の規律や慣行に信従しないプロテスタント。慣用としてローマ・カトリックは含まない。王政復古後，1661年の自治体法と62年の礼拝統一法などによって弾圧され（クラレンドン法典），73年の審査法により公職就任を禁じられるなどしたが，名誉革命の際の寛容法により条件付きで信仰の自由が保障された。
　　──教会法 ecclesiastical law, canon law　102–3
　　　教会の教理，訓戒，礼拝にかかわる規定を整備したもので，国王の法とともに人民を束縛し，結婚，遺言，教会税の滞納，姦淫罪，虚偽の宣誓，聖職者に対する冒涜，異端などを管轄した。大執事裁判所，主教座裁判所，大主教裁判所が執行した。ジェームズ1世の改定によって，ローマの最高法廷ではなく，国王裁判所が最終法廷とされた。
　　──教会収入 ecclesiastical revenue　89–90
　　──イングランド聖職者会議 English Convocation　103, 107
　　　→イングランド聖職者会議
　　──寛容 indulgence　178, 329
　　　→信仰自由宣言
　　──アイルランド信仰箇条 Irish Articles　81, 95, 102
　　　→アイルランド信仰箇条

——**アイルランド聖職者会議** Irish Convocation 80–6, 102
→アイルランド聖職者会議
ジェームズ1世＝6世と——James VI and I and 67–78
——**ランベス信仰箇条** Lambeth Articles 102
→ランベス信仰箇条
——（国教）**非信従** nonconfomity 97, 167–8, 181–2, 183
——**スコットランド信仰告白**（1616年）Scottish Confession（1616） 102
→スコットランド信仰告白
——**三九箇条** Thirty-Nine Articles 72, 80, 95, 102, 174
→三九箇条
女性と——women and 276–7
——**ヨーク・ハウス会議** York House conference May–94
→ヨーク・ハウス会議
→ローマ・カトリック／ローマ・カトリシズム；国教信従；契約／契約派；主教制；プロテスタンティズム *see also* Catholics/Catholicism; conformity; Covenants/Covenanters; episcopacy; Protestantism
住宅 housing 225–227, 333
州長官／シェリフ sheriffs 56, 186
中世には国王の代理として州の行政に携わる重要な役職であったが，ヘンリー2世が権限縮減を図り，さらに治安判事などの新たな地方行政職の伸長もあって，中世末までに代表的官吏としての地位は失われ，在地ジェントリが任命される名誉職的なものになった。
州統監 lords lieutenant 55, 56, 57, 94, 165, 172, 173, 184, 188
テューダー朝時代に創設された高位の地方行政官。本来は州における国王の代理。1539–40年，ヘンリー8世が恩寵の巡礼後の政情不安に対処するために臨時に任命したのにはじまり，1551年に恒久化され，エリザベス1世時代に制度の整備と権限の強化が進んだ。州における民兵軍の統括を主たる任務としたが，次第に徴税の監督，ローマ・カトリックの取り締まり，治安判事の職務履行の監視なども行うようになった。ひとつ以上の州を管轄し，出自はほとんどが爵位貴族で，枢密顧問官が任命されることも多かった。任務にあたっては副統監と治安判事の補佐を受けた。
『自由なる君主国の真の法』（ジェームズ6世）*The Trew Law of Free Monachies*（James VI） 249, 303
主教制 episcopacy 62, 72, 77, 93–104, 107, 193
使徒継承を特権的な権威とする司教，司祭，助祭からなる位階制的な職制に基づく教会統治のあり方。ローマ・カトリック教会，正教会，イングランド国教会に見られる。カルヴァン派など16世紀のプロテスタント宗教改革の諸派の多くは，この職制の腐敗を批判し，聖職者の特権的地位を否定し，すべての信徒がキリストの祭司職にひとしく参与することを強調した。ただし，イングランド国教会は当然として，ルター派やボヘミア兄弟団あるいは18世紀初頭のジュネーヴのカルヴァン派のように，主教制を評価するプロテスタント諸派もある。
スコットランドにおける——in Scotland 75, 84, 88, 174
アイルランドにおける——in Ireland 174–5, 180
手工業 manufacturing industry 216
出版物 printing 119–122, 276
準国王特権領裁判所 regality courts 55, 57
スコットランド法において，貴族が国王に準ずる権限を与えられた領地において管轄する裁判所。
商船 merchant navy 170
商人ギルド，ダブリン Merchants' Guild, Dublin 197
植民地 plantations 29, 73, 155, 323
食物 diet
下層階級の——lower classes 206–9
貴族の——nobility 205–7
ジョージ1世 George I, king of Great Britain and Ireland and elector of Hanover 335
（1660–1727）ハノーファー選帝侯，ブリテンおよびアイルランド国王（1714–27）。
女性 women
——**の自律性** autonomy of 282–3
——**の教育** education of 254–5, 276, 280, 282
——**と宗教** and religion 276–7
——**生活の質** quality of life 235–6
——**の地位** status of 242–3
——**と劇場** and theatre 256, 260–1, 280, 286, 287
女性作家 women writers 280, 286
ジョーンズ，イニゴー Jones, Inigo 261, 264, 266, 279
（1573–1652）イングランドの建築家，舞台装飾家。1615–40年王室工事監督官。パラディオ様式をイングランドに導入した。プロセニウム・アーチや移動式舞台面などを取り入れ，演劇の発展にも貢献。また仮面劇の意匠設計者としてに知られ，特にベン・ジョンソンの作品を手

掛けて仮面劇の隆盛をもたらした。

ジョンソン，アーチボルド，ワリストン卿 Johnston, Archibald, Lord Wariston　165
(1611–63) スコットランドの法律家。熱心な長老主義者で，国民契約の起草を助けた。クロムウェルがスコットランドを征服すると国務会議の議員となった。王政復古後は大陸に逃れたが捕まり処刑された。

ジョンソン，ベン Jonson, Ben　257, 258, 260, 268, 281
(1572–1637) ロンドンの劇作家，詩人。古典主義を特徴とし，政治的には保守的で，代表作に『ヴォルポーネ』(1605) やピューリタンを皮肉った『錬金術師』(1610)，『バーソロミュー大市』(1614) などがある。ジェームズ1世とチャールズ1世の宮廷のために仮面劇を書き，イニゴー・ジョーンズと組んで好評を博した。ジェームズ1世から生涯にわたり年金を受けた。
――**凱旋門のモットー** triumphal arch motto　10

信仰自由宣言 Indulgence, Declaration of　178, 330
非国教徒とカトリックに対する取り締まりの緩和・中止を企図した国王の宣言。刑罰法の停止などを内容とする。1662年のチャールズ2世による計画は議会の同意が得られず中止された。1672年3月，チャールズは第三次英蘭戦争遂行のためとして最初の宣言を発したが，議会が反発し翌年に廃止され，審査法が制定された。1687年4月および1688年4月，ジェームズ2世は宣言を発し，特に二度目には教会で二連続日曜日に読み上げることを規定したため，激しい反対を招いた。

人口統計 demographics　202–9

審査法 Test Acts　176, 330
1673年，ローマ・カトリックとプロテスタント非国教徒を文武の公職から排除することを意図した騎士議会の法。すべての官公吏に対し，君主に忠誠を誓い，国教会の慣例に従って聖餐を受け，ローマ・カトリックの化体説を否定することを義務付けた。

親政 Personal Rule　44, 113–8
1629年から40年まで，チャールズ1世が議会を解散したまま専制的な政治を行ったとされる期間。「専制の11年間」とも呼ばれる。

新聞 newspapers　119–20, 283

枢密院 privy councils　39, 42, 166
政治一般に関する国王の諮問機関。テューダー朝になると，星室庁裁判所などの直属の大権裁判所を通じて大きな権力を行使した。内戦期に機能を失ったが，王政復古により復活。しかし顧問官が増えて非効率になったため，チャールズ2世は数名からなる選抜委員会カバルを設け，全体会議の前に審議を行った。

スコッツ語聖書 Scottish bible　252

スコット，ジェームズ，モンマス公爵 Scott, James, duke of Monmouth　182, 195
(1649–1685) イングランドの軍人。チャールズ2世の庶子で，プロテスタントとして育てられ，王政復古に認知された。軍隊で急速に出世し，70年最高司令官に任ぜられ第三次英蘭戦争 (72–74) を戦い，79年スコットランド契約派を鎮圧するなど名声を博した。王位継承排除危機においてシャフツベリーらにより王位継承候補として擁立されたためチャールズの怒りを買って国外追放とされた。85年，ジェームズ2世が即位すると王位を要求して帰国し，モンマスの反乱を起こしたがセッジムーアの戦いに敗れて捕えられ，私権剥奪法により処刑された。

スコット，ジョナサン Scott, Jonathan　12–3, 331
現代の歴史家。近世イングランド政治史。

スコットランド Scotland　226–7
――**における農業** agriculture in　202, 209–10, 227
――**における軍隊** army in　171
――**における匪賊** banditry in　130
チャールズ1世と―― Charles I and　53–4, 88–9, 115, 118, 123–4, 266, 324–5
チャールズ2世と―― Charles II and　142–3, 191
――**内戦** civil wars　130–1, 133–4, 305
――**石炭産業** coal industry　234
――**法案作成委員会** committees of the articles　42
スコットランド議会の運営委員会。15世紀にさかのぼる。国王政府の影響が強く，1640年に廃止，60年に復活，90年に最終的に解体された。
――**臨時身分制議会** Convention of Estates　182
→臨時身分制議会
O・クロムウェルと―― O. Cromwell and　132, 145, 152, 327
――**人口統計** demographics　203
――**における教育** education in　253, 254, 276, 292
――**とイングランド** and England　25
――**における飢饉** famine in　207–8, 333
――**財政** finance　49, 50
――**におけるジェントリ** gentry in　222–5
――**高地地方** highlands　222–3
――**とアイルランド** and Ireland　25
――**法体系** legal system　223

——**地方統治** local govenrment　56
——**低地地方** lowlands　209–11
——**における新聞** newspapers in　283
——**における貴族** nobility in　221–2
——**と国際貿易** and overseas trade　170
——**議会** parliament　40–2, 43, 128, 149–50
——**における反乱** rebellions in　56, 59–60, 128–9
——**宗教的な出版物の翻訳** religious translations 252
——**廃棄** revocation　59–60, 90
→廃棄法
——**への国王巡幸** royal visits to　54–5, 77, 264, 266
——**社会構造** social structure　209–12
——**十分の一税委員会** teind commission　60
スコットランドの十分の一税に関して，チャールズ一世が1627年に設立した委員会。
——**における劇場** theatre in　257, 283–4, 290
——**貿易** trade　168, 217, 218
——**イングランドとの合同** union with England 334–5
——**における都市の構造** urban organization/structure in　214–5
——**山賊**（ホイッガーモア）Whiggamores　130
スコットランド南西部の匪賊。1679年王位継承排除危機において，法案に賛成した政治家たちに対する蔑称の由来となった。
——**における魔術** witchcraft in　232, 233
→スコットランド教会；長老主義
スコットランド祈禱書（1637年）Scottish Prayer Book（1637）　104, 114
→国民契約，契約派
スコットランド教会（カーク）Kirk of Scotland　74–6, 77, 103, 104, 321
チャールズ一世と——Charles I and　96
→契約／契約派
スコットランド信仰告白（1616年）Scottish Articles（1616）　76
→スコットランド信仰告白
スコットランド信仰告白（1616年）Scottish Confession（1616）　76, 102
スコットランド教会の信仰告白。アバディーン信仰告白と呼ばれる。
『スコットランドの鳩便り』 *The Scottish Dove*　276
スタッブズ，フィリップ Stubbes, Philip　260, 262
（c. 1555–c. 1610）イングランドのパンフレット作家。演劇をはじめとする娯楽を厳しく批判する『悪弊の解剖』などを著し，ピューリタンの文筆家として名を上げた。
ステュアート君主国 Stuart monarchy　17–23
——**の評価** assessment of　61–5
——**宮廷** court　33–9
——**外交政策** foreign policy　29–32
——**に関する解釈** interpretations of　301–9
——**ポスト修正主義的解釈** post-revisionist interpretations　314
——**と反乱** and rebellions　Aug–57
——**修正主義的解釈** revisionist interpretations 311,
ステュアート，ローラ Stewart, Laura　12–3, 322
現代の歴史家。
ストーク，ブルーン Stoke Bruerne　225
ストラフォード伯爵，初代 Strafford, 1st earl of →ウェントワース，トマス
ストーン，ローレンス Stone, Lawrence　307
（1919–1999）20世紀の歴史学者。
スペイン君主国（モナルキア）Spanish *monarchia*, Spanish monarchy　5, 117
「スペイン王室」が支配する政体。訳註・序論〔4〕を参照。
スペルマン，ヘンリー Spelman, Henry　92
（1563/4–1641）イングランドの歴史化，古事物収集家。
スペンサー，ロバート，第2代サンダーランド伯爵 Spencer, Robert, 2nd earl of Sunderland　167, 189
（1641–1702）イングランドの政治家。79年国務卿に任ぜられたが，王弟ジェームズ排除法案を支持して罷免された。しかし復帰工作が奏功して83年に国務卿に復帰し，ジェームズ2世の治世においては枢密院議長を兼ねて国王の最側近となり，親フランス，親ローマ・カトリック政策を推進した。88年には自らもローマ・カトリックに改宗。しかし名誉革命前夜にはウィリアムと連絡をとり，ふたたびプロテスタントに改宗してウィリアムの政治顧問となり，ホイッグ・ジャント政権（1696–97）の成立に寄与したとされる。
スペンサー，エドマンド Spencer, Edmund　323
（c. 1552–1599）イングランドの詩人。アイルランドに植民地行政官として赴任してデズモンドの反乱を経験し，それをもとに『アイルランドの現状についての所見』（死後出版）を執筆した。代表作は『羊飼いの暦』（1579），『妖精女王』（1590–96）など。
スポッティズウッド，ジョン，セント・アンドルーズ大主教 Spottiswoode, John, archbishop of St Andrews　39, 68, 76, 86–7, 89, 93, 319
（1565–1639）スコットランドの聖職者。イングランド国教会の主教制に好意的で，ジェームズ6世

に認められ，ジェームズのロンドン入りに同行した。以後，長老主義が優勢のスコットランドにおいて主教制を強化せんとする国王の協力者となり，1603年グラスゴー大主教兼スコットランド枢密院議員，15年セント・アンドルーズ大主教となった。18年にはパースの教会総会において五箇条の採択に尽力した。35年，スコットランド大法官。次第にチャールズ1世の国教化政策に反発し，君寵を失い，契約派との仲介を試みたが成功しなかった。

スモック・アレイ一座 Smock Alley Company　289
王政復古後の1662年に開業したダブリン初の劇団。

生活の質 quality of life　233–8,

政治 politics
——**党派の諸起源** political parties, beginnings of　167–9, 255–6, 289
劇場と——teatre and　255–6, 289

聖書 Bibles　85, 251, 252, 291

聖ステファヌスの祝日の事件 St Stephen's Day disturbance　98, 99

セイルズベリー，ウィリアム Salesbury, William　251
（b. before1520, d. c. 1580）ウェールズ出身の人文学者。ウェールズ語と英語の辞書や，ウェールズ語の発音に関する手引き書などを執筆するとともに，新約聖書をウェールズ語に翻訳した。

石炭産業 coal industry　214–5, 218–21, 234

セシル，ロバート，初代ソールズベリー伯爵 Cecil, Sir Robert, 1st earl of Salisbury　35, 38, 51, 225
（1563–1612）イングランドの貴族。エリザベス1世の重臣初代バーリー男爵ウィリアム・セシルの息子。1584年に庶民院議員として政界入りし，その後，国務卿（1590–1612），王璽尚書（1598–1608），大蔵卿（1608–1612）と要職を歴任した。

セント＝ジョン，オリヴァー St John, Sir Oliver　55
（1559–1630）アイルランド総督。ウィルトシャー州の州長官の息子。

船舶税 ship money　52, 116, 308, 311
戦時に海軍力強化のために港湾都市や沿岸州に課された臨時税。中世より存在し，議会の承認なしに課税された。1630年代にチャールズ1世が内陸の都市・州にも課税を適用し，さらに定期課税化したことが問題視された。

俗人 laity　86, 90–3, 99, 103, 120, 148, 175, 176
聖職者ではない，世俗の人の意。

ソールズベリー伯爵 Salisbury, 1st earl of（Robert Cecil）→セシル，ロバート

タ行——

タイアク，ニコラス Tyacke, Nicholas　315, 317
現代の歴史学者。

大学 universities　93, 101, 222, 254, 275–6
——**ケンブリッジ** Cambridge　255, 276, 292, 311
——**エディンバラ** Edinburgh　214, 255, 292
——**オックスフォード** Oxford　93, 255, 276, 290, 292

大空位期 Interregnum　147
1649年のチャールズ1世の処刑から，1660年のチャールズ2世の王政復古までの期間。

第4代サウサンプトン伯爵トマス・ライズリー Henry Wriothesley, 3rd earl of Southampton　166
（1573–1624）イングランドの廷臣。シェイクスピアの庇護者としても有名。

ダヴェナント，サー・ウィリアム Davenant, Sir William　266, 279, 280, 284
（1606–68）イングランドの詩人，劇作家，劇場経営者。1660年にトマス・キリグルーとともにチャールズ2世の勅許によりロンドンの演劇興行に関する独占的な権利を認められ，公爵劇団を設立して数々の新作を上演した。

タウンゼンド，オーレリアン Townshend, Aurelian　279
（活躍期1583–c. 1649）イングランドの詩人。

タウンゼンド，ホレーシオ，タウンゼンド卿 Townshend, Horatio, 1st viscount Townshend　179
（1630–1687）イングランドの政治家。

ダニエル，ウィリアム，テュアム大主教 Daniel, William（Uilliam Ó Domhnaill），archbishop of Tuam　252
（c. 1575–1628）テュアム大主教（1609–1628）。ダブリンのトリニティ・カレッジで学び，アイルランド国教会の聖職者となった。新約聖書や共通祈禱書をアイルランド語に翻訳した。

タバコ産業 tobacco industry　217

ターフィ，シオボルド Taaffe, Theobald　164
（d. 1677）アイルランドの陸軍将校，政治家。共和政期，チャールズ2世の大陸亡命に同行した。

ダブリン Dublin　197, 214, 216, 219
——**の劇場** theatre in　268–7, 270, 287–8, 290

『タルゴのたくらみ』（シドサーフ）*Tarugo's Wiles*（Sydserf）　283, 284

短期議会 Short Parliament　107, 117
1640年4月13日から5月5日まで，チャールズ1世により主教戦争の戦費調達のために召集され

ダンビー伯爵トマス・オズボーン Danby, earl of（Sir Thomas Osborne） 167
(1632-1712) イングランドの貴族, 政治家. のち初代リーズ公. 1673年から大蔵卿として財政再建に努めるが, ドーヴァーの密約に加担したかどで議会の弾劾を受け, 84年までロンドン塔に投獄された. ウィレム3世に招請状を送った「不滅の7人」の一人. 名誉革命後, 枢密院議長およびトーリの領袖として政治の中心に返り咲いたが, 95年収賄により失脚した.

ダンファームリン（大法官）Dunfermline（Chancellor）
→シートン, アレグザンダー

治安判事, スコットランド commissioners of the peace 55

治安判事 justices of the peace 56, 183, 194, 186, 188
下級裁判所で, 陪審や正式な起訴を必要としない略式裁判を行う裁判官. 治安授権状により地方の治安維持を在地の有力者に委任する慣行が, 治安判事として制度化され, 1390年には各州8人ずつと定められた. 治安判事は大法官から任命されたが, 法律の専門家である必要はなく, 無給で, 地方の名望家であるジェントリ層がつとめた. もともと四季裁判所や小治安裁判所で反逆罪を除くすべての刑事事件を処理したが, テューダー朝時代以降に権限が拡大し, 地方行政官として犯罪取り締まり, 救貧法の施行, 公道の管理, アルコール販売の許認可, 賃金・物価の決定, ローマ・カトリックの取り締まり, 度量衡の統制などにあたった.

治安判事 magistrates 55, 56-7, 94, 81, 113, 165, 176, 183
→治安判事

チェルシー・カレッジ Chelsea College 82
1610年設立, 1650年代まで存続したイングランド国教会の神学校.

チチェスター, アーサー, アイルランド総督 Chichester, Sir Arthur, Lord Deputy 25, 45, 55
(1563-1625) イングランドの陸軍将校, 行政官. 1605-16年にかけてアイルランド総督をつとめた.

地方史研究 local studies 308, 313

地方統治 local government 53-61

チャップブック（呼び売り本）chapbooks 290, 333
第6章訳註〔58〕参照

チャップマン, ジョージ Chapman, George 258
(c. 1559-1634) イングランドの詩人, 戯作家.『イーリアス』『オデュッセイア』の英訳も手掛けた.

チャールズ1世 Charles I 18-20, 23, 154, 314-6, 332
(1600-1649) イングランド, スコットランド, アイルランド国王（在1625-49）
——の評価 asssessment of 61-2, 63-5
——と内戦 and civil wars 134-5, 305
——の戴冠 coronation 88-9
——の宮廷 court of 33, 34, 38-9, 264
——と契約派 and Covenanters 128
『国王の肖像』Eikon Basilike 267-8
——と主教制 and episcopacy 93
——の処刑 execution of 138-141, 267
——と財政 and finance 49-52
外交政策 foreign policy 31-2, 29
猟での事故 hunting accident 310
——とアイルランド and Ireland 123, 124
——とスコットランド教会 and Kirk 96
——と地方統治 and local government 56
スペインとの結婚交渉 marriage negotiations with Spain 31, 32
——に対する反対 opposition to 113, 114
——と議会 and parliament 43, 44, 45, 311
——による恩顧の采配 patronage 36, 37
親政 Personal Rule 43, 113-8
——と枢密院 and privy council 39
——と宗教 and religion 67, 68, 129, 324, 325
宗教政策 religious policies 86-7, 88-93, 114-5, 116-121
——とスコットランド and Scotland 53, 54, 88-9, 115, 117-8, 123-4, 266, 325
——と船舶税 and ship money 308

チャールズ2世 Charles II 154, 161, 328-9, 332, 334-5
(1630-85) イングランド, スコットランド, アイルランド国王（在1660-85）
——と軍隊 and army 170-4
内政 domestic policies 183
財政 finances 168-70
外交政策 foreign policy 170
イコノグラフィー iconography 197
——とアイルランド and Ireland 143
——の王権 kingship of 190-8
——とガーター勲章 and Order of the Garter 191
——と議会 and parliament 182, 304-5
ウェールズ公としての—— as Prince of Wales 273-5
枢密院 privy council 166
——と宗教 and religion 174-8, 329-30
——とスコットランド and Scotland 142-3, 191

『チャールズ王子に申し上げる愛と忠誠の辞』（ヴォーン）A Loving and Loyall Speech Spoken unto ...

Prince Charles (Vaughan)　273–4

長期議会 Long Parliament　124, 125
1640年11月から1648年のプライドのパージを経て，1653年4月まで続いたイングランド議会。クロムウェルにより解散されたが，1659年5月にまず残部議会が，さらに1660年2月にパージ前の議会が再招集され，1660年3月に仮議会選出を決議すると自主的に解散した。

長老主義 Presbyterianism　70, 122, 140, 165, 319
教義の面ではカルヴァン主義にもとづく長老主義は，聖職者に加え平信徒も長老として加わる合議による自律的な教会統治の理念である。たとえばスコットランドの長老教会は小会，中会，地方長老会，教会総会からなる四層の意思決定機関を持ち，総会は議長（moderator）のもと毎年開催された。
アイルランドにおける——in Ireland　155, 182
スコットランドにおける——in Scotland　122, 124, 155, 174–5, 181
→スコットランド教会

直臣法廷 barony courts　57
一般の直接受封者に与えられた裁判権行使による法廷

『罪びとのかしらに溢るる恩寵』（バニヤン）*Grace Abounding to the Chief of Sinners* (Bunyan)　291

ティアコネル，ルアリー・オドーナル，初代ティアコネル伯爵 Tyrconnell, Rudhraighe Ó Domhnaill, styled 1st earl of Tyrconnell　324
（1574/5–1608）ゲール系の有力貴族，軍人。1607年，一族やタイローン伯爵らと共に大陸に亡命した。ローマで没。

ティアコネル，リチャード・トールボット，初代ティアコネル伯爵および初代ティアコネル公爵 Tyrconnell, Richard Talbot, 2nd earl and 1st duke of　163, 186, 190
（1630–1691）アイルランドの軍人，政治家。内戦期，国王派として戦い，49年のドロヘダ虐殺を逃れて，共和政期にスペインに亡命。王政復古ののちには王弟ジェームズに仕え，ジェームズの即位とともに伯爵とされた。87年アイルランド総督に任ぜられ，国王のローマ・カトリック政策を推進した。名誉革命がおこるとジェームズの復位を図ったが，90年ボイン河畔の戦いに敗れた。

提案要綱（1647年）Heads of Proposals (1647)　144
1647年，チャールズ1世に対して独立派が提示した，議会主権に立つ制限君主制を意図した成文憲法案。チャールズはこれを拒絶した。

デイヴィス，ジョン Davies, Sir John　25, 56, 323
（1569–1626）イングランドの詩人，法律家，行政官。1603年法務次官としてアイルランドに渡り，06年に法務長官，13年にアイルランド議会下院議長となる。アイルランドにおける土地法の改革を推進した。

デイヴィス，リチャード，セント・デイヴィッズ主教 Davies, Richard, bishop of St David's　251
（c. 1501–81）北ウェールズ出身の学者，聖職者。1561年よりセント・デイヴィッズ主教。ウェールズにおける宗教改革の進展のため尽力し，1567年にウィリアム・セイルズベリーとともに新約聖書をウェールズ語

デイ，ジョン Day, John　258, 259
（c. 1574–c. 1640）イングランドの劇作家。

ディック，ウィリアム Dick, Sir William　50, 221
（1580–1655）スコットランドの商人。エディンバラ市長（1638–39）。

『ティッチボーンの施し』（ファン・ティルボルフ）*The Tichbourne Dole* (van Tilborough)　200

ディロン，ウェントワース，第4代ロスコモン伯 Dillon, Wentworth, 4th earl of Roscommon　287–8, 290
（1637–85）詩人。ホラティウスの『詩論』の翻訳（1680年頃）及び『翻訳詩論』（1684）などが主著。ストラフォード伯爵トマス・ウェントワースの甥である。

デヴルー，ロバート，第2代エセクス伯爵 Devereux, Robert, 2nd earl of Essex　18, 34, 57
（1565–1601）アイルランド総督（1599）。エリザベス1世の寵臣であったが，アイルランド問題で失敗して失脚した。1601年，叛乱を起こし，反逆罪で処刑された。

デヴルー，ロバート，第3代エセクス伯爵 Devereux, Robert, 3rd earl of Essex　279
（1591–1646）イングランドの貴族。内戦時の議会派の司令長官。

撤廃法（1661年）Act Recissory (1661)　181
王政復古後の王党派スコットランド議会により成立。1633年まで遡り，動乱の時期の立法を無効とした。

デ・ドミニス，マルコ＝アントニオ，スパラート大司教　de Dominis, Marco Antonio, archbishop of Spalato　85
（c. 1560–1624）ダルマチア地方スパラート大司教（1602–16年）。ローマ教皇庁との対立から，カンタベリー大主教アボットの招聘をうけてイングランドに移住，ウィンザー城内礼拝堂の首席司祭となる。1622年にイングランドを離れ，ローマに戻ったが，背教者として獄死した。

テニスコート座，ホーリールード Tennis Court Theatre, Holyrood　282, 283

テューダー朝 Tudor monarchy　17, 29, 53, 326
テンプル，ジョン Temple, Sir John　122
(1600–1677) イングランドの裁判官，著述家。『アイルランド反乱』(1646) はローマ・カトリックの残虐性を劇的に描いてプロテスタントによる再征服のプロパガンダとなった。
『テンペ回復』(A. タウンゼンド) *Tempe Restored* (A. Townshend)　279
デンマーク王女アンナ(アン) Anna af Danmark (Anne of Denmark)　19, 20, 98, 255, 282
(1574–1619) ジェームズ1世＝6世の妃。デンマーク国王フレゼリク2世の娘。ルター派であったが，1590年代にローマ・カトリックに改宗した。技芸を保護し，ベン・ジョンソン，イニゴー・ジョーンズらの庇護者となった。
『天路歴程』(バニヤン) *Pilgrim's Progress* (Bunyan)　291, 333
ドーヴァー条約 Dover, Treaty of　330
1670年，フランス国王ルイ14世がチャールズ2世と結んだ条約。フランスからの財政援助を条件に，フランスの対ネーデルラント戦争にイングランドが協力することを約束した。チャールズがローマ・カトリックであると宣言すれば援助額を増額し，必要とあらばフランス軍をイングランドに派兵することを定めた秘密条項が含まれていた。
投機者法(1642年) Adventurers Act (1642)　212
アイルランド反乱鎮圧の資金集めのため，反乱者の土地を没収することを想定し，それを対象に投機の募集を行った法。アイルランドのその後の土地再分配を容易にした。
等級法 Act of Classes　148
1649年1月，スコットランド議会により成立。主に国王派および「約定」支持派を文武公職から排除することを規定した。
『当世伊達男』(エサリッジ) *The Man of Mode* (Etherege)　284, 285
盗賊 Tories　130
79年王位継承排除危機において，法案に反対して王権を支持した嫌悪派の蔑称。無法者，匪賊を意味するアイルランド語 traidhe に由来する。
『統治二論』(ロック) *Two Treatises of Government* (Locke)　277
都市構造 urban structure　212–7
『年寄り鵞鳥のための新しい轡』(R・モンタギュー) *New Gagg for an Old Goose* (R. Montagu)　94
トッド，マーゴ Todd, Margo　322
現代の歴史学者。
ドナルドスン，ゴードン Donaldson, Gordon　320
(1913–1993) スコットランドの歴史学者。
トーニー，R. H. Tawney, R. H.　307
(1880–1962) 歴史学者。
トマソン，ジョージ Thomason, George　277
(c. 1602–1666) ロンドンの書籍業者。内戦期の政治的パンフレット収集で有名。彼のコレクションはトマソン内戦冊子コレクションとして英国図書館に所蔵。
トムソン，クリストファー Thompson, Christopher　308, 314
現代の歴史学者。
ドライデン，ジョン Dryden, John　283, 289
(1631–1700) イングランドの詩人，劇作家，批評家。数多くの戯曲に加えて政治を題材とする詩を多く残した。内乱期にはクロムウェルを讃える一方で，王政復古後にはチャールズ2世を賛美した。1668年に桂冠詩人となる。ジェームズ2世の即位後にローマ・カトリックに改宗。
ドラモンド，ウィリアム Drummond, William　264
(1585–1649) ホーソーンデン領主，詩人，パンフレット作家。スコットランドの貴族であったが，スコッツ語ではなく主に英語で著作を書いた。代表作は詩文集『シオンの花』(1623) である。
ドラモンド，ジェームズ，第4代パース伯爵 Drummond, James, 4th earl of Perth　189
(1648–1716) スコットランドの貴族。スコットランドにおけるジェームズ2世の右腕として要職を歴任したが，名誉革命後に大陸に放逐された。
ドラモンド，ジョン，初代メルフォート伯爵 Drummond, John, 1st earl of Melfort　189
(1649–1714) スコットランドの貴族。兄であるパース伯爵とともにジェームズ2世を支えた。
トリニティ・カレッジ(ダブリン) Trinity College Dublin　255, 276
1591年，エリザベス1世により建学。
ドルトレヒト教会会議 Dort, Synod of　85, 95, 102
予定説をめぐるカルヴァン主義とアルミニウス主義の対立を背景に，1618–19年にネーデルラントのドルトレヒトにおいて開催された改革派の宗教会議。カルヴァン主義が勝利し，ドルトレヒト信条が制定された。
トールボット，ピーター，ダブリン大司教 Talbot, Peter, archbishop of Dublin　164
(1618/20–1680) ローマ・カトリックのダブリン大司教 (1669–80)。チャールズ2世の亡命宮廷で重きをなした。
奴隷制 slavery　217, 257, 286

ナ行

内戦 civil wars　113–4, 128
　イングランドにおける—in England　130–2, 305
　アイルランドにおける—in Ireland　125–8, 130–2, 135–8, 305
　虐殺 massacres　133
　スコットランドにおける——in Scotland　130–2, 133–4, 305
『流れ者』（ベーン）*The Rover* (Behn)　286
ナショナル・アイデンティティ national identity　28, 247, 288
　劇場と——theatre and　292–30
『なぜアイルランドは完全に服従しなかったのか』（J・デイヴィス）*Discovery of the true cause why Ireland was never entirely subdued ...* (J. Davies)　323
ニスデイル伯爵，ロバート・マクスウェル，初代 Nithsdale, Robert Maxwell, 1st earl of　99
(b. after 1586, d. 1646) スコットランドのローマ・カトリックの政治家，外交官。
ニズベット，マードック Nisbet, Murdoch　253
（活躍期1531–c. 1559）聖書翻訳者。1530年代からグラスゴー司教管区で活躍し，聖書をスコッツ語に翻訳した。
ニーダム，マーチャモント Nedham, Marchamont　122
(1620–1678) イングランドのジャーナリスト。内戦期に議会派を擁護する『ブリタニア瓦版』(1643–46) を発行して，王党派サー・ジョン・バーケンヘッドの『宮廷瓦版』に対抗した。
ニュートン，アイザック Newton, Isaac　292
(1642–1727) イングランドの自然哲学者，数学者。万有引力の法則，光のスペクトル分析，微積分法などの画期的な発見を成し遂げ，神学にも力を入れた。72年王立協会の会員となり，1703年からは会長をつとめた。その間，1689年と1701–02年には庶民院議員となり，また96年からは造幣局の検査官，次いで長官もつとめた。
ニュー・モデル軍 New Model Army　136
貴族やジェントリの指揮下にあった複数の軍隊組織を一元的に統合した，新しいイングランド議会軍。議会条例によって1645年に設立され，議会派に軍事勝利をもたらした。宗教的・政治的に急進的な傾向があり，維持のための経済負担も大きかったため保守勢力に批判されたが，内戦後も国政に大きな影響を与え続けた。
ネイピア，ジョン Napier, John　265
(1550–1617) マーキストン領主。数学者。1614年に初めて対数に関する発見を公表した他，ネイピアの骨と呼ばれる計算器具を開発するなど，様々な数学的功績を残した。
ネーデルラント反乱 Revolt of the Netherlands　9
1567年から1648年にかけて，ネーデルラント諸州がスペインに対して起こした反乱。オランダ独立戦争，また八十年戦争とも呼ばれる。1568年オラニエ公ウィレム1世の軍事行動で幕を開け，プロテスタントの支配が確立した北部七州がネーデルラント連邦共和国として実質的に独立した。
農業 agriculture　170, 201, 202, 207, 209–12
　アイルランドにおける——in Irenald　202, 226
　スコットランドにおける——in Scotland　202, 209–10, 226
　——と社会構造 and social structure　209–12
ノーサンバーランド伯爵，アルジャノン・パーシー，第10代 Northumberland, Algernon Percy, 10th earl of　166
(1602–1668) イングランドの貴族，政治家。はじめチャールズ1世の統治を支持したが，内戦期には議会派となり，穏健派として国王の処刑に反対するなどした。共和政期には政治を離れ，王政復古に際して要職に復した。
ノックス，アンドルー，島嶼部およびラフォー主教 Knox, Andrew, bishop of the Isles and Raphoe　76
(d. 1633) スコットランド出身の聖職者。スコットランド・島嶼主教（1605–18），アイルランド・ラフォー主教（1611–33）。
ノックス，ジョン Knox, John　319, 320
(c. 1514–1572) スコットランド出身の宗教改革者。1547年にプロテスタントに改宗。イングランドにおいて聖書中心主義により跪拝に反対するなど，急進的な説教活動を活発に行った。53年，メアリー・テューダーのローマ・カトリック反動が始まると大陸に亡命し，ジュネーヴでカルヴァンの教えを受けて長老主義の信条を強固にした。58年にメアリーを攻撃する『女性軍団に対する最初の突撃ラッパ』を著した。これが女性による支配全般に対する攻撃とみなされ，同年即位したエリザベスにイングランド入国を拒否されたため，スコットランドに帰国，信仰告白と教会組織の基礎を定めた『第一規律書』を起草し，長老主義に基づくスコットランド教会を成立させた。ローマ・カトリックのスコットランド女王メアリーを激しく批判したが，メアリー処刑への影響は小さかったとされる。
ノートステイン，ウォレス Notestein, Wallace　302

（1878–1969）歴史学者。前期ステュアート朝政治史研究。

ハ行

バイ陰謀事件 Bye Plot　19
1603年。ローマ・カトリックの聖職者がジェームズ1世をとらえて寛容宣言を出させようとしたが失敗した。
廃棄 revocation　37, 59, 114
→廃棄法
廃棄法 Act of Revocation　37, 59, 65, 91–92, 114
1625年成立。1540年以降に俗人に譲渡された教会および国王の財産を，再び国王の所有とした法で，スコットランドに適用され，貴族の反発を生んだ。
ハイド，エドワード，初代クラレンドン伯爵 Hyde, Edward, 1st earl of Clarendon　166, 167, 188, 329
（1609–1674）イングランドの政治家，法律家，歴史家。1640年に庶民院議員となり，チャールズ1世の専制的政治を批判したが，ピムらによる国王大権の廃止などの急進的な主張にも反対した。内戦のため亡命したチャールズ2世に従い，彼の政治顧問をつとめ，王政復古後は国王側近として政治運営を担った。騎士議会が彼の名を冠していながらも彼の意図よりはるかに報復的なクラレンドン法典を制定したことで，国王派からも非国教徒からも不満を抱かれたが，第二次英蘭戦争の失敗ののちに失脚した。娘のアン・ハイドはジェームズ2世の妃で，のちにメアリー2世とアン女王となる二人の娘を生んだ。
ハイド，エドワード，第2代クラレンドン伯爵 Hyde, Edward, 2nd earl of Clarendon　188
（1638–1709）イングランドの政治家。1685–87年，王璽尚書，アイルランド総督をつとめる。プロテスタントであり，次第にジェームズ2世の親ローマ・カトリック政策と対立した。
ハイド，ローレンス，ロチェスター伯爵 Hyde, Laurence, 1st earl of Rochester　167, 188
（1642–1711）イングランドの政治家。初代クラレンドン伯の次男。ジェームズ2世治世に枢密院議長など要職をつとめるが，ローマ・カトリックへの改宗を拒んで解任された。
パーヴィス，サー・ウィリアム Purves, Sir William　318
（1623–1684）スコットランドの法律家。スコットランド法務次官として王室財産の調査を行った。
『馬鹿げたもくろみ，またはスコットランド国王の物語』 *A Mad Designe, or A Description of the King of Scots*　110
パーカー，ヘンリー Parker, Henry　122
（1604–1652）イングランドの政論家。内乱期，二院制の議会主権を主張し，議会派を擁護した。
白山の戦い（ビーラー・ホラの戦い／ヴァイセンベルクの戦い）Bitva na Bílé hoře, Schlacht am Weißen Berg　87
1620年，ボヘミア王国の首都プラハ近郊で勃発した三十年戦争の緒戦。神聖ローマ皇帝軍がプロテスタントが中心のボヘミア軍を撃破した。
バーケンヘッド，サー・ジョン Berkenhead, Sir John　121
（1617–1679）イングランドの詩人，時事評論家。オックスフォードで『宮廷瓦版』（1643–5）を発行し，王党派を擁護した。
バージェス，グレン Burgess, Glenn　3, 4, 335
現代の歴史学者。
『バシリコン・ドロン』 →『国王からの訓戒』
パース箇条 Perth Articles　96
→パース五箇条
バストウィック，ジョン Bastwicke, John　113
（1595–1654）イングランドの内科医，論客。長老主義を掲げ，ロード大主教を批判，耳削ぎの刑に処される。シリー諸島に逃れるが，1640年長期議会によって熱烈に歓迎され，帰還した。
パストン，ロバート，初代ヤーマス伯爵 Paston, Robert, 1st Earl of Yarmouth　179
（1631–1683）イングランドの政治家。ノーフォークの統監となるが，前任者であるタウンゼンド男爵ホレイシオと対立した。
パースの五箇条 Five Articles of Perth　60, 77, 322
ジェームズ6世が1618年のスコットランド教会総会に対して発し，21年にスコットランド議会を通過した礼拝に関する法規。（1）聖餐受領における跪拝，（2）個人的な聖餐，（3）緊急の洗礼，（4）主教の指導に基づく教理問答，（5）降誕日や復活祭などを祝日とすることが定められ，法王教的であると批判された。1638年の教会総会において廃止された。
八人衆 Octavians　48
1595年，ジェームズ6世によりスコットランドの王室財政健全化のために任命された宮廷人たち。
バッキンガム公爵（ジョージ・ヴィリアーズ）Buckingham, 1st duke of (George Villiers)　27, 31, 37, 49, 311
（1592–1628）イングランドの貴族。ジェームズ1

世の寵愛を受け急速に出世して，チャールズ1世の治世初期まで国政を主導した。1625年にスペイン・カディスへ，1627年にラ・ロシェルへ軍事遠征を試みるが失敗し，議会の批判が強まった。1628年，陸軍将校によって暗殺された。
——**への攻撃** attacks on　46
チャールズ一世と——Charles I and　44, 46
——**と国王の恩顧** and royal patronage　34, 35, 55, 63
——**とスコットランド枢密院** and Scottish privy council　39
『発見』（ジョンソン）*Discovery* (Johnson)　264
ハッチンソン，ルーシー Hutchinson, Lucy　265
（1620–1681）国王弑逆者となった夫ジョン・ハッチンソンの伝記を執筆したほか，ルクレティウスの翻訳や詩「秩序と無秩序」（1679）などをものした。
ハットフィールド・ハウス Hatfield House　225
1611年ロバート・セシルが建てた大邸宅。ジョン・トラデスカンによる庭園が有名。
バトラー，ジェームズ Butler, James →オーモンド
バートン，ヘンリー　Burton, Henry　113
（bap. 1578, d. 1647/8）ピューリタンの神学者・説教師。アルミニウス主義をローマ・カトリック寄りとして警戒し，チャールズ1世の政府を批判した。
バニヤン，ジョン Bunyan, John　290, 291, 333
（1628–88）ピューリタンの説教師，著述家。妻の影響から信仰の道にはいり，説教活動を始める。王政復古によって秘密礼拝集会への弾圧が強まるも，説教をやめなかったため，1672年の信仰自由宣言までの期間のほとんどを投獄されて過ごした。獄中で『天路歴程』を著した。
ハミルトン，ギャヴィン，ギャロウェー主教 Hamilton, Gavin, bishop of Galloway　76
（c. 1561–1612）スコットランドの聖職者。ギャロウェー主教（1605–12）。スコットランドへの主教制の導入を支持し，1610年にスポッティズウッド，ラムとともにロンドンで聖別された。
ハミルトン，ジェームズ，第3代ハミルトン侯爵
Hamilton, James, 3rd marquis of Hamilton　21, 36–8
（1606–49）スコットランドの貴族。内戦期のチャールズ1世のスコットランド担当政治顧問。1643年公爵。約定の成立にともなってイングランドに攻め入ったが，プレストンの戦いでクロムウェルに敗れ，翌年処刑された。
バリー，エリザベス Barry, Elizabeth　285
（1658–1713）女優。ベーンの『流れ者』やエサリッジの『当世伊達男』などに出演。女優を導入したばかりの王政復古期の商業劇場において絶大な人気を誇り，劇場経営にも携わった。
バルカンカル，ウォルター Balcanquhal, Walter　86
（1586?–1645）スコットランド出身の聖職者。ジェームズ1世＝6世によりドルトレヒト教会会議に派遣された。
バルクリー，ランスロット，ダブリン大主教 Bulkeley, Lancelot, archbishop of Dublin　98
（1568/9–1650）アイルランド国教会の聖職者。1619年にアイルランド国教会のダブリン大主教に叙任される。
バルメリノ卿，第2代（ジョン・エルフィンストン）John Elphinstone, 2nd Lord Balmerino　61, 114
（d. 1649）スコットランドの貴族。チャールズ1世のスコットランドにおける教会政策に反対した。祈禱書の反乱以降，契約派貴族として活躍した。
バーロー，ウィリアム Barlow, William, bishop　254
（?–1568）チチェスター主教。1536–48年，セント・デイヴィッズ主教在位中に，ウェールズにおけるプロテスタンティズム布教に尽力し，カーマーゼンにグラマースクールを設立しようと試み，1541年にはブレコンにクライストカレッジを設立。メアリー1世治世には迫害を受け大陸に亡命，エリザベス即位後に帰国し，チチェスター主教となった。
ハワード，ウィリアム，初代スタッフォード子爵
Howard, William, 1st Viscount Stafford　178
（1612–1680）ローマ・カトリック貴族ハワード家の一員。1678年タイタス・オーツにより法王教徒陰謀事件に加担したとして訴えられ，拘禁，裁判のうえ処刑された。
ハワード家 Howard family　37, 38, 48
近世イングランドの有力貴族，その多くがローマ・カトリックである。家長のノーフォーク公爵家はイングランドの筆頭公爵でもあり，王家の式典を司る。
バンクロフト，リチャード，カンタベリー大主教
Bancroft, Richard, archbishop of Canterbury　72, 76
（1544–1610）ロンドン主教を経てカンタベリー大主教に就任（1604）。主教制を強力に擁護し，ハンプトン・コート会議で主導的な役割を果たした。1604年および06年の聖職者会議を通過した教会法の大部分を起草した。
バンケティング・ハウス，ホワイトホール Banqueting House, Whitehall　266, 267
ホワイトホール宮殿に付属する晩餐会のための

館。ジェームズ1世のためにイニゴ・ジョーンズにより設計された（1619–22）。ルーベンスの天井画が有名。
犯罪 crime　229–30
バーンズ，T. G. Barnes, T. G.　308
現代の歴史学者。
ハントリー侯爵，ジョージ・ゴードン，初代 Huntly, George Gordon, 1st marquis of　99
（1563–1636）スコットランドのローマ・カトリック領主。
ハンプトン・コート会議 Hampton Court conference　71, 73, 75, 85
1604年，ハンプトン・コート宮殿で開かれたイングランド国教会代表とピューリタン代表の会議。
パンフレット pamphlets　121–2, 122, 276–7
『東行きだよーお!』（チャップマン，マーストン，ジョンソン）*Eastward Ho!*（Chapman, Marston and Jonson）　258, 259, 261
匪賊 banditry　130
否定信仰告白（1581年）Negative Confession（1581）　105
1581年，法王教復活への懸念が高まったスコットランドで，ジョン・クレイグによって作成された信仰告白。1560年のスコットランド信仰告白にそぐわない内容をすべて否定したので，否定信仰告白と呼ばれる。1638年の国民契約の基礎となった。ジェームズ6世も署名したので，国王の信仰告白とも呼ばれる。
ビーデル，ウィリアム Bedell, William　85, 97
（1571–1642）トリニティ・カレッジ（ダブリン）学長，およびキルモア主教。穏健な改革派でアイルランド文化にも造詣が深く，アイルランドでは慕われたがプロテスタントからは嫌われた。
ピープス，サミュエル Pepys, Samuel　286
（1633–1703）イングランドの海軍行政官，日記作家。王政復古政府のもとで書記官として海軍委員会に入り，85年海軍軍政長官となる。その間，79年には法王教徒陰謀事件への関与を疑われ投獄されたが釈放された。60年から69年まで書き記した日記で有名。
「ヒベルニア・エクレジア」 *Hibernia Ecclesia*　68
ピム，ジョン Pym, John　46
（c. 1583–1643）イングランドの政治家。内戦前夜から初期にかけての議会派の指導者。1614年庶民院議員となり，国王批判派として頭角を現した。29年から40年の「専制の11年」には，アメリカに政治亡命者のための避難所たる新プロヴィデンス会社を設立した。40年短期議会および長期議会でも国王を批判し，ストラフォード伯爵およびロードの弾劾，大抗議文の起草などに主導的な役割を果たした。
ヒューズ，アン Hughes, Ann　308
現代の歴史学者。
病気 disease　208–9, 234
——**幼児死亡率** infant mortality　208, 209
——**伝染病** plague　208, 217, 268
ヒル，クリストファー Hill, Christopher　307
（1912–2003）　20世紀のマルクス史学を代表する歴史学者。ピューリタン革命研究。
ヒール，フェリシティ Heal, Felicity　317
現代の歴史学者。
ピンキー・ハウス，マッセルバラ Pinkie House, Musselburgh　241–5
貧困 poverty　148, 217, 228, 254
——**と食物** and diet　205–7
——**と健康** and health　217
——**と住宅** and housing　227
——**と生活の質** and quality of life　233–8
ファン・ダーレン，コルネリウス van Dalen, Cornelius　16
（1638–1664）オランダの版画家。
ファン・ティルボルフ，ヒリス van Tilborough, Gillis　200
（c. 1625–c. 1678）フランドルのバロック画家。
フィリップ，イングランドとアイルランド国王 Philip, king of England and Ireland →フェリペ2世
フィリップス，ジョン，ソードー＝マン島主教 Philips, John, bishop of Sodor and Man　253
（c. 1555–1633）ソードーとマン島主教。共通祈禱書をマン島語に訳した。
フィリップス，キャサリン Philips, Katherine　287–9
（1631–1664）イングランドの詩人，劇作家。コルネイユ『ポンペの死』の翻訳で有名。
フィンチャム，ケネス Fincham, Kenneth　317
現在の歴史学者。
フェリペ2世，スペイン国王 Felipe II de España（Philip II of Spain）　8, 83
（1527 – 1598）スペイン国王（1556–1598），メアリー1世の配偶者としてイングランドおよびアイルランド国王フィリップ（1554–1558）。
フェルディナント2世，神聖ローマ帝国皇帝 Kaiser des Heiligen Römischen Reiches　91
（1578–1637）神聖ローマ帝国皇帝（1619–37），ボヘミア国王（1617–27），ハンガリー国王（1618–26）。対抗宗教改革の中心的人物でプロテスタント貴族の弾圧を進めた。プロテスタントが多数を占めるボヘミア議会がフェルディナントを廃したことは，三十年戦争の端緒となった。
フォークス，ガイ Fawkes, Guy　19
（1570–1606）　1605年の火薬陰謀事件の実行

犯の一人。11月5日，議事堂の地下室でとらえられ処刑された。

フォークランド子爵，ヘンリー・ケアリー，初代 Falkland, Henry Cary, 1st Viscount 40
(c. 1575-1633) アイルランド総督。ローマ・カトリックを嫌悪したが，総督としてチャールズ1世による「恩寵」を発布した。妻エリザベスは著名な女性劇作家（のち，離縁）。

フォード，アラン Ford, Alan 326
現代の歴史学者。

フォルスティウス，コンラート Vorstius, Conrad 85
(1569-1622) ケルン出身の神学者。レイデン大学教授。

ブキャナン，ジョージ Buchanan, George 249, 318
(1506-82) スコットランドの人文主義者。パリで教育を受け，ラテン語の詩人，劇作家として大陸で活躍し名声を得る。反教会的姿勢からポルトガル異端審問所によって一時幽閉された。1561年にスコットランドに帰国。エラスムス流の人文主義からプロテスタンティズムへと変わり，1567年にはスコットランド教会（カーク）の教会総会の議長となり，ローマ・カトリックの女王メアリーを厳しく批判した。1570-8年にかけてジェームズ6世の個人教師をつとめた。

複合君主国 multiple monarchies 7-8, 83
一人の君主ないし一つの王朝の下に複数の「王国」や自立的地域が統合されている政治形態。

フーコー，ミシェル Foulcault, Michel 267
(1926-1984) 20世紀の思想家。

婦人学寮，デットフォード Ladies Hall, Deptford 255

ブラウンカー，ウィリアム，第2代ブラウンカー子爵 Brouncker, William, 2nd Viscount Brouncker 292
(1620-84) 数学者。アイルランド出身の貴族。円の求積などの研究で業績をあげた。王立協会の初代会長をつとめた他，チャールズ2世妃カタリーナに仕え，グレシャム・カレッジの学長や王立聖キャサリン病院の院長をつとめた。

ブラウン，キース Brown, Keith 8, 316
現代の歴史学者

ブラックフライアーズ座 Blackfriars theatre 258-9
ロンドン・シティのドミニコ会修道院跡地に建設された室内劇場。16世紀末からイングランド内戦前夜まで，多くの革新的な演劇が上演された。

ブラッドショー，ブレンダン Bradshaw, Brendan 326
現代の歴史学者。

ブラディック，マイケル Braddick, Michael 12
現代の歴史学者。

ブラムホール，ジョン Bramhall, John, archbishop (1594-1663) 1634年からデリー主教。内戦時にはピューリタンを批判して大陸に亡命した。1661年にアーマー大主教に就任。

プランケット，オリヴァー，アーマー大司教 Plunkett, Oliver, archbishop of Armagh 178
(1629-1681) アイルランドのローマ・カトリック聖職者。ローマで叙任され，神学教授となる。1670年アーマー大司教としてアイルランドにわたるが，79年法王教徒陰謀事件の混乱の中で逮捕され，ロンドンで処刑された。

プリス，エドマンド，メリオネス大執事 Prys, Edmund, archdeacon of Merioneth 252
(1542/3-1623) ウェールズ出身の詩人，聖職者。ウェールズのメリオネスに生まれ，ケンブリッジで大学教育を受けて国教会の聖職者となり，メリオネスの大執事に任命される。ウェールズ語とラテン語で詩作し，詩編をウェールズ語に翻訳した。

ブリストル Bristol 215, 217, 218, 278
イングランド南西部の港湾都市。17・18世紀には大西洋の奴隷貿易で繁栄した。

プリチャード，リース，スランドヴェリ教区司祭 Prichard, Rhys, vicar of Llandovery 252, 291
(1579-1644) ウェールズ出身の詩人，聖職者。主に信仰や道徳を主題としてウェールズ語で詩作し，また教理問答をウェールズ語に翻訳した。ウェールズでは著名な作家であり，「老司祭さま」'Yr Hen Ficer' (The Old Vicar) として知られていた。

ブリテンの合同 Britain, union of 24-29

フリードリヒ5世，プファルツ選帝侯（冬の国王） Friedrich V, Kurfürst von der Pfalz (Frederick V, Elector Palatine) 20, 31, 78, 87
(1596-1632) プファルツ選帝侯（1610-20），ボヘミア国王（1619-20）。1613年にジェームズ1世の長女エリザベスと結婚。プロテスタント同盟の盟主を自認し，1629年，ボヘミア国王となった。白山の戦い（1620）に敗れ，亡命，すべての領地を喪失した。ボヘミアでの在位は一冬であったので，冬の国王とも呼ばれる。

プリン，ウィリアム Prynne, William 60, 113
(1600-1669) イングランドの政論家。1620年代からアルミニウス主義批判を書き始め，30年代に政治活動により耳そぎ，投獄とされた。40年に長期議会により釈放され，内戦期には議会派を支持した。48年に庶民院議員となり，プライドのパージで追放されたが，60年王政復古により議員に復帰した。

ブレイスガードル，アン Bracegirdle, Anne 285

（1671以前－1748）女優。リーの『敵対する王妃たち』やコングリーヴの『世の習い』などに出演。王政復古期の劇場においてエリザベス・バリーと並ぶ人気を誇った。
ブレイディ，キーラン Brady, Ciaran　326
現代の歴史学者。
フレゼリク2世，デンマーク国王 Frederik 2. af Danmark og Norge（Frederick II of Denmark and Norway）　19
（1534–1588）デンマーク＝ノルウェー国王。ジェームズ1世＝6世妃アンナの父。ルター派。ヘルシンゲル（英名エルシノア）にクロンボー城を建設した。
ブレダ宣言 Breda, Declaration of　163, 165, 329
1660年4月，ネーデルラント連邦共和国の都市ブレダで亡命中のチャールズ2世が発布した宣言。王政復古に際して，恩赦，良心の自由，土地問題の解決，軍隊への滞納金の支払いを約束したものの，細目の決定は仮議会に残された。
フレッチャー，アラン Fletcher, Alan　269
現代の歴史学者。
フレッチャー，アンソニー Fletcher, Anthony　308
現代の歴史学者。
ブログヒル男爵 Broghill, Lord →ボイル，ロジャー
プロテスタンティズム Protestantism
――**アルミニウス主義** Arminianism　31, 37, 46, 86, 95
――**アイルランド国教会** Church of Ireland　68, 73, 83, 92–3, 98–9
アイルランドにおける――in Ireland　129–30, 163–5
――**スコットランド教会** Kirk of Scotland　72–6, 77, 96, 103, 104, 321
――**ピューリタニズム** Puritanism　73
→長老主義
文化 culture　333
――**吟唱詩人，吟唱詩** bard, bardic poetry　252, 274
――**天井画** ceilings　264, 266, 267–8
――**教育** education　249
――**アイルランドにおける**―in Ireland　252
――**ジェームズ1 世＝6世と** James VI and I and　249
――**仮面劇** masques　255, 260, 261, 263, 265, 266, 278
ルネサンスと――Renaissance and　246–7
シェイクスピアと――Shakespear and　248
ウェールズの――Welsh　250, 255, 274
ベアルン Béarn　9–10
ピレネー山脈の北麓に位置した歴史的地域。近世には公国であり，ナバラ（ナヴァール）王家が支配していた。
平均寿命 life expectancy　209
ヘイグ，クリストファー Haigh, Christopher　317
現代の歴史家。近世イングランド宗教史。
ベイツ裁判 Bates Case　51
1606年。関税に関する国王大権を拡大した。
ベイリー，ロバート Baillie, Robert　122
（1599–1662）スコットランドの聖職者。ロードのアルミニウス主義に反対し，契約派に協調した。1643年にスコットランド教会代表としてウェストミンスター宗教会議に出席し，イングランドの独立派を批判した。のちに決議派の指導者となる。
ヘクスター，J. H. Hexter, J. H.　307
（1910–1996）　20世紀の歴史学者。アメリカ合衆国出身。
ベーコン，フランシス Bacon, Francis
（1561–1626）イングランドの哲学者，政治家。ジェームズ1世のもとで昇進を続け，大法官になるが，汚職が原因で失脚した。『ノヴム・オルガヌム』他多くの哲学的著作を残す。
ペスト plague　208, 219, 268
ペティ，ウィリアム Petty, Sir William　158, 227
（1623–1687）イングランドの医学者，測量家，経済学者。レイデン，オックスフォードなどで医学を学び，48年オックスフォード大学の解剖学教授となる。52年共和国軍のアイルランド派遣軍に軍医として同行し，55年よりアイルランドの地形学調査を行った。『政治算術』（1678）など経済学の功績で知られる。
ベネット，ヘンリー，アーリントン伯爵 Bennet, Sir Henry, 1st earl of Arlington　160
（1618–85）イングランドの貴族。65年に男爵，72年に伯爵となる。チャールズ2世の国務卿（1662–74）として，フランス国王ルイ14世とのドーヴァーの密約を企図した（1670）。
ベラルミーノ，ロベルト，枢機卿 Bellarmine, Robert, cardinal　82
（1542–1621）イタリア・モンテプルチャーノ出身のローマ・カトリック神学者。イエズス会に入り，枢機卿（1599），次いでカプア大司教となる（1602–05）。
ベーン，アフラ Behn, Aphra　285, 286
（1640–89）イングランドの劇作家，小説家。イングランド初の女性職業作家と言われ，多くの芝居や小説，詩を残した。熱心な王党派であった
ヘンダーソン，アレクサンダー Henderson, Alexander　122

(c. 1583-1646) スコットランド契約派の指導者の一人。国民契約（1638）や厳粛な同盟と契約（1643）の起草に関与した。

ベンバーブの戦い Benburb, battle of　137
1646年。アルスター地方の小村ベンバーブ付近でアイルランド同盟軍がスコットランド契約派軍に勝利した戦闘。

ヘンリー7世 Henry VII, king of England　18
（1457-1509）テューダー朝イングランド初代の国王。バラ戦争を終結させ、テューダー朝を開いた。星室庁裁判所を活用してヨーク派の弱体化を図るとともに、強制借入やネーデルラントとの通商条約締結などで財政再建に努めた。長女マーガレットとスコットランド国王ジェームズ4世の婚約を取り決めた。

ヘンリー8世 Henry VIII, king of England and Ireland　25, 325
（1491-1547）イングランド国王（1509-1547）アイルランド国王（1541-1547）

ヘンリエッタ＝マライア→アンリエット＝マリー
Henrietta Maria of France

『ヘンリー五世』（シェイクスピア）Henry V (Shakespeare)　247, 258, 294

ヘンリー，フィリップ Henry, Philip
（1631-96）イングランドの聖職者。

ヘンリー＝フレデリック，王太子 Henry Frederick, Prince of Wales　20, 23
（1594-1612）ジェームズ1世＝6世の長男。18歳で病没。

ポイニングズ法 Poyning's Law　40
1494年、アイルランド議会の権限を大幅に制限した法。アイルランド議会は、開会日や議事日程などについて事前にイングランド国王と枢密院の許可を得ないかぎり召集されえないこととなり、またイングランド法がアイルランドにも適用されることとなった。

ボイル，リチャード，初代コーク伯爵 Boyle, Richard, 1st earl of Cork　37
（1566-1643）リチャード・ボイル。新イングランド系の入植者としてアイルランドに土地を得て、要職を歴任した。ロジャーとロバート・ボイルの父。

ボイル，ロジャー，オーレリー伯爵 Boyle, Roger, 1st Earl of Orrery　180, 184
（1621-79）初代コーク伯爵の息子で、科学者ロバート・ボイルの兄。クロムウェルのもとで戦った。劇作家としても有名。

ボイル，ロバート Boyle, Robert　292
（1627-91）初代コーク伯爵の息子で、アイルランド出身。実験に基づく科学を推進し、近代科学の研究手法を確立するのに大きく貢献した。気体などの研究において目覚ましい業績をあげ、ボイルの法則は彼の名にちなむものである。王立協会設立（1660）の中心人物のひとり。熱心なプロテスタントであり、死後、科学による信仰の擁護を目指すボイル講演が設立された。

貿易 trade　168-9, 212-3, 217-21

『法王教の国教忌避者をより効果的に発見し抑圧する法』 Act for the better discovering and repressing of Popish recusants (1606)　82

法王教 popery　44, 72, 82, 86, 95, 97, 98, 100, 103, 106, 176, 177, 180, 317, 322, 323, 331
ローマ・カトリシズムに対する歴史的蔑称。近世のプロテスタントはローマ・カトリシズムを邪教と見なし、法王教と呼んだ。序論訳註〔6〕を参照。

法王教徒陰謀事件 Popish Plot　177, 184, 330
1678年、タイタス・オーツらが捏造したローマ・カトリックによる陰謀事件。その内容は、チャールズ2世を暗殺してローマ・カトリックであるヨーク公爵ジェームズを即位させ、プロテスタントを虐殺する、というもの。国中が恐慌状態に陥り、大勢のローマ・カトリックが裁判にかけられて処刑された。また、公職からカトリックを排除する審査法が制定され、さらにヨーク公爵の王位継承を阻止しようとする排除法案が提出された。

法体系 legal system　25, 292
　——**イングランド** England　228
　——**治安判事** justices of the peace　56, 183, 184, 186, 188, 222
　——**治安判事** magistrates　54, 56, 82, 113, 165, 176, 183
　——**シェリフ**（州長官）sheriffs　56, 186
　→シェリフ

法律家協会図書館 Advocates Library, Edinburgh　214, 292
1689年開館、1709年から1925年まで著作権登録図書館であった

ポーコック，J. G. A. Pocock, J. G. A.　2
現代の歴史学者。

ホッブズ，トマス Hobbes, Thomas　277
（1588-1679）イングランドの政治思想家。イングランド国教会司祭の次男として生まれる。40年、内戦前夜の騒乱を逃れてフランスに亡命し、パリで研究と執筆に励み、51年『リヴァイアサン』を発表した。絶対王権の擁護者とみなされた一方で、教会の権威に疑念を表明したために国教会および国王派の批判も浴びた。死後の1682年に内戦期に関する歴史記述『ビヒ

モス』が出版された。
ボーフォート公爵，初代（ヘンリー・サマーセット） Beaufort, 1st duke of (Henry Somerset)　179, 188, 196
（1629–1700）イングランドの貴族。1672年，ウェールズ辺境評議会長官となる。ジェームズ2世を支持し，1680年代にはトーリーの指導的人物となるが，ウィリアム3世治世になると公職を退いた。
ボヘミア Bohemia　20, 78
現在のチェコ西部・中部とほぼ重なる歴史的地域。ボヘミアはラテン語読み。ドイツ語ではベーメン。17世紀はハプスブルク君主国に属していた。
ボヘミア王妃エリザベス（冬の女王），**エリザベス・ステュアート** Elizabeth of Bohemia（Winter Queen），Elizabeth Stuart　20
（1596–1662）ジェームズ1世の長女。プファルツ選帝侯フリードリヒ5世の妻。一冬だけボヘミア王妃であったので，冬の女王とも呼ばれた。
ホームズ，クライヴ Holmes, Clive　308
現代の歴史学者。
ホランド，ロバート Holland, Robert　250
（1557–1622?）イングランド国教会の聖職者。プロテスタントの信仰を広めるためウェールズ語で著述活動を行った。ジェームズ1世『国王の訓戒』をウェールズ語に翻訳。
ホールズ，デンズィル Holles, Denzil　166
（1598–1680）イングランドの政治家。議会派。
ホリルードハウス，エディンバラ Holyroodhouse, Edinburgh　89, 157, 192, 195, 264, 265, 282, 290
ホリルード修道院のゲストハウスを前身とし，16世紀初頭にジェームズ4世によって王室の宮殿とされた。スコットランド女王メアリーの居城として有名。現在は英国王のスコットランドにおける公邸。
ホワイトウェー，ウィリアム Whiteway, William　310–1
（1599–1635）イングランドの日記作者。
ホワイトホール宮殿 Whitehall Palace　193, 194, 195, 261, 266
ウェストミンスターにあった王宮。1529年，ヘンリー8世がウルジーから没収して王宮となる。1698年火災により消失。
ホワイトロック，バルストロード Whitelocke, Bulstrode　279
（1605–1675）イングランドの法律家，政治家。
『ポンピー』（K・フィリップス訳）*Pompey* (trans. K. Philips)　287, 289
ピエール・コルネイユ原作

マ行

マーヴェル，アンドルー Marvell, Andrew　267
（1621–1678）イングランドの詩人，政治家。議会派の政治家としても活躍した。ジョン・ダンなどと並ぶ形而上詩人の一人で，代表作は「はにかむ恋人へ」など。共和主義的立場からミルトンを擁護し，国王と側近を風刺する詩を多く残した。
マウントノリス男爵（フランシス・アネズリー） Baron Mountnorris（Francis Annesley）　60
（1586–1660）イングランドとアイルランドの両議会の議員。アルスター植民を促進し，所領と官職を得て権勢を誇ったが，総督ウェントワースと対立して軍法会議にかけられたのち，イングランド枢密院により官職を剥奪された。マウントノリスへの攻撃はウェントワースによる専制支配の最たる例として長期議会によって糾弾された。
マカラック，ディアミッド MacCulloch, Diarmaid　317
現代の歴史学者。
マカラック，ピーター　McCullough, Peter　317
現代の文学研究者。
マーガレット・テューダー Margaret Tudor　18
（1489–1541）イングランド国王ヘンリー7世の長女で，スコットランド国王ジェームズ4世の妃。スコットランド女王メアリーの祖母，その子ジェームズ6世の曾祖母にあたり，両人のイングランド王位継承権の根拠は彼女を通じてヘンリー7世の血を引いていることにあった。
マキューアン，J. S. MacEwen, J. S.　320
（1910–1993）聖職者，教会史家。
マクドナルド，アラン MacDonald, Alan　322
現代の歴史学者。
マクドネル家 Macdonnell family　27, 135, 143
スコットランド高地地方のマクドナルド氏族のアイルランドにおける分家にあたる。16世紀にアントリム州を基盤に拡大を開始した。ランダル・マクドネルはオニールの乱鎮圧の功により広大な土地を下賜され，初代アントリム伯爵となった。同名の息子は初代アントリム侯爵となった。
マクドネル，ランダル，初代アントリム侯爵 MacDonnell, Randal, 1st arquess of Antrim　27
（1609–1683）アイルランドおよびスコットランドの有力ローマ・カトリック貴族。三王国戦争中は何度か立場を変えたが，のちにクロムウェル陣営に参加した。王政復古後は大逆罪に問われるが，釈放されて，所領を確保した。

マクロバーツ, デイヴィッド McRoberts, David 320
（1912-1978）20世紀の歴史学者。

マクワース, サー・ハンフリー Mackworth, Sir Humphrey 221
（1657-1727）イングランドの産業企業家, 政治家。

マコーリー, トマス・バビントン Macaulay, Thomas Babbington 302
（1800-1859） 19世紀イングランドの歴史家。代表的ホイッグ史家とみなされている。

魔術 witchcraft 232-3

マシュー, トビアス Matthew, Tobias（Toby） 69, 76
（1544?-1628）イングランドの聖職者。ダラム主教（1595-1606）, ヨーク大主教（1606-28）。

マーストン, ジョン Marston, John 258
（c. 1575-1634）イングランドの劇作家。17世紀初頭に人気があり, 『アントニオとメリダ』（1600）,『不満の士』（1603年頃）,『オランダ人娼婦』（1604～1605年頃）などが代表作である。

マーストン・ムーアの戦い Marston Moor, battle of 136
1644年7月2日, 内戦中の戦闘。国王軍の拠点ヨークの西方10キロのマーストン・ムーアにおいて, ニューカースル侯爵, ループレヒト公子らの国王軍とクロムウェル, フェアファックスらの議会軍が会戦した。議会軍が勝利してヨークを奪い, 国王派はイングランド北部を失った。

マッケンジー, サー・ジョージ Mackenzie, Sir George 233, 331
（1636/38-1691）スコットランドの法律家。1677年にスコットランド法務長官となり, 契約派を大規模に迫害したことから,「血のマッケンジー」として知られる。

マー伯, ジョン・アースキン, 第18代 Mar, John Erskine, 18th earl of 38, 48
（c. 1562-1634）スコットランドの廷臣, 政治家。枢密顧問官, 高等宗務官, スコットランド財務府長官（1616-30）。

マリー, サー・ギデオン Murray, Sir Gideon 36
（c. 1560-1621）スコットランドの政治家, 判事。財務府長官代理としてスコットランドの王室財産を管理したが, 汚職の嫌疑をかけられ, 憤死した。

マリー, デイヴィッド Murray, David 221
（d. 1704）マン島出身の商人。

『マルシアノ』（クラーク）Marciano (Clerke) 282

マン島 Man, Isle of 215, 217, 218, 231, 253

『未刊行戯曲集』（キャヴェンディシュ）Plays, Never Before Printed (Cavendish) 280

『三つの結び目』（1608年）Triplici Nodo (1608) 82

ミドルトン, ジョン, 初代ミドルトン伯 Middleton, John, 1st earl of Middleton 176
（c. 1608-1673）スコットランドの軍人。内戦においては, はじめ契約派, 議会派として戦ったが, のちに国王軍に転身し, 王政復古後に授爵したが, のち左遷された。

ミドルトン, トマス Middleton, Thomas 257
（c. 1580-c. 1627）劇作家, 詩人。ロンドンの市民の生活を活写した都市喜劇などを得意とした。代表作は『チープサイドの貞淑な乙女』（1613）,『女よ, 女に心せよ』（1621）, ウィリアム・ロウリーとの共作『チェインジリング』（1622）など。

ミルトン, アンソニー Milton, Anthony 317
現代の歴史学者。

ミルトン, ジョン Milton, John 121, 122, 290
（1608-1674）詩人。ピューリタンで議会派の文筆家として詩のみならず政治や信仰に関わる多数の散文著作を刊行した。護国卿政権では国務会議のラテン語書記官を勤めた。代表作は長詩『失楽園』（1668）の他, 仮面劇『コウマス』（1634）, 長詩『復楽園』（1671）,『闘士サムソン』（1671）など。

民兵 militia 56, 65, 146, 171, 172-3, 331
成人男性を州単位で編成した非正規軍。その統帥権は州統監にあり, また一定額以上の財産保有者は各自の財産高に応じて武器と人員を提供した。素人による州の自衛組織という性格があり, 軍事力としては非効率的であった。王政復古後の民兵法によって統帥権は国王に復帰し, 民兵制度は再組織化された。

民兵法 Militia Acts 165, 172
→民兵

民兵条例 Militia Ordinance 119
1642年3月, イングランド議会と国王の対立が深刻化するなかで, 議会が国王の勅可なしに, 民兵に召集をかけた条例。

ムーア, ジェラルド, ドロヘダのムーア子爵, 初代 Moore, Gerald, 1st Viscount Moore of Drogheda 91
（1565/6-1627）アイルランドの政治家, 軍人。

メアリー1世, メアリー・テューダー Mary I, Queen of England and Ireland, Mary Tudor, 'Bloody Mary' 18, 83, 100, 157, 195, 245
（1561-1558）イングランド, アイルランド女王（在1553-1558）

メアリー2世 Mary II, Queen of England, Scotland, Ireland, Prinses van Oranje 196, 302
（1662-1694）イングランド, スコットランド, アイル

29

ランド女王（在1689–1694）。1677年，オラニエ公ウィレム3世と結婚，名誉革命後は「ウィリアムとメアリー」として共同統治者となった。

メアリー，スコットランド女王 Mary, Queen of Scots　18, 20–1, 61, 245, 306, 318
（1542–1587）スコットランド女王（在1542–67）。幼少期よりフランス宮廷に送られていたが，夫フランソワ2世の急死により61年にスコットランドに帰国した。65年ダーンリー卿と再婚してジェームズ（のちジェームズ6世）を生むが，67年ダーンリー爆殺事件の首謀者と結婚して反乱を招き，イングランドに亡命した。イングランドではエリザベス1世の保護により各地を転々としたが，ヘンリー7世の曾孫としてイングランド王位継承権を有したため，ローマ・カトリシズム復活を図る勢力による数多くの陰謀事件に利用され，共謀のかどで処刑された。

メアリー＝ヘンリエッタ，オラニエ公妃 Mary Henrietta, Princess Royal, Prinses van Oranje　20
（1631–1660）チャールズ1世の長女。1641年にオラニエ公ウィレム2世と結婚，1650年，嫡子ウィレム（後のウィリアム3世）を出産。亡命中のチャールズ2世を支援した。

『名士小伝』（オーブリー）*Brief Lives* (Aubrey)　273

メイトランド，ジョン，初代ローダーデイル公爵 Maitland, John, 1st duke of Lauderdale　159, 181, 182. 191
（1616–1682）スコットランドの政治家。第2代ローダーデイル伯爵。はじめ活発な契約派であったが，次第にチャールズ1世側に傾き，1647年の盟約の成立に主導的な役割を果たした。チャールズ処刑後はいったん亡命したものの，帰国して投獄された。王政復古後はスコットランド担当国務卿となり，実質的にスコットランドを支配した。67年より「カバル」の一員となり72年には公爵となるが，79年の盟約派の反乱を招き辞任した。

メイトランド，リチャード Maitland, Sir Richard　321
（1496–1586）スコットランドの廷臣，詩人。

名誉革命 Glorious Revolution　2, 197–8, 302, 305, 307, 335
1688–89年。ジェームズ2世を亡命させ，ウィリアム3世とメアリー2世を王位につけた革命。

メイン陰謀事件 Main Plot　19, 21
1603年，ジェームズ1世を廃位させ，従姉妹のアーベラ・ステュアートを擁立しようとした陰謀事件。コバム男爵ヘンリー・ブルックとサー・ウォルター・ローリーは，この陰謀への関与が疑われて逮捕された。実際は無関係のバイ（副）陰謀事件と一体とみなされたため，メイン（主）陰謀事件と呼ばれる。

メルヴィル，アンドルー Melville, Andrew　74, 319
（1545–1622）スコットランドの長老教会の指導者。ジュネーヴに学び，帰国後，グラスゴー大学，アバディーン大学，セント・アンドルーズ大学セント・メアリー学寮の学長となり，人文主義的な大学改革を実行した。78年，教会総会の議長として『第二戒律書』の起草に中心的な役割を果たし，主教制とエラストゥス主義を拒絶するスコットランド教会（カーク）の基礎を作った。ジェームズ6世と激しく対立し，1606年にイングランド枢密院に召喚されたが，イングランド国教会を侮辱したとして裁判なしでロンドン塔に送られた（1607–11）。釈放後はフランス・セダン大学校に送られ，晩年を過ごした。

メルヴィル，ジェームズ Melville, James　319
（1556–1614）スコットランドの聖職者。アンドルー・メルヴィルの甥で，詳細な日記を残した。

モリル，ジョン Morrill, John　4, 6, 11, 12, 305, 308, 312, 314, 316
現代の歴史学者。

モンク，ジョージ（のちのアルバマール公爵） Monck, George (later 1st duke of Albemarle)　145, 162, 166
（1608–1670）インランドの軍人。大陸を転戦したのち，39年に帰国して主教戦争，アイルランド反乱，および内戦に国王軍として参加した。44年フェアファックスに敗れて投獄されるが，47年に釈放され，クロムウェルに才能を見込まれて，アイルランド，ついでスコットランドに遠征し，さらに海軍司令官として52年第一次英蘭戦争にも従事した。護国卿体制が崩壊するとランバートの政権掌握を阻止してロンドンに入り，チャールズ2世に帰国を打診する一方で長期議会を復活させ，王政復古の立役者となった。

モンタギュー，エドワード（のちのサンドウィッチ伯爵） Montagu, Edward (later 1st earl of Sandwich)　166
（1625–1672）内戦期議会派の指導者マンチェスター伯爵の従弟。マンチェスターとともにマーストン・ムーア，ネーズビーなどを転戦する。共和政期には国務会議の評議員もつとめた。56年に海軍に転じ，60年には艦隊を率いてチャールズ2世をイングランドに迎えた。第二次英蘭戦争でも軍功を挙げたが，第三次英蘭戦争中に戦死した。

モンタギュー，リチャード，ノリッジ主教 Montagu, Richard, bishop of Norwich　94
（1575–1641）イングランドの聖職者，論争家。

ジェームズ1世のチャプレン。アルミニウス主義者とみなされ、ローマ・カトリックとピューリタンの双方から批判された。チチェスター主教（1628-38）、ノリッジ主教（1638-41）。

モントローズ侯爵，初代（ジェームズ・グレイアム）Montrose, 1st marquis of (James Graham)　131, 136
　（1612-1650）スコットランドの貴族。はじめ契約派の指導者として国民契約の成立にも主導的役割を果たしたが、契約派内の急進派と対立して、内戦勃発後は国王派に転向し、各地を転戦した。一時亡命したがチャールズ1世処刑後に挙兵し、契約派軍に敗れて処刑された。

モンマス公 duke of Monmouth →ジェームズ・スコット，モンマス公爵

モンロー，ロバート Monro (Munro), Robert　134
　(d. c. 1675) スコットランドの軍人。三十年戦争に参加したのち、契約派・議会派として主教戦争、アイルランド反乱の鎮圧と転戦した。

ヤ行

約定／約定派 Engagement/Engagers　124, 137
　1647年、チャールズ1世がスコットランド契約派の一部と締結した秘密条約。国王への軍事的な援助と引き換えにイングランドに長老教会を三年間導入することを定めた。

友愛会 Society of Friends　287
　劇作家キャサリン・フィリップスの文芸サークル

ユダ・マカバイ Judas Maccabaeus　143-4
　(?-c. 161bc) ユダヤの英雄。セレウコス朝シリア支配に抗してユダヤ人の反乱を指揮し、エルサレムを奪還した。

『良い頭，空の頭，円い頭』 Sound-Head, Rattle-Head, and Round-Head　66

幼児死亡率 infant mortality　209

ヨーク公爵令嬢アン→アン女王 Lady Anne of York

ヨーク・ハウス会議 York House conference　94
　1626年2月、バッキンガム公の邸宅ヨークハウスで開かれた神学会議。

ヨーマン，ルイーズ Yeoman, Louise　322
　現代の歴史学者。

『歓びの修道院』（キャヴェンディシュ）The Convent of Pleasure (Cavendish)　280

ラ行

ライアン，パトリック，第3代ストラスモア伯爵 Lyon, Patrick, 3rd earl of Strathmore　226
　(1643?-1695) スコットランドの貴族。グラームズ城の改修で有名。

ラザフォード，サミュエル Rutherford, Samuel　122
　(c. 1660-1661) スコットランドの長老主義聖職者。44年の著作『法と王』は絶対王政を批判するもので、復古王政において焚書とされた。

ラッセル，コンラッド Russell, Conrad, 5th Earl Russell　4, 11, 12, 305, 312, 315, 326,
　(1937-2004) 歴史学者、政治家。

ラネラ子爵リチャード・ジョーンズ Ranelagh, Richard Jones, Viscount (later the 1st earl of Ranelagh)　169
　(1641-1712) アイルランドの貴族。オーレリー伯爵の甥で、チャールズ2世のアイルランドにおける歳入を管理した。

ラム，アンドルー，ブリーヒン主教 Lamb, Andrew, bishop of Brechin　Jun-75
　(1565?-1634) スコットランドの聖職者。王室付きチャプレンとなり、ジェームズ6世とともにイングランドにわたる。1607年ブリーヒン主教、1619年ギャロウェー主教。

ランバート，ジョン Lambert, John, Major-General　146
　(1619-1683) イングランドの軍人。議会軍の将校として各地で軍功を挙げ、47年には提案要綱の、53年には統治章典の起草において重要な役割を果たしたが、57年に「謙虚な請願と建言」に反対して解任された。護国卿政治崩壊の混乱に乗じて政権掌握を目指したが、モンクに敗れた。

ランベス信仰箇条 Lambeth Articles　102
　1595年、カンタベリー大主教ジョン・ホイットギフトの委員会が編纂した9箇条からなる信仰箇条。カルヴァン主義が強く、公認されなかった。

『リヴァイアサン』（ホッブズ）Leviathan (Hobbes)　277

リーヴズ，ブルーノ Ryves, Bruno　121
　(c. 1596-1677) イングランドの聖職者、ジャーナリスト。内戦期、国王派を擁護した。

『リチャード二世』（シェイクスピア）Richard II (Shakespeare)　10

リヌッチーニ，ジャンバプティスタ Rinuccini, Gianbaptista　129
　(d. 1665) イタリア・フェルモ大司教。1645年教皇特使としてアイルランドに送られ、チャールズ1世の合意を得てアイルランドにローマ・カトリシズムを復活させようとした。

リルバーン，ジョン Lilburne, John　60
　(c. 1614-57) イングランドの軍人。レヴェラーズの指導者。

リンカンズ・イン・フィールズ Lincoln's Inn Fields

31

283, 284
ロンドンの法学院

リンジー，サー・デイヴィッド（マウントの領主） Lindsay, Sir David, of the Mount　256
（c. 1486–1555）詩人，紋章官。スコットランドの宮廷で紋章官をつとめる一方，スコッツ語で多くの詩を著した。

臨時身分制議会 Convention of Estates　182
スコットランドにおいて議会と併存した立法機関。緊急時に臨時議会として開催されることが多かった。

リンチ，マイケル Lynch, Michael　322
現代の歴史学者。

リンドリー，デイヴィッド Lindley, David　263
現代の文学研究者。

ルイ13世 Louis XIII　20
（1601–1643）フランス国王（1610–1643）

ルイ14世（太陽王）Louis XIV（le Roi-Soleil）　177, 187, 302, 330, 335
（1638–1715）フランス国王（在1643–1715）。マザランの死後，1661年に親政を開始，コルベールらを重用して商業と軍事力の増強をはかる一方，85年にナント王令を廃止するなど，苛烈な宗教的弾圧を行った。治世後半の拡張政策は，プロテスタント諸勢力を中心に反フランスの国際的な連携を生じさせた。

ルイ16世 Loius XVI　306
（1754–1793）フランス国王（1774–1789）。フランス革命のさなか，パリ脱出を企てたが，ヴァレンヌで捕らえられ，1789年，処刑された。

ルイス島の植民地化 Lewis, colonization of　29

ループレヒト公子／ルーパート公子（のちに初代カンバーランド公爵）Ruprecht von der Pfalz, Prince Rupert, Count Palatine of the Rhine, later 1st Duke of Cumberland　133
王党派の軍人。プファルツ選帝侯フリードリヒとその妻エリザベス・ステュアートの三男。

ルーベンス，ペーテル・パウル Rubens, Peter Paul　266, 267, 268
（1577–1640）フランドルの画家。17世紀バロック絵画の代表者。外交官としても活躍した。

レイク，ピーター Lake, Peter　317
現代の歴史学者。

礼拝統一法 Acts of Uniformity　174
共通祈禱書に基づく典礼を定めた議会制定法。エドワード6世期の法（1549年，1552年）に続きエリザベス1世が定めた礼拝統一法（1559年）は長期議会により廃止されたので，王政復古後の1662年に再び制定され，これに従わない聖職者の聖職禄を剥奪した。1666年，アイルランドでも同様の法が成立した。

レヴェラーズ（水平派，平等派）Levellers　130, 276, 277
内乱期の急進派。ジョン・リルバーン，リチャード・オーヴァートン，ウィリアム・ウォルウィンらを指導者とし，ニューモデル軍の兵士や下級将校，ロンドンの下層市民や徒弟の間に広まった。生得権や社会契約の思想を基礎として，男女同権，宗教的寛容，君主制および貴族院を廃止する共和主義などを主張した。これらは1647年11月の人民協定に表現され，パトニー論争で議論された。一時クロムウェルと妥協したが，49年5月に決起し，弾圧され，指導者らも投獄されて急速に衰退した。

レキュザント／国教忌避者（ローマ・カトリック） recusant　49, 82, 83, 87, 99
第1章訳註〔12〕を参照。

レノックス＝ステュアート家 Lennox Stuarts　21
ステュアート家の傍系。

レン，クリストファー Wren, Christopher　193, 292
（1632–1723）イングランドの建築家。王立協会の設立メンバー。1666年ロンドン大火により首都の大部分が焼失すると，チャールズ2世により都市復興計画の総監督官に任命され，ロンドン再建を担った。古典主義的な建築物を多数設計したが，代表作はセント・ポール大聖堂である。

『レンの不潔な巣』 *The Wren's Nest Defiled*　121

レン，マシュー，イーリー主教 Wren, Matthew, bishop of Ely　121
（1585–1667）イングランドの聖職者。イーリー主教（1638–67）。チャールズ1世およびロード大主教の宗教政策を支持して，42年から60年までロンドン塔に投獄された。

ロイド，トマス Lloyd, Thomas　254
（1547年頃没）セント・デイヴィッズ大聖堂の先唱者。カーマーゼンのセント・ピーターズ教会にグラマースクールを設立した。

ロウ，ジョン Row, John　319
（1568/9–1646）スコットランドの聖職者，歴史家。

ローダーデイル伯 Lauderdale, earl of →メイトランド，ジョン，ローダーデイル伯爵

ロック，ジョン Locke, John　277
（1632–1704）イングランドの政治思想家，哲学者。ホッブズなどに影響を受けつつ，政府は国民の信託によって成立するという主張を展開し，その政治論は近代における社会契約説の嚆矢となった。主著は『統治二論』や『人間悟性論』など。

ロード，ウィリアム Laud, William　89–90, 92–3, 97,

100, 102, 116, 317, 325, 329
（1573–1645）バッキンガム公の庇護によってセント・デイヴィッズ主教（1621–26）となり，以後，バース・アンド・ウェルズ主教（1626–8），ロンドン主教（1628–33）を経て，カンタベリー大主教（1633–45）。また，27年に枢密顧問官，30年にはオックスフォード大学総長となった。ストラフォード伯爵とともにチャールズ1世の親政を主導した。

『ロドス島攻囲』（ダヴェナント）*Siege of Rhodes*（Davenant） 279

ロバート，カーネギー，第3代サウスエスク伯爵 Carnegie, Robert, 3rd Earl of Southesk 205
（c. 1649–1688）スコットランドの貴族。

ローマ・カトリック／ローマ・カトリシズム Roman Catholic/Roman Catholicism 11, 18, 19, 25, 31, 32, 43–45, 49, 58, 70, 73, 91, 102, 107, 128, 134, 135, 138, 157, 159–161, 178, 182, 184, 185, 194, 195, 231, 244, 270–2, 330, 331
ローマ教皇を頂点とするカトリック教会。凡例および序論訳註〔6〕を参照。
国王の政策と——crown policy and 98–100
アイルランドにおける——in Ireland 68, 82–4, 87, 97–9, 123, 129–30, 149–52, 164, 176–7, 186–9, 192, 323–6
——の陰謀 plots 19
教皇，反キリストとして批判される pope, denunciation as Anchchrist 78–86, 101
スコットランドにおける——in Scotland 99
——への寛容／——に対する疑惑 toleration/suspicion of 176

ローリー，サー・ウォルター Raleigh, Sir Walter 21, 37
（c. 1552–1618）イングランドの廷臣，探検家，文筆家。1680–81年，アイルランド反乱鎮圧の功でエリザベス1世の宮廷に入り，才知と美貌で君寵を得る。北アメリカ植民の権利を得て，84–87年にロアノーク島に植民者を送り，女王にちなんで一帯をヴァージニアと命名したが，植民自体は失敗した。君寵を失うが伝説のエル・ドラドを求めて南米ギアナ地方へ探検し『ガイアナ発見記』（1696）を著した。2度目のギアナ探検の際，彼の探検隊が掠奪を行った廉で処刑された。

ロンドン London 213–3, 216, 217, 218
——の劇場 theatre in 284–5

ワ行

ワシントン，リチャード Washington, Richard 276
トリニティ・カレッジ（ダブリン）総長（1640–41）。内乱の勃発でイングランドに逃れた。

ワーバラ街劇場，ダブリン Werburgh Street theatre, Dublin 269, 273

系図1　テューダー朝とステュワート朝の関係図
（　）の数字は在位年

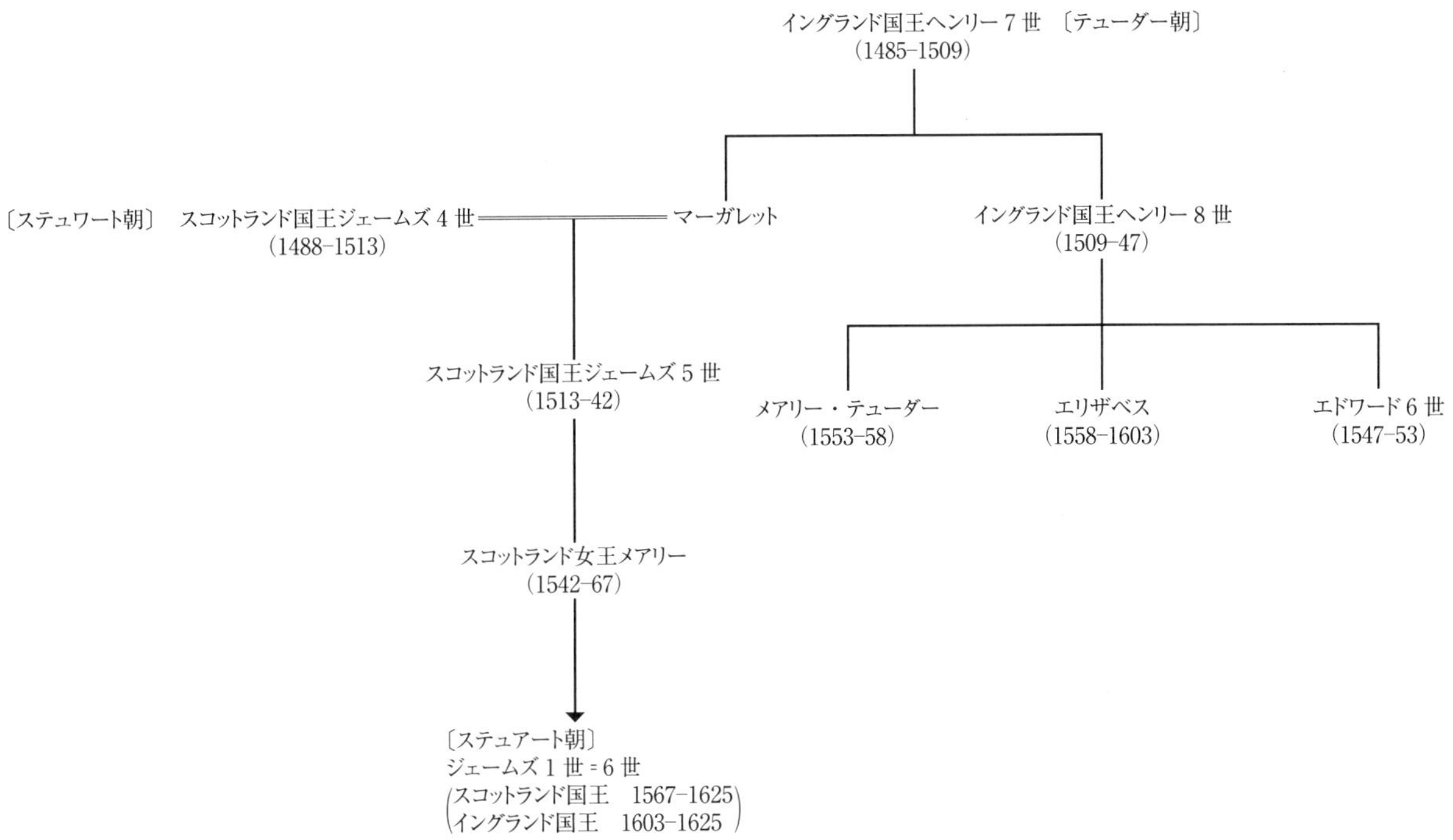

系図２　ステュアート朝系図（略図：（　）の数字は生没年）

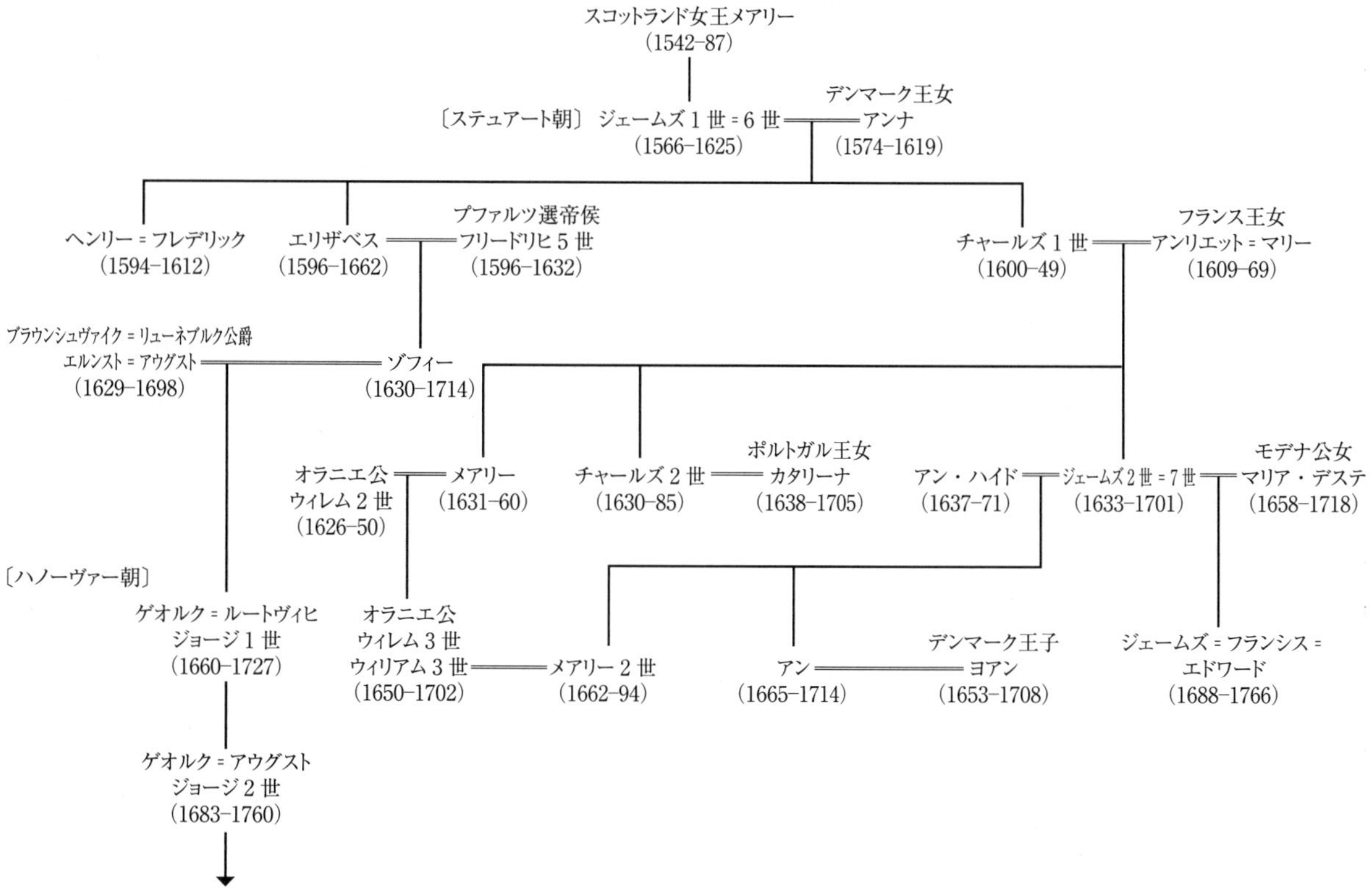

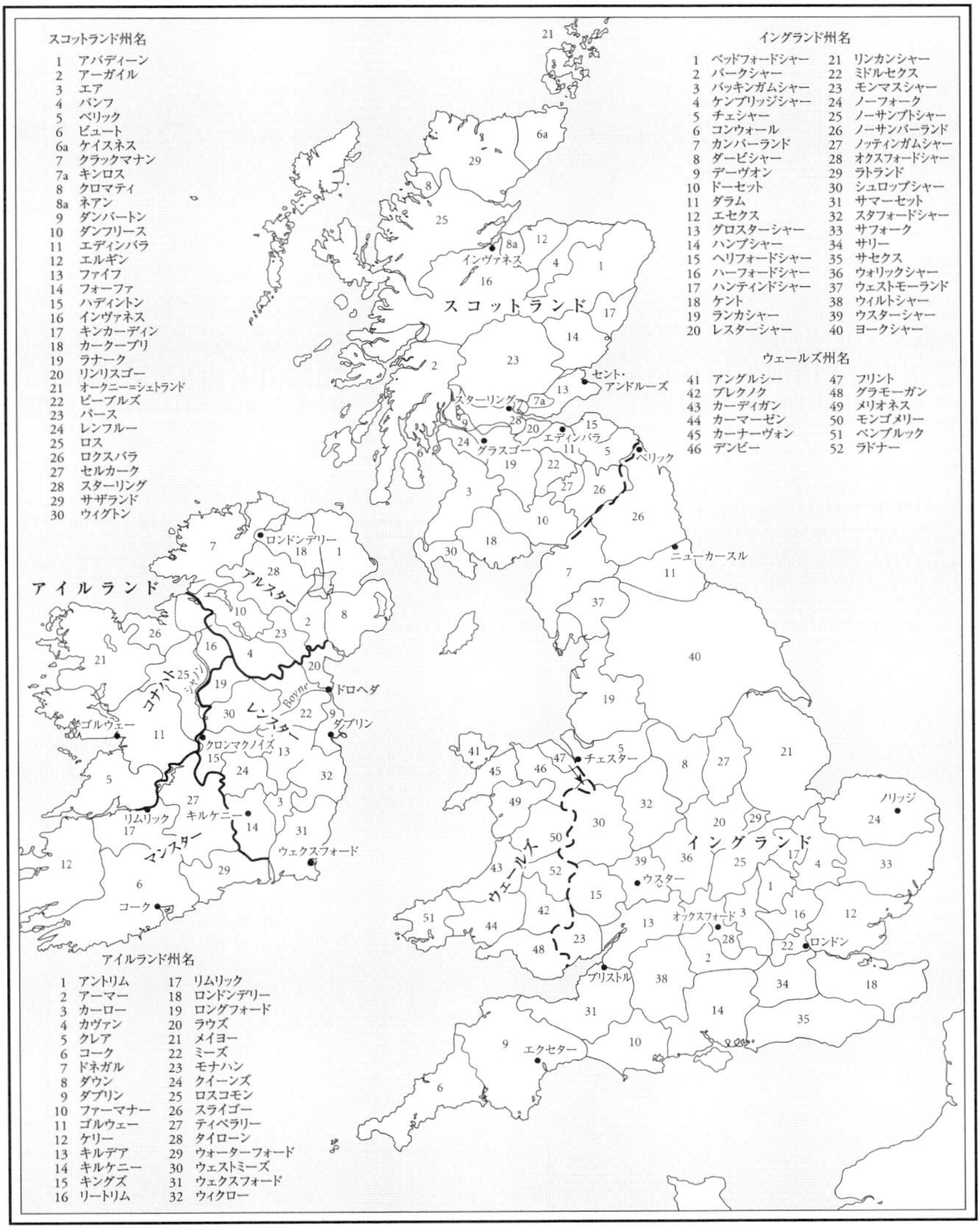

地図 1　イングランド、スコットランド、そして1540年代以降のウェールズとアイルランドの州

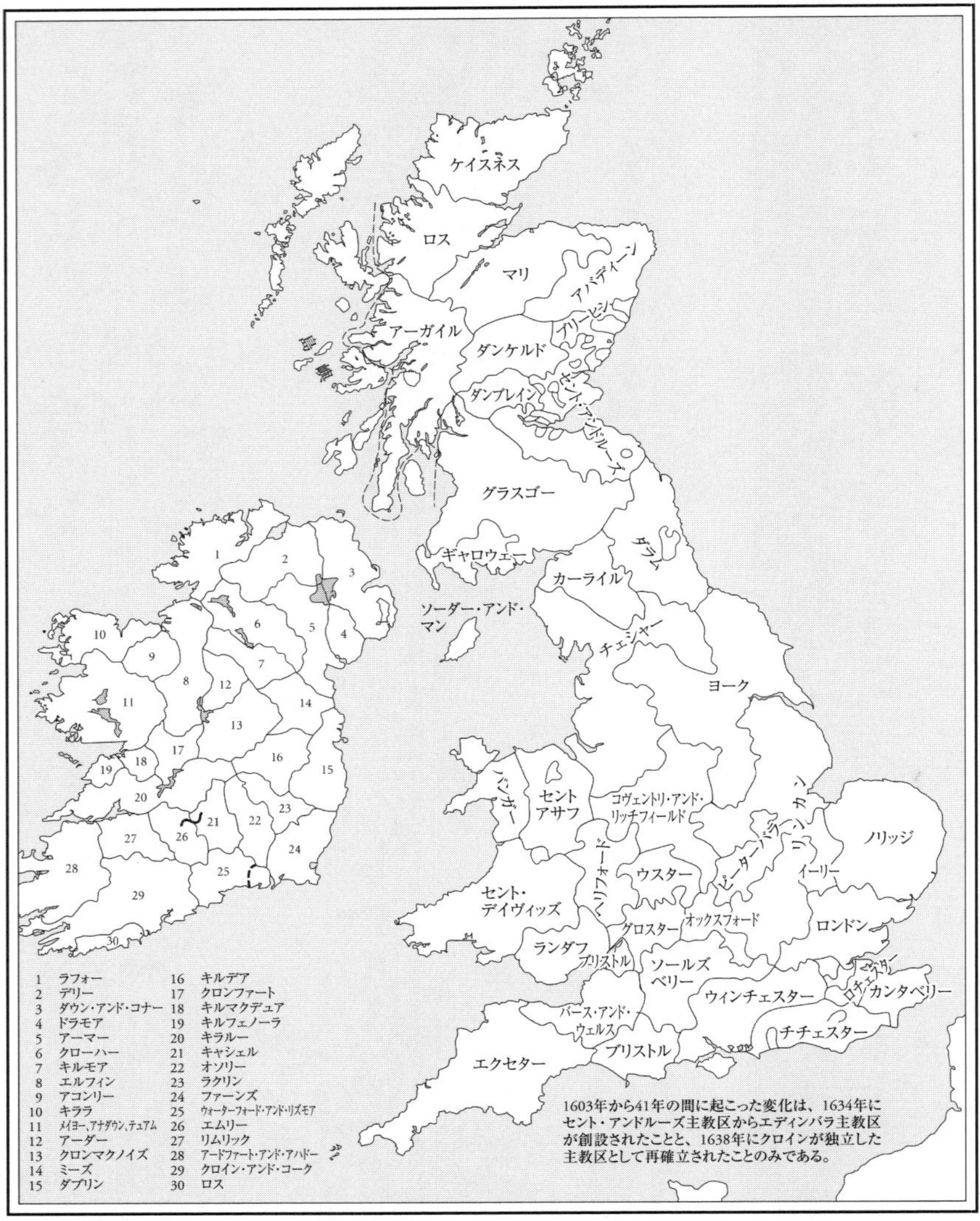

地図 2　イングランド、スコットランド、アイルランドの主教区（1603–1641年）

地図 3　三王国における内戦（1642–51年）

年表

ブリテン諸島全体に関わる事項には（B），主にイングランドに関わる出来事は（E），同様にスコットランドの出来事には（S），アイルランドの出来事には（I）、ウェールズの出来事には（W），ヨーロッパ大陸の出来事には（C），アメリカ両大陸の出来事には（A）を付す。日付はNS（New Style）と明示していない限り、ユリウス暦（Old Style, OS）である。

1583年
- エディンバラ大学創立（S）

1589年
- スコットランド国王ジェームズ6世、デンマーク王女アンナと結婚（S）

1592年
- トリニティ・カレッジ（ダブリン）創立（I）

1594年
- スコットランド王太子ヘンリー＝フレデリック誕生（S）

1598年
- ジェームズ6世『自由なる君主国の真の法』を上梓（S）

1599年頃
- ロンドンにおいてグローブ座開設（E）

1599年頃
- ウィリアム・シェイクスピア『ヘンリー5世』を執筆（E）

1599年
- ジェームズ6世『国王からの訓戒』を上梓（S）

1600年
- アルバニー公爵チャールズ（後のチャールズ1世）誕生（S）

1600年頃
- ウィリアム・シェイクスピア『ハムレット』を執筆（E）
- イングランド東インド会社（EIC）、特許を獲得

1601年
- エリザベス救貧法。1598年の救貧法を改正し、イングランドとウェールズにおける貧民救済の枠組みを定めたもので、1834年まで継続した（E）

1603年
- イングランド女王エリザベス1世没、スコットランド国王ジェームズ6世がジェームズ1世としてイングランド国王およびアイルランド国王に即位（3月24日）（B）
- ジェームズ1世＝6世、国境のトゥイード川を越えてイングランドに入国（4月6日）（B）
- 『国王からの訓戒』『自由なる君主国の真の法』、ロンドンで再版（B）
- 第2代タイローン伯爵ヒュー・オニール、第8代マウントジョイ男爵チャールズ・ブラントに降伏（3月30日）、タイローンの叛乱（9年戦争）終結（I）
- 国王布告により、スペインとの戦争終結（6月23日）（E）
- バイ陰謀事件およびメイン陰謀事件の発覚（6月-7月）（E）
- ピューリタン諸派による「千人請願」（E）
- ローマ・カトリック《レキュザント》による策動（I）
- ロンドンをはじめとするブリテン諸島各地でペストが発生（B）

1604年
- ジェームズ1世＝6世、ロンドン入市式（E）
- イングランド議会開会（3月19日）、国王のイングランド・スコットランド合同の意図が明らかにされる（3月22日）（E）
- スコットランド議会開会（4月10日〜7月11日）（S）
- ジェームズ1世＝6世、国王布告で「グレート・ブリテン、フランス、アイルランド国王」の称号を採択（10月20日）（B）
- ハンプトン・コート会議。「アイルランドへの説教師」派遣について言及された（E・I）
- リチャード・バンクロフト主導の教会法整備（E）
- バンクロフト、カンタベリー大主教に就任（E）
- ロンドン条約によってスペインとの和平成立（E）
- 1563年の魔女法を改正した魔女法成立（E）

1605年
- 火薬陰謀事件の発覚（11月5日）（E）
- イングランド・スコットランド間の関税撤廃（E・S）
- 「布告」、ローマ・カトリックに対する罰金導入の試み（I）
- ベン・ジョンソン『黒の仮面劇』初演（E）
- ジョージ・チャップマン、ベン・ジョンソン、ジョン・マーストン『東行きだよーお!』初演・出版

(E・S)
フランシス・ベーコン『学問の進歩』出版(E)

1606年
火薬陰謀事件の共謀者を処刑(E)
国王への「臣従宣誓」を伴った反ローマ・カトリック法(E)
スコットランド長老主義の牧師がイングランドに連行され、投獄され、その後亡命(S)。
スコットランド議会、1587年の併合法を廃止することにより主教領を新たに設置(スコットランド主教制の財政的基盤を確立)(S)
アイルランドにおける「布告」の継続(I)
「アイルランドでの土地所有権調査委員会」設立(I)
アイルランドにおけるじゃがいも栽培に言及した最古の記述(I)
ユニオン・フラッグ制定の布告(4月12日)(E・S)
フランスとのパリ条約(E)
ジョン・デイ『鷗の島』出版(E)

1607年
ヴァージニアのジェームズタウンにおいて植民地建設(A)
第2代タイローン伯爵とティアコネル伯爵ルアリー・オドーナルの逃亡(ゲール系貴族の亡命)(I)。アルスター植民への道を開く(B)

1608年
カルヴィンの判例により、イングランド・スコットランド帰化が確立する(E・S)
「ゲール式の相続・土地所有」の非合法化(I)
ゲール語の共通祈禱書出版(I)
1558年来初めて関税表を改訂(E)
スコットランド議会、国王を教会における至高の統治者と承認(S)
イングランド議会、ジェームズ1世＝6世のイングランド・スコットランド合同案を拒否(E)
イングランド・ネーデルラント連邦共和国間の軍事同盟(ハーグ条約)(E・C)

1609年
アルスター植民開始(B)
アルスター植民のための土地測量報告書(B)
アイオナ法令(S)
ヴァージニア会社、特許を得る(E)
ジェームズ1世＝6世『キリスト教君主への警告』上梓(E)

1609年末頃
ベン・ジョンソン『エピシーン』初演(E)

1609–10年
スコットランド全域への治安判事職導入計画(S)

1610年
アルスターでの没収地をイングランド・スコットランド出身の請負人へ委託(I)
ロンドンにおいてスコットランド主教制教会のための主教を叙任(S)
スコットランドの高等宗務官裁判所確立、教会総会《ジェネラル・アセンブリ》および議会開会(S)
教会総会《ジェネラル・アセンブリ》、国王をスコットランド教会《カーク》の至高の統治者として承認。これは、1612年議会によって承認される(S)
初代ソールズベリー伯爵ロバート・セシル、大契約を提案するものの、庶民院によって否決される(E)
フランス国王アンリ4世暗殺(C)

1611年
スコットランドの法がオークニー諸島とシェットランド諸島に適用される(S)
スコットランド、イングランドの輸出品への関税を再導入(S・E)
ジェームズ1世＝6世による反ローマ・カトリック令、ローマ・カトリック司教と司祭を処刑(I)
ダンバー伯爵ジョージ・ヒューム没(E・S)
ジョージ・アボット、カンタベリー大主教に就任(E)
国王とネーデルラントのアルミニウス主義者コンラート・フォルスティウスの神学論争(E・C)
ロバート・カー、ロチェスター子爵に叙位、1613年9月には初代サマーセット伯爵に叙される(E)
『欽定訳聖書』(国王ジェームズ版聖書、略称KJB)出版(B)

1611年頃
ウィリアム・シェイクスピア『テンペスト』を執筆(E)

1612年
初代ソールズベリー伯爵ロバート・セシル没(E)
王太子ヘンリー没、アルバニー公爵チャールズが王太子となる(B)

スコットランド議会開会(10月12–23日)(S)

1613年

王女エリザベス、プファルツ選帝侯フリードリヒ5世に嫁す(B・C)

アイルランド議会開会(I)

スペイン・ガリシア貴族ディエゴ・デ・サルミエント・デ・アクーニャ、後の初代ゴンドマール伯爵、ロンドン駐在スペイン大使に任命(B・C)

第3代エセクス伯爵ロバート・デヴルー、妻フランセス・ハワードと離婚。同年末、フランセスは初代サマーセット伯爵ロバート・カーと再婚(E)

サー・トマス・オーヴァベリーの殺害(E)

国王の不承認と宮中禁煙の試みにもかかわらず、ヴァージニアからイングランドへのタバコ輸入の開始。宮中禁煙が実現したのは約400年後である(E)

エリザベス・ケアリ『マリアムの悲劇』出版(E)

ベン・ジョンソン『宮中のアイルランド仮面劇』初演(E)

1614年

イングランド議会(混乱議会)開会(4月5日〜6月7日)(E)

ジョン・ネーピア、対数を発見(S)

1614〜17年

イングランド毛織物貿易の再編成を企てたコケイン計画、深刻な経済不況を誘発(E)

1615年

国王の命によるアイルランド国教会巡察。ダブリンにおけるアイルランド国教会聖職者会議でアイルランド信仰箇条が作成される(I)

第2代オークニー伯爵パトリック・ステュワートの処刑(S)

初代サマーセット伯爵夫妻の逮捕(E)

1616年

初代サマーセット伯爵夫妻の裁判(E)

ジョージ・ヴィリアーズ、バッキンガム子爵に叙位、その後、1617年に伯爵、1618年に侯爵、1623年に公爵に叙される(E)

スコットランドの信仰告白(アバディーン信仰告白)発布(S)

スパラート大司教マルコ＝アントニオ・デ・ドミニス、イングランドに到着、イングランド国教会の聖職禄を授与される。1622年、ローマ・カトリック教会に戻る(E・C)

ジェームズ1世＝6世の『著作集』、出版(B)

ベン・ジョンソン『著作集』、出版(E)

ウィリアム・シェイクスピア没(E)

フランシス・ボーモン没(E)

1617年

ジェームズ1世＝6世、スコットランド再訪(S)

国王滞在中にスコットランド議会開会(5月27日–6月28日)(S)

パースの五箇条導入、セント・アンドルーズの教会総会《ジェネラル・アセンブリ》によって拒否(S)

1618年

パースの五箇条、パースの教会総会《ジェネラル・アセンブリ》で承認。その後1638年まで教会総会《ジェネラル・アセンブリ》は開会されず(S)

ジェームズ1世＝6世『遊戯の書』、イングランドで出版(E)

アルスター地方の没収地からのアイルランド人追放令(I)

サー・ウォルター・ローリーの処刑(E)

ボヘミア叛乱、30年戦争の勃発(C)

1618–19年

ベン・ジョンソン、スコットランドへ旅し、ホーソーンデンのウィリアム・ドラモンドと共に滞在(S)

1619年

アンナ王妃没(B)

イニゴー・ジョーンズ、ホワイトホールに3つ目のバンケティング・ハウスを建設(E)

ドルトレヒト宗教会議開催、アルミニウス主義者に対するカルヴァン派の勝利(C)

プファルツ選帝侯フリードリヒ5世、ボヘミア国王に選出(C)

1620年

ピルグリム・ファーザーズ、ニュー・イングランドのプリマスに入植地建設(A)

フリードリヒ5世、ボヘミアを喪失(白山の戦い)、神聖ローマ帝国軍、ライン・プファルツ侵略(C)

1621年

イングランド議会開会、弾劾を再開、独占権を非難、大法官ベーコン、収賄で有罪となる(E)

スコットランド議会、パースの五箇条を承認、地代に新たな課税を導入(S)

国境委員会解散(E・S)

ウィリアム・ロード、セント・デイヴィッズ主教就任(W)

サー・ヘンリー・ダンヴァーズ、薬草園の造

園を企画。現オックスフォード大学植物園の起源（E）
ロバート・バートン『憂鬱の解剖』出版（E）

1622年
アイルランドの行政に関する調査（I）
スコットランド大法官、初代ダンファームリン伯爵アレグザンダー・シートン没（S）
説教の内容・表現を規制した「説教師への指令」（E）

1623年
王太子チャールズと初代バッキンガム侯爵のマドリッド訪問。スペイン王女との婚姻を確実にしようとしたきわめて無謀な試みであり、失敗（E・C）
ウィリアム・シェイクスピア作品集、いわゆる「ファースト・フォリオ」出版（E）

1623–24年
ブリテン諸島全域で不作、とりわけスコットランドでの被害甚大（S）

1624年
王太子チャールズの妃探し、スペインからフランスへ変更（E・C）
イングランド議会、反スペインの好戦派が支配的になる（E）
初代ミドルセクス伯爵ライオネル・クランフィールド、大蔵卿解任（E）
ネーデルラント連邦共和国との対スペイン軍事同盟（ロンドン条約）（E）
王太子チャールズとフランス王女との婚姻条約（11月）（E・C）
リチャード・モンタギュー『年寄り鵞鳥のための新しい轡』出版（E）

1625年
ジェームズ1世＝6世没、チャールズ1世即位（3月27日）（B）
チャールズ1世とアンリエット＝マリー結婚（5月）（B）
イングランド議会開催（6月18日–8月12日）
さらなる反ローマ・カトリック法、安息日遵守法（E）
対スペイン戦争勃発（9月）（E）
初代バッキンガム公爵、失敗したカディス遠征から帰国（11月）（E）
スコットランドにおいて廃棄法発布（S）
スコットランド臨時身分制議会開会（10月27日–11月2日）（S）
ジェームズ・アッシャー、アーマー大主教に就任（I）
ロンドンを初めとしてブリテン諸島各地で深刻なペスト、発生（B）
フランシス・ベーコン『随筆集』第三版、出版（E）

1626年
イングランド議会開会（2月6日–6月15日）（E）
対フランス戦争勃発（4月）（E・C）
イングランドに強制借り入れ導入（9月）（E）
「イングランド国教会の平安と樹立する」ための布告、ヨーク・ハウス会議（E）
スコットランドに十分の一税委員会設置（S）
アイルランドの「恩寵」の約束（I）

1627年
ラ・ロシェルのユグノーのための救援軍遠征、敗北（10月）（E・C）
5騎士の逮捕（11月）（E）

1627–29年
スコットランドで魔女狩りが激化（S）

1628年
論争を禁じる国王の布告（E）
イングランド議会開催（3月17日）、停会（6月26日）（E）
チャールズ1世、権利の請願を受領（6月）（E）
初代バッキンガム公爵の暗殺（8月）（E）
チャールズ1世、アイルランド代表に「恩寵」を申し出（I）

1629年
イングランド議会第2会期の開会（1月20日）（E）
庶民院議長の議会解散宣言を防ぐため、議長が議長席に押さえつけられる（3月2日）、議会解散（3月10日）（E）
庶民院、アイルランド信仰箇条と共に39箇条の批准を求める（E）
フランスとのスーザ条約（4月）（E・S・C）

1629–31年
深刻な貿易不振（B）

1630年
チャールズ王太子（後のチャールズ2世）誕生（B）
スコットランド臨時身分制議会開会（7月28日–11月28日）（S）
スペインとのマドリッド条約（E・C）
スコットランドでペスト流行（S）

1631年

新たな特許に基づいたギニア貿易会社(ギニア会社)設立(E)
第3代ハミルトン公爵ジェームズ・ハミルトン、プロテスタントの大義を掲げてドイツ地域へ軍事遠征(E・S・C)
詩人ジョン・ダン没(E)

1632年
トマス・ウェントワース、アイルランド総督に任命(I)
オーレリアン・タウンゼンド『テンペ回復』初演(E)

1633年
チャールズ1世、エディンバラにて戴冠(S)
スコットランド議会開会、6月18–28日(S)
ヨーク公爵ジェームズ(後のジェームズ2世)誕生(E)
ウィリアム・ロード、カンタベリー大主教に就任(E)
チャールズ1世『遊戯の書』、イングランドで出版(E)

1634年
ロード大主教、カンタベリー大主教管区を対象に祭壇に関する訓令(E)
アイルランド議会開会(I)
アイルランド聖職者会議開会、新たな教会法(I)
イングランド沿海諸州に船舶税導入(I)
セント・アンドルーズ大主教ジョン・スポッティズウッド、スコットランド大法官に任命(S)
スコットランドにおいてペスト流行と飢饉(S)
ペーテル・パウル・ルーベンス、ホワイトホール宮殿バンケティング・ハウスの天井画「ジェームズ1世＝6世の昇天」を完成(E)

1635年
第2代バルメリノ卿ジョン・エルフィンストンに反逆罪の判決(S)
船舶税をイングランド内陸諸州でも徴収(E)

1635–37年
ウェントワース総督の庇護の下、ワーバラ街劇場開業(I)

1636年
ロンドン主教ウィリアム・ジャクソン、大蔵卿に任命(E)
教皇特使ジョージ・コン、イングランド到着(E)
スコットランドで教会法が発令(S)
アイルランドに高等宗務官裁判所を設置(I)

1637年
ヘンリー・バートン、ジョン・バストウィック、ウィリアム・プリンの裁判、有罪判決。主教を中傷した廉で耳そぎの刑に処せられる(E)
エディンバラで祈禱書暴動(S)
行政府に替わりうる諸身分の代表が選ばれる(「卓上委員会」)(S)

1638年
スコットランド政治国民の大半が、宗教上の新機軸に抵抗するため国民契約に署名(S)
グラスゴーの教会総会《ジェネラル・アセンブリ》において、教会法、祈禱書、パースの五箇条を無効にし、主教を廃し、高等宗務官裁判所を撤廃(S)
ハムデン事件(船舶税)の判決、国王にとってきわどい勝利(E)

1639年
チャールズ1世、スコットランド人に自分の政策を課すため、イングランド、アイルランド、スコットランドの軍隊動員を目論む(第一次主教戦争)、戦わずして国王敗北(B)
ベリック停戦条約(E・S)
スコットランド議会召集、しかし停会(S)

1639–40年
ジェームズ・シャーリー『アイルランドの聖パトリック』、ダブリン・ワーバラ街劇場で上演(I)

1640年
アイルランド総督トマス・ウェントワース、初代ストラフォード伯爵を授爵(I・E)
短期議会開会(4月–5月)、資金援助については議決されず(E)
チャールズ1世の長女メアリー＝ヘンリエッタ、オラニエ公子ウィレム(後のオラニエ公爵ウィレム2世)と結婚(E・C)
第2次主教戦争、イングランド軍、スコットランド人に敗退(S)
チャールズ1世、イングランド北東部を占領中のスコットランド軍に賠償金を支払うため、議会召集を余儀なくされる(長期議会)(E)
ロード大主教と初代ストラフォード伯爵、弾劾(E)
スコットランド議会、国王の停会の意志を

無視して、開催。三年議会法を通過させ、議会における聖職者身分の代表を廃止し、法案作成委員会の有無を選択制にした。さらにグラスゴー教会総会《ジェネラル・アセンブリ》の決定事項を承認(S)

ウィリアム・ダヴェナント『サルマキスの戦利品』初演(E)

ジェームズ・シャーリー、イングランドに帰国(E)

1641年

長期議会、三年議会法を通過、星室裁判所、高等宗務官、船舶税を廃止、高位聖職者や判事を弾劾(2–8月)(E)

「根こそぎ請願」(E)

初代ストラフォード伯爵、逮捕・拘禁の後、処刑(5月)(E)

ロンドン条約に基づき、スコットランド軍撤退(E・S)

チャールズ1世、スコットランド訪問(8–11月)(S)

アイルランド反乱勃発(10月)、アルスター地方各地でプロテスタントの虐殺(I)

「大抗議文」、159票対148票で庶民院通過(11月)(E)

ワーバラ街劇場閉鎖(I)

1642年

5庶民院議員逮捕未遂事件(1月)、チャールズ1世、ロンドンを去る(E)

民兵条例、イングランド議会両院を通過(E)

軍事的政治的挑発が増加(E)

チャールズ1世、ノッティンガムにおいて挙兵(8月)(E)

内戦の最初の戦闘となったエッジヒルの戦い、勝敗はつかず(10月)(E)

アイルランドにアイルランド(キルケニー)同盟成立(I)

五州の議会派民兵が連合、東部連合の基となる(E)

スコットランドの契約派《カヴェナンターズ》政権、アルスター地方に派兵(I・S)

投機者法制定。この後のアイルランドにおける大規模な土地再分配を容易にした(E・I)

イングランド議会、劇場閉鎖を命じる。ただし、ロンドンや地方において幾つかの劇場は公演を続行(E)

1643年

「厳粛な同盟と契約」、イングランド議会派とスコットランド契約派《カヴェナンターズ》が同盟。スコットランド人はイングランドに約2万人の軍隊派遣を約束、イングランドはイングランドとスコットランドの連邦制に基づく連合と単一の教会統治機構の形成を約束(E・S)

王党派が内戦においては優越(E)

1643–52年

ウェストミンスター宗教会議(E)

1644年

マーストン・ムーアの戦い(内戦において最大規模の戦闘)、議会派とスコットランド人の連合軍が勝利。王党派にとって最初の大敗北(E・S)

議会派によるロード大主教の裁判、彼の私権剝奪と処刑(1645年1月)が決定(E)

イングランドとスコットランドの両王国委員会設置(E・S)

ウェストミンスター宗教会議、共通祈禱書にかわる新たな礼拝指針を完成(E)

ジョン・ミルトン、知的自由を擁護して『言論・出版の自由(アレオパジティカ)』を出版(E)

1644–45年

初代モントローズ侯爵ジェームズ・グレイアム、スコットランドで連戦(S)

1645年

ニュー・モデル軍創設、ネーズビーの戦いで勝利(E)

議会、礼拝指針を認可、共通祈禱書の使用を禁止(E)

1645–47年

イングランド東部で苛烈な魔女狩り(E)

1645–49年

スコットランドで深刻な、しかし同国最後となるペスト発生(S)

1646年

チャールズ1世、スコットランド軍に降伏(第一次内戦終結)(E・S)

議会、イングランド全域に長老主義に基づいた教会統治体制を樹立するように命令(E)

レヴェラーズ(水平派)の台頭、より説明責任のある行政府を要求(E)

1647年

第一次内戦の戦後処理をめぐる国王との交渉、難航(E・S)

スコットランド軍、チャールズ1世をイングラン

ド議会側に引き渡す(S･E)
議会軍、チャールズ1世の身柄を確保(6月)(E)
議会軍、「提案要綱」を提示(7月–8月)(E)
議会軍、ロンドン入城(8月)(E)
ロンドン郊外パトニーの教区教会にて軍指導層とレヴェラーズ、国制の諸原則をめぐり討論(パトニー会議)(10月-11月)(E)
チャールズ1世、ワイト島へ逃亡(11月)(E)
チャールズ1世、反主流派のスコットランド貴族と「約定」(E･S)

1648年
スコットランド軍、チャールズ1世のためにイングランド侵攻、プレストンで敗北(第二次内戦勃発)(E･S)
イングランド議会におけるプライド大佐の粛清《パージ》。議会、残部《ランプ》となる(E)
ウェストファリアの和約、三十年戦争終結(C)
マシュー・ホプキンズ『魔女の発見』出版(E)

1649年
チャールズ1世の公開裁判・公開処刑、イングランドとアイルランドの君主政廃止(1月30日)(B)
スコットランド議会、ブリテンおよびアイルランド国王として、先王の長子チャールズを、チャールズ2世と宣言(S)
『国王の肖像』出版、殉教王としてのチャールズ1世崇敬の起り(E)
スコットランドにおける魔女狩り(S)

1649–50年
オリヴァー・クロムウェル、アイルランド(キルケニー)同盟に対する遠征軍を指揮(I)
ドロヘダとウェクスフォードの虐殺(I)

1650年
クロムウェル、スコットランド侵攻、約定派など「不敬虔」とみなされたものをすべて排除したスコットランドの契約派《カヴェナンターズ》軍を、クロムウェルはダンバーで撃破(S)
チャールズ2世、王党派、イングランド独立派との妥協を排する西部抗議書がスコットランドで提出(S)

1651年
チャールズ2世、中世スコットランドの「戴冠の地」スクーンにおいてブリテンとアイルランドの国王として戴冠(S)
チャールズ2世に率いられたスコットランド軍、イングランドに侵攻、ウスターの戦いで敗北(E･S)
チャールズ2世、フランスへ亡命(C)
イングランド商船隊の増強のためにネーデルラント連邦共和国を対象とした一連の航海法のうち、最も重要な航海条例、イングランド議会によって議決(E･C)
スコットランド、イングランド共和国《コモンウェルス》に編入(E･S)
ネーデルラント連邦共和国とイングランド共和国の連邦制形成に向けての交渉、最終的には失敗(E･S)
オラニエ公爵ウィレム3世(後のウィリアム3世 = 2世)誕生(11月4日OS / 14日NS)。父のオラニエ公爵ウィレム2世はその8日前に死亡(C)
トマス・ホッブズ『リヴァイアサン』出版(E)

1652年
第一次英蘭戦争勃発(1654年終結)(E･C)
アイルランド処分法、アイルランドの土地所有者の大半から所領を没収し、ローマ・カトリック教徒をシャノン川と大西洋に挟まれたコナハトの僻地に閉じ込めることを定めたが、施行は部分的であった(I)
ディガーズの指導者ジェラルド・ウィンスタンリー『自由の法』出版(E)

1653年
オリヴァー・クロムウェル、残部《ランプ》議会を武力解散(4月)(E)
スコットランドやアイルランドの議員を含めたベアボーン議会(指名議会・聖者議会)開催。議員144名は軍士官会議による指名。俗人による聖職禄推挙権の保有、大法官裁判所の廃止を検討(7月–12月)。
指名議会、クロムウェルに権限を譲渡(12月)。(B)
クロムウェル、成文憲法「統治章典」のもとイングランド・スコットランド・アイルランドの護国卿に着任。「統治章典」、スコットランドとアイルランドからの議会代表を認める(12月)。(B)
初代ニューカースル = アポン = タイン公爵夫人マーガレット・キャヴェンディッシュ『詩と空想』出版(E)

1653–55年
グレンケーンの蜂起に続き、高地地方《ハイランド》での

戦闘（S）

1654年

インググランドとスコットランドの合同、正式に宣言（E･S）

護国卿政権で初の議会開会、宗教的寛容に制限を設ける試みがなされる（E）

護国卿政権の国家教会が、条例により創設（E）

ウェストミンスター条約、ネーデルラント連邦共和国と和平、軍事同盟を締結（E･C）

スウェーデン、ポルトガル、デンマークとの通商条約（E･C）

西インド諸島および中南米のスペイン植民地への軍事遠征（E･C･A）

ノヴァ・スコシアをフランスから奪取（E･S･C･A）

1655年

イングランド南西部における王党派ペンラドックの蜂起、護国卿政権転覆を企てるも失敗（E）

オリヴァー・クロムウェル、議会を解散、軍政官を任命（E）

クロムウェルの陸海軍、西インド諸島エスパニョーラ島占領失敗、しかしジャマイカ島占領を果たす（E･C･A）

イングランド再定住を求めるセファルディム・ユダヤ教徒の請願。彼らの居住は黙認されるに留まる（E）

1656年

護国卿政権第二議会開会、宗教的寛容をさらに制限する試み（E）

オリヴァー・クロムウェル、スペインに宣戦布告、フランスと講和条約（E･C）

クエーカーの指導者ジェームズ・ネイラー、議会で「身の毛のよだつ冒瀆」の罪と宣告されて公開拷問をうける（クエーカー迫害の頂点）（E）

ウィリアム・ダヴェナント『ロドス島攻囲』上演（E）

1657年

軍政官制度消滅（E）

クロムウェル、国王即位を拒否、しかし新憲法「謙虚な請願と提案」を、一部改正後、受諾（E）

フランスとの対スペイン軍事同盟（E･C）

ダラム大学設立の企画、失敗（E）

1657–59年

スコットランドの広範囲で魔女狩り

1658年

フランス・イングランド軍、スペイン軍に勝利（E･C）

オリヴァー・クロムウェル没（9月3日）（E）

オリヴァー・クロムウェルの三男リチャード、第2代護国卿に就任（E）

1659年

護国卿体制の崩壊、残部《ランプ》議会再招集、政治的・軍事的分裂の加速化、無政府状態に陥る（E）

1660年

ジョージ・モンク将軍（スコットランド占領軍将軍）、南下してロンドン占拠、「自由な選挙」を呼びかけ（E）

長期議会、自ら解散（3月）（E）

イングランド仮議会開会（4月）、条件付きでチャールズ2世を帰国させる計画であったが、チャールズ2世がブレダ宣言を発し（4月4日（OS）／ 14日（NS））、すべての係争点を議会に決着させると約束をしたので、無条件で彼を招請する（E）

ゲオルク＝ルートヴィヒ（後のジョージ1世）誕生（5月28日NS）。父はブラウンシュヴァイク＝リューネブルク公爵エルンスト＝アウグスト（後の初代ハノーファー選帝侯）、母はプファルツ公女ゾフィー（元ボヘミア王妃エリザベス・ステュアートの末娘）（C）

チャールズ2世が三王国それぞれの仮議会によって、宣せられる（ロンドンとエディンバラで5月8日、ダブリンで5月14日）、ロンドンに国王が帰還（5月29日）。三王国すべてで王政復古なる（B）

ヨーク公爵ジェームズ、アン・ハイド（後の初代クラレンドン伯爵エドワード・ハイドの長女）と秘密裡に結婚（E）

イングランド航海法、スコットランドをアメリカ植民地との直接貿易から排除（航海法の再制定）、グラスゴーはタバコ輸入を継続（E･S）

1649年までロンドン主教であったウィリアム・ジャクソン、カンタベリー大主教に就任（E）

劇場再開、職業女優が初めてイングランドの舞台に登場（E）

サミュエル・ピープス、日記をつけ始める（E）

1660–80年

チャールズ2世、第2代ローダーデイル伯爵ジョン・メイトランド（1672年に初代ローダー

デイル公爵に叙任)をスコットランド担当国務卿に任命し(1663年には国王代理に任命)、彼を通してスコットランドを統治(S)

1661年

サヴォイ会談、参加したイングランド国教会聖職者と長老主義者は、礼拝様式について妥協点を見いだせず(E)

エドワード・ハイド、大法官に任命(翌年、初代クラレンドン伯爵に叙任)(E)

新たな議会、より旧王党派寄り、よりイングランド国教会寄りの国家＝教会体制を求める(騎士議会)(E)

国王の歳入、不十分ではあったが、保証される(E)

スコットランド議会、1633年以降の法をすべて無効にする撤廃法を成立(S)

トマス・シドサーフにより初のスコッツ語の新聞『カレドニア瓦版』創刊(S)

フランスで国王ルイ14世の親政開始(C)

1661–62年

スコットランドで大規模な魔女狩り(S)

1662年

メアリー(後のメアリー2世)、誕生(4月30日)。父はヨーク公爵ジェームズ。この時点でメアリーは王位継承順位2番目に位置する(E)

王立協会《ロイヤル・ソサエティ》、特許を得る(設立は1660年)。主要会員であるロバート・ボイル、いわゆるボイルの法則について出版(E)

スコットランドに主教制度と、教会《カーク》における俗人の牧師推挙権が復活(S)

礼拝統一法、イングランド国教会の典礼と「枝葉末節に至るまですべての」秩序を復古。チャールズ2世は国王大権を用いて、強要された典礼に不本意な者に対する寛容を求めたが、挫折(E)

定住法。救貧法に基づく貧民救済の対象を、教区に居住権を持つ者に制限する試み(E・W)

イングランド議会、アイルランドの毛織物輸出を禁止(I)

チャールズ2世、ポルトガル王女カタリーナ(キャサリン)・デ・ブラガンサと結婚。持参金として北アフリカのタンジール(現タンジェ)とインドのボンベイ(現ムンバイ)がイングランド領となる(E・C)

アイルランド土地処分法により、クロムウェルによる没収地を部分的に返還(I)

チャールズ2世、少年俳優が女装して女性の役を演じるのを禁止(E)

1663年

ギルバート・シェルダン、カンタベリー大主教に就任(E)

ウィリアム・クラーク『マルシアノ』出版(S)

キャサリン・フィリップス『ポンピー』、ダブリンの王立劇場で上演(I)

1664年

非国教徒集会禁止法制定、礼拝統一法によって定められたもの以外の非合法なプロテスタント礼拝に参加した者に罰金(E)

1665年

ヨーク公爵ジェームズの次女アン(後のアン女王)誕生(2月6日)(E)

第二次英蘭戦争(1667年終結)

ペストの大流行、ロンドンを襲い、ダービーシャー州イーム教区にも飛び火。イングランドにおける鼠蹊腺ペストの最後の大規模な流行となる(E)

5マイル法制定、1662年に離職した聖職者が、かつての赴任教区に居住もしくは訪問することを禁じる(E)

1666年

ロンドン大火により首都の大半が焼滅(E)

スコットランドにおけるペントランド蜂起、失敗(S)

ジョン・バニヤン『溢れる恩寵(自叙伝)』出版(E)

1667年

イングランドとスコットランドにおいてアイルランド産の家畜・食肉の販売を禁止(I)

ネーデルラント連邦共和国の艦隊、メドウェー川の戦いでイングランド艦隊を破壊(E)

ダブリンの医科学院、特許を得る(I)

大法官クラレンドン、罷免。弾劾の危険を察して、フランスへ亡命(E)

ジョン・ミルトン『失楽園』出版、別版が1674年に出版(E)

1667年頃

ロバート・シバルド、エディンバラに薬草園(後の王立植物園)を造る(S)

1669年

スコットランドの長老主義牧師に「寛容《インダルジェンス》」が与えられる、1672年に廃止(S)

1670年

ドーヴァーの密約、ネーデルラント連邦共和国に対するイングランドとフランスの軍事同

盟。チャールズ2世のローマ・カトリック信仰宣言を条件として、フランスがチャールズ2世の権力維持を支援する約束(E・C)
第2次非国教徒集会禁止法制定、礼拝統一法によって定められたもの以外のプロテスタント礼拝への参加者に対する罰金を増額(E)
1671年
ジェーン・シャープの『産婆の本』出版。当時、現役の助産婦に書かれた書物としては類をみない(E)
1672年
第3次英蘭戦争(1674年終結)
チャールズ2世の信仰自由宣言《インダルジェンス》。非国教徒が、イングランド国教会外で礼拝を行うことを可能にした(E)
王立アフリカ会社、特許を得る(E)
スコットランド議会、自治都市の特権を削減する法を制定(S)
1673年
イングランド議会、国王に信仰自由宣言《インダルジェンス》を撤回させると同時に、ローマ・カトリックを公職から排除する目的で、新たに厳格な国教信奉を義務づけた第一次審査法を制定(E)
ヨーク公爵ジェームズ、ローマ・カトリックであることを明らかにし、公職から辞任(E)
トマス・オズボーン、大蔵卿に任命(1674年、初代ダンビー伯爵、1689年初代カーマーゼン侯爵、1694年初代リーズ公爵に授爵)(E)
ヨーク公爵ジェームズ、ローマ・カトリックのモデナ公女マリア・デステと再婚(E)
1674年
穀物の輸出超過国としてイングランドは新たな段階に入り、穀物輸出奨励金を導入(E)
1675年
サー・クリストファー・レンによるセント・ポール大聖堂の再建工事開始(E)
1674–75年
スコットランドで不作(S)
1676年
ジョージ・エサリッジ『当世伊達男』初演(E)
1677年
ヨーク公爵ジェームズの長女メアリー、ネーデルラント連邦共和国総督オラニエ公ウィレム3世と結婚(E・C)
アフラ・ベーン『流れ者』初演(E)
1678年
ウィリアム・サンクロフト、カンタベリー大主教に就任(E)
タイタス・オーツ、法王教徒陰謀事件を捏造(E)
高地軍団《ハイランド・ホスト》の到来、高地地方の兵士が南西部(契約派《カヴェナンターズ》の拠点の一つ)に駐留、ローダーデイルによる中道政策の終了(S)
ジョン・バニヤン『天路歴程』出版(E)
1679年
初代ダンビー伯爵トマス・オズボーン弾劾(E)
王位継承排除危機、開始(E)
ヨーク公爵ジェームズ、スコットランドにおける国王代理に任命、1682年まで大半の時間、スコットランドに滞在(S)
契約派《カヴェナンターズ》によるセント・アンドルーズ大主教ジェームズ・シャープの殺害(S)
スコットランド南西部の武装蜂起、ボスウェル・ブリッグにて鎮圧(S)
契約派《カヴェナンターズ》、チャールズ2世を神の敵と宣言(S)
1680年
ホイッグの指導者、初代シャフツベリー伯爵アントニー・アシュリー゠クーパー、法王教の陰謀説の存在を主張。その結果としてローマ・カトリックのアーマー大司教オリヴァー・プランケット、翌年に処刑される(E・I)
ナイメーヘンの和約(C)
1681年
王位継承排除危機でのホイッグを中心とした国王の対立者は墓穴を掘る。法王教徒陰謀事件に関する民衆の懸念は緩和、国王はトーリーの支持を得て巻き返しを図る(E)
スコットランド議会、スコットランドの審査法と、聖俗両界で国王至上権を承認する法を成立させる(S)
エディンバラに医科学院設立(S)
ステア子爵ジェームズ・ダリンプル『スコットランドの法学提要』出版(S)
アフラ・ベーン『円頂派』初演(E)
1682年
初代シャフツベリー伯爵、アムステルダムに亡命、翌年1月に没(E・C)
1683年

ライ・ハウス陰謀事件。チャールズ2世暗殺計画の失敗、結果として、アルジャーノン・シドニーやウィリアム・ラッセルを含めた複数の指導的共和派が処刑された(E)

ヨーク公爵ジェームズの次女アン、デンマーク公子ヨアン(デンマーク国王フレゼリク3世次男、英語ではジョージ)と結婚(E・C)

ハノーファーにてゲオルク゠アウグスト(後のジョージ2世)誕生(11月10日NS)。父はゲオルク゠ルートヴィヒ(後のジョージ1世)、母は父の従姉妹のゾフィー゠ドロテーア(C)

東インド会社の特許、更新(E)

1684年

イングランド、北アフリカのタンジール(現タンジェ)から撤退

東ニュー・ジャージーとカロライナのチャールストンにスコットランド植民地建設(S)

1684–88年

「殺戮の時代」、契約派《カヴェナンターズ》に対する激しい迫害(もっとも伝承はいくらか誇張されている)(S)

1685年

チャールズ2世没、ジェームズ2世゠7世即位(2月6日)(B)

イングランド南西部モンマス公ジェームズ・スコットの反乱とスコットランド南西部での第9代アーガイル伯爵アーチボルト・キャンブルの反乱、残虐に鎮圧される(E・S)

フランス国王ルイ14世、ナント王令を廃止、フランス国内のユグノーの存在を否定(C)

この前後に約5万のユグノーがイングランドに亡命(E)

1686年

ジェームズ2世、ローマ・カトリックの聖俗両面における完全な平等を目指した計画に着手。イングランド国教徒は協力を拒否(E)

1686–89年

アイルランド軍総司令官・総督初代ティアコネル伯爵リチャード・トールボットがアイルランドのローマ・カトリック化を推進(I)

1687年

ジェームズ2世、ホイッグに「言い寄る」。彼らに官職を与え、イングランド議会内に宗教的自由の支持者を増やそうとし、信仰自由《インダルジェンス》宣言を発令した(E)

スコットランドで完全な宗教的寛容を与えるための二つの信仰自由《インダルジェンス》宣言(S)

アイザック・ニュートン『プリンキピア』出版

1688年

第二次信仰自由《インダルジェンス》宣言(4月)(E)

ジェームズ2世に嫡男ジェームズ゠フランシス゠エドワード誕生(6月10日)。マリア・デステとの再婚後11年目にして、ローマ・カトリックの王朝が継続する見込みとなった(B)

「不滅の七人」、オラニエ公爵ウィレム3世に招請状発送(6月)(E・C)

7人の主教、ジェームズの寛容宣言を違法と主張したために政治的誹謗罪でロンドン塔に投獄されるが、裁判で無罪の判決を獲得(6月)(E)

エディンバラ大学、「ジェームズ国王の大学」として新たな特許を授与される(S)

オラニエ公爵ウィレム3世、自由な議会、イングランド゠ネーデルラント連邦共和国の軍事同盟、そして王太子の正統性の調査を実現するためにイングランド侵攻(11月5日、名誉革命勃発)(B)

ジェームズ2世、フランスへ亡命(12月)(E)

マーガレット・キャヴェンディッシュ『未刊行戯曲集』出版(E)

アフラ・ベーン『オルノーコ』出版(E)

1689年

イングランド仮議会、ジェームズの逃亡は廃位にあたる行為であり、王位は空位であると宣言、オラニエ公ウィレム3世とメアリーを共同統治者になるよう招請(E)

ウィレム3世とメアリー、仮議会の示した権利宣言を受諾、ウィリアム3世゠メアリー2世の即位(2月13日)(E)

ジェームズ、フランスの援助の下、アイルランドに上陸して軍勢を整える(I)

エディンバラで法律家協会図書館、公式に開館(S)

スコットランド議会、ジェームズを専制支配の咎で退位させる(4月4日)(S)

権利の要求(4月)(S)

イングランド、対フランス軍事同盟に参加、すでに大陸で展開していた9年戦争(プファルツ継承戦争)に参戦(E・C)

軍を議会の統制下においた軍罰法制定(E)

プロテスタント非国教徒の体制外礼拝を認めた寛容法制定(E)

スコットランド・ジャコバイト軍、キリクランキーの戦いで勝利するも、指導者の初代ダ

ンディー子爵ジョン・グレイアム戦死（S）
ロンドンデリー攻囲戦にジェームズ軍失敗（I）
ダンケルドの戦いでスコットランド・ジャコバイト軍、敗北。彼らによるジェームズ復位の企ては挫折（S）
権利宣言を制定法にした権利章典（12月）（E）
ジョン・ロック『統治二論』『寛容に関する書簡』出版（E）
ヘンリー・パーセルのオペラ『ダイドーとイニーアス』初演

1690年
スコットランド議会、主教制を廃し長老主義教会を体制教会として確立（S）
ボイン川の戦い、ジェームズの復位の展望はなくなる（7月）（B）
ジェームズ、フランスへ逃亡（B・C）
カンタベリー大主教ウィリアム・サンクロフト、ウィリアム3世＝メアリー2世への臣従宣誓を拒否して、大主教位を剝奪される（E）
ジョン・ロック『人間悟性論』出版（E）

1691年
ジョン・ティロットソン、カンタベリー大主教に就任（E）
リムリック開城により、アイルランドで名誉革命が成立

1692年
グレンコーの虐殺（S）
ジャマイカ島の中心地ポート・ロイヤル、地震と津波で破壊（E・A）
神聖ローマ帝国皇帝レオポルト1世、ブラウンシュヴァイク＝リューネブルク公爵エルンスト＝アウグスト（後のジョージ1世の父）にハノーファー選帝侯位を授与（他の選定侯たちや帝国議会による承認は後年）（C）

1693年
ジョン・ロック『教育論』出版（E）

1694年
イングランド銀行創設（E）
3年議会法制定（E）
トマス・テニソン、カンタベリー大主教に就任（E）
メアリー2世没（12月28日）（B）
メアリー・アステル『ご婦人がたへの真摯なる提案』出版（E）

1695年
出版認可法失効
アイルランドのローマ・カトリック処罰法が信徒の海外教育を禁止。名誉革命後のアイルランドにおけるプロテスタント支配体制の始まりを画する（I）

1697年
レイスウェイクの和約（B・C）

1699年
キリスト教知識普及協会（SPCK）設立（E）

1700年
スペイン領パナマ地峡に入植を試みたダリエン計画、失敗（S・A）
ベヴィス・マークス・シナゴーグ完成、ロンドンのセファルディム・ユダヤ共同体の中心となる（E）

1701年
王位継承法、デンマーク公妃アンの後の王位継承を、ハノーファー選定侯妃ゾフィーおよび彼女のプロテスタントの直系卑属に限定（E）
海外福音伝道協会（SPG）設立（E・A）
ジェームズ2世、パリ郊外のサン・ジェルマン・アン・レーにて没。フランス国王ルイ14世、ジェームズの嫡男ジェームズ・フランシス・エドワードを「ジェームズ3世」と宣する（C・B）

1702年
ウィリアム3世没、アン女王即位（3月19日）（B）
イングランド、スペイン継承戦争参戦（E・C）

1707年
イングランドとスコットランドの合同。グレート・ブリテン王国成立（E・S）

1713年
ユトレヒトの和約（スペイン継承戦争、終結）（B・C）

1714年
アン女王没、ハノーファー選帝侯ゲオルク＝ルートヴィヒ、ジョージ1世として即位（8月1日）。ハノーヴァー朝成立（B）

文献案内

さらに読み進めるために

序　論

「ブリテン史」研究は増加しつづけている。その端緒はJ. G. A. ポーコックによる以下の論考である。J. G. A. Pocock, 'British History: A Plea for a New Subject', *New Zealand Journal of History*, 8 (1974), reprinted in *Journal of Modern History*, 47 (1975), 601–28, さらにPocock, 'The Limits and Divisions of British History: In Search of the Unknown Subject', *American Historical Review*, 87 (1982), 311–36. この呼びかけに対する多くの歴史家たちの応答の試みについては、以下の論考を参照せよ。H. Kearney, *The British Isles: A History of Four Nations* (Cambridge, 1989)、また以下の論文集が参考になる。R. G. Asch (ed.), *Three Nations: A Common History? England, Scotland, Ireland and British History, c.1600–1920* (Bochum, 1993); S. G. Ellis and S. Barber, *Conquest and Union: Fashioning a British State* (Harlow, 1995); A. Grant and K. J. Stringer, *Uniting the Kingdom? The Making of British History* (London, 1995); B. Bradshaw and J. Morrill, *The British Problem, c.1534–1707: State Formation in the Atlantic Archipelago* (Basingstoke, 1996); B. Bradshaw and P. Roberts, *British Consciousness and Identity: The Making of Britain, 1533–1707* (Cambridge, 1998); G. Burgess (ed.), *The New British History: Founding a Modern State, 1603–1715* (London, 1999); J. Smyth, *The Making of the United Kingdom, 1660–1800* (Harlow, 2001); N. Canny, *Making Ireland British, 1580–1650* (Oxford, 2001). また、第1章「ブリテンの君主国とその統治」の文献案内において挙げられている同君連合に関する論考も参照せよ。

第1章　ブリテンの君主国とその統治、1603～1637年

恰好の導入となるのは以下の論考である。R. Lockyer, *The Early Stuarts: A Political History of England, 1603–1642* (London, 1989)およびD. L. Smith, *A History of the Modern British Isles, 1603–1707* (Oxford, 1998). ジェームズ1世=6世については、クロフトによる小著ながら優れた伝記とリーによる有益な論文集がある。P. Croft, *King James* (Basingstoke, 2003); M. Lee jr., *Great Britain's Solomon: James VI and I in his Three Kingdoms* (Urbana, Ill., 1990). 以下も参照せよ。M. Lee jr., *Government by Pen: Scotland under James VI and I* (Urbana, Ill., 1980). チャールズ1世については、以下を参照せよ。K. Sharpe, *The Personal Rule of Charles I* (New Haven, 1992)はチャールズを擁護する大著である。これに対して明らかに批判的な立場をとるのは、A. I. Macinnes, *Charles I and the Making of the Covenanting Movement, 1625–1641* (Edinburgh, 1991); P. Donald, *An Uncounselled King* (Cambridge, 1990); M. Lee jr., *The Road to Revolution: Scotland under Charles I, 1625–1637* (Urbana, Ill., 1985). イングランドとスコットランドの同君連合の影響については以下の論考において論じられている。B. Galloway, *The Union of England and Scotland, 1603–1608* (Edinburgh, 1986); B. P. Levack, *The Formation of the British State: England, Scotland and the Union, 1603–1707* (Oxford, 1987); K. M. Brown, *Kingdom and Province: Scotland and the Regal Union, 1603–1715* (Basingstoke, 1992); R. A. Mason (ed.), *Scots and Britons: Scottish Political Thought and the Union of 1603* (Cambridge, 1994); T. C. Smout (ed.), *Anglo-Scottish Relations from 1603 to 1900* (Oxford, 2005); G. Burgess, R. Wymer, and J. Lawrence (eds.), *The Accession of James I: Historical and Cultural Consequences* (Basingstoke, 2006); R. G. Houlbrooke (ed.), *James VI and I: Ideas, Authority and Government* (Aldershot, 2006). 以下も参照せよ。K. M. Brown, 'The Scottish Aristocracy, Anglicization and the Court, 1603–38', *Historical Journal*, 36 (1993), 543–76; J. Wormald, 'James VI and I: Two Kings or One?', *History*, 68 (1983), 187–209. アイルランドについては、以下の論考を参照せよ。C. Brady and R. Gillespie (eds.), *Natives and Newcomers: The Making of Colonial Society, 1534–1641* (Bungay, 1986); N. Canny, *Making Ireland British, 1580–1650* (Oxford, 2001); H. S. Pawlisch, *Sir John Davies and the Conquest of Ireland: A Study in Legal Imperialism* (Cambridge, 1985). ブリテンの対外関係といういくぶん軽視されてきた問題は、以下のすばらしい論考によって

救い出された。S. Murdoch, *Britain, Denmark—Norway and the House of Stuart, 1603–1660* (East Linton, 2002). さらにマッキーニスの以下の論考によって新たな領域が開拓された。A. I. Macinnes, *Clanship, Commerce and the House of Stuart, 1603–1788* (East Linton, 1996). イングランドの政治と統治については、以下を参照。D. Newton, *The Making of the Jacobian Regime: James VI and I and the Government of England, 1603–1605* (Woodbridge, 2005); D. L. Smith, *The Stuart Parliament, 1603–1689* (London, 1999); C. Russell, *Parliament and English Politics, 1621–1629* (Oxford, 1979); J. Crampsie, *Kingship and Crown Finance under James VI and I, 1603–1625* (Cambridge, 2002); L. L. Peck, *Court Patronage and Corruption in Early Stuart England* (London, 1990); R. Lockyer, *Buckingham: The Life and Political Career of George Villiers, First Duke of Buckingham, 1592–1628* (Harlow, 1981). スコットランドの政治と統治については以下の論考が論じている。J. Goodare, *State and Society in Early Modern Scotland* (Oxford, 1999); J. Goodare, *The Government of Scotland 1560–1625* (Oxford, 2004).

第2章　三王国における教会と信仰、1603～1641年

17世紀初頭のブリテンとアイルランドにおける宗教、宗教問題、教会政治については、数多くの論考がある。さらに学びたい読者は、手始めに以下の著作を読み、その後は以下の無料オンライン書誌情報を参照せよ。The Royal Historical Society Bibliography〔現在は有料でロンドン大学歴史学研究所のホームページの Digital のページで閲覧することができる：Bibliography of British and Irish History http://www.history.ac.uk/projects/bbih〕.

1603年以後のブリテンとアイルランド両島の諸教会を扱う論考は単著レヴェルでは存在しないが、以下の著作がヘンリー8世治世からエリザベス1世逝去までを扱っている。F. Heal, *Reformation in Britain and Ireland* (Oxford, 2003). ジェームズ1世=6世の治世については、P. Collinson, *Religion of the Protestants* (Oxford, 1982) に収録されたコリンソンの親しみやすいフォード講義が参考になる。これはジェームズ治世の主教制について論じた以下の著作と併せて読むと有益であろう。K. Fincham, *Prelate as Pastor* (Oxford, 1990). フィンチャムの著作は主教についての分析からイングランド国教会の全体像に迫ろうとするものであるが、以下の著作によって補完されるであろう。A. R. MacDonald, *The Jacobean Kirk, 1567–1625* (Aldershot, 1998). ほぼ植民地における試みと言ってよいアイルランド国教会の活動については以下を参照せよ。A. Ford, *The Protestant Reformation in Ireland, 1590–1641* (Dublin, 1997).

イングランドの宗教政策は他の2王国の信仰生活にも重要な影響を与えた。ゆえに、出来事の流れについての簡明な叙述を求める読者には、以下の著作が便利だろう。 P. Marshall, *Reformation England, 1480–1642* (London, 2003). マーシャルの著作は近年の研究上の議論についても考察しており、2冊の重要な論文集の手引きとなるだろう。その2冊とは K. Fincham (ed.), *The Early Stuart Church* (London, 1993) および P. Lake and M. Questier (eds.), *Conformity and Orthodoxy in the English Church* (Woodbridge, 2003) である。両書とも第一線の学者による主要なテーマについての幅広い論考を収録している。より広いヨーロッパ的視角から当時の出来事を読み解く試みについては、以下を参照せよ。W. B. Patterson, *King James VI and I and the Reunion of Christendom* (Cambridge, 1997); A. Milton, *Catholic and Reformed: Roman and Protestant Churches in English Protestant Thought, 1600–1640* (Cambridge, 1994). 後者はとくに画期的である。

初期ステュアート朝政治史・社会史の著述はたいてい教会に関する問題や宗教上の実践について論及しているが、その他の側面についての先駆的研究も数多く存在する。カーク・セッションの分析を通じて、一国の文化的変容を辿る研究は以下である。M. Todd, *The Culture of Protestantism in Early Modern Scotland* (New Haven, 2002). これに対して B. Cunningham, *The World of Geoffrey Keating* (Dublin, 2000) は、アイルランドにおいて歴史的な民族的差異を意識的に乗り越えようとしたローマ・カトリック文化の形成について論じている。M. Questier, *Catholicism and Community in Early Modern England* (Cambridge, 2006) は貴族の一家族の分析を通じてイングランドのローマ・カトリックの精神的・社会的世界を再構築する。次の著作は、その前半部において、トレント公会議における改革の実施について論じている。Tadhg ÓhAnnracháin, *Catholic Reformation in Ireland* (Oxford, 2002). これを次の2著と併せて読むと、ローマ・カトリックの司教が両島において宗教問題への影響力を持ちつづけていたことが、重層的に理解できるだろう。D. G. Mullan, *Episcopacy in Scotland: The History of an Idea* (Edinburgh, 1986); J. Davies, *The Caroline Captivity of the Church of England* (Oxford, 1994). もう1つのキリ

スト教思想、すなわちプロテスタンティズムについては、以下を参照せよ。J. Spurr, *English Puritanism, 1603–1689* (London, 1998); D. G. Mullan, *Scottish Puritanism, 1590–1638* (Oxford, 2000). 以下の著作の該当の章も参照せよ。A. Ford, *Protestant Reformation in Ireland, 1590–1641* (Dublin, 1997). 三王国戦争を焚きつけた宗教的係争点に興味がある読者には、以下の論考が役立つであろう。G. Donaldson, *The Making of the Scottish Prayer Book* (Edinburgh, 1954). より最近に出版された次の2冊の論文集も、該当する論考を含む。J. S. Morrill (ed.), *The Scottish National Covenant in British Context* (Edinburgh, 1990); A. Ford and J. McCafferty (eds.), *The Origins of Sectarianism in Early Modern Ireland* (Cambridge, 2005).

第3章　聖者と兵士の支配　ブリテン諸島における宗教戦争、1638～1660年

長きにわたって歴史家は、イングランド、スコットランド、アイルランドの出来事が必然的に相互依存していたのかどうかをめぐって揺れ動いてきた。これについての概観は以下を参照せよ。J. Morrill, 'The War(s) of the Three Kingdoms', in G. Burgess (ed.), *The New British History: Founding a Modern State, 1603–1715* (London, 1999). 相互依存を強調する最近の論考には以下があり、いずれも軍事的・政治的叙述を中心としている。A. Woolrych, *Britain in Revolution, 1625–1660* (Oxford, 2002); J. P. Kenyon and J. Ohlmeyer (eds.), *The Civil Wars: A Military History of England, Scotland and Ireland, 1638–1660* (Oxford, 1999); M. Bennett, *The Civil Wars Experienced: Britain and Ireland, 1638–1661* (London, 2000). 次の著作は戦争の叙述よりもその政治的・宗教的要因を重視している。D. Hirst, *England in Conflict, 1603–1660: Kingdom, Community, Commonwealth* (London, 1999). 次のものは、戦闘員の数、訓練と補給の方法、死傷者数についてなど、内戦はいかに戦われたのか分析を試みると同時に、イングランド、スコットランド、アイルランドにおける戦争のあり方の違いにも一定の注意を払っている。C. Carlton, *Going to the Wars: The Experience of the British Civil Wars, 1638–1651* (London, 1992). J. モリルの重要な論考の多くが論文集となったことは喜ばしい。J. Morrill, *The Nature of the English Revolution* (Harlow, 1993). 空位期について三王国アプローチをとる研究のうちR. Hutton, *The British Republic, 1649–1660* (2nd edn. London, 2000)は叙述に説得力がある。その一方でB. Coward, *The Cromwellian Protectorate* (London, 2002)およびJ. Morrill (ed.), *Revolution and Restoration: England in the 1650s* (London, 1992)は分析がすぐれている。スコットランドおよびアイルランドの事情については以下が薦められる。D. Stevenson, *King or Covenant: Voices from the Civil War* (East Linton, 1996); J. Ohlmeyer, *Ireland from Independence to Occupation, 1641–1660* (Cambridge, 1995). オリヴァー・クロムウェルについての最良の伝記は以下であろう。R. S. Paul, *The Lord Protector* (London, 1955); P. Gaunt, *Oliver Cromwell* (Oxford, 1996); C. Davis, *Oliver Cromwell* (London, 2001). 政治的革命に付随した文芸における革命の重要性について再考する著作も増えている。以下の優れた案内を参照せよ。N. H. Keeble (ed.), *Cambridge Companion to Writing of the English Revolution* (Cambridge, 2001). 本章が扱う時代の決定的転換の時については、以下の論集がさまざまな視点から検討している。J. Peacey (ed.), *The Regicides and the Execution of Charles I* (London, 2001). 本章の執筆に間に合わなかったが、関連する最新の論考には以下がある。S. Armstrong, *Protestant War: The 'British' of Ireland and the Wars of the Three Kingdoms* (Manchester, 2005); P. Little, *The Cromwelliam Protectorate* (Woodbridge, 2007); P. Little, *Lord Broghill and the Cromwellian Union with Ireland and Scotland* (Woodbridge, 2005); C. Holmes, *Why was Charles I Executed?* (London, 2006).

第4章　復古か刷新か　王政復古期のブリテン

三王国の歴史を総合しようとする最近の野心的試みとして、まず挙げるべきは次の著作だろう。T. Harris, *Restoration: Charles II and his Kingdoms, 1660–1685* (London, 2005). 次の著作も同じことを目指している。R. Hutton, *Charles II: King of England, Scotland and Ireland* (Oxford, 1989). ジェームズ2世=7世の政治と人格の両方を分析した伝記としてJ. Miller, *James II: A Study in Kingship* (Hove, 1978)があげられる。チャールズ2世治世の初期については以下の論考が余すところなく検討している。R. Hutton, *The Restoration: A Political and Religious History of England and Wales, 1658-1667* (Oxford, 1985); P. Seaward, *The Cavalier Parliament and the Reconstruction of the Old Regime, 1661–1667* (Cambridge, 1989). この時代のより簡潔な分析には以下のものがある。T. Harris, *Politics under the Later Stuarts* (London, 1993); P. Seaward, *The Restoration, 1660–1688* (Basingstoke,

1991) ; J. Spurr, *England in the 1670s: 'This Masquerading Age'* (Oxford, 2000). 民衆の反応については次の論考を参照せよ。T. Harris, *London Crowds in the Reign of Charles II: Propaganda and Politics from the Restoration to the Exclusion Crisis* (Cambridge, 1987). 1678年から1681年にかけての危機については、以下の論考を参照せよ。J. P. Kenyon, *The Popish Plot* (Harmondsworth, 1974); M. Knights, *Politics and Opinion in Crisis, 1678–1681* (Cambridge, 1994); J. Miller, *Popery and Politics in England, 1660–1688* (Cambridge, 1973). ロンドン外の地方の動向については以下の著作が啓発的である。A. Coleby, *Central Government and the Localities: Hampshire, 1649–1689* (Cambridge, 1987); L. K. J. Glassey, *Politics and the Appointment of Justices of the Peace, 1675–1720* (Oxford, 1979); P. D. Halliday, *Dismembering the Body Politic: Partisan Politics in England's Towns, 1650–1730* (Cambridge, 1998); V. Slater, *Noble Government: The Stuart Lord Lieutenancy and the Transformation of English Politics* (Athens, Ga., and London, 1994); P. Gaucci, *Politics and Society in Great Yarmouth, 1660–1722* (Oxford, 1996). 議会については以下の著作が詳細に研究している。A. C. Swatland, *The House of Lords in the Reign of Charles II* (Cambridge, 1996); B. D. Henning (ed.), *The House of Commons, 1660–1690*, 3 vols. (London, 1983). さまざまな側面を扱う有益な論文集には以下がある。L. K. J. Glassey (ed.), *The Reigns of Charles II and James VII and II* (Basingstoke, 1997); T. Harris, P. Seaward, and M. Goldie (eds.), *The Politics of Religion in Restoration England* (Oxford, 1990); J. R. Jones (ed.), *The Restored Monarchy, 1660–1688* (London and Basingstoke, 1979). 陸軍については以下を参照せよ。J. Childs, *The Army of Charles II* (London, 1976); J. Childs, *The Army, James II and the Glorious Revolution* (Manchester, 1980). 海軍については以下を参照せよ。J. D. Davies, *Gentlemen and Tarpaulins: The Officers and Men of the Restoration Navy* (Oxford, 1991). 外交政策については次の論考を参照せよ。S. P. Pincus, *Protestantism and Patriotism: Ideologies and the Making of English Foreign Policy, 1650–1688* (Cambridge, 2000).

伝記については K. H. D. Haley, *The First Earl of Shaftesbury* (Oxford, 1969) および A. Browning, *Thomas Osborne, Earl of Danby and Duke of Leeds*, 3 vols. (Glasgow, 1951) のような大著から、J. P. Kenyon, *Robert Spencer, Earl of Sunderland* (London, 1958) および R. C. Paterson, *King Lauderdale: The Corruption of Power* (Edinburgh, 2003) のような、より簡潔なものまでさまざまである。アイルランド版ローダーデイルともいえるオーモンドについては以下を参照せよ。T. Barnard and J. Fenlon (eds.), *The Dukes of Ormonde, 1610–1745* (Woodbridge, 2000). 三王国全土で活躍したもう1人のアイルランド人については以下の優れた研究を参照せよ。P. Little, *Lord Broghill and the Cromwellian Union with Ireland and Scotland* (Woodbridge, 2004).

宗教生活については以下を参照せよ。J. Spurr, *The Restoration Church of England, 1649–1689* (London and New Haven, 1991); M. R. Watts, *The Dissenters: From the Reformation to the French Revolution* (Oxford, 1978). 思想とイデオロギーについては以下の著作が論じている。R. Ashcraft, *Revolutionary Politics and Locke's 'Two Treatises of Government'* (Princeton, 1986); M. Hunter, *Science and Society in Restoration England* (Cambridge, 1981); J. Scott, *Algernon Sidney and the Restoration Crisis, 1677–1683* (Cambridge, 1991).

ウェールズにおける出来事については、以下を参照せよ。G. H. Jenkins, *The Foundations of Modern Wales: Wales 1642–1780* (Oxford, 1987). ウェールズの地方の詳細については以下を参照せよ。P. Jenkins, *The Making of a Ruling Class: The Glamorgan Gentry, 1640–1790* (Cambridge, 1983). 次の著作はアイルランドにおける動向への簡潔な導入になる。D. Dickson, *New Foundations: Ireland, 1660–1800* (new edn. Dublin, 1997). 以下も参照せよ。T. Barnard, *The Kingdom of Ireland, 1641–1760* (Basingstoke, 2004). より詳細な研究には以下のようなものがある。L. J. Arnold, *The Restoration Land Settlement in County Dublin, 1660–1688: A History of the Administration of the Acts of Settlement and Explanation* (Dublin, 1993); A. Clarke, *Prelude to Restoration in Ireland: The End of the Commonwealth, 1659–1660* (Cambridge, 1999); J. G. Simms, *Jacobite Ireland, 1685–1691* (London, 1969). スコットランドについての簡潔な説明は以下を参照せよ。K. M. Brown, *Kingdom or Province? Scotland and the Regal Union, 1603–1715* (Basingstoke, 1992). より詳細なものとして以下を参照せよ。C. Jackson, *Restoration Scotland, 1660–1690: Royalist Politics, Religion and Ideas* (Woodbridge, 2003). 他にも以下の論考が有益である。J. Buckroyd, *The Life of James Sharp, Archbishop of St Andrews, 1618–1679* (Edinburgh, 1987); J. Buckroyd, *Church and State in Scotland, 1660–1691* (Edinburgh, 1980); I. B. Cowan, *The Scottish Covenanters, 1660–1688* (London, 1976).

ピープスとイーヴリンという2人の日記作者による記録はこの時代に生き生きとした光を与えている。R. C.

Latham and W. Matthews (eds.), *Diary of Samuel Pepys*, 11 vols. (London, 1970–83); E. S. de Beer, *The Diary of John Evelyn*, 5 vols. (Oxford, 1955). 次のものは地方に住む不満を抱えた王党派が書き残したもので、彼らの態度について多くの示唆を与える。A. Browning (ed.), *Memoirs of Sir John Reresby*, in a 2nd edn. by M. K. Geiter and W. A. Speck (London, 1991). その対極に位置したプロテスタント非国教徒の苦難については、彼らの中でも最も多産だった文筆家バクスターによる以下のものを参照せよ。Richard Baxter, *Reliquiae Baxterianae*, in an abridgement by J. M. Lloyd Thomas, ed. N. H. Keeble (London, 1974).

第5章　経済と社会

社会経済史研究の多くの概説は17世紀についての記述を含んでいる。とくに以下を参照せよ。J. A. Sharpe, *Early Modern England, 1550–1760: A Social History* (2nd edn., London, 1997); K. Wrightson, *English Society, 1580–1680* (London, 1982); K. Wrightson, *Earthly Necessities: Economic Lives in Early Modern Britain* (New Haven and London, 2000); R. Gillespie, *The Transformation of the Irish Economy, 1550–1700* (Dublin, 1991); C. Brady and R. Gillespie (eds.), *Natives and Newcomers: Essays on the Making of Irish Colonial Society, 1534–1641* (Dublin 1986); I. D. White, *Scottish Society in Transition, c.1500–c.1760* (Basingstoke, 1997); R. A. Houston and I. D. Whyte (eds.), *Scottish Society, 1500–1800* (Cambridge, 1989); T. C. Smout, *Food and Wages in Scotland, 1550–1780* (Cambridge, 1995); J. R. Dickinson, *The Lordship of Man under the Stanleys: Government and Economy in the Isle of Man, 1580–1704* (Chetham Society, 3rd ser. 41; 1996). 17世紀ウェールズについて同様の概説は存在しないが、以下の著作は経済と社会についての有用な情報を多く含む。G. Williams, *Recovery, Reorientation and Reformation: Wales, c.1415–1642* (Oxford, 1987); G. H. Jenkins, *The Foundations of Modern Wales: Wales, 1642–1780* (Oxford, 1987). 以上に挙げた論考はほぼすべて農業についての考察を含んでいるが、次の著作はとくに農業の営みとその転換を中心に据えた視野の広い論考である。M. Overton, *Agricultural Revolution in England: The Transformation of the Agrarian Economy, 1500–1850* (Cambridge, 1996). これはミクロヒストリーの手法を用いる以下の著作と好対照である。K. Wrightson and D. Levine, *Poverty and Piety in an English Village: Terling, 1525–1700* (2nd edn., Oxford, 1995). 次の著作は、ブリテン諸島においておそらく最も速いペースで工業化が進んだ地域についての検討である。K. Wrightson and D. Levine, *The Making of an Industrial Society: Whickham, 1560–1765* (Oxford, 1991). 都市における生活については以下を参照せよ。P. Borsay and L. Proudfoot (eds.), *Provincial Towns in England and Ireland: Change, Convergence and Divergence* (Proceedings of the British Academy, 108; 2002). ブリテン島の2つの首都の経験をより詳細に論じるのは以下の著作である。P. Griffiths and M. S. R. Jenner (eds.), *Londonopolis: Essays in the Cultural and Social History of Early Modern London* (Manchester, 2000); R. A. Houston, *Social Change in the Age of Enlightenment: Edinburgh, 1660–1760* (Oxford, 1994). 次の著作は、貧困、貧困への態度、貧民救済についての優れた論考である。P. Slack, *Poverty and Policy in Tudor and Stuart England* (London, 1988). ブリテン諸島における魔女の問題についてはあまたの著作が存在するが、次の著作はブリテン諸島で最も魔女狩りが激しかった地域についての古典となっている。C. Larner, *Enemies of God: The Witch-Hunt in Scotland* (London, 1981). これは以下の論文集によって補完される。J. Goodare (ed.), *The Scottish Witch-Hunt in Context* (Manchester, 2002). イングランドについては以下を参照せよ。J. A. Sharpe, *Instruments of Darkness: Witchcraft in England, 1550–1750* (Harmondsworth, 1996). 同著者の次の論考はより詳細である。J. A. Sharpe, *The Bewitching of Anne Gunter* (London, 2000). 同様に、現在では当時の女性の歴史について議論する確固とした研究群が存在する。先駆的な良書として以下を参照せよ。M. MacCurtain and M. O'Dowd (eds.), *Women in Early Modern Ireland* (Edinburgh, 1991).

第6章　「オラだの国はなんだべな」　17世紀ブリテン諸島の諸文化

入門書および一次文献・史料集としては、以下のものが重要である。まず、アイルランド文学に関心を持つ者に欠かせない図書となるのが、以下の選集である。S. Deane *et al.* (eds.), *The Field Day Anthology of Irish Writing* (Derry and London, 1991–2002), i–iii. この選集では特に女性著述に関する以下の増巻が大変重要である。A Bourke *et al.* (eds.), *The Field Day Anthology of Irish Writing*, iv and v. *Irish Women's Writing and Traditions* (New York and Cork, 2002). 次の著作は、「夜な夜なの劇場」(nights at the theatre)についての高度に学術的で想像

力に富んだ詳細な研究であり、とくに最初の章が本書の時代に合致する。C. Morash, *A History of Irish Theatre, 1601–2000* (Cambridge, 2002). 当時のウェールズの文学については、次の著作が重要な概説書である。R. Geraint Gruffydd (ed.), *A Guide to Welsh Literature, c.1530–1700* (Cardiff, 1997). スコットランドにおける建築の発展について概観するには以下が有益である。M. Glendinning, R. MacInnes, and A. MacKechnie, *A History of Scottish Architecture from the Renaissance to the Present Day* (Edinburgh, 1996). 中近世のスコットランド文学については以下の2冊の論文集が貴重な手引となる。R. D. S. Jack (ed.), *The History of Scottish Literature; i. Origins to 1660 (Medieval and Renaissance)* (Aberdeen, 1988); A. Hook (ed.), *The History of Scottish Literature; ii. 1660–1800* (Aberdeen, 1987). これは以下の著作によって補完するのがよいだろう。B. Findlay (ed.), *A History of Scottish Theatre* (Edinburgh, 1998). ブリテン諸島の演劇に関するきわめて貴重な一次史料集 *The Records of Early English Drama* (REED)シリーズは A. F. Johnston and M. Rogerson (eds.), *REED: York*, 2 vols. (Toronto, 1979)から D. N. Klausner (ed.), *REED: Wales* (Toronto, 2005)まで、次のスコットランド演劇に関する近著と共に初期演劇研究のあり方を変化させる画期的なものである〔現在は A. H. Nelson and J. R. Elliott jr. (eds.), *REED: Inns of Court*, 3 vols. (London, 2011)まで刊行済み〕。J. McGavin, *Records of Early Drama: Scotland* (forthcoming). イングランド・ルネサンス期の詩における古典古代およびキリスト教の引喩と図像についての包括的な案内は、以下で得られる。I. Rivers, *Classical and Christian Ideas in English Renaissance Poetry: A Student's Guide* (2nd edn., London, 1994). これは初学者にとってもよい手引となるだろう。

次に文学・文化研究については、あまたの著作が存在するが、以下のものが薦められる。文化とアイデンティティについての画期的著作で、現在でも必読といえるのは次である。S. Greenblatt, *Renaissance Self-Fashioning: From More to Shakespeare* (Chicago and London, 1984). また次の著作の、とくにキャバルとジェンキンズによる章も参照せよ。B. Bradshaw and P. Roberts (eds.), *British Consciousness and Identity: The Making of Britain, 1533–1707* (Cambridge, 1998). 次の著作は、演劇および演劇性に対する女性の貢献を指摘した刺激的な論集であり、イングランドの演劇文化が近世ヨーロッパの演劇文化と密接な関係にあったことを示している。P. Allen Brown and P. Parolin (eds.), *Women Players in Early Modern England, 1500–1660* (Burlington, Vt., 2005). これは Karen Britland, Elizabeth Howe, Clare McManus そして Sophie Tomlinson たちによる研究を補完する。チャールズ1世治世の宮廷演劇とその政治的コネクションについての重要な研究に次のものがある。M. Butler, *Theatre and Crisis, 1632–1642* (Cambridge, 1984). A. Fletcher, *Drama, Performance, and Polity in Pre-Cromwellian Ireland* (Toronto, 2000)は、同著者編纂の以下の史料集を分析した重要な論考である。A. Fletcher, *Drama, and the Performing Arts in Pre-Cromwellian Ireland: A Repertory of Sources and Documents from the Earliest Times until c.1642* (Woodbridge, 2001). 次の論考は、17世紀の文化研究の重要な文脈を指摘し、スコットランド女王メアリーおよびジェームズ1世=6世治世の宮廷文学について洗練された説明を行っている。S. Dunnigan, *Eros and Poetry at the Courts of Mary Queen of Scots and James VI* (Basingstoke, 2002). 次の著作は、エリザベス1世およびジェームズ1世=6世治世のロンドン演劇についての不可欠な研究であり、何度も改訂されている。A. Gurr, *The Shakespearean Stage, 1574–1642* (3rd edn. Cambridge, 1992). 次の論考は、17世紀イングランドとヨーロッパのジェンダー、演劇、文化について扱っている。S. Orgel, *Impersonations: The Performance of Gender in Shakespeare's England* (Cambridge, 1996). チャールズ1世の表象と自己表象について議論する学際的論文集に以下のものがある。T. N. Corns (ed.), *The Royal Image: Representations of Charles I* (Cambridge, 1999). 以下の著作は、タイトルが示すようにイングランドに重点がおかれているが、1640年代および1650年代、そしてその後の時代の文化についての広範な論文を収録している。T. F. Healey and J. Sawday, *Literature and the English Civil War* (Cambridge, 1990). 1640年代および1650年代の演劇と政治については以下を参照せよ。S. Wiseman, *Drama and Politics in the English Civil Wars* (Cambridge, 1998). 以下も参照せよ。J. Loxley, *Royalism and Poetry in the English Civil Wars: The Drawn Sword* (Basingstoke, 1997). 以下の論考は、17世紀アイルランドにおける英語による著述のジャンルと様式について幅広く議論している。D. Rankin, *Between Spenser and Swift: English Writing in Seventeenth-Century Ireland* (Cambridge, 2005). 〔以下も参照せよ。〕H. Ostovich and E. Sauer (eds.), *Reading Early Modern Women: An Anthology of Texts in Manuscript and Print, 1550–1700* (London and New York, 2004). ベーンの詩、劇作、散文について、近年の最も重要な批評を集めた以下の論文集も参照せよ。J. Todd, *Aphra Behn* (Basingstoke, 1999).

各章の文献目録は、17世紀ブリテン諸島について読むべきものが豊富にあることを示している。これに付け加えて、最も権威のある修正主義者であるコンラッド・ラッセルの論考を挙げるべきであろう。以下の著作および論文集を参照せよ。Conrad Russell, *Parliaments and English Politics, 1621–1629* (Oxford, 1979); do., *The Causes of the English Civil War* (Oxford, 1990); do., *The Fall of the British Monarchies, 1637–1642* (Oxford, 1991); do., *Unrevolutionary England, 1603–1642* (London, 1990). ラッセルと同様に早くから新しいアプローチの必要性を提唱した著作が以下である。K. Sharpe (ed.), *Faction and Parliament: Essays on Early Stuart History* (Oxford, 1978).「修正主義」は厳しい批判にさらされている。とくに以下の論文集を参照せよ。R. Cust and A. Hughes (eds.), *Conflict in Early Stuart England: Studies in Religion and Politics, 1603–1642* (London, 1989). また、「修正主義」については次の二冊の記念論文集の序論も参照せよ。T. Cogswell, R. Cust, and P. Lake (eds.), *Politics, Religion and Popularity: Early Stuart Essays in Honour of Conrad Russell* (Cambridge, 2002); K. Fincham and P. Lake (eds.), *Religious Politics in Post-Reformation England: Essays in Honour of Nicholas Tyacke* (Woodbridge, 2006). これら二冊の優れた論文集に収録された論考は必読である。「国家」については、序論の文献案内で挙げられた「ブリテン史」に関する論考、および第1章「ブリテン君主国と統治」に挙げられたJ. グッデアの著作を参照せよ。この点、および他の諸論点についても必読であるのは、イングランドおよび複合君主国を構成する他の国家についての新視角を提示する次の著作である。J. Scott, *England's Troubles: Seventeenth-Century English Political Instability in its European Context* (Cambridge, 2000). この文献案内全体がたとえ選択的であれ示しているように、17世紀研究は概して繁栄の時期にあるのである。

文献案内補足

次の文献は、近年の研究もとりあげた動向紹介・文献案内として参考になるだろう。近藤和彦編『イギリス史研究入門』(山川出版社、2010年)。

本書では、17世紀でも1680年代以降に関する研究には立ち入っていない。名誉革命前後の時期に関心のある読者には、次の研究動向論文が参考になるだろう。Tony Claydon, 'The Recent English Historiography of the Glorious Revolution' (東京大学大学院総合文化研究科地域文化研究専攻紀要『Odysseus』別冊1、2009年)。また本書の文献案内でも何度か取りあげられているティム・ハリスは2006年に『革命』と題する大著を上梓した。Tim Harris, *Revolution; The Great Crisis of the British Monarchy, 1685–1720* (London, 2006).